LA NOUVELLE FRONTIÈRE DE LA TECHNOLOGIE EUROPÉENNE

JEAN-BAPTISTE DE BOISSIÈRE
BERTRAND WARUSFEL

LA NOUVELLE FRONTIÈRE DE LA TECHNOLOGIE EUROPÉENNE

Préface de Raymond Barre

Calmann-Lévy

ISBN : 2-7021-1959-X

© CALMANN-LÉVY, 1991

Imprimé en France

PRÉFACE

Au moment où l'attention des Européens se concentre sur le processus de démocratisation en cours à l'Est, sur les intentions de la Communauté de réaliser une union économique et monétaire et une union politique, il est nécessaire de rappeler que l'Europe ne doit pas négliger cette autre dimension essentielle de son avenir qu'est le développement technologique. Ouverture vers l'Est, réalisation d'une véritable union entre les pays de la Communauté européenne, investissements dans les industries du futur : ces trois objectifs sont du reste étroitement liés. J'ai souvent eu l'occasion de dire qu'aucun grand pays ne pouvait se permettre d'être absent des secteurs de pointe de l'activité économique. L'expérience montre qu'en effet la place d'une nation sur l'échiquier international dépend largement de son aptitude à maîtriser ces technologies émergentes que l'on qualifie aussi parfois de « nouvelles technologies ». L'Europe ne deviendra une « puissance » mondiale, au sens plein de ce terme, que si elle parvient à suivre le rythme de la compétition technologique que lui imposent les États-Unis et le Japon, mais aussi, de plus en plus, les Nouveaux Pays Industrialisés de la région du Pacifique.

Les nouvelles technologies méritent d'autant plus d'être intégrées au « projet européen » qu'elles posent au monde industrialisé en général et à l'Europe en particulier un double défi, économique et culturel. Les industries de pointe sont, tout d'abord, des secteurs à forte demande. Leur place dans l'économie, déjà significative aujourd'hui, va donc aller s'élargissant. L'électronique, les matériaux nouveaux, demain les biotechnologies, sont appelés à tirer la croissance des pays industrialisés comme l'ont fait en leur temps l'électricité, l'automobile et les équipements ménagers. La spécialisation de l'industrie européenne doit donc, impérativement, s'y adapter. C'est précisément pour avoir su anticiper les grandes évolutions de la demande mondiale que le Japon a obtenu, au cours des vingt dernières années, d'aussi brillantes performances. Mais le défi technologique est également un défi d'ordre culturel. Grâce à l'ordinateur, au microprocesseur et aux bases de données, nous entrons dans la société d'information. Là encore, le Japon l'a mieux saisi que nous ou, plutôt, il semble mieux s'y préparer. Il y a quelques années, visitant l'exposition de Tsukuba et constatant l'extraordinaire mobilisation populaire à laquelle elle donnait lieu, j'ai compris quelle en était la véritable signification : il s'agissait tout simplement de préparer les Japonais à l'avènement de la société d'information ou de communication et de les accoutumer à ses nouveaux aspects technologiques.

Or, un certain nombre de signes inquiétants montrent que l'Europe est encore loin d'avoir rattrapé son retard en matière d'industries de pointe et qu'une nouvelle impulsion à la coopération technologique européenne est sans nul doute nécessaire. EUREKA, dont j'avais salué le lancement en 1985 à l'initiative de la France, a donné lieu à de nombreux projets, mais aucun ne semble encore s'affirmer comme un des programmes mobilisateurs dont l'Europe aurait besoin pour se préparer au troisième millénaire. De même, les programmes de recherche de la Communauté européenne tels qu'ESPRIT ou RACE sont fructueux, mais ils n'ont pas été suffisants pour empêcher l'électronique européenne de traverser depuis quelque temps une passe difficile. Je souscris, pour l'essentiel, au diagnostic formulé par Jean-Baptiste de Boissière et Bertrand Warusfel : alors que l'échéance du 31 décembre 1992 approche, il n'est pas certain que les atouts technologiques de l'Europe soient suffisants pour lui permettre de résister efficacement aux stratégies de conquête déployées jusque sur son propre marché par ses grands concurrents internationaux.

Nos deux auteurs posent également le problème délicat des relations entre l'État, la technologie et le marché. Je me suis toujours, pour ma part, démarqué d'une interprétation extrême du libéralisme consistant à refuser à l'État tout rôle actif dans la vie économique : « On en est encore à invoquer le libéralisme ou le socialisme, le marché ou le Plan, le désengagement ou l'engagement de l'État à des fins de louange ou de critique au lieu de raisonner à partir des problèmes à résoudre, en fonction des objectifs recherchés et en termes d'efficacité, dans une économie complexe et largement ouverte vers l'extérieur », écrivais-je en 1983 *. Je n'en renie rien aujourd'hui.

Cette nécessité de dépasser les schémas interprétatifs traditionnels est encore plus évidente lorsqu'il s'agit des enjeux technologiques. Dans les secteurs de pointe, la concurrence est, généralement, une concurrence entre « acteurs inégaux », selon le concept forgé par François Perroux. Le marché n'est pas celui de la concurrence pure et parfaite des économistes néoclassiques, mais bien davantage un « champ de forces » caractérisé par la présence de monopoles ou d'oligopoles. Ce n'est pas simplement un lieu où s'équilibrent une offre et une demande; c'est un espace stratégique, un terrain de manœuvres et d'affrontements pour des offreurs et des demandeurs qui mettent en œuvre des stratégies de prix, de financement et d'innovation. Pour dire les choses autrement, s'il est clair que le marché est la sanction finale des activités de haute technologie, le processus de développement technologique, pour sa part, dépend de paramètres structurels et institutionnels ne pouvant être appréhendés à travers les seuls mécanismes du marché.

Dans ces conditions, un État qui s'abstient d'agir dans ce domaine par doctrine ou par indifférence, cède à cette « tentation de renoncement technologique » que dénoncent à juste titre Jean-Baptiste de Boissière et Bertrand Warusfel. Tout au contraire, l'État doit veiller à assurer le bon fonctionnement du marché et à doter celui-ci des institutions appropriées. Les difficultés qu'éprouvent les pays d'Europe centrale et orientale à effectuer la transition de l'économie administrée à l'économie de marché confirment pleinement, sur ce point, la leçon des grands économistes anglais du XIXᵉ siècle : il n'y a pas de marché sans lois et institutions du marché. C'est pourquoi j'ai lu avec un grand intérêt les développements que Jean-Baptiste de Boissière et Bertrand Warusfel consacrent aux « stratégies de marché » ou encore à ce qu'ils qualifient de « régulation stratégique des secteurs de pointe ». Leurs suggestions méritent tout particulièrement d'être étudiées dans la perspective du Grand Marché européen qui fonctionnera à partir du 1ᵉʳ janvier 1993.

D'autre part, il revient à l'État d'inciter les entreprises à faire ce que François Perroux a appelé des « paris sur les structures

---

* Préface du livre de Gilles Carrez et Jean-Jacques Chaban-Delmas, *L'Intervention publique libérale*, Économica, avril 1983.

nouvelles ». Le rôle d'impulsion des pouvoirs publics est en ce domaine irremplaçable. N'est-ce point la réticence des dirigeants de grandes entreprises privées françaises à se lancer dans l'aventure de l'énergie nucléaire qui a conduit l'État à assumer la responsabilité du programme électronucléaire? Celui-ci a été une réussite exemplaire. C'est le meilleur exemple d'une politique d'ensemble, d'une action collective où l'État a joué un rôle central avec des relais trouvés auprès de l'industrie privée et un effort particulier pour éviter toutes les réactions de rejet par la société civile observées dans d'autres pays.

Le contexte technologique a profondément changé depuis la période de reconstruction industrielle d'après-guerre, mais la nécessité d'une intervention appropriée des États au profit des industries de pointe reste toujours valable. Des politiques technologiques doivent être menées pour répondre aux défis multiples du monde moderne et ces politiques doivent être globales. J'illustrerai ce point de trois manières.

En premier lieu, l'intervention publique doit partir d'une analyse précise de l'environnement international et être animée par un souci de sélectivité et d'efficacité. Ces principes m'avaient conduit, avec le concours avisé d'Albert Costa de Beauregard, à mettre en place à partir de 1979 un Comité du développement des industries stratégiques (CODIS) visant à mobiliser les ressources privées et publiques nécessaires au développement d'industries répondant à l'évolution prévisible de la demande internationale, de manière à leur assurer un avantage dans la compétition mondiale.

En second lieu, une politique technologique ambitieuse doit se soucier de la réaction du marché. C'est parce que j'avais le souci d'éviter l'expérience d'un nouveau « Concorde » que, en 1977, j'ai subordonné le financement du nouvel Airbus A 320 à la présentation d'une étude de marché complète. De juin à décembre 1977, les équipes d'Aérospatiale ont en fonction de cette étude redéfini leur projet et affiné leurs choix. J'ai pu ainsi, au début de 1978, autoriser le lancement d'un programme dont le succès commercial n'a depuis lors cessé de s'amplifier.

Il convient, enfin, d'attacher la plus grande importance à la pénétration des nouveaux procédés au sein de la société. J'aimerais ici rappeler brièvement comment Schumpeter analysait le processus d'innovation, dont il faisait le principal moteur du développement économique. Pour le grand économiste autrichien en effet, l'innovation repose sur une invention technique et sur l'acceptation de celle-ci par la société. La propension à accepter l'innovation est un facteur essentiel de la croissance. Jean-Baptiste de Boissière et Bertrand Warusfel insistent beaucoup, dans leur livre, sur les déterminants socioculturels de l'innovation. Ils avancent l'hypothèse que la société européenne serait encore, d'un certain point de vue, sous le choc des traumatismes provoqués par la révolution industrielle et, plus récemment, par les deux guerres mondiales (qui furent des guerres « techniques »), ce qui expliquerait les blocages structurels qui freinent la créativité technologique et la valorisation de l'innovation en Europe. Je serais tenté de les suivre, mais je tirerai surtout de leur analyse une conséquence pratique : une action de développement technologique qui négligerait de prendre en compte les conséquences sociales, culturelles, voire éthiques, des nouveaux procédés, risquerait de subir une dérive technocratique et d'être rapidement récusée par le milieu social dans lequel ils doivent être utilisés.

Comment l'Europe peut-elle mettre en œuvre cette politique technologique globale qui paraît indispensable alors que les industries de pointe apparaissent comme les activités motrices de notre temps? Il ne faut pas se dissimuler la difficulté de la tâche. Les institutions de Bruxelles ne semblent pas prêtes actuellement à conduire la politique vigoureuse qu'imposerait pourtant la situation. De leur côté, les entreprises européennes restent encore trop souvent dispersées et peu capables d'agir ensemble. Ni le Royaume-Uni qui tend à regarder le marché commun comme une zone de libre-échange, ni l'Allemagne désormais absorbée par l'unification, ne semblent pouvoir prendre les initiatives nécessaires. C'est à la France qu'il revient, une fois de plus, de fournir l'impulsion souhaitable.

Notre pays ne pourrait il pas décider de lancer un petit nombre de grands programmes technologiques répondant aux enjeux nouveaux de cette décennie et, au-delà, du prochain siècle? Je pense aux domaines des télécommunications « large bande », des nouveaux systèmes de communication militaire, du génome humain et des technologies du vivant, etc. La France inviterait ses partenaires européens à se joindre à elle tout en marquant son intention d'aller de l'avant quoi qu'il arrive. La dynamique ainsi créée devrait être suffisante pour que la France ne reste pas longtemps seule et pour que l'Europe de la technologie, élargie aux pays nouvellement acquis à la démocratie, reçoive une impulsion décisive. On réfléchirait, en même temps, aux conditions d'ouverture de ces programmes à des non-Européens :

s'il importe de faire jouer désormais la « préférence de structure »
à une échelle européenne et non plus seulement nationale, il
importe aussi que le Vieux Continent maintienne les conditions
d'une compétition pacifique avec ses grands concurrents. Je crois
notamment – quitte à me démarquer sur ce point des quelques
aspects « nippophobes » de cet ouvrage – qu'il serait dangereux
pour l'Europe de se dresser contre le Japon, puissance dont on
ne peut ignorer les ambitions ni les méthodes mais qu'il peut
être de bonne politique d'attirer dans une coopération intercon-
tinentale équilibrée.

Je retiens, en définitive, trois enseignements du livre de Jean-
Baptiste de Boissière et de Bertrand Warusfel. D'abord, et ce
n'est malheureusement pas une surprise, l'Europe est toujours,
en ce qui concerne les industries du futur, un ton au-dessous des
États-Unis et du Japon. Le lancement de programmes de recherche
coopérative et la réalisation du marché intérieur étaient certes
nécessaires, mais ils ne suffiront pas à assurer au niveau voulu
le développement technologique de l'Europe dans un contexte
où la concurrence internationale se fait de plus en plus vive.

Ensuite, la racine des difficultés technologiques du Vieux
Continent est moins à rechercher dans une déficience quantitative
que dans la manière dont l'économie et la société européennes
ont mis en œuvre le processus d'innovation déjà analysé, il y a
près d'un demi-siècle, par Schumpeter. Autrement dit, les problèmes bien connus dont souffrent les entreprises françaises – et
notamment leur relation difficile avec le marché – sont, dans une
assez large mesure, communs à l'ensemble des entreprises européennes. L'optique comparative adoptée par les auteurs pour
décrire les « modèles » d'innovation mis en œuvre par les principaux pays industrialisés est à cet égard assez édifiante : dans
l'ensemble, les Européens sont moins bien parvenus que leurs
concurrents américains et japonais à transformer les possibilités
offertes par les nouvelles technologies en produits et services
susceptibles, tel le micro-ordinateur développé dans la Silicon
Valley, d'être commercialisés auprès du plus grand nombre.

Enfin, à problèmes communs, solutions communes. J'ai toujours
récusé l'europessimisme et affirmé qu'il n'existait aucune fatalité
du déclin économique. Jean-Baptiste de Boissière et Bertrand
Warusfel voient dans la poursuite de la construction européenne
en cours l'occasion pour les Européens de créer un modèle de
société adapté aux contraintes et aux espoirs de cette future
révolution industrielle qui unira les technologies de l'information

et celles du vivant. Ils affirment qu'une telle « stratégie de société », venant compléter les actions ciblées sur les marchés et les structures, pourrait permettre à l'Europe un retour en force sur la scène technologique internationale. Je veux croire à cet « euro-optimisme actif ». Je souhaite que les Européens tirent parti de leur immense patrimoine scientifique, culturel et humain pour créer les conditions d'une société réconciliée avec ses valeurs et sûre de son potentiel créateur.

Raymond BARRE

à Béatrice et à Marie-Françoise

INTRODUCTION

La technologie est devenue l'axe majeur du développement et de la puissance des nations modernes. C'est la capacité à susciter et à assimiler les évolutions technologiques qui garantit, mieux que tout autre moyen, la richesse économique et l'influence politique d'une collectivité. Mais pour cette même raison, la technologie donne aussi lieu à une compétition internationale acharnée entre les États et entre les entreprises. Les positions relatives de domination ou de dépendance qui peuvent se créer entre les différentes « économies-mondes » de la planète sont ainsi largement déterminées par des facteurs technologiques.

Qui s'intéresse au destin historique et politique de l'Europe ne peut donc négliger de se pencher sur la situation qui est aujourd'hui celle de notre continent dans le domaine de la technologie, et plus particulièrement dans celui des technologies les plus avancées. Or, ce que peut constater dès le premier abord tout observateur, ce sont les difficultés croissantes qu'éprouvent les Européens à se maintenir dans les secteurs faisant l'objet de la compétition technologique internationale la plus sévère.

Cette position subordonnée des entreprises comme des nations européennes par rapport à leurs concurrents américains ou japonais, leur apparente « inhibition technologique » ne rendent pas vraiment compte de ce que représente par ailleurs l'Europe. Elles contrastent singulièrement avec le niveau – très élevé – de la recherche scientifique européenne qui compte de nombreux centres et équipes de renommée mondiale. Elles ne correspondent pas non plus à la taille du marché européen qui avec ses 340 millions de consommateurs (ancienne RDA comprise) est déjà le premier marché développé du monde, sans même attendre l'apport progressif des autres pays de l'Est.

Ne parvenant pas à tirer efficacement parti de son potentiel scientifique et humain malgré le levier que constitue son marché intérieur, l'Europe se trouve en revanche dans la situation d'attirer la convoitise de ses partenaires et rivaux de la « Triade », intéressés à tirer profit pour leur propre compte de ce double atout mal exploité. Tout cela ne laisse pas d'inquiéter à l'heure où notre continent s'engage dans la voie d'une intégration communautaire conçue comme le premier stade de la constitution d'une puissance économique et politique homogène. A la veille de l'achèvement du marché unique au 31 décembre 1992, c'est donc une double interrogation que suscite le retard objectif pris par les Européens dans un nombre important de secteurs porteurs de l'industrie mondiale.

Une interrogation tournée d'abord vers le passé pour tenter de comprendre comment ce continent qui a marqué de son empreinte le monde entier et qui a inventé tout ensemble la science, la technologie et l'industrie a pu laisser s'éloigner de lui la flamme du développement technologique. Mais plus encore, une interrogation pour l'avenir : quel peut être l'avenir de l'Europe en tant que puissance mondiale et haut lieu de civilisation si les ressorts secrets du progrès technologique lui échappent les uns après les autres?

Ces deux questions sont à l'origine de la démarche intellectuelle qui nous a poussés à écrire ce livre. C'est pour leur apporter des éléments de réponse que nous avons choisi de rédiger la chronique des déboires et des réussites technologiques européennes depuis trente ans. C'est pour cela aussi que nous avons cherché à comprendre de quel mal technologique mystérieux l'Europe semblait atteinte aujourd'hui. C'est pour cela enfin que nous nous sommes risqués à esquisser les stratégies ambitieuses qu'appelle aujourd'hui la situation menacée de la technologie européenne.

Au fil de ce travail de longue haleine, nos intuitions se sont affirmées et muées en convictions. Conviction que les projets de relance technologique imaginés par la Communauté (du type d'ESPRIT) ou par les États (EUREKA) ne sont pas, par euxmêmes, à la hauteur des enjeux qui les ont motivés. Conviction que le projet d'unification du marché intérieur a rapidement cessé d'être le deuxième pilier d'une politique de soutien à la compétitivité industrielle de l'Europe pour ne plus représenter que la version continentale d'un modèle hyper-libéral anglo-saxon. Conviction que cette intégration économique de 1992 risque, si rien n'est fait par ailleurs, de favoriser une mise sous dépendance technologique et, finalement, politique de l'Europe. Conviction, enfin, que face aux nouveaux défis technologiques qui s'annoncent tant à l'Est qu'à l'Ouest, c'est une action conjointe sur le marché, les structures et la société qui peut seule permettre à l'Europe de mettre en œuvre un modèle original et efficace de développement technologique.

Nous avons choisi le point de vue du chroniqueur engagé. D'où une analyse sans complaisance des faiblesses de notre continent, d'où aussi notre engagement dans un certain combat pour la reconnaissance de la dimension majeure des enjeux technologiques. Notre Europe a fait éclore la science et la technique modernes, elle a accumulé un prodigieux patrimoine culturel et humain mais la voici contrainte de trouver une voie originale lui permettant de s'adapter aux nouvelles règles politiques, sociales et éthiques qu'impose cette technologie même qu'elle inventa il y a quelques siècles. En cela, le sort de l'Europe dépend largement de celui de sa technologie. Et c'est pourquoi cette « nouvelle frontière » de la technologie européenne est à la fois le symbole des nouvelles ambitions qui doivent être celles de notre continent et la véritable ligne de front de la bataille politique et civilisatrice dont dépend son avenir.

PREMIÈRE PARTIE

LA MENACE DE L'INTÉGRATION SOUS DÉPENDANCE

I

L'EUROPE DE LA TECHNOLOGIE
EN TROMPE-L'ŒIL

17 juillet 1985 : dans la salle des fêtes de l'Élysée, le président François Mitterrand reçoit les représentants de dix-sept pays européens venus participer aux « Assises de la technologie européenne » qui doivent marquer la naissance du programme EUREKA. C'est l'occasion pour lui de souligner l'importance qu'il attache au devenir des technologies avancées en Europe : *« De la maîtrise des technologies de pointe dépend notre indépendance, celle de chacun et celle de tous, mais aussi le niveau et les modes de vie de demain. Les pays qui adapteront leur économie créeront des emplois en maîtrisant ces nouvelles techniques. Ils pourront choisir leur organisation sociale, développer leur culture et garantir leur sécurité* [1].» Si le Président français n'hésite pas à dramatiser ainsi l'enjeu, c'est qu'il a conscience du défi technologique que représente le lancement du projet d'Initiative de défense stratégique (IDS) que les États-Unis viennent de doter d'un budget de 26 milliards de dollars de crédits de recherche. L'IDS, par son ampleur, semble de nature à restaurer le leadership technologique américain et apparaît comme une menace vis-à-vis de l'Europe dont le recul dans les secteurs de pointe prend des proportions de plus en plus inquiétantes.

Mais pendant que les responsables politiques français travaillent d'arrache-pied pour convaincre leurs partenaires et organiser une riposte industrielle et technologique européenne crédible à l'IDS, un autre projet fait, lui aussi, son chemin. Un mois avant les assises de Paris, les chefs d'État et de gouvernement de la Communauté se sont retrouvés à Milan pour approuver, en même temps qu'une relance institutionnelle de la Communauté, la réalisation en quelques années d'un « espace européen sans frontières intérieures ». Et, là aussi, c'est du côté des industries de haute technologie qu'est venu le premier signal : 25 pages de mémorandum rédigées au cours de l'année 1984 par la compagnie Philips pour convaincre les États membres et la Commission de supprimer d'ici à 1990 toute entrave au commerce intracommunautaire. Motif : les entreprises européennes ne pourront être compétitives que si elles disposent, comme leurs concurrentes américaines et japonaises, d'un marché domestique vaste et homogène.

Adoptés dans leur principe à quelques semaines d'intervalle, le projet EUREKA et « l'espace sans frontières » vont également voir officiellement le jour ensemble : en novembre à Hanovre pour EUREKA et en décembre à Luxembourg pour l'« Acte unique » et le marché intérieur de 1992. Après des années marquées par l'échec de nombreuses coopérations industrielles européennes et par une relative désaffection pour les projets technologiques mobilisateurs, 1985 serait-elle donc la date du sursaut de la technologie européenne? Peut-on rétrospectivement considérer ces quelques mois d'intense agitation diplomatique comme le point de départ d'un renouveau européen face à la compétition internationale? Ou l'Europe de la technologie n'est-elle, au contraire, qu'un trompe-l'œil politico-médiatique destiné à masquer le déclin inexorable de la capacité industrielle européenne?

EUREKA!

En ce mois de mars 1985, un document suscite la mauvaise humeur et l'inquiétude de l'Élysée. C'est la lettre par laquelle le secrétaire américain à la défense, Caspar Weinberger, a invité les Européens à faire connaître dans les deux mois s'ils ont l'intention de participer aux contrats de l'Initiative de défense stratégique, décidée par le Président Reagan et présentée comme un moyen de conjurer peut-être définitivement le péril d'une guerre nucléaire. La mauvaise humeur porte sur la procédure, jugée cavalière, et pour tout dire inacceptable : le délai des deux mois est un ultimatum, un mépris ouvert de la souveraineté des États européens. L'inquiétude est liée à l'ampleur technologique et financière du programme américain et au fait qu'il porte exclusivement sur le développement de filières techniques de pointe. Destinés en priorité aux entreprises américaines (à Paris, on se montre sceptique sur la possible « générosité » du Pentagone à l'égard de ses alliés européens), les 26 milliards de dollars de l'IDS prévus sur cinq ans ne risquent-ils pas d'accentuer encore le retard, le « gap technologique » dont semble déjà souffrir l'Europe vis-à-vis des États-Unis et du Japon? Comment les entreprises européennes pourraient-elles, dans ces circonstances, gagner la bataille mondiale de la High Tech, dont les stratèges de l'Élysée ont convaincu le Président Mitterrand qu'elle commandait aussi le sort des peuples?

Il faut donc réagir, desserrer l'étreinte. Pourquoi ne pas lancer une sorte d'« IDS européenne », construite autour des mêmes thèmes que le programme américain mais davantage orientée vers des finalités civiles bien que n'excluant pas d'éventuelles retombées militaires? C'est l'idée de départ d'EUREKA. Comme s'il s'agissait de bien montrer l'importance politique de l'initiative, c'est le ministre des Affaires étrangères, Roland Dumas, qui est chargé d'en expliquer les motivations et d'en assurer la promotion auprès des autres pays européens. Dès le mois d'avril, et après s'être concerté avec son homologue allemand, Hans Dietrich Genscher, Roland Dumas prend sa plume. Le ministre français veut « mettre en place sans délai l'Europe de la technologie ». Il propose de créer une « agence de coordination de la recherche européenne », soit European Research Coordination Agency en anglais, ou EUREKA. Les domaines visés sont très proches de ceux de l'IDS : optronique, matériaux nouveaux, lasers de puissance, grands ordinateurs, intelligence artificielle, micro-électronique très rapide et très miniaturisée, espace. S'agissant des aspects militaires du projet, Roland Dumas effectue une distinction entre « d'une part, les fonctions militaires à des fins pacifiques, car concernant la sécurité, qui consistent à écouter, voir et communiquer; d'autre part l'introduction d'armes dans l'espace, qui est d'une tout autre nature ». Le ton est particulièrement déterminé, le propos se veut visionnaire : « Une Europe de la sous-traitance, une Europe travaillant sous licence, ne serait pas l'Europe [2]. »

Les partenaires européens de la France ne sont pourtant guère séduits par cette version du projet. L'agence apparaît synonyme de bureaucratie. Sur le fond, le projet est interprété, par les Anglais notamment, comme une simple manœuvre contre l'IDS.

D'autres, enfin, redoutent qu'EUREKA ne laisse complètement de côté la Commission de Bruxelles. Bref, à la réunion des ministres des Affaires étrangères et de la Défense de l'Union de l'Europe occidentale des 21 et 22 avril 1985, EUREKA ne rencontre pas un franc succès.

Paris comprend alors qu'il lui faut changer son fusil d'épaule. Jacques Attali, à l'Élysée, confie une mission de réflexion et d'animation à Yves Stourdzé, jeune et brillant universitaire qui dirige depuis plusieurs années le CESTA, un organisme de prospective industrielle et technologique dépendant du ministère de l'Industrie *. Sous l'impulsion de l'équipe d'experts que constitue Stourdzé et sur les conseils du Quai d'Orsay, le projet prend alors ses premiers virages. Les objectifs d'ordre militaire disparaissent : « *Il n'est plus question de faire d'EUREKA le lieu d'une prise de position commune des Européens face à l'IDS. (...) L'agence est abandonnée et se transformera en une simple "action"* » [3]. » De même, il est admis qu'une assez large initiative devra être laissée aux entreprises dans la définition des projets, à condition toutefois que les finalités de ceux-ci soient compatibles avec un programme cadre pour lequel Yves Stourdzé propose cinq thèmes : Euromatique pour l'informatique, Eurocom pour la communication, Eurobot pour les technologies de la production, Eurobiot pour les biotechnologies et Euromat pour les matériaux nouveaux. Avec ces nouvelles orientations pour viatique, un diplomate chevronné est mandaté par Roland Dumas pour faire le tour des capitales européennes. Il s'agit de Claude Arnaud, ancien ambassadeur de France à Moscou, une des figures du Quai d'Orsay connue pour son esprit caustique, son sens de la répartie et sa connaissance approfondie des questions européennes. L'accueil est cette fois beaucoup plus chaleureux, d'autant que de proche en proche les experts français, soucieux d'aboutir, apparaissent prêts à faire de nouvelles concessions à leurs partenaires et à retirer à EUREKA tout aspect technocratique et planificateur. Reste cependant à obtenir lors des assises de Paris un soutien politique au plus haut niveau de la part des principaux États de la Communauté.

A l'ouverture des discussions avenue Kléber, le ministre français des Affaires étrangères met d'emblée la barre très haut : « *Au-delà des intentions générales que nous avons affichées*

---

* Yves Stourdzé disparaîtra prématurément moins de deux ans après avoir quitté le secrétariat français d'EUREKA.

jusqu'à présent, il faut maintenant passer à l'acte et mettre en pratique les paroles données. Cette réunion doit marquer un tournant décisif à cet égard [4]. » Dès le premier tour de table, la tonalité d'ensemble est très positive. Hans Dietrich Genscher, le ministre allemand des Affaires étrangères, appuie chaleureusement les idées françaises : Bonn débloquera 300 millions de deutsche Marks pour le programme, soit sensiblement autant que la France, qui a déjà mis un milliard de francs sur la table. De son côté, Sir Geoffrey Howe, le chef de la diplomatie britannique, est venu avec une proposition à l'inspiration très libérale (et donc opposée à l'esprit volontariste animant les Français) mais assez stimulante : pourquoi ne pas créer une marque européenne, « Eurotype », qui permettrait d'assurer l'accès des produits et services de haute technologie à l'ensemble des marchés européens? Après avoir hésité sur la conduite à tenir – il est vrai que ses services sont assez réservés vis-à-vis de l'initiative française – le président de la Commission et ancien ministre des Finances de François Mitterrand, Jacques Delors, apporte lui aussi son soutien à EUREKA.

Encouragé, Roland Dumas profite d'une interruption de séance pour marquer sa satisfaction devant la presse et indiquer que la conférence s'achemine vers un succès. En fait, il faudra encore plusieurs heures de travaux pour parvenir à la rédaction d'un communiqué *« lapidaire et condensé »* [5], comme le dira par la suite Hubert Curien, le ministre français de la Recherche qui espérait – en réalité – davantage. Mais l'essentiel est fait : *« Les ministres ont considéré qu'EUREKA était créé à partir de ce jour* *. »* Mandat est confié à *« l'équipe actuelle »*, c'est-à-dire aux quelques fonctionnaires conduits par Claude Arnaud, de préparer la prochaine conférence en liaison avec Bonn. Car il a également été décidé *« de se retrouver à l'invitation de la République fédérale d'Allemagne avant le 15 novembre 1985 pour prendre de nouvelles initiatives »*. EUREKA est désormais sur les rails. En l'espace de quelques mois, l'avenir de la technologie européenne est devenu un dossier diplomatique majeur.

Sur le fond, il reste cependant beaucoup de choses à faire car la réunion de l'avenue Kléber n'a essentiellement débouché que sur un accord de méthode. Les discussions d'experts reprennent donc durant l'été pour donner un contenu à une initiative diplomatique dont chacun a reconnu le bien-fondé. A nouveau, c'est

---

* Déclaration finale de la conférence.

un Français qui va jouer le rôle majeur de cette seconde phase de la naissance d'EUREKA : Yves Sillard, un ingénieur de l'armement de cinquante ans qui fut pendant plusieurs années le directeur du programme Ariane au CNES.

Lorsque Hubert Curien vient le chercher à la fin du mois d'août pour lui proposer d'être le « Monsieur EUREKA » français, ce polytechnicien formé au moule de l'establishment politico-industriel français – il deviendra trois ans plus tard délégué général pour l'armement – est à la tête de l'IFREMER, un institut spécialisé dans l'exploration océanique qui a succédé à l'ancien CNEXO. C'est peut-être là qu'entre les chercheurs en océanographie et la dure réalité du marché international de l'exploitation maritime, Yves Sillard a appris la façon subtile de marier recherche et industrie, initiative publique et intérêts privés. Toujours est-il qu'en quelques semaines le nouveau « coordinateur » d'EUREKA arrive à convaincre les plus hautes autorités politiques de renoncer à l'idée même d'un programme structuré et planifié. C'est une nouvelle étape décisive dans la marche d'EUREKA vers la réussite.

Tournant délibérément le dos aux grandes visions technocratiques, Yves Sillard propose une procédure simple et pragmatique pour l'attribution des financements EUREKA : ce sont les entreprises et les centres de recherche qui devront prendre eux-mêmes l'initiative de proposer des projets industriels. Les propositions seront éligibles aux financements publics d'EUREKA dès lors qu'elles seront présentées par des partenaires appartenant à au moins deux pays européens différents et qu'elles concerneront un secteur de haute technologie. « *La dynamique d'EUREKA repose avant tout sur l'élan industriel »,* répète à qui veut l'entendre Yves Sillard. Présenté ainsi, le projet ne peut alors que satisfaire les plus libéraux des Européens (les Britanniques notamment) qui, depuis le début, imaginent EUREKA comme un mécanisme de soutien aux projets industriels issus du marché plutôt que comme un « plan » mobilisateur et volontariste.

Après des débats animés durant l'été et le début de l'automne, notamment entre Français et Allemands (les premiers souhaitant privilégier des projets débouchant à court terme, les seconds préférant des coopérations à long terme et incorporant des aspects sociaux ou écologiques) un accord opérationnel est finalement conclu à la conférence convoquée par la République fédérale à Hanovre en novembre 1985. Le climat y est excellent comme en témoigne rétrospectivement la lecture de la presse britannique de ces jours-là. *The Economist* avait ainsi prévu, à l'avance, un échec retentissant : « *Les ministres vont se quereller au sujet de leurs projets favoris, ne pas se mettre d'accord et, en guise de compromis, charger les technocrates de forger de nouvelles platitudes sur les causes du retard technologique de l'Europe.* » Mais quelques jours plus tard, le ton est tout autre dans les colonnes du pourtant très caustique *Financial Times* qui en reste tout étonné : « *Quand l'Anglais et le Français paissent côte à côte comme des agneaux, quand la présidence allemande se voit félicitée pour son humour et sa verve, il y a incontestablement quelque chose de changé!* »

Ce qui a surtout changé, c'est que pour la première fois EUREKA vient de prendre un contenu concret : les premiers projets sont enregistrés et les ministres adoptent une « charte » qui définit notamment la structure institutionnelle d'EUREKA. Au sommet, la conférence ministérielle, présidée à tour de rôle par un pays membre d'EUREKA, arrête les grandes orientations et enregistre officiellement les projets; entre deux conférences, la continuité est assurée par un groupe de hauts fonctionnaires; enfin chaque pays membre désigne un « coordinateur national » centralisant les projets déposés.

Après les Allemands, c'est au tour des Britanniques de reprendre le flambeau et d'organiser un nouveau rendez-vous en juin 1986. Lors de cette conférence de Londres, on assiste à la montée en puissance des coopérations concrètes et la création d'un secrétariat léger destiné à recueillir et diffuser l'information sur les projets afin de faciliter la constitution de partenariats européens. Le plus difficile est de se mettre d'accord sur le lieu d'implantation du secrétariat. La France, soutenue par la République fédérale, a présenté la candidature de Strasbourg, mais la plupart des autres pays ne souhaitent pas donner la part trop belle aux autorités françaises qui sont à l'origine du projet EUREKA tandis que la ville alsacienne est jugée difficile d'accès par les industriels. Un compromis est finalement trouvé : après le retrait de la candidature de Strasbourg, le secrétariat s'installera à Bruxelles mais sa direction sera confiée au diplomate français Xavier Fels qui restera trois ans à ce poste. Une fois ces questions institutionnelles et protocolaires réglées, le programme EUREKA peut alors prendre son régime de croisière et jouer à plein son véritable rôle : celui d'une « agence matrimoniale » de la technologie européenne.

Contrairement donc à ce que pourrait laisser entendre la

dénomination même du programme, EUREKA n'aura pas été la création spontanée et géniale d'un nouvel Archimède, mais plutôt le résultat empirique d'un processus dont les promoteurs ont rapidement et presque volontairement perdu le contrôle. Processus qui, lui-même, s'est largement appuyé sur les acquis d'un autre projet au nom tout aussi évocateur : ESPRIT.

La Communauté découvre la recherche précompétitive

Moins « politique » – et aussi moins acrobatique – que celle qui a présidé à la naissance du programme EUREKA, la démarche qui se trouve à l'origine du programme ESPRIT doit beaucoup à une forte personnalité, le vicomte et diplomate belge Étienne Davignon, qui fut, de 1977 à 1984, chargé des questions industrielles à la Commission de Bruxelles.

Étienne Davignon n'a certes pas été le premier, au sein de l'exécutif communautaire, à se préoccuper de lancer des programmes européens destinés à soutenir la recherche et développement (R&D) industriels. Dès le début des années 70, quelques timides initiatives sont prises. Mais les montants financiers engagés restent dérisoires, les thèmes sont souvent mal choisis ou se trouvent même parfois dépassés du fait des délais séparant l'appel d'offres de l'attribution des aides. Dans le même temps, les appels lancés par des scientifiques européens de tous bords inquiets de la façon dont le Vieux Continent traverse la crise se font plus pressants : « *L'Europe peut glisser vers le sous-développement... elle joue son existence même en tant que foyer de civilisation indépendant* [6] », écrit ainsi le président du Comité européen de recherche et développement, le Français André Danzin, qui en tire argument pour appeler de ses vœux une « *thérapeutique douce* », une « *politique scientifique et technique communautaire* ».

Au début des années 80, l'Europe de la recherche et de la technologie fait donc un peu figure de parent pauvre * face à des grandes politiques communautaires traditionnelles comme la politique agricole commune ou encore la coopération économique et financière avec notamment le jeune Système monétaire européen. Il manque indéniablement une volonté politique, des moyens

---

* Mis à part le domaine nucléaire où des actions importantes ont été engagées, tel le programme JET en matière de fusion thermonucléaire.

financiers à la mesure de l'enjeu et – surtout – une approche originale qui permettent de créer une véritable dynamique de la coopération européenne dans ce domaine difficile situé à la charnière du monde scientifique et de l'industrie. Étienne Davignon sera l'homme du retournement.

Ayant identifié le secteur des technologies de l'information comme l'un de ceux où il était le plus nécessaire de remédier à l'éparpillement de l'effort européen, Davignon choisit d'innover. Plutôt que de demander à ses services de concevoir, selon la formule éprouvée et banale, un « plan », il réunit autour de lui les grands industriels européens de l'informatique et de l'électronique. On s'arrête au nombre « magique » de douze, soit pour l'Allemagne fédérale Siemens, AEG et Nixdorf, pour la Grande-Bretagne, GEC, ICL et Plessey, pour l'Italie Olivetti et STET, pour la Hollande Philips et pour la France Bull, CGE et Thomson. C'est à ces douze « barons » de l'électronique européenne, pourtant rivaux entre eux, que Davignon, s'inspirant des modèles de coopération mis en œuvre au Japon sous l'égide du MITI, propose de définir les thèmes de recherche que la Commission soutiendra. Le pari tient apparemment de la gageure : l'échec, moins de dix ans plus tôt, du projet d'industrie informatique commune UNIDATA entre la France, l'Allemagne fédérale et les Pays-Bas (chapitre v), n'a-t-il pas laissé des traces profondes et suscité un climat de méfiance durable? Les principaux industriels réunis par la Commission n'ont-ils pas souvent préféré des alliances japonaises ou américaines à la coopération européenne?

Et pourtant, sous l'autorité d'un « comité directeur ESPRIT », les travaux progressent rapidement. Le programme est découpé en cinq thèmes pour chacun desquels un panel spécialisé est chargé de rédiger un « workplan ». Devant la bonne volonté apparente des principales entreprises du secteur qui semblent déterminées à jouer le jeu, les gouvernements européens, d'abord hésitants, se laissent convaincre.

Après une phase pilote, ESPRIT est lancé officiellement par la Communauté en février 1984. L'organisation mise en place est plus sophistiquée que celle qui sera retenue ultérieurement pour EUREKA. Elle repose sur une administration permanente dotée de moyens importants : la « task force » pour les technologies de l'information, dirigée par le Français Michel Carpentier et qui deviendra bientôt une des directions générales de la Commission, la DG XIII. Selon les principes arrêtés par Étienne Davignon, le rôle de la Commission consiste essentiellement à préparer les appels d'offres une fois que les thèmes en ont été définis en concertation avec les industriels. Les projets reçus sont examinés par des panels d'experts (moins d'un quart des projets sont retenus en moyenne) et doivent, comme dans le cas d'EUREKA, qui s'est fortement inspiré du modèle, être entrepris en coopération par des partenaires situés dans plusieurs pays européens. Les financements sont assurés à part égale entre les participants et la Communauté. Ainsi associées dès l'origine au pilotage et à la gestion concrète des projets, les entreprises informatiques et électroniques ne peuvent que soutenir le mouvement amorcé par Bruxelles.

Mais le succès d'ESPRIT tient, plus encore, à une autre particularité de la « méthode Davignon ». Conscients de la pesanteur des rivalités industrielles intra-européennes, Davignon et son équipe ont trouvé un moyen subtil de contourner cet écueil : le programme ESPRIT se cantonnera exclusivement à la « recherche précompétitive » et ne soutiendra donc que des travaux de R&D situés suffisamment en amont du marché pour ne pas avoir d'effet trop direct sur les relations de concurrence entre les entreprises! L'objectif officiel d'ESPRIT n'est pas de financer des développements de produits commercialisables, mais uniquement d'aider à la diffusion des connaissances et de renforcer la base scientifique et technique de l'Europe dans les technologies de l'information.

En 1983, lorsqu'elle apparaît sous la plume des rédacteurs de la Commission, cette notion de précompétitivité n'a pourtant encore aucun contenu précis. Il s'agit tout au plus d'un néologisme du dialecte euro-bruxellois. Néanmoins, ce mot magique acquiert d'emblée toutes les vertus, à commencer par celle d'être imprécise. Réticents à conclure entre eux des accords de développement industriel qui les lieraient au stade commercial, les industriels européens vont au contraire profiter du caractère officiellement « précompétitif » des projets ESPRIT pour entreprendre de nombreuses coopérations sans risque concurrentiel apparent à court terme. Là encore, c'est l'imagination de quelques hommes et le pragmatisme des solutions retenues qui ont permis d'aboutir à des premiers résultats.

Un « miracle de l'esprit européen »?

EUREKA, ESPRIT : deux emblèmes aux titres inspirés pour une idée nouvelle et motivante en cette fin du XXe siècle, l'Europe de la technologie. On comprend aisément que les dirigeants européens aient pu céder à la tentation d'une certaine auto-satisfaction. On croyait la vieille Europe en déclin et la voilà soudain qui, en quelques années, se mobilise au plus haut niveau pour affronter le défi technologique mondial. S'agit-il pour autant d'un « *miracle de l'esprit européen* », comme l'a écrit un jour un journaliste enthousiaste?

Psychologiquement et politiquement, on peut sans doute le soutenir. Durant vingt ans, l'action communautaire s'était surtout concentrée sur la gestion commune de secteurs en difficulté : agriculture, pêche, sidérurgie, industrie textile... Et en matière de recherche proprement dite, à côté du programme JET déjà cité, la piètre réputation du Centre commun de recherche créé par le traité EURATOM (chapitre V) faisait douter de la capacité technique de la Commission à prendre en charge elle-même des programmes importants. La mise en place d'ESPRIT a, de ce fait, redonné confiance aux fonctionnaires de Bruxelles, levé les réticences des États membres partisans d'une gestion très stricte des deniers de la Communauté et assis la crédibilité de cette dernière auprès des industriels.

« *Il existe un accord unanime quant au succès initial d'ESPRIT, particulièrement en ce qui concerne la promotion des coopérations trans-européennes entre des organisations compétentes dans le domaine des technologies de l'information* [7] », conclut ainsi, après une enquête approfondie effectuée auprès des participants au programme, le rapport d'évaluation à mi-parcours d'ESPRIT, commandé en mai 1985 par la Commission des communautés européennes à trois personnalités éminentes de la recherche européenne : le Français Danzin, que nous avons déja rencontré plus haut, le Hollandais Pannenborg, ex-vice-chairman de Philips et l'Allemand Warnecke, directeur du Fraunhofer Institut. Et c'est le même type de jugement que porte sur EUREKA le dauphin de Fiat, Umberto Agnelli, lorsqu'il décrit quelques années plus tard ce programme comme « *un modèle de coopération sans bureaucratie* », qui a permis, avec d'autres initiatives, de rompre avec « *l'europessimisme et tout le cortège de lamentations stériles qui l'a accompagné* [8] ».

Grâce à l'approche coopérative d'ESPRIT puis d'EUREKA, les entreprises de High Tech européennes ont recommencé à parler entre elles et ont, souvent, repris goût à travailler ensemble, à l'image des trois champions nationaux de l'informatique, Bull, ICL et Siemens qui ont ouvert à Munich un centre de recherches commun. Et ce retour à la « paix des ménages » dans l'industrie européenne a été consacré politiquement par l'événement diplomatique sans précédent qu'a constitué l'approbation solennelle d'EUREKA par une vingtaine d'États européens : pour la première fois depuis la fin de la Seconde Guerre mondiale, une initiative politique commune ayant des débouchés concrets répondait directement au comportement protecteur et dominateur de la politique américaine.

Après des années d'échecs et de purgatoire, l'Europe de la technologie a pris ainsi une belle revanche en donnant l'occasion aux gouvernements européens d'accomplir un acte symbolique de première importance. Aujourd'hui encore elle figure parmi les priorités affichées de toutes les professions de foi communautaires. Savoir si le cours de la technologie européenne a été, lui, réellement modifié est évidemment une autre affaire.

L'analyse des premiers résultats sur le terrain d'EUREKA et d'ESPRIT, tels qu'on peut les apprécier après quelques années de fonctionnement, conduit en effet à un verdict mesuré et prudent. Dans la mesure où l'objectif était, avant tout, d'encourager le développement de la coopération européenne, le bilan peut être jugé satisfaisant. Mais ni EUREKA ni ESPRIT ne proposent de véritable stratégie ciblée, encore moins de grande ambition ou de grands projets comme Airbus a pu l'être pour l'aéronautique et Ariane pour l'espace (chapitre VI). A quelques exceptions près, les résultats commerciaux des nouveaux programmes européens demeurent donc encore limités.

« Il est difficile de faire des statistiques convenables au bout de quatre ans d'existence du programme EUREKA. Mais on peut dire que le nombre de projets qui ont abouti est tout à fait raisonnable. Lorsque nous avons demandé un point de la situation au début de l'année, nous ne nous attendions pas à ce qu'il y ait déjà des exemples de commercialisation. Or il y en a[9]. *»* La manière avec laquelle Hubert Curien formule en 1989 son diagnostic est déjà significative et sa prudence (son réalisme) le dispute à l'optimisme. Un an plus tard, on en est toujours au même point : Michel Aubert, le nouveau coordinateur EUREKA avoue que l'évaluation des retombées restera difficile tant que les premières réalisations ne seront pas sur le marché, c'est-à-dire vraisemblablement pas avant 1992[10]. La plupart des observateurs font preuve de la même circonspection lorsqu'ils se penchent sur les résultats d'ESPRIT. Si la cinquième « conférence-exposition » du programme qui s'est tenue à Bruxelles en

novembre 1988 a confirmé la bonne collaboration des équipes de recherche au sein de la Communauté européenne, elle a aussi montré, selon la presse spécialisée, que les débouchés commerciaux restaient encore très ponctuels. « *Mis à part quelques applications vedettes, des soixante projets présentés au cours de l'exposition, bon nombre ne dépasseront pas le stade du prototype* », pouvait-on lire, avant cette conclusion un peu sèche : « *Le pari européen l'emporte davantage sur le terrain de la recherche que sur le plan commercial* [11]. » De même, plus récemment, l'enquête très poussée menée sur les participations françaises aux programmes (de recherche) communautaires par le Centre de sociologie de l'innovation de l'École des Mines pour le compte de la CEE confirme que, si l'on regarde l'ensemble de ces programmes (c'est-à-dire outre ESPRIT, des programmes tels RACE, BRITE, EURAM pour n'en citer que quelques-uns), « *les équipes de recherche n'attendent pas des programmes qu'ils favorisent directement la commercialisation de nouveaux produits. (...) Du point de vue des équipes, les programmes permettent avant tout de " travailler à plus long terme " sur des finalités clairement " tournées vers le développement " mais avec des travaux très majoritairement en amont de la conception de produits commercialisables. Incontestablement les programmes renforcent, voire font émerger, cette nouvelle forme de recherche à laquelle nous avons donné le nom de " recherche technologique de base ", faite de modélisations, de simulations et qui occupe une place intermédiaire entre le développement industriel proprement dit et la recherche académique* [12] ». Si les résultats précis de cette enquête montrent qu'ESPRIT est avec RACE le programme le plus tourné vers le développement et la commercialisation, on relève pourtant que les équipes françaises engagées dans ESPRIT demeurent assez prudentes quant aux débouchés industriels : bien que 69 % d'entre elles estiment que leur recherche doit conduire à une commercialisation, seulement 31 % citent le développement de nouveaux produits comme objectif principal de leur recherche (contre 53 % qui citent des préoccupations plus académiques : nouvelles connaissances scientifiques, faisabilité de nouveaux concepts); quant aux brevets, ils ne font partie des résultats attendus que dans moins de 5 % des cas!

De surcroît, les différents programmes de recherche européens doivent être ramenés à leurs véritables proportions du simple point de vue financier. Dès la naissance d'EUREKA, le président de la Commission des technologies de la recherche et de l'énergie du Parlement européen, Michel Poniatowski, comparait ainsi le milliard de francs offert par Paris – 110 millions de dollars de l'époque – aux sommes dépensées aux États-Unis dans la recherche et le développement : 16 milliards de dollars pour le budget spatial; 1,4 milliard pour l'IDS (2,8 prévus l'année suivante); 100 milliards secteurs civils et militaires confondus; plus de 3 milliards chacun par IBM et General Motors. « *C'est peu au regard des besoins, et c'est pourtant beaucoup au regard du silence des autres pays* [13] », estimait-il diplomatiquement avant d'avertir : « *Si les pays concernés ne sont pas prêts à soutenir leur rhétorique par des engagements financiers adéquats et sans ambiguïtés, EUREKA sera un trompe-l'œil.* » Depuis, certes, EUREKA et les programmes de recherche communautaires ont grandi : après la conférence de Rome des 31 mai et 1er juin 1990, EUREKA pèse globalement 8 milliards d'Ecus pour 386 projets et plus de 2 000 participants; la Communauté, de son côté, a prévu de dépenser 6,5 milliards d'Ecus au titre de son programme cadre 1987-1991. Mais si l'effort commence à être significatif, il ne représente encore qu'environ 3 % des dépenses totales de la Communauté et 1,8 % des dépenses intérieures brutes de recherche et développement effectuées dans l'ensemble des États membres.

L'avant-garde du marché intérieur

Des progrès incontestables dans la coopération industrielle, des montants de dépenses significatifs bien que continuant à ne représenter qu'une faible part de la recherche publique des États membres, des résultats commerciaux encore trop limités au stade actuel : même s'ils sont les bienvenus, les programmes de recherche européens ne se sont pas encore traduits par une réelle reconquête des marchés internationaux de haute technologie.

Serait-ce alors vers l'horizon du marché unique européen annoncé pour le 31 décembre 1992 qu'il faudrait se tourner pour observer des changements susceptibles de modifier les rapports de forces en faveur de la technologie européenne? Plus que celle des programmes de recherche, la véritable Europe de la technologie ne serait-elle pas celle du marché?

C'est ce que ne cessent d'affirmer depuis 1985 les représentants du courant libéral. Alors que les deux négociations parallèles – celle sur EUREKA et celle sur l'Acte unique – venaient tout juste de commencer, le *Financial Times* écrivait déjà : « *Ce ne*

*sont pas les compétences scientifiques qui manquent à l'Europe,
c'est la structure des marchés nationaux qui l'empêche de les
utiliser au mieux. Davantage d'investissements conjoints dans
le domaine de la recherche ne produiront l'effet désiré que si
des efforts sont faits en parallèle pour unifier le marché* [14]. » Et
le député libéral européen Gérard Longuet, futur ministre français des PTT, de renchérir : « *L'existence d'EUREKA n'est que
la conséquence de l'absence d'un véritable espace économique
européen. L'Europe de la technologie civile doit naître naturellement d'un espace économique européen où chaque entreprise
en concevant un produit ou un service raisonnerait immédiatement au niveau d'un marché de 320 millions d'habitants* [15]. »

A regarder les choses sous cet angle, les événements de 1985
prennent alors une autre signification. Vue de Bruxelles, de Bonn,
de Londres, de La Haye et même dans une certaine mesure de
Paris, la grande affaire de 1985 n'était peut-être pas EUREKA
contrairement à l'écho qu'en ont donné les médias, mais plutôt
l'acceptation par tous les Européens de la profonde mutation des
règles du jeu économique qu'impliquerait, à brève échéance, la
suppression progressive des frontières au sein de la Communauté.

Dans cette hypothèse, le soutien des principaux partenaires de
la France au programme EUREKA apparaît d'abord comme une
monnaie d'échange. Dès lors, en effet, que la France obtenait
formellement satisfaction sur ses ambitions technologiques, on
pouvait prévoir qu'elle accepterait plus facilement la suppression
des frontières intra-communautaires, perspective pourtant plus
périlleuse pour elle que pour ses partenaires de l'Europe du Nord,
mieux armés commercialement, voire que pour ceux de l'Europe
du Sud, assurés de bénéficier largement des mécanismes de
« compensation financière » de la Communauté. Cela ne veut pas
dire, pour autant, que l'adhésion de certains pays libéraux à
EUREKA n'a pas été sincère : dans la mesure où le projet avait
été substantiellement remanié dans un sens pragmatique et non
interventionniste, il y avait, au contraire, toute raison d'en assurer
la promotion en tant qu'avant-garde du marché intérieur, permettant d'amorcer, par la technologie – c'est-à-dire par le haut
– l'ouverture des marchés. Ce compromis implicite entre le
soutien à EUREKA et l'accord sur le marché intérieur va
permettre aux deux projets d'aboutir simultanément : en
novembre, EUREKA obtient l'accord définitif des partenaires
libéraux de la France et, un mois plus tard, les autorités françaises
acceptent à Luxembourg le projet d'Acte unique qui fixe au

31 décembre 1992 la fin de la période durant laquelle la Communauté « *arrête les mesures destinées à établir progressivement le marché intérieur* ».

Un tel « deal » était-il équilibré? Entre l'approche volontariste française symbolisée par EUREKA et la philosophie libérale anglo-saxonne qui domine la construction du marché unique, y avait-il, fondamentalement, opposition ou complémentarité? La réponse dépend largement de l'analyse que l'on peut faire aujourd'hui du rôle du marché intérieur comme moyen de stimulation de l'offre technologique européenne.

II

DÉRIVE D'UN PROJET

« *L'importance de la masse critique* » : le *Financial Times* publie côte à côte deux articles réunis sous ce même titre [1]. L'Allemand Karlheinz Kaske, président de Siemens, et le très britannique Lord Weinstock, patron de GEC, ont pris la plume en ce mois d'avril 1989 pour justifier un projet audacieux : l'OPA lancée conjointement sur la compagnie britannique Plessey, avec laquelle GEC possède déjà une « joint venture » dans le domaine des télécommunications publiques. Pour l'industriel allemand, l'opération prévue « *anticipe des changements considérables dans l'industrie électronique mondiale* ». A l'origine de ces changements, « *l'augmentation énorme des dépenses de recherche et développement nécessaires pour développer une nouvelle génération de systèmes électroniques* ». Le président de Siemens donne deux exemples. «*Alors que le développement d'un central téléphonique électromécanique revient à environ 100 millions de dollars, celui d'un central numérique utilisé actuellement est d'environ un milliard de dollars. On s'attend à ce que les futurs systèmes coûtent jusqu'à deux milliards de dollars.* » L'autre exemple est tiré de la technologie des semi-conducteurs : Karlheinz Kaske se réfère à la domination du marché par les Japonais pour appeler à une concentration de l'effort européen. Sa conclusion? « *La future coopération entre GEC, Plessey et Siemens (...) offrira aux trois compagnies une excellente opportunité pour renforcer leur compétitivité.* »

Lord Weinstock, quant à lui, concentre sa démonstration sur la situation de GPT, la filiale commune créée par GEC et Plessey. Derrière le satisfecit formel délivré à GPT et à son principal produit, le central public System X (« *un système de commu-*

tation électronique correspondant à l'état de l'art »), il dépeint, en réalité, une situation préoccupante : « *Sans un successeur au System X, GPT aura une vie limitée en tant que fournisseur de centraux téléphoniques publics. Ce qui succédera au System X, et sur la base de quels financements, voilà les questions critiques pour GPT et pour la politique de télécommunications de GEC et de Plessey.* » Et le président de GEC d'ajouter : « *Le point de vue britannique a été que GEC est trop grand. La perception mondiale est au contraire que GEC ne l'est pas assez. Dans la technologie avancée, la logique est la suivante : des marchés, un chiffre d'affaires, des profits à investir, de la recherche et du développement, des produits du futur. La spécialisation fait partie de la démarche, mais la dimension minimale pour assurer la survie croît sans cesse. Une niche peut facilement devenir une tombe.* »

Taille critique, concentration des efforts de recherche et d'investissement : les arguments pèsent lourd. La Commission européenne, devant laquelle la direction de Plessey a porté l'affaire, décide de donner son feu vert à l'opération. De même, au Royaume-Uni la commission des monopoles et fusions se contente d'imposer au nom de la défense nationale (dont Plessey est l'un des principaux fournisseurs) certaines modifications au montage prévu par GEC/Siemens. Plessey espérait pourtant une décision de rejet de la part des autorités britanniques qui, en janvier 1986, s'étaient opposées à un premier projet d'OPA de GEC sur Plessey au nom des principes libéraux de lutte contre les monopoles et de respect de la concurrence.

Les tentatives parallèles de Plessey pour trouver un « chevalier blanc » et monter une contre-OPA sur GEC étant restées vaines, la voie est désormais libre pour l'une des plus importantes restructurations de l'industrie électronique européenne de ces dernières années. Les intérêts en jeu sont considérables : GEC espère sortir GPT de l'impasse et pénétrer le marché allemand de l'électronique militaire, tandis que Siemens trouve l'occasion de renforcer ses positions face à son rival de toujours, le Français Alcatel, de consolider son potentiel dans les semi-conducteurs et de gagner un accès aux marchés de défense britanniques. Avec une telle opération, on est bien loin des coopérations de R&D et des programmes communautaires. Il ne s'agit plus de recherches communes, ni même de « *joint venture* », mais d'OPA, de fusions et d'acquisitions. Les grandes manœuvres de la technologie européenne viennent véritablement de commencer.

1986 : l'OPA anglo-britannique de GEC sur Plessey est rejetée. 1989 : une opération transnationale conduisant à l'interpénétration et à la concentration de l'électronique anglaise et allemande reçoit la double bénédiction des autorités britanniques et de Bruxelles. Cette évolution spectaculaire donne-t-elle pour autant raison aux libéraux européens et à la Commission qui voyaient dans « l'horizon 1992 » le moyen de prendre le relais d'EUREKA et d'ESPRIT pour promouvoir des alliances industrielles spontanées et stimuler les restructurations dans les secteurs de pointe? On peut en douter quand on constate la manière dont, à Bruxelles même, le projet d'unification du marché intérieur européen s'est mis à dériver au point d'oublier souvent tout impératif industriel au profit d'une approche essentiellement consumériste. Et malgré les discours très offensifs des managers européens, les restructurations qui agitent depuis quelques années la High Tech européenne ne suffisent pas à masquer le déficit de stratégie industrielle dont souffrent toujours certains secteurs névralgiques confrontés aujourd'hui à des révisions déchirantes.

Les deux visages du marché intérieur

« La Communauté se donne pour objectif de renforcer les bases scientifiques et technologiques de l'industrie européenne et de favoriser le développement de sa compétitivité internationale. A cette fin, elle encourage les entreprises, y compris les petites et moyennes entreprises, les centres de recherche et les universités dans leurs efforts de recherche et de développement technologique; elle soutient leurs efforts de coopération, en visant tout particulièrement à permettre aux entreprises d'exploiter pleinement les potentialités du marché intérieur de la Communauté à la faveur, notamment, de l'ouverture des marchés publics nationaux, de la définition de normes communes et de l'élimination des obstacles juridiques et fiscaux à cette coopération. » L'article 130F de l'Acte unique est très explicite quant à la complémentarité qui doit exister, dans le cadre communautaire, entre la réalisation du marché intérieur et des actions visant à renforcer la compétitivité technologique de l'industrie européenne. Et cet article lui-même fait suite à un document dans lequel, six mois avant l'approbation de l'Acte unique par les chefs d'État et de gouvernement, la Commission a proposé la création d'une « Communauté européenne de la technologie » en

soulignant notamment qu'« *il existe un lien étroit entre les propositions faites par la Commission pour la réalisation du grand marché et celles concernant la création d'une Communauté européenne de la technologie* [2]. » En décembre 1985, les intentions des promoteurs comme des signataires de l'Acte unique apparaissent donc bien claires : la mise en place du marché unique n'ignorera pas l'impératif industriel que représente le développement des secteurs technologiques de pointe. C'est sans doute ce qui a convaincu les négociateurs français d'accepter l'« échange des consentements » entre EUREKA et l'Acte unique (chapitre I) : ils ont toutes les raisons de croire que le marché intérieur et EUREKA vont avoir une dimension commune. Comme l'estime alors un fonctionnaire de la Direction des affaires économiques du Quai d'Orsay : « *Il serait erroné de chercher à opposer une politique européenne de l'offre (rapprochement des stratégies industrielles) et une politique de la demande (création d'un environnement favorable à l'activité des entreprises); chacune de ces deux politiques absorbe l'autre dès lors qu'on lui donne toute son extension* [3]. »

Dès 1984, un observateur aussi averti que l'ancien Premier ministre français Raymond Barre avait du reste souligné cette complémentarité naturelle entre une politique visant à agir sur le marché et une action de stimulation des industries de pointe : « *L'objectif doit être de renforcer la compétitivité de toutes les entreprises de la Communauté. Il serait nécessaire à cette fin que, dans les années à venir, les États membres mettent en œuvre une double action :*

— la première viserait à la constitution d'un véritable marché intérieur permettant aux entreprises de la Communauté de se développer sans entraves. Ceci implique l'adoption de certaines mesures telles que l'adoption de normes communautaires, la création du Groupement européen de coopération (...), une adaptation des dispositions communautaires sur la concurrence (...), l'ouverture des marchés publics (...), la libéralisation des services au sein de la Communauté (...);

— la seconde action concernerait les industries de technologies avancées pour lesquelles l'Europe occidentale doit affirmer sa compétitivité face à ses concurrents américains ou à ceux du Sud-Est asiatique. Elle comporterait des incitations financières et des aides à la recherche et au développement. Elle éviterait le recours à des mesures protectionnistes, qui risqueraient d'entraîner des coûts de production plus élevés qu'à l'étranger et

par là-d'affaiblir la compétitivité des entreprises européennes
tant sur leur marché européen que sur les marchés tiers. Tout
au plus serait-il acceptable de recourir à des droits de douane
limités à une période fixée à l'avance et dégressifs dans le temps,
dans l'esprit de l'aide aux industries dans l'enfance préconisée
par J. Stuart Mill [4]. »

Mais tout entière concentrée sur l'objectif de l'abolition des
frontières intérieures, la Commission va bientôt limiter son action
en matière technologique au seul programme cadre pluriannuel
qui coiffe l'ensemble des programmes de recherches communautaires. Et dans les domaines directement liés à la mise en place
du marché unique, il apparaît rapidement que les objectifs de
développement et de soutien technologiques ont été largement
perdus de vue. L'équilibre prévu à l'origine entre libéralisation
des marchés et revitalisation du tissu industriel se trouve ainsi
rompu. On va s'en apercevoir sur le dossier sensible des télécommunications dont chacun s'accordait pourtant, y compris la
Commission, à reconnaître qu'il aurait valeur de test quant à la
capacité de la Communauté à soutenir une véritable ambition
technologique.

À l'automne 1984, le Commissaire Davignon avait fait approuver par le Conseil sept « *lignes d'action* » destinées à donner une
dimension européenne à des politiques de télécommunications
qui s'étaient jusqu'alors situées dans un cadre presque exclusivement national. La démarche de Davignon, même si le terme
n'était pas prononcé, était d'inspiration « industrialiste ». Il s'agissait, comme dans ESPRIT pour les technologies de l'information
(chapitre 1), de promouvoir la compétitivité de l'industrie communautaire des télécommunications dans un contexte international
marqué par une mutation technologique de grande ampleur.
L'accent était mis sur l'offre, sur la technologie, sur la coopération
nécessaire entre Européens et l'ouverture des marchés n'était
prévue que comme l'un des éléments du dispositif d'ensemble.

Deux ans et demi après, au printemps 1987, la question
réapparaît lorsque la Commission fait connaître aux membres
du SOGT (le groupe des hauts fonctionnaires représentant les
États membres en matière de télécommunications) la première
version du Livre vert qu'elle prépare sur le « *marché commun*
des services et des équipements de télécommunications ». Ce
document s'inscrit dans la préparation du marché unique, mais
demeure encore très imprégné des principes mis en avant par
Étienne Davignon. Ce n'est pas une surprise : le Livre vert a été

rédigé par les experts de la DG XIII, cette même direction générale que nous avons vue prendre en charge le pilotage d'ESPRIT. Le texte propose une libéralisation complète du marché des équipements terminaux, la libéralisation de la plupart des services de télécommunications (à l'exception du service téléphonique) et l'ouverture à tous les fournisseurs européens des marchés publics passés par les administrations nationales des PTT. Mais l'exécutif communautaire assortit cette proposition de certaines recommandations complémentaires : il convient de faire un puissant effort de normalisation afin d'assurer la « connectivité » des réseaux de télécommunications en Europe et d'encourager le développement de services « paneuropéens », notamment à travers la coopération entre administrations nationales des télécommunications. Les préoccupations technologiques sont donc encore très présentes et de fait, la création d'un Institut européen des normes de télécommunications * et la conclusion d'un accord entre les opérateurs de réseaux européens sur la mise en place d'un réseau de radiotéléphonie cellulaire numérique viendront, peu après la publication officielle du Livre vert le 30 juillet 1987, donner un contenu concret de cette « Europe des télécommunications » que Davignon appelait de ses vœux.

Progressivement, cependant, les problèmes de stratégie industrielle vont se trouver relégués au second plan et le centre de gravité va glisser vers les questions juridiques et réglementaires. Alors que le Livre vert était resté volontairement vague sur les services de simple transport de données, c'est-à-dire ceux situés « entre » le service téléphonique et les services télématiques, la Commission fait savoir, dans un communiqué de presse publié le 15 décembre 1988, qu'elle entend les soumettre eux aussi à la concurrence. C'est le régime réglementaire très libéral institué aux États-Unis et en Grande-Bretagne qui a servi de modèle. Cette prise de position, qui se double d'un conflit juridique (la Commission entend décider d'elle-même de la libéralisation sans en passer par le Conseil) déclenche aussitôt une grave polémique. D'un côté les pays d'Europe du Nord (Royaume-Uni, Allemagne fédérale, Pays-Bas, Danemark et Irlande) apportent, sur le fond, leur soutien à la Commission. De l'autre, les pays francophones (France, Belgique et Luxembourg) et d'Europe du Sud (Italie, Espagne, Portugal, Grèce) font valoir les missions de service

---

* ETSI selon l'acronyme anglais.

public attachées aux services de simple transport de données *
pour refuser une libéralisation inconditionnelle.

Pourquoi se polariser sur cette question, alors que les services
de transport de données ne sont ni les plus nombreux (la diversité
est beaucoup plus grande en matière de services télématiques)
ni ceux qui pèsent le plus lourd financièrement puisque le marché
des services de télécommunications est encore très largement
dominé par le service téléphonique? C'est que, derrière cette
controverse technique, se cache en réalité un débat politique
essentiel entre deux conceptions du marché des télécommunications : l'une postule que la concurrence est le meilleur outil de
l'efficacité économique et l'instrument le plus approprié pour
diffuser l'innovation tandis que l'autre insiste sur le rôle central
du réseau public de télécommunications comme pôle structurant
des technologies de l'information et comme plate-forme d'attraction permettant de susciter une offre diversifiée et concurrentielle
de services télématiques.

Il faudra deux Conseils, et toute l'énergie du ministre français
Paul Quilès qui présidera la réunion décisive du 7 décembre
1989 pour régler le problème. Aux termes du compromis, les
services de transmission de données seront, comme les services
télématiques, ouverts à la concurrence à l'issue d'un délai d'adaptation de 3 ans (6 ans pour les pays de l'Europe du Sud) et les
États membres conserveront la possibilité de soumettre ces derniers à un régime spécial permettant de sauvegarder l'opérateur
public national et sa mission de service public face à la concurrence. S'agissant de la question de la compétence législative et
réglementaire, le Conseil et la Commission conviennent que
chacun restera sur ses positions sans que cela fasse obstacle à la
mise en œuvre des mesures décidées : il reviendra à la Cour de
justice, saisie par plusieurs États membres, d'arbitrer entre les
thèses en présence.

Six mois plus tard, c'est par un nouveau compromis que se
terminera la discussion sur un autre texte important, celui concernant l'harmonisation des conditions de mise sur le marché des
terminaux au sein de la Communauté. Et au mois de juillet 1990,
la Commission présente un nouveau Livre vert aux membres du
SOGT, portant sur les communications par satellites, un autre
sujet qui s'annonce déjà épineux.

---

* En France, par exemple, le réseau Transpac fait l'objet d'une concession de
droit public.

Par comparaison avec cet activisme réglementaire que justifie incontestablement l'ampleur de la matière à traiter, les progrès de la coopération technologique ont été beaucoup plus lents. Ne nous attardons pas sur le secteur des terminaux de télécommunications, où malgré la menace évidente de la concurrence japonaise et coréenne, la Communauté est restée étrangement passive. Mais même dans le domaine des réseaux et services, où l'on a pu noter le lancement du programme RACE sur les communications à très haut débit en 1985 et du radiotéléphone numérique paneuropéen en 1987, la Commission n'a pas réussi à donner une impulsion majeure à l'« Europe des réseaux de télécommunications ». Pis encore, c'est l'idée même de coopération qui est devenue un objet de controverse. Dans un document d'orientation récent présenté à l'automne 1990 sur l'application des règles de concurrence du traité de Rome au secteur des télécommunications, les fonctionnaires de la DG IV * passent ainsi au crible les accords de coopération que les opérateurs publics sont susceptibles de conclure entre eux. Le verdict de la DG IV est à chaque fois le même : sauf à les encadrer strictement, les accords entre les opérateurs risquent de fausser la concurrence, y compris lorsqu'ils interviennent dans le « secteur réservé » (infrastructures, service téléphonique) où leur coopération est pourtant indispensable pour fournir des prestations transfrontières harmonisées. Si, d'un strict point de vue légal, la démarche est incontestablement fondée, il ne reste néanmoins pas grand-chose de l'esprit de l'article 130F de l'Acte unique à l'issue de l'opération : de politiquement souhaitable, l'effort concerté de planification et de promotion technologiques est devenu juridiquement suspect.

La montée en puissance de la DG IV et l'affaiblissement correspondant de la DG XIII illustrent bien, par-delà les rivalités bureaucratiques entre ces deux directions générales, le renversement de priorité qui s'est opéré en quelques années : l'inspiration « industrialiste » du début a peu à peu cédé le pas à une démarche ultra-libérale fondée sur une lecture rigoriste du traité et la confiance absolue dans les vertus rédemptrices de la concurrence. Pour schématique que puisse paraître cette interprétation, il n'empêche qu'appréciée globalement, et avec le recul que permettent maintenant les quelques années qui ont passé depuis

---

* La Direction générale de la Commission chargée de faire respecter les règles de concurrence du Traité de Rome.

la signature de l'Acte unique, la dérive est manifeste. Tout se passe comme si, désormais, la Commission croyait beaucoup plus au marché qu'à la coopération et aux politiques publiques pour donner du tonus à la technologie européenne. C'est ainsi que, dans un registre voisin, l'hostilité affichée de l'exécutif bruxellois aux aides nationales à l'industrie ne peut plus être assimilée à de simples réticences vis-à-vis d'interventions dont il n'a pas l'initiative : elle traduit, en creux, la conviction de la majorité des fonctionnaires européens (et de leurs Commissaires) que c'est avant tout au « grand marché » de servir d'ambition technologique pour le Vieux Continent.

A quels arguments cette conviction répond-elle et peut-on trouver une explication à une dérive qui a pris naissance dans les têtes avant de se traduire dans les comportements? Un livre intitulé *1ᵉʳ janvier 1993 – ce qui va se passer en Europe* [5] nous donne indirectement la réponse : selon son auteur, l'Irlandais Peter Sutherland, Commissaire européen à la concurrence de 1985 à 1989, l'application des règles de concurrence du traité de Rome suffira à résoudre, si elle est poursuivie avec la fermeté nécessaire, le problème de compétitivité de l'industrie européenne.

Les certitudes de Peter Sutherland

Le diagnostic de base de Peter Sutherland n'est pas particulièrement complaisant quant à l'état de la technologie européenne. « *Faute d'investissements intelligents, écrit-il dans l'introduction de son ouvrage, les industries anciennes (textile, charbonnage, sidérurgie) déclinaient et leur compétitivité s'affaissait, sans que les responsables politiques ou industriels voient clairement l'origine du phénomène : le bouleversement des techniques de production rendu possible par les progrès de la technologie. Nous avons alors reculé devant le Japon et devant les pays nouvellement industrialisés du Sud-Est asiatique qui ont prouvé qu'ils savaient exploiter mieux que nous ces technologies de pointe, pourtant " inventées " dans une Europe qui n'en avait pas compris la portée. (...) Nos principaux problèmes économiques sont notre retard pour nous imposer dans les secteurs à forte croissance (télécommunications ou électronique), notre lenteur à adapter notre industrie et nos services aux nouveaux acquis technologiques et notre insuffisante intégration communautaire, qui multiplie les dépenses inutiles et les gaspillages.* » On ne peut donc vraiment pas accuser Peter Sutherland d'un manque de sensibilité à l'enjeu technologique.

Pour cet avocat de formation, la réalisation du marché intérieur n'en est pas moins un problème de droit : « *Le droit communautaire représente ainsi, pour plusieurs centaines de millions d'Européens, la garantie du respect de leurs libertés les plus élémentaires. (...) L'objectif 1993 et la création d'un espace économique unifié ne peuvent se faire que par l'affermissement de quatre libertés fondamentales : la liberté de circulation des personnes, des biens, des services et des capitaux.* » Le reste, c'est-à-dire l'amélioration de la compétitivité de l'économie européenne, viendra par surcroît. Car, pour Peter Sutherland, s'il y a une question qui ne se discute pas, c'est bien le fait que la concurrence est le meilleur garant de l'efficacité économique : « *Davantage de concurrence accroît toujours l'efficacité globale d'un système économique et profite toujours, en dernier ressort, au consommateur final (...). La concurrence est la vraie réponse aux problèmes qui assaillent l'industrie européenne.* » Dans ce contexte – Peter Sutherland ne le dit pas explicitement, mais cela ne fait pas de doute dans son esprit –, il ne saurait y avoir, pour la période qui s'ouvrira à partir du 1er janvier 1993, de « *privilège technologique* » d'aucune sorte. La concurrence ne se divise pas. Au contraire, plus l'activité relève d'un secteur de pointe, plus il convient de s'en remettre au marché : « *Toutes les études économiques montrent que seule la possibilité offerte à de nouveaux entrepreneurs d'entrer sur le marché est réellement source d'innovation. Tout au cours de notre histoire économique, il s'est vérifié que ce sont pratiquement toujours les PME qui introduisent les changements technologiques déterminants : le secret de leur succès réside dans leur souplesse et dans leur aptitude à bondir sur des opportunités que les grandes entreprises ignorent, méprisent, ou négligent de saisir.* » Prenant l'exemple des télécommunications où il tient visiblement à répondre à ses détracteurs, Peter Sutherland (qui a été à l'origine des mesures de libéralisation des services de télécommunications évoquées plus haut) affirme notamment : « *L'assurance de toujours payer le plus juste prix et de se voir librement proposer des services toujours plus performants sont un des avantages les plus évidents de cette concurrence dans les télécommunications. L'autre grand avantage sera la certitude de voir les entreprises européennes dopées par le grand marché intérieur :*

ayant couvert la Communauté d'un réseau aussi performant que bon marché, elles seront naturellement poussées par ce regain de concurrence à s'imposer sur les marchés internationaux et à réduire ainsi les distances qui séparent les peuples. »

Il est intéressant de rapprocher ces quelques lignes des raisonnements que tenaient, quelque trois ans environ auparavant, les experts économiques réunis autour de l'Italien Paolo Cecchini par la Commission afin d'évaluer l'impact économique de l'abolition des frontières *. Pour ces experts, en effet, l'achèvement du marché intérieur européen devrait se traduire par un gain de 4,5 à 6,5 % du produit intérieur brut de la CEE selon un processus en deux temps. En premier lieu, la suppression totale des frontières économiques entre les États membres entraînera pour les entreprises une baisse des coûts représentant environ 2,2 à 2,7 % du PIB européen; ensuite, des gains « indirects » viendront s'y ajouter, provenant, eux, de l'intégration du marché et des effets d'échelle (utilisation plus complète des capacités de production à court terme, restructuration et augmentation de la production au-delà) et de concurrence (coûts de gestion moins élevés, incitation à l'innovation).

A première vue, il n'y a pas contradiction entre le propos de Peter Sutherland et les démonstrations de Paolo Cecchini. Dans les deux cas, l'accent est mis sur les bénéfices à attendre de l'abolition des frontières, tandis que le caractère dynamisant de la concurrence est mis en exergue. Deux nuances, deux différences significatives, cependant, sont perceptibles. Paolo Cecchini et ses experts raisonnent en économistes : c'est à partir d'un modèle économétrique complexe qu'ils ont élaboré leurs idées et la réalisation du grand marché est d'abord vue comme un moyen de relancer la croissance et d'augmenter l'emploi. L'ancien commissaire irlandais, lui, conserve sa casquette de juriste : on l'a vu, la liberté de commercer est un droit et du respect de ce droit naîtront le redressement économique et l'efficacité technologique. Ensuite, le rapport de Paolo Cecchini concentre son attention sur l'offre. Son inspiration théorique est claire : c'est la doctrine des « supply sider », des « effets d'offre », développée aux États-Unis, qui se propose d'atteindre l'objectif de développement économique non par une action macro-économique sur

---

* Les conclusions des experts de Paolo Cecchini recevront un large écho à travers la publication d'un livre intitulé *1992, le défi* et préfacé par Jacques Delors (Flammarion, 1988).

la demande, comme le suggèrent les disciples de Keynes, mais par une redynamisation de l'offre. Derrière une approche quantitative, c'est donc une transformation qualitative de l'économie européenne qui est visée dans le rapport Cecchini. La dimension nouvelle du marché, la suppression des protections injustifiées, vont libérer les énergies et stimuler la créativité des entreprises : sur la forme, nous sommes à l'opposé des politiques industrielles de type classique; sur le fond, néanmoins, ce sont bien des objectifs de croissance économique, de performance industrielle, voire – indirectement – de redressement technologique, qui sont poursuivis. Dans son livre, au contraire, Peter Sutherland se rallie sans utiliser l'expression au courant « consumériste » : l'attention doit d'abord se diriger vers le consommateur, autrement dit vers la demande. Une économie dans laquelle le consommateur est satisfait ne peut pas ne pas être une économie compétitive, y compris et surtout sur le plan technologique puisque c'est la technologie qui détermine pour l'essentiel l'évolution des marchés et des produits.

Mais la différence la plus importante entre la « philosophie » de Peter Sutherland et l'inspiration qui animait en 1985 les promoteurs de l'Europe de la technologie est encore ailleurs. La démonstration de Peter Sutherland repose sur une idée simple, ce qui explique sans doute en grande partie son succès : une fois réalisées les conditions d'un vrai marché concurrentiel, moins l'État se mêle de technologie et mieux celle-ci se porte. L'expression même d'Europe de la technologie traduit au contraire la croyance dans les vertus d'une certaine implication politique, d'un nombre minimal d'impulsions venues d'en haut, d'une conjugaison d'efforts entre secteur privé et secteur public, à l'opposé d'un retrait ou d'un « renoncement technologique » de la part de l'État. La véritable dérive du projet 1992, c'est donc bien celle-ci : de complémentaires qu'ils étaient à l'origine, le rôle de l'État et celui du marché dans le redressement de la technologie européenne sont devenus concurrents. Que la synthèse de départ ait masqué des arrière-pensées ou que le glissement ait été en quelque sorte inconscient n'a guère ici d'importance : le fait à retenir est qu'il y a eu changement de paradigme au profit d'une vision radicale dans laquelle le marché est, en quelque sorte, le seul horizon du développement technologique.

Peter Sutherland a peut-être été victime d'une « *illusion juridique* ». Aujourd'hui, force est de constater que la libéralisation sans nuances des marchés européens et le refus de toute politique industrielle affiché en tant que doctrine ressemblent fort à ce que d'aucuns considèrent comme une abdication. Dans un article sévère intitulé « *L'Europe du renoncement* », Michel Debré s'alarme ainsi de voir l'Europe offrir aux États-Unis et au Japon l'occasion inespérée de se frayer sans douleur un chemin au sein de ce vaste marché de 340 millions de consommateurs : « *Quant à la guerre économique, ne voir dans l'Europe qu'un vaste marché de consommateurs, c'est se refuser à donner la priorité à la production et, sous prétexte de "libéralisme", le "laisser-faire" aboutit à une véritable abdication dans l'impitoyable concurrence qui est la loi du monde moderne* [6]. » Et cet avertissement prend tout son sens lorsque l'on constate que, par ailleurs, la mobilisation incontestable des entreprises engendrées par l'échéance de 1992 ne semble pas pouvoir, par sa seule dynamique, remettre la technologie européenne sur la voie du renouveau. Il est vrai que les discours sont lucides et offensifs; il est vrai également que la carte industrielle européenne se modifie chaque jour un peu plus au gré des rapprochements et des fusions; il est vrai encore que la constitution de groupes européens de taille internationale est un objectif légitime dans le contexte actuel. Mais il est sûr aussi que la simple ouverture des marchés nationaux accompagnée d'une course effrénée à la « taille critique » ne peut tenir lieu de solution miracle et que, faute d'une réelle stratégic industrielle et technologique, les secteurs les plus exposés de la technologie européenne sont aujourd'hui menacés eux aussi par le danger du renoncement technologique.

Portraits de guerriers avec cash

« *France's High Tech Warrior* » : sous ce titre, *Business Week* consacre le 15 mai 1989 sa couverture à celui qui lui semble symboliser l'agressivité retrouvée de la technologie française. Cet homme au poing fermé et à la mâchoire volontaire, c'est Alain Gomez, le P.-D.G. de l'entreprise nationale Thomson. Le portrait tracé par *Business Week* est flatteur. On y trouve un patron « *se battant pour le futur de la haute technologie européenne autant que pour le prestige de Thomson ou de la France* », un homme convaincu que l'Europe peut « *revenir dans la compétition mondiale en matière de haute technologie* ». Et *Business Week* de souligner comment Alain Gomez – un ancien militant de gauche issu de l'ENA – s'y est pris pour restructurer complètement

Thomson autour de l'électronique grand public et de l'électronique de défense, réduire les coûts et les emplois, et finalement mettre au pas un encadrement souvent trop orienté vers les méthodes traditionnelles de management. Le fait est que le redressement de Thomson sous la direction de Gomez a de quoi impressionner : techniquement en faillite à l'arrivée de celui-ci en 1982, la compagnie fait six ans plus tard 350 millions de dollars de bénéfices sur un chiffre d'affaires de 12 milliards de dollars; après le rachat de l'américain RCA, elle est devenue le deuxième producteur mondial de téléviseurs derrière Philips et s'établit dans l'électronique de défense au rang de numéro deux mondial (derrière l'Américain Hughes) et de numéro un européen. Fort de ces résultats, Thomson n'hésite plus d'ailleurs à afficher fièrement son credo : « *Pour progresser dans l'univers de concurrence sauvage des années 80-90, il y a une condition essentielle : la recherche, la recherche, la recherche. (...) Quand on se bat, on réussit. Et cela, nous le prouvons tous les jours* [7]. »

Le style de Karlheinz Kaske est à première vue très différent de celui d'Alain Gomez. Là où le président de Thomson est direct, brillant, peu familier et même cassant, celui de Siemens semble préférer les vieilles maximes et cultiver une forme d'« understatement » à la germanique. Ce qui n'empêche pas Karlheinz Kaske de s'imposer par sa connaissance profonde de l'entreprise dans laquelle il a passé toute sa carrière, sa capacité de projection stratégique et sa fermeté dès lors qu'il a arrêté une orientation fondamentale. En juillet 1988, préoccupé par la stagnation des bénéfices et la relative stabilité du chiffre d'affaires, Karlheinz Kaske adresse aux responsables de la maison une lettre qui donne le coup d'envoi d'une réorganisation profonde. Le groupe sera décentralisé, le directoire réduit et – révolution dans la révolution – la recherche sera rattachée au marketing. Pour suivre la mutation des industries électriques vers l'électronique, Karlheinz Kaske décide aussi que Siemens devra, coûte que coûte, renouveler sa gamme de produits industriels et se redéployer hors du marché allemand où la firme réalise encore près de la moitié (47 %) de son chiffre d'affaires. Avec son énorme trésor de guerre de près de 70 milliards de francs de trésorerie, Siemens se réveille en quelques mois et mène à bien son OPA conjointe avec GEC sur Plessey et le rachat d'IN2 en France. Avec 13 % de croissance pour les seuls cinq premiers mois de 1989, la firme de Karlheinz Kaske n'est plus aujourd'hui ce « *riche géant endormi* » que certains se plaisaient à décrire : « *Dans cinq ans, Siemens sera*

*une compagnie complètement différente. Parmi les Européens,
nous serons l'un des plus agressifs* [8]. »

Edzard Reuter, le patron de Daimler-Benz a, lui aussi, lancé
son entreprise dans une aventure très ambitieuse : le rapprochement avec l'avionneur MBB (Messerschmitt-Boelkow-Blohm).
Contrairement à Siemens qui a toujours respecté une stricte
logique de filière, son maître mot est, en effet, diversification :
« *Nous sommes parfaitement prêts pour le jour où la croissance
sans problème de la branche automobile toucherait définitivement à sa fin* », affirme-t-il, avant d'insister sur la « *synergie* » –
un mot très en vogue au siège de Stuttgart – entre l'électronique
et l'automobile : « *Pensez seulement que dans un proche avenir,
les composants et les systèmes électroniques représenteront vraisemblablement 20 % de la valeur d'une automobile alors qu'ils
s'élèvent peut-être tout juste à 5 % aujourd'hui* [9]. » Appuyé sur
les ressources de son principal actionnaire, la puissante Deutsche
Bank, Edzard Reuter a les moyens de tenir son pari de devenir
l'un des fers de lance de la puissance industrielle et technologique
allemande sur les marchés mondiaux. A l'ambassade de France
à Bonn, l'annonce de l'entrée de la firme de Stuttgart dans le
capital de MBB a d'ailleurs été immédiatement prise au sérieux :
« *La firme Daimler-Benz entre dans une phase importante de
réorganisation interne visant à renforcer le pilier traditionnel de
son activité, l'automobile, par un engagement accru dans les
secteurs de haute technologie, l'électronique et surtout l'aérospatial. Cette évolution s'inscrit dans une stratégie à la fois
européenne et planétaire, ouvertement affichée par les principaux
dirigeants et actionnaires du Konzern, MM. Edzard Reuter et
Alfred Herrhausen* * [10]. »

A la manière de Thomson, Siemens ou Daimler-Benz, les
entreprises européennes de haute technologie poussent toutes en
avant des managers ambitieux et entreprenants, bien décidés à
relever le défi du marché unique qui, pour eux, n'est qu'une
étape dans un combat qui est avant tout mondial. Ainsi, à
l'extrême nord de l'Europe, le Finlandais Kaki Kairamo, prématurément décédé en 1988, a su transformer Nokia, une entreprise spécialisée à l'origine dans le papier, les câbles et le
caoutchouc, en une entreprise électronique de pointe parmi les
plus diversifiées et les plus dynamiques d'Europe avec un por-

---

* A. Herrhausen a été assassiné en 1989 lors d'un attentat revendiqué par la
Rote Armee Fraktion (RAF).

tefeuille d'activités allant de l'électronique grand public aux communications mobiles (Nokia est leader mondial du marché du radiotéléphone avec 13,4 % du marché) en passant par l'informatique. Au sud, l'Italien Pasquale Pistorio, P.-D.G. de SGS-Thomson (filiale commune de Thomson et du groupe italien STET), est en train, par sa faconde et son dynamisme, de voler la vedette à l'« ingeniere » Carlo de Benedetti, le patron d'Olivetti lui-même. *« En Italie,* clame-t-il, *on sait faire deux choses, les spaghetti et les semi-conducteurs* [11]. » Son objectif : placer SGS-Thomson parmi les dix premiers fabricants mondiaux de semi-conducteurs. Sa stratégie se fonde sur la recherche : 20 % du chiffre d'affaires de la société y est consacré. En Suède, sous la houlette de Bjorn Svedberg, Ericsson retrouve tout son punch. Après avoir vendu sa division informatique à Nokia et recentré l'entreprise sur son métier de base – les télécommunications – Bjorn Svedberg entend mener une politique sélective d'alliances pour attaquer de nouveaux marchés et renforcer son savoir-faire technologique. Se félicitant d'avoir *« réalisé plusieurs investissements agressifs en prenant le contrôle total de sociétés en Espagne et en Angleterre »* (en France, Ericsson détient 16 % du marché de la commutation publique depuis sa reprise avec Matra de la CGCT devenue ainsi MET), le P.-D.G. d'Ericsson annonce ainsi la couleur : *« Nous allons poursuivre notre stratégie actuelle pour les années 1990 : nous renforcer dans les télécommunications et nous développer dans le monde entier afin de demeurer un grand constructeur international* [12]. »

Alain Gomez, Karlheinz Kaske, Edzard Reuter, Simo Vuorilehto (le successeur de Kari Kairamo), Pasquale Pistorio, Bjorn Svedberg : tous ces hommes agissent et pensent en anticipant l'abolition des frontières au sein du grand marché au 1er janvier 1993. Et leurs discours sont à leur image : *« Les bases nationales sont dépassées* [13] *»*, lance Alain Gomez tandis que Pierre Suard, le président d'Alcatel-Alsthom (nouvelle dénomination de la CGE) estime que *« le temps de l'ingérence systématique de l'État dans les affaires privées est révolu* [14] *»* et que Pasquale Pistorio n'hésite pas à affirmer qu'« *aucune compagnie au monde ne peut se vanter d'avoir un portefeuille de technologies supérieur au nôtre* [15] *»*. La haute technologie européenne, à travers cette nouvelle race de dirigeants, ne manque donc pas de combattants ni d'ambition... Mais les entreprises européennes ont-elles vraiment les moyens de leurs objectifs? La réalité – malgré des signes incontestablement encourageants – n'est-elle pas un ton en dessous du discours?

Big is beautiful

Stimulées par les discours énergiques de leurs très médiatiques managers, la plupart des firmes européennes de haute technologie se disent prêtes à « *jouer l'Europe* ». D'après un sondage effectué par le consultant international KPMG auprès d'un échantillon de 250 entreprises, ce sont en effet les entreprises exerçant dans les secteurs de pointe qui se montrent les plus réceptives à la dynamique de 1992. Selon cette enquête, 58 % des entreprises de High Tech contre 48 % en moyenne prévoient qu'il y aura des changements de structure dans leur domaine d'activité en raison de la suppression des frontières intra-européennes et 72 % (contre 64 % en moyenne) affirment rechercher des alliances extérieures [16].

Intentions suivies d'effet : les firmes de High Tech sont nombreuses actuellement à se lancer dans d'ambitieuses politiques d'alliances et d'acquisitions. Pour aussi spectaculaire qu'elle soit, l'OPA GEC-Siemens sur Plesscy est donc loin d'être la seule de ces restructurations qui, à l'orée des années 90, remodèlent complètement le visage de la High Tech européenne.

Dans l'informatique allemande, Siemens est désormais seul à bord après la reprise en catastrophe de son ancien rival talentueux Nixdorf (chapitre VIII). Imitant le rapprochement automobile-aéronautique opéré en Allemagne à travers la prise de contrôle de MBB par Daimler-Benz (qui contrôle désormais le premier consortium industriel européen avec un chiffre d'affaires de 280 milliards de francs), l'avionneur britannique British Aerospace se porte acquéreur de Rover. En France, le groupe Schneider parvient au terme d'une OPA difficile à racheter la performante Télémécanique, numéro deux européen des automates programmables et numéro trois mondial des composants d'automatisme, pour la marier à sa filiale électrique Merlin-Gérin. Thomson et Aérospatiale fusionnent pour leur part leurs activités en matière d'équipement aéronautique au sein de Sextant Avionique pendant que la même Aérospatiale entreprend de se rapprocher d'Alcatel Espace dans le domaine des satellites.

Cette fièvre de la restructuration n'affecte pas seulement les marchés nationaux. Elle suscite aussi de nombreux rapprochements ou fusions transfrontières. C'est, par exemple, Matra Défense Espace qui choisit de s'allier à GEC pour construire des satellites et concurrencer, par la même occasion, le futur tandem Aérospatiale-Alcatel. Ce sont les Allemands Siemens et Bosch qui ont sensiblement accru leur présence sur le marché français en prenant respectivement le contrôle d'IN2 (la filiale informatique d'Intertechnique) et les activités de télécommunications de Jeumont-Schneider. C'est aussi la fusion entre le Français Alsthom et les activités électromécaniques et ferroviaires de GEC pour créer GEC-Alsthom et faire pièce à l'opération similaire réalisée entre le Suisse Brown Broweri et le Suédois ASEA qui a donné lieu à la naissance du géant de l'électromécanique ABB. C'est enfin Thomson qui vient de racheter l'essentiel des activités militaires de Philips après avoir consolidé sa filiale SGS-Thomson en reprenant le Britannique Inmos, ancienne filiale de Thorn Emi. Plus récemment encore, Pierre Suard, président d'Alcatel-Alsthom, vient de réaliser en octobre 1990 un coup de maître en concluant une large alliance avec Giovanni Agnelli et le groupe Fiat : Alcatel va prendre le contrôle de Telettra, ce qui en fera le numéro un mondial des télécommunications tandis que Fiat Ferroviaria rejoint GEC-Alsthom, leader mondial du ferroviaire, ce qui ouvre sans doute au TGV la route de l'Italie.

Mais malgré ces belles opérations que chacun se plaît à présenter comme le symbole de l'enracinement communautaire de nos industries de pointe, le traditionnel attrait des industriels européens pour les alliances d'au-delà des mers n'a pas diminué pour autant. Profitant de l'ouverture de la grande braderie industrielle américaine, les Européens disputent actuellement aux Japonais les dépouilles d'anciens géants américains des années 60 et 70. Dans la foulée du précurseur Alcatel qui racheta les filiales de télécommunications d'ITT, on a vu successivement Thomson reprendre le secteur électronique grand public de RCA, IBM lui-même vendre sa filiale Rolm à Siemens, puis s'allier avec ce dernier pour concevoir une super-mémoire de 64 Mbits, Pechiney acquérir American Can, Rhône-Poulenc racheter Rorer ou encore Bull racheter successivement son ancienne maison mère Honeywell Data Systems, puis la division micro-informatique de Zénith. D'autres (ou parfois les mêmes) vont chercher leurs alliances jusqu'au Japon, comme Siemens qui a conclu une alliance iconoclaste avec Matsushita dans le domaine des composants passifs, alors même que sur le secteur stratégique des composants actifs comme sur celui de la télévision haute définition, ce partenaire japonais demeure clairement un adversaire redoutable de l'industrie européenne. Plus inquiétant encore, le géant des géants européens, MBB-Daimler Benz a annoncé au printemps 1990 la signature avec le mastodonte japonais Mitsubishi d'un accord cadre prévoyant une « *coopération intensive* » dans les secteurs automobile, électromécanique et aéronautique et qui, six mois plus tard, aurait déjà suscité la mise à l'étude de « *100 à 150 projets communs* » [17] !

Semi-conducteurs, télécommunications, électronique grand public, électromécanique, informatique, aéronautique, chimie : l'ensemble des secteurs de haute technologie est frappé par le mouvement de restructuration en cours. La dynamique de l'abolition des frontières aidant, un véritable marché des acquisitions et des alliances technologiques est en train de se constituer et le slogan de Karlheinz Kaske et de Lord Weinstock, « *l'importance de la taille critique* », est partout repris en cœur comme un véritable article de foi. Mais s'il est indéniable que dans de nombreux cas la perspective de 1992 participe à l'apparition d'« *une nouvelle structure industrielle se caractérisant par des groupes pan-européens plus grands et plus spécialisés* [18] », rien ne prouve encore que ce changement de dimension des industries européennes s'accompagne de stratégies industrielles et technologiques offensives permettant de renouveler en profondeur leur compétitivité.

La tentation du renoncement technologique

L'exemple de la General Electric Company (GEC) britannique est de nature, pour le moins, à introduire le doute. En quelques mois, cette grande entreprise, qui fut longtemps le « *champion national* » de l'électronique et de l'électromécanique anglaise, s'est lancée dans une stratégie de restructuration sans équivalent en Europe : OPA conjointe avec Siemens sur Plessey, fusion de sa division « *Power Systems* » avec Alsthom, prise de contrôle de son activité satellites par Matra Espace, accord avec la General Electric américaine sur le partage des activités grand public, de la distribution électrique basse tension et de l'imagerie médicale. A tel point que le *Financial Times* n'a pu se retenir – énonçant tout haut ce que beaucoup pensaient tout bas – de mettre en doute la capacité de GEC à préserver son indépendance : « *GEC est engagée dans un processus progressif de perte de contrôle des différents aspects de son activité* [19]. » La firme de Lord Weinstock profite, en fait, des opportunités du marché international pour confier la responsabilité opérationnelle de ses centres de production à des partenaires rivaux entre eux et pour devenir un holding financier prospère, mais sans stratégie industrielle propre. Si cette politique se confirmait dans les années à venir, alors l'évolution de GEC ne fournirait pas seulement une illustration supplémentaire de la tendance à la « désindustrialisation » suivie par certaines entreprises britanniques : elle apporterait aussi la contradiction à ceux qui assimilent de manière automatique restructuration industrielle et renouveau de la technologie européenne.

Constatons, tout d'abord, que les initiatives prises par les entreprises du Vieux Continent s'insèrent dans un mouvement plus vaste d'internationalisation et de rationalisation qui frappe l'ensemble de l'industrie mondiale. Partout, l'on retrouve la même agressivité et les mêmes motivations, qui ont par exemple conduit General Motors, un peu à la manière de Daimler-Benz avec MBB, mais sur une échelle plus vaste encore, à racheter la société Hughes, spécialisée dans les marchés de la défense. Partout, il s'agit de constituer des groupes multinationaux puissants pouvant se hisser aux premiers rangs mondiaux de leur catégorie et profitant des effets d'échelle liés à la maîtrise d'importantes parts de marché comme à l'extrême concentration des efforts de recherche et développement. Si, dès lors, l'Europe ne fait que suivre, avec un temps de retard, le mouvement général, quelle garantie réelle présentent les déclarations volontaristes et les batailles boursières qui ont mobilisé l'attention sur la scène européenne? En Europe, tout comme aux États-Unis et au Japon, la déréglementation des marchés financiers et la libération des secteurs protégés sont les outils privilégiés de la restructuration du capital des entreprises : elles ne sauraient se substituer à la création d'une capacité autonome de recherche ni plus encore au renouvellement, par l'innovation, des lignes de produits. La démonstration que la tendance mondiale à l'unification des marchés et à la concentration de l'offre fera naître spontanément en Europe les stratégies industrielles dont les Européens ont besoin pour inverser le processus de régression technologique qu'ils subissent depuis vingt ans reste donc encore largement à faire.

Remarquons également que la grande majorité des restructurations qui ont occupé la une de l'actualité économique européenne ces derniers mois sont intervenues dans des secteurs où la relative stagnation de la demande obligeait, en toute hypothèse, à des rationalisations : les télécommunications (et plus particulièrement le secteur des centraux téléphoniques), l'électronique professionnelle, l'électromécanique et l'armement. Pour ne prendre qu'un seul exemple, il est clair que la réduction des débouchés au Moyen-Orient et les coupes imposées au budget de la défense en France imposaient à Thomson de se redéployer sur le marché européen et donc d'y procéder à des acquisitions. Les alliances et les OPA intra-européennes ont eu pour objet, le plus souvent, d'acquérir des parts de marchés, non pas de développer – du moins dans un premier temps – de nouvelles technologies. Ainsi lorsque Alsthom fusionne à 50/50 avec GEC Power Systems, c'est d'abord pour marier les débouchés étrangers traditionnels de la firme (Afrique noire, Extrême-Orient, Amérique latine) avec la solide implantation de GEC dans tous les pays du Commonwealth et en Grande-Bretagne. Et cela même si, par ailleurs, l'offre d'Alsthom et celle de GEC sont, souvent, plus redondantes que complémentaires.

Comme cet industriel britannique estimant que *« si les ressources d'une entreprise sont limitées, il serait mieux indiqué de se concentrer sur l'amélioration de la qualité que de chercher à devenir pan-européen* [20] », on peut donc légitimement s'interroger sur l'apport stratégique des mouvements de restructuration qui agitent la High Tech européenne. Ces opérations permettent, certes, aux champions de la technologie européenne de se rapprocher de cette fameuse *« taille critique »* après laquelle tout le monde semble courir, mais on peut néanmoins se demander dans quelle mesure les entreprises européennes et leurs brillants managers ne se sont pas laissés gagner par le syndrome du Monopoly. Redessiner la carte du pouvoir industriel sur le Vieux Continent, vendre et acheter des actions, ce n'est pas forcément changer les données du problème. Il y aura, il y a déjà de brillantes réussites comme celle de la CGE qui, en rachetant la branche télécommunications d'ITT pour former le groupe Alcatel NV, a non seulement acheté des parts de marché en Europe où ITT était très bien représenté, mais aussi acquis une excellente technologie, celle du central téléphonique *« System 12 »*. Pour le reste, le renouveau apparent du dynamisme industriel en Europe n'est-il pas guidé davantage par une logique financière et commerciale à court terme que par la recherche de complémentarités réelles en matière de produits et de technologies? A nouveau, la mode n'est-elle pas plus à la restructuration de la demande qu'à la stimulation de l'offre?

Ces interrogations prennent un tour franchement inquiétant lorsque l'on regarde la situation d'un certain nombre de secteurs stratégiques de la haute technologie européenne. Le cas le plus typique est sûrement aujourd'hui celui de l'industrie informatique. Après les graves désillusions engendrées par l'échec d'UNIDATA (chapitre v), les informaticiens européens ont chacun tenté leur chance de leur côté, en s'appuyant sur des stratégies de niches (mini-, puis micro-informatique pour Olivetti, Philips, Nixdorf) ou sur des alliances américaines et japonaises (pour Bull, Siemens et ICL). Revenus autour de la table de réunion du programme ESPRIT à partir de 1984 (chapitre i), une initiative commune les a également réunis, avec le soutien de la Communauté, pour l'annonce de leur ralliement officiel aux normes d'interconnexion du modèle OSI (Open System Interconnection) mis au point à l'ISO. Mais en dehors d'un simple centre de recherche commun mis en place par Bull, Siemens et ICL, chacun a continué de mener sa politique technologique et commerciale en relation avec ses alliés étrangers propres.

Il est indéniable que l'on a vu, au cours de ces dernières années, la mise en œuvre dans ce secteur de plusieurs restructurations importantes. En France, dès 1982, l'État a rassemblé au sein du groupe Bull (ex-CII Honeywell Bull) l'essentiel du potentiel informatique national, complété par la reprise plus récente de la branche informatique d'Honeywell. De même, plus récemment, le gouvernement britannique avait cru avoir trouvé la solution au problème d'ICL en faisant de cette entreprise une filiale du groupe STC. Et, encore plus près de nous, la prise de contrôle de Nixdorf par Siemens a clarifié définitivement la situation du marché informatique allemand. Pourtant, faute d'autre stratégie technologique que celle du suivisme vis-à-vis des standards du marché mondial, l'industrie informatique européenne connaît aujourd'hui l'une des périodes les plus noires de son histoire.

Le 19 juillet 1990, l'annonce surprise du rachat d'ICL par Fujitsu tombe sur les téléscripteurs. C'est, semble-t-il, une bonne affaire pour STC puisqu'on parle de 15 milliards de francs, mais c'en est une très mauvaise pour la technologie européenne : car ICL est l'un des poids lourds de l'informatique européenne, fortement impliqué dans la plupart des programmes de recherches

communautaires, et la Grande-Bretagne n'a plus désormais de
« champion » de rechange. Du côté de la Commission, on ne peut
qu'avouer son impuissance : « *Ça fait mal aux tripes. Mais il
n'y a rien à faire, sinon d'en espérer une meilleure conscience
de la menace japonaise sur laquelle, il faut bien l'admettre,
nous n'avons pas réussi à créer au sein des Douze un consensus
politique* [21]. » Quelques jours après le « deal » anglo-japonais,
c'est au tour de Bull de reconnaître ses difficultés. Les pertes de
la compagnie nationale ont atteint 1,8 milliard de francs au cours
du premier semestre 1990, un chiffre suffisamment élevé pour
susciter la préoccupation des responsables gouvernementaux. Les
observateurs, de leur côté, soulignent le manque de compétitivité
relative des produits de Bull qui a du mal à « digérer » ses
acquisitions américaines (Honeywell, puis Zénith) et dont les
marges brutes sont nettement inférieures à celles des IBM, DEC
et autres Hewlett-Packard. Et ni Olivetti ni Philips ne semblent,
eux non plus, très bien se porter.

Alors que chacun est convaincu que le « projet 1992 » a créé
les conditions d'une nouvelle donne et qu'incontestablement le
« choc sur l'offre » prévu dans le rapport Cecchini est en train
de produire ses effets bénéfiques sur l'économie européenne dans
son ensemble, il peut paraître paradoxal d'évoquer la perspective
d'un renoncement technologique de la part des Européens. Cependant, les faits sont là. A Bruxelles, il ne reste plus grand-chose
de l'idée originale de « Communauté européenne de la technologie » tandis que l'argument du salut par la concurrence apparaît
de plus en plus comme un alibi commode pour éviter d'avoir à
reconnaître la réalité des problèmes qui continuent à se poser à
la technologie européenne. Du côté des industries de pointe, la
tentation est forte de renoncer à une politique technologique
ambitieuse au profit de gains financiers à court terme, syndrome
que les Anglo-Saxons – qui connaissent bien le problème –
dénomment du terme suggestif bien qu'intraduisible de « short
termism ». Cette menace du renoncement technologique ne serait
peut-être pas aussi grave – car, après tout, la prospérité économique et le recul du chômage sont des objectifs en soi – si,
comme le soulignait justement Michel Debré, le Vieux Continent
n'était pas engagé dans une compétition sans merci avec des
concurrents qui ont encore renforcé leur domination sur les
échanges mondiaux de haute technologie. Plus que jamais, l'inquiétude brûlante qu'exprimait déjà, sans vraiment en tirer les
conséquences, le rapport Cecchini est donc à l'ordre du jour :

« *Comment les entreprises européennes résisteront-elles aux firmes étrangères que ne manquera pas d'appâter ce grand marché qui s'ouvre? Leurs rivales ne seront-elles pas fort nombreuses à le considérer comme une terre (qui leur serait) promise? On peut le craindre puisque leurs récentes confrontations avec des adversaires de la Communauté ont, dans l'ensemble, tourné à leur avantage : depuis le début des années 80, les Européens ont, pour les produits manufacturés, perdu des parts de marché sur tous les pays tiers, pour le grand bonheur de leurs concurrents majeurs, à savoir Américains et Japonais; ceux-ci ont particulièrement marqué des points dans les secteurs de technologie avancée tels que le matériel électrique et électronique, les machines de bureau et l'informatique. Sans doute les firmes des Douze ont-elles mieux résisté chez elles, mais pas au point de calmer les appréhensions* [22]. »

III

LE PARTAGE DU MONDE
A COMMENCÉ

Ce jeudi 17 novembre 1988, la Commission de Bruxelles a réuni le « gratin » de l'électronique européenne à l'occasion du bilan de la première phase du programme ESPRIT. A la même tribune se succèdent des grands patrons tels que Karlheinz Kaske, président de Siemens, ou Sir Michaël Butler, responsable de la stratégie d'ICL. Chacun exprime ses espoirs, mais aussi ses craintes sur la situation future de l'Europe. Mais l'un d'entre eux n'hésite pas à aller plus loin : « *Les réelles décisions stratégiques en ce qui concerne les ordinateurs européens ne sont pas prises en Europe puisque l'industrie européenne des micro-ordinateurs dépend des États-Unis pour les microprocesseurs et du Japon pour les mémoires. L'Europe risque de devenir la Venise du monde, un musée vivant visité par les charters d'Américains et de Japonais désireux de dépenser leurs techno-dollars et leurs techno-yens* [1]*!* » Il est vrai que Pasquale Pistorio sait de quoi il parle. En tant qu'Italien, il est particulièrement sensible au destin tragique de Venise, cette ville où tout témoigne de la richesse et de la puissance passées, mais qui s'enfonce pourtant inexorablement dans les eaux de la lagune. Mais surtout Pasquale Pistorio est le président du deuxième fabricant européen de composants électroniques, SGS-Thomson, né de la fusion de l'Italien SGS avec la division composants électroniques civils de Thomson-CSF. Or, dans le secteur des composants, la guerre technologique mondiale fait rage et l'Europe y est particulièrement mal placée.

Les dix années précédentes ont été, en effet, celles d'une

redistribution des cartes dans le domaine stratégique des semi-conducteurs. Et cette redistribution n'a pas été favorable à l'Europe : en 1977, une firme européenne (Philips-Signetics) figurait parmi les cinq premiers fournisseurs mondiaux de semi-conducteurs et Siemens se situait à la neuvième place. En 1988, il n'y a plus d'Européen dans les cinq premiers rangs et Philips conserve péniblement la dixième place tandis que SGS-Thomson ne se place que quatorzième et Siemens vingtième!

Mais, plus grave encore peut-être, ce revers industriel semble s'être doublé d'une mise à l'écart politique et stratégique : lors de la grande négociation de 1986 entre Américains et Japonais sur les composants électroniques, l'Europe et les Européens ont été incapables de faire entendre leurs voix et valoir leurs intérêts. Faut-il voir dans ce « Yalta des puces » le symbole d'un futur partage technologique du monde dont l'Europe serait exclue?

Le Yalta des puces

Juillet 1986 : les gouvernements américain et japonais signent un accord sur les composants électroniques et concluent ainsi une difficile négociation visant à freiner la concurrence déloyale dont les fabricants américains de mémoires s'estiment victimes de la part de l'industrie japonaise des semi-conducteurs. Cet accord signé au cœur de l'été et dont le contenu détaillé ne sera jamais rendu public fait relativement peu parler de lui en Europe. Il n'en fera pas moins date dans l'histoire mondiale des hautes technologies.

Resituons-nous dans le contexte : l'année 1985 a été très dure pour les fabricants de composants qui ont connu une baisse conjoncturelle brutale de la consommation mondiale. Durant cette même année, le Japonais NEC est parvenu à déloger Texas Instruments de sa première place mondiale au palmarès des producteurs. Devant toutes ces difficultés, la quasi-totalité des fabricants américains décident de se retirer du marché porteur des mémoires dynamiques (celles qui équipent tous les micro-ordinateurs). Il est vrai qu'à peine dix ans après le lancement par le MITI du programme VLSI *, les firmes japonaises de

---

* Le programme VLSI (Very Large Scale Integration) est un programme de R&D lancé en 1976 par le MITI dans le domaine des semi-conducteurs à haute intégration. Ce programme a permis au MITI et à NTT (l'exploitant public de télécommunications, aujourd'hui privatisé) d'harmoniser les efforts des cinq prin-

composants ont su s'installer en maîtres sur ce créneau très rentable. Les premières mémoires 64 K RAM ont été, certes, mises sur le marché en 1980 par des firmes américaines, mais dès l'année suivante le Japon a été en mesure de produire l'équivalent de la consommation mondiale et depuis il ne s'est jamais écoulé plus de dix-huit mois sans qu'un constructeur japonais n'annonce un important saut de génération vers des mémoires de plus en plus performantes.

La raison de ce « Pearl Harbour technologique »? Pour les industriels américains, sûrs de leur management et de leur technologie, la réponse est simple : les Japonais cassent les prix! Ceux-ci semblent d'ailleurs prêts à le reconnaître publiquement : « *Lorsque vous cherchez à conquérir un marché, gagner de l'argent est un luxe prohibitif* » explique ainsi à qui veut l'entendre M. Yawata, le président de NEC-USA. Qu'à cela ne tienne, l'accord de juillet 1986 va imposer aux producteurs japonais de respecter un prix plancher afin d'empêcher toute forme de dumping. Par ailleurs, les fournisseurs américains – dont la part de marché au Japon est tombée à 9 % – sont invités à revenir d'ici à cinq ans au taux de pénétration de 20 % qu'ils détenaient en 1975. Les États-Unis croient ainsi tenir le moyen de contrer la concurrence sauvage du Japon sur le marché des mémoires dynamiques. Et dans les semaines qui suivent, certains dirigeants économiques japonais semblent indirectement leur donner raison en n'hésitant pas à qualifier d'humiliant cet accord d'autolimitation imposé par Washington. Mais était-ce pour autant une victoire de l'industrie américaine et les Européens – absents de cette négociation de géants – devaient-ils l'interpréter comme telle?

Assurément non. Il n'est qu'à examiner les suites immédiates de l'accord. Moins de six mois après la conclusion de celui-ci, Fujitsu franchit un Rubicon plus que symbolique en annonçant le rachat de Fairchild, l'un des cinq premiers fournisseurs américains de composants. Seule l'opposition irréductible du Pentagone – important client de Fairchild – empêche alors, *in extremis*, l'opération de se réaliser. Malgré cela, deux autres leaders japonais des semi-conducteurs, Toshiba et Hitachi, décident en 1987 d'ouvrir des centres de production aux États-Unis. Le Japon

cipaux fabricants japonais de composants électroniques (Toshiba, Hitachi, NEC, Mitsubishi, Fujitsu). Un millier de brevets ont été déposés entre 1976 et 1979 dans le cadre de ce projet dont le budget a été consacré, pour moitié, à acquérir, par ailleurs, des technologies américaines.

prouve ainsi sa volonté de contourner par la voie de l'investissement direct les restrictions qui lui sont imposées, par ailleurs, à l'exportation. Dans la foulée, les responsables américains vont bientôt s'apercevoir que, loin de freiner l'expansion de l'industrie japonaise des composants, l'accord de juillet 1986 assure à celle-ci une garantie de revenus confortable du fait même de la stabilisation artificielle des prix des composants. Résultat : en 1988, les trois premiers constructeurs de composants sont tous japonais (NEC, Toshiba et Hitachi) et l'ensemble des fournisseurs nippons peut revendiquer pour la première fois 50 % du marché mondial des composants!

La manœuvre américaine de « containment » technologique et commercial du Japon a donc été un relatif échec, sanctionné dès avril 1987 par la décision du Président Reagan de taxer à 100 % de nombreux produits électroniques japonais. Mais il ne faudrait pas, pour autant, voir dans cet accord de 1986 le simple triomphe du machiavélisme japonais. L'événement marque plutôt la première phase d'un vaste processus de marchandage technologique et économique où le puissant vainqueur et le vaincu humilié de 1945 se retrouvent à égalité. De ce point de vue, la spectaculaire percée des composants japonais et l'accord bilatéral qui l'a consacrée sont aussi le symbole de l'émancipation – de la revanche – du Japon vis-à-vis de la tutelle américaine.

La revanche tranquille au Soleil Levant

Revenons quelque peu en arrière. En 1967, Jean-Jacques Servan-Schreiber publie un livre au style prophétique qui célèbre la réussite industrielle américaine et dénonce le « gap technologique » qui sépare les deux rives de l'Atlantique. Dans ce *Défi américain,* on ne relève presque aucune allusion à la reconstruction économique du Japon. Tout au plus, au hasard d'une annexe, l'auteur se laisse-t-il aller à cette étrange prédiction : « *Le Japon est la puissance industrielle qui se développe depuis vingt ans au rythme le plus rapide, supérieur, de loin, au rythme américain... S'il poursuit durablement sur cette lancée, le Japon aura rattrapé les États-Unis avant n'importe quel autre pays du monde.* » Mais n'osant sans doute pas croire lui-même à ce qu'il vient d'écrire, il ajoute cependant, parlant à la fois de la position du Japon et de celle de la Suède *(sic)* vis-à-vis des États-Unis : « *Ils n'auront ni le poids nécessaire pour négocier de puissance à puissance, ni la taille autorisant une véritable concurrence.* »

En 1986 pourtant, moins de vingt ans plus tard, le produit national brut japonais par habitant rattrape le PNB américain (il le dépassera en 1987) et la balance commerciale de la haute technologie américaine devient, pour la première fois, négative sous la poussée d'un accroissement important des importations japonaises. La conclusion de l'accord sur les composants au mois de juillet est donc le contraire d'un événement fortuit, c'est la première manifestation d'une redistribution des cartes au plus haut niveau de la technologie internationale. Contrairement à ce qu'imaginait Jean-Jacques Servan-Schreiber, la différence de poids économique n'existe plus et la négociation de puissance à puissance, inimaginable en 1967, est désormais une réalité.

Depuis l'année du *Défi américain,* le poids économique international du Japon a plus que doublé, passant de 5 % à plus de 12 % du revenu mondial. Deuxième bénéficiaire de l'aide financière internationale en 1964 (derrière l'Inde!), le Japon est devenu aujourd'hui le premier prêteur du monde. Ceci expliquant cela, le Japon – pays traditionnellement peu ouvert vers l'étranger – a vu sa part du commerce mondial passer de 4,8 % en 1967 à 9,9 % en 1986, tandis que le continent européen plafonnait (de 42,4 % à 44,6 %) et que les États-Unis régressaient sensiblement (de 14,4 % à 9,7 %).

Cet essor économique global s'est d'abord appuyé sur la sidérurgie et l'automobile, mais depuis dix ans ce sont les divers domaines de haute technologie qui ont fait du Japon une puissance mondiale : l'électronique grand public, l'informatique et les télécommunications représentent aujourd'hui ensemble le même solde commercial à l'export que le secteur automobile! Cette percée du Japon dans la haute technologie, présumée jusqu'alors chasse gardée de l'industrie américaine, ne s'est pas faite en un jour. Elle avait déjà commencé de manière très discrète à l'époque même où Jean-Jacques Servan-Schreiber célébrait l'irrésistible avance des États-Unis.

C'est en 1960 que Sony ouvre une filiale aux États-Unis et c'est en 1968 qu'Akyo Morita, son président, aide Texas Instruments à s'installer au Japon. Cette même année 1968, Kawasaki signe également un accord avec Unimation, la firme américaine qui a inventé le robot industriel et Mitsubishi produit pour la première fois un avion supersonique militaire d'origine japonaise (il s'agit du T2, un avion d'entraînement). Aujourd'hui, Sony est le leader mondial de plusieurs produits électroniques grand public; Texas Instruments, déchu de son leadership, a signé en 1989 un accord avec Hitachi pour développer en commun une nouvelle génération de mémoires. Le Japon est le premier pays au monde pour les automates industriels et les États-Unis ont évité de justesse – et au prix d'importantes concessions – la construction d'un chasseur militaire 100 % japonais concurrent de leurs avions de combat les plus modernes!

On connaît bien désormais les « recettes » qui ont permis cette réussite rapide et surprenante : acquisition, puis adaptation des technologies étrangères, spécialisation poussée sur les secteurs à forte économie d'échelle, efforts considérables de qualité dans la production, intensité du travail, constitution de conglomérats multisectoriels... Mais on commence seulement aujourd'hui à prendre conscience du caractère organisé et volontariste de la stratégie qui a mobilisé tous ces moyens. Il s'est agi, ni plus ni moins, de refaire du Japon une grande puissance.

Dans cette perspective d'émancipation et de reconquête, la préoccupation essentielle du Japon a été la nécessité de ménager en permanence les États-Unis. La stratégie suivie a, en particulier, tenu compte de deux contraintes. Premièrement, la concurrence vis-à-vis des États-Unis ne pouvait se dérouler sur le plan politique en raison des séquelles de la Seconde Guerre mondiale : c'est donc le terrain de la réussite économique qui a été choisi pour la contre-offensive. Deuxièmement, sur ce terrain économique, il était impossible de concurrencer les Américains sur leur point fort essentiel, à savoir la haute technologie militaire et spatiale : c'est donc l'automobile, puis les produits électroniques de grande consommation qui seront choisis comme cibles.

La retenue apparente de la démarche et le caractère indirect de la stratégie mise en place ont incontestablement payé. Concentrés sur quelques secteurs de très haute technologie, les industriels américains se sont facilement laissés convaincre de sous-traiter aux Japonais – puis par la suite aux autres « dragons » du Pacifique – le secteur de l'électronique grand public supposé moins porteur : après les téléviseurs et la hi-fi délaissés dans les années 70, l'industrie américaine ne construit plus aujourd'hui un seul magnétoscope ni un seul four à micro-ondes. Et même dans le domaine plus « noble » de la micro-informatique, les principaux périphériques (unités de disques, imprimantes, écrans, claviers) et de nombreuses unités centrales ne sont plus fabriqués sur le territoire américain. Analysant les performances commerciales des États-Unis, le conseiller commercial français Jean Lemperière explique clairement les conséquences du phénomène : *«A la racine du déséquilibre des échanges commerciaux des États-Unis, se trouve la nouvelle répartition mondiale de la production induite par la stratégie des multinationales, avec la spécialisation de l'industrie américaine dans les secteurs de pointe. (...) Raisonnant à l'échelle planétaire, et en seuls termes de profits, elles ont largement délocalisé leurs sites de fabrication en créant des filiales dont la production concurrence les exportations américaines [2].»* Et pour certains prophètes de mauvais augure – comme A. Morita – le diagnostic (quelque peu complaisant, sans doute) est facile à faire : *« L'industrie américaine est en train de se vider de son contenu. Les États-Unis sont en train d'abandonner leur statut de puissance industrielle [3]. »*

Cette désindustrialisation rampante des États-Unis, c'est sans doute la première revanche de l'ancien vaincu de 1945. D'autant qu'il apparaît de plus en plus clairement qu'en matière de haute technologie il n'existe plus de « secteur protégé » qui pourrait abriter la supériorité technique et scientifique américaine. Une fois encore, c'est le marché des composants électroniques qui a été le révélateur de cette nouvelle situation. En 1987, en effet, un panel d'industriels et d'experts chargés par le Pentagone d'un rapport sur les composants électroniques a fait une terrible découverte : la suprématie commerciale du Japon dans le domaine des circuits intégrés civils menace directement la supériorité technologique des armements américains [4]! Suivant un raisonnement sans faille, les auteurs du rapport ont constaté que l'industrie des composants nécessite des niveaux d'investissement ne pouvant être financés que par les profits tirés d'une production civile de masse : de ce fait, on risquait de se retrouver dans une situation où seuls les grands constructeurs japonais seraient en mesure de continuer à produire certains composants vitaux pour la défense américaine!

La boucle est ainsi bouclée : les secteurs non stratégiques abandonnés il y a vingt ans sont aujourd'hui en osmose profonde avec les technologies militaires et spatiales les plus avancées, ce qui va permettre aux Japonais de prendre pied sur ce secteur qui leur était jusqu'alors fermé. Déjà, les ambitions spatiales de Tokyo tout comme les discussions serrées autour du futur avion de combat FSX témoignent du nouveau rapport de forces : il n'y aura plus à l'avenir de domaine tabou pour l'industrie japonaise.

Les États-Unis sont donc aujourd'hui menacés sur tous les fronts par un Japon qui, après avoir acquis un niveau exceptionnel de maîtrise industrielle, bénéficie désormais de la puissance financière et monétaire. Faut-il y voir les prémices d'une nouvelle guerre du Pacifique, à laquelle l'Europe pourrait assister tranquillement dans le secret espoir de profiter de la rivalité de ses deux grands concurrents? Probablement pas.

La guerre du Pacifique n'aura pas lieu

Le mois de juillet 1987 devrait rester une date noire dans l'histoire des relations américano-japonaises. C'est alors, en effet, qu'éclate l'« affaire Toshiba ». L'annonce qu'une filiale du groupe japonais a vendu frauduleusement aux Soviétiques plusieurs machines-outils sophistiquées interdites à l'exportation par le COCOM déclenche de très vives réactions aux États-Unis : tandis que des parlementaires brisent publiquement des radiocassettes Toshiba devant les marches du Capitole, le Sénat décide, le 1er juillet, un embargo de deux ans sur toutes les ventes du groupe aux États-Unis. Le lendemain, le président de Toshiba démissionne en compagnie de son directeur général et, dans les semaines qui suivent, le gouvernement japonais présente ses excuses au peuple américain. Pourtant, au plus fort de cette crise fortement médiatisée, un événement étonnant passe largement inaperçu : la signature entre les autorités de Washington et de Tokyo d'un accord donnant aux entreprises japonaises l'accès aux recherches du programme IDS!

Dix mois plus tard, en mai 1988, et alors que les relations commerciales se sont à nouveau tendues entre Washington et Tokyo, le MITI publie un rapport consacré à la place du Japon dans l'économie mondiale. Ce texte, qui prend pour point de départ la nouvelle stature internationale du pays, indique nettement la voie à suivre : le Japon doit accentuer encore son insertion dans l'économie mondiale. Pour cela, il doit coopérer avec les États-Unis en vue de réussir « *une intégration des industries des deux pays* ».

Double langage? L'explication n'est pas suffisante. La recherche d'une convergence industrielle et technologique avec les États-Unis semble, en réalité, inspirer la stratégie japonaise depuis de nombreuses années. C'est ainsi qu'en 1983 les Japonais – dérogeant à leurs obligations constitutionnelles et à la « doctrine

Sato.» * – acceptent d'exporter des technologies militaires vers les États-Unis. En 1986, l'accord sur les composants est suivi (en octobre) d'un accord économique et monétaire consacrant – à la demande des États-Unis – la réévaluation du yen. A l'été suivant, c'est un accord sur les super-ordinateurs qui est conclu entre les deux capitales et en 1988, l'avion de combat FSX devient le premier programme militaire majeur mené en commun par les États-Unis et le Japon. Encore plus récemment, c'est, à l'été 1990, la conclusion d'un accord sur les télécommunications : le ministère japonais des postes et télécommunications assouplira sa réglementation pour permettre un développement plus rapide des échanges de données informatiques entre les entreprises des deux pays.

De ce côté-ci du monde, l'Europe a mis longtemps à évaluer la vraie nature des relations États-Unis-Japon. Dès 1983, pourtant, un rapport du Centre de prospective et d'évaluation du ministère de la Recherche à Paris recensait plusieurs centaines d'accords de coopération entre industriels américains et japonais et concluait : « *La multiplication des accords entre sociétés américaines et japonaises représente une tendance en voie d'accélération qui correspond à une stratégie concertée de conquête des marchés internationaux de la part des sociétés concernées* [5]. » Et s'exprimant, un an plus tard, sur le thème du « *défi du Pacifique* », Laurent Fabius, alors ministre français de l'Industrie, abondait dans le même sens : « *La puissance technologique de la zone Pacifique vient essentiellement aujourd'hui de deux pays – les États-Unis d'Amérique et le Japon – et de l'axe que peut-être ils vont constituer... Bien entendu, il s'agit à la fois (entre ces deux pays) d'un bras de fer et d'une histoire d'amour... Est-ce que nous allons assister à la création d'un véritable axe technologique Tokyo-Washington par rapport à l'économie mondiale? C'est évidemment une question décisive* [6]. »

Le futur Premier ministre français ne croyait pas si bien dire. Il suffit d'écouter quelques hauts responsables américains pour s'en convaincre. Prenons par exemple James Baker, le secrétaire d'État américain qui, dès la prise de fonctions de Georges Bush à la fin 1988, tient à préciser sa vision des choses : « *L'Amérique a longtemps assuré seule la direction du monde. Aujourd'hui,*

---

* Du nom du Premier ministre japonais Sato, qui formula la règle coutumière selon laquelle le Japon s'interdisait d'exporter tout produit ou technologie à usage militaire.

les centres de création et de production débordent la tutelle des États. Ce monde éclaté est en crise – il faut une direction. L'Amérique et le Japon représentent à eux seuls 40 % de la production mondiale. Cela nous confère une responsabilité. Nous devons organiser ensemble un nouveau leadership. » C'est sans doute à la même chose que pense également le démocrate Zbigniew Brzezinski, ancien conseiller du Président Carter et grand connaisseur des stratégies technologiques, lorsqu'il évoque désormais sans détours l'alliance « *amériponne* » !

Cette alliance, en apparence contre nature, entre deux puissances ouvertement concurrentes, n'est pas une simple construction de stratèges géopolitiques issus – comme Zbigniew Brzezinski – de la Commission trilatérale. Elle traduit surtout l'association chaque jour plus étroite entre les systèmes industriels et financiers des deux rives du Pacifique. D'un côté, le Japon est devenu le premier détenteur de « Federal Funds » (et donc le premier prêteur des États-Unis) et plus de 120 sociétés américaines ont bénéficié de capitaux nippons depuis trois ans. De l'autre, selon les estimations de Kenichi Ohmae – le consultant numéro un de MacKinsey à Tokyo et l'auteur de l'ouvrage célèbre « *La Triade* » –, le rendement du capital américain investi au Japon suffirait à équilibrer le montant annuel du déséquilibre commercial entre les deux pays : « *Les économies américaine et japonaise sont maintenant si étroitement imbriquées que la notion de déficit commercial perd son sens* [7] », peut-il ainsi affirmer.

Engagés depuis vingt ans dans une compétition féroce pour conquérir les marchés internationaux, Américains et Japonais sont aujourd'hui contraints au réalisme. Cela signifie pour les États-Unis, bien entendu, l'acceptation de l'existence du Japon en tant que puissance économique et non plus en tant que vassal soumis. Mais, du côté japonais, le réalisme signifie aussi ne pas mésestimer le potentiel que représentent encore les États-Unis. Potentiel en termes de moyens de représailles, tout d'abord, comme le reconnaît lucidement Naohira Amaya, ancien vice-ministre du MITI et actuel président de la Fondation économique du Japon : « *Nous devons faire des concessions pour éviter le couperet des sanctions. Nous sommes plus vulnérables que les États-Unis dans une guerre commerciale. Nous n'avons pas le choix.* » C'était déjà le message que cherchait à faire passer le rapport Mayekawa, rédigé à la demande du Premier ministre Nakasone à la veille du sommet de Tokyo de mai 1986 : « *Comme il est fort possible que le comportement des entreprises privées, qui tentent d'accroître leurs parts de marché à n'importe quel coût, provoquera des frictions, il est espéré que les compagnies japonaises se comporteront en pleine connaissance de leurs responsabilités internationales* [8]. »

A cette première considération toute tactique (et conforme à la prudence asiatique traditionnelle) s'ajoute une appréciation pragmatique des capacités de réaction et de contre-offensive technologiques de l'économie américaine. Même si le Japon a dépassé les États-Unis en termes de part du PNB consacré à la Recherche-Développement, ces derniers demeurent encore néanmoins largement en tête des nations industrialisées en ce qui concerne les dépenses de R&D en valeur absolue (122 milliards de dollars en 1988), avec notamment une très puissante recherche industrielle privée. Un observateur attentif comme Jacques Stern, l'ancien président de Bull, ne s'y trompe d'ailleurs pas : « *Dans les High Tech, les États-Unis ont perdu sur le plan commercial; il leur faut reconstruire à long terme sur beaucoup de domaines, mais ils ont toute la technologie nécessaire pour le faire.* » Et si le rapport du Parlement européen paru en 1989 constate, lui aussi, le déclin des capacités manufacturières américaines, il souligne néanmoins : «*Au cours des dernières années, les États-Unis n'ont cessé d'innover (...), jamais les grands projets technologiques américains n'ont été si nombreux* [9]. »

Les Japonais savent aussi qu'après la commotion psychologique du milieu des années 80, l'industrie américaine a entrepris un vaste effort de mobilisation pour regagner le terrain perdu. Cela donne parfois des résultats inattendus : alors même que la sidérurgie japonaise, jadis florissante, connaît une grave crise face à la concurrence coreenne et taiwanaise, l'acier américain coûte depuis 1988 moins cher que l'acier japonais! Et dans les domaines particulièrement critiques comme les composants, l'industrie américaine, soutenue par le gouvernement fédéral, a également pris des mesures énergiques, telle la création du consortium SEMATECH sur les microprocesseurs rapides. Par opposition, les nouvelles concurrences asiatiques (Corée, Taiwan, Singapour) ajoutées aux rigidités méconnues du système social et productif japonais – faiblesse de la créativité, excessive hiérarchie, manque de mobilité professionnelle, vieillissement de la population active – sont autant de paramètres qui relativisent quelque peu, sur le long terme, l'écart de dynamisme industriel entre le Japon et les États-Unis.

Que ce soit par prudence politique ou par intérêt économique, le Japon a donc encore quelques raisons de respecter un partenaire américain dont le rôle pour la stabilité de la zone Pacifique et l'équilibre du monde demeure en toute hypothèse essentiel. C'est ce qu'admettait – non sans ironie – l'un des meilleurs spécialistes japonais des relations internationales, le professeur Takashi Inoguchi de l'université de Tokyo : « *Une question non formulée hante depuis dix ans le débat politique au Japon : est-ce la fin de l'hégémonie américaine? Bien qu'elle ait quelque peu décliné, l'hégémonie américaine se poursuivra dans les années 80... Parlant du déclin de l'Empire romain, Gibbon notait avec malice que "cette intolérable situation dura environ trois cents ans". Il en sera probablement de même pour la Pax americana. L'hégémonie américaine continuera sans doute à garantir la stabilité politique et économique internationale à court terme, même si, à long terme, un tel optimisme n'est pas permis* [10]. » Tirant la leçon de son analyse, Takashi Inoguchi réserve d'ailleurs au Japon de demain, non la place exposée de leader, mais celle de « lieutenant » du leader américain, qu'il définit ainsi : « *Sans être dominé par le leader, le Japon doit démontrer ses qualités propres afin de l'aider, mais aussi prendre des initiatives en vue d'améliorer la situation dans son ensemble.* »

La rivalité commerciale et les accès de tension entre les deux partenaires cacheraient-ils donc les premières manifestations d'un condominium nippo-américain destiné à régir la technologie et le commerce mondial? Nous voilà bien revenus à la question dont les Européens ne peuvent plus faire aujourd'hui l'économie. Avouons, sans être ni devins ni exagérément déterministes, que la convergence stratégique nippo-américaine a sa cohérence : l'un dépense, l'autre épargne; l'un innove, l'autre perfectionne; l'un développe les softs les plus sophistiqués, l'autre fabrique les matériels les plus performants... Désigné parfois au Japon comme le « scénario de l'harmonie pacifique », ce nouvel avenir radieux des relations nippo-américaines est déjà décrit par certains analystes comme une « *positive sum policy* » [11]. Une « politique à somme positive » dans laquelle – contrairement à ce qui est le cas dans la stratégie classique – les deux protagonistes bénéficient mutuellement de leur réussite respective et où le succès de l'un augmente indirectement le succès de l'ensemble. Reposant sur cette dialectique subtile, un nouveau partage du monde a peut-être déjà commencé. Il ne peut se réaliser pleinement qu'au détriment de l'Europe, qui, si elle demeure le concurrent le plus dangereux et « pèse » quantitativement plus dans le commerce mondial que les États-Unis et le Japon pris séparément, est en même temps le maillon le plus faible de la Triade.

Le maillon faible de la Triade

« *Après de nombreux contacts avec la Commission, le Japon a accepté de mettre les mesures incriminées en conformité avec le GATT à compter du 1er juin.* » Le communiqué de Bruxelles publié le 22 juin 1989 met un terme officiel à deux années d'arguties juridiques et de négociations serrées entre la CEE et Tokyo sur la toujours épineuse question des composants électroniques. Absente en 1986 de la table de réunion lors du « Yalta des puces », l'Europe a compris, avec quelque retard, les risques qu'un tel arrangement bilatéral pouvait comporter pour l'avenir de son électronique. Constatant que les producteurs nippons, désormais limités dans leur expansion sur le territoire américain, se retournent vers l'Europe et y accroissent dangereusement leur part de marché, la Commission dépose devant les instances délibératives du GATT, le 4 mars 1987, un recours contre l'accord américano-japonais. Principaux griefs des Européens : l'accord serait contraire aux règles internationales au double motif qu'il ouvrirait aux Américains un accès préférentiel au marché intérieur japonais et qu'il pénaliserait les utilisateurs européens en maintenant le prix des composants à un niveau élevé. Si un an suffit pour que la requête européenne obtienne gain de cause sur le principe au sein du GATT (printemps 1988), il faut encore attendre juin 1989 pour que la Commission de Bruxelles puisse conclure avec Tokyo un accord fixant, à son tour, un prix plancher pour les composants électroniques japonais exportés vers l'Europe.

Preuve, malgré tout, que dans la « géopolitique des nouvelles technologies », selon l'expression forte créée par Michel Poniatowski [12], l'Europe est toujours un partenaire avec lequel il faut compter ? Peut-être, mais durant ces vingt-sept longs mois de négociation internationale, le déficit commercial de la « filière électronique » européenne vis-à-vis du Japon n'a pourtant fait que s'aggraver (hausse de 13 % des importations et baisse de 9,4 % des exportations vers le Japon pour la seule année 1988) alors que dans le même temps, les États-Unis rééquilibraient partiellement leurs échanges en ce domaine (baisse de 0,2 % de

Répartition de la production mondiale
(en pourcentage)

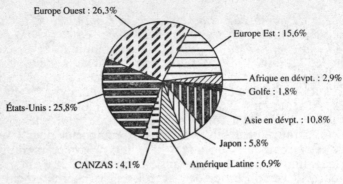

Europe Ouest : 26,3%

Europe Est : 15,6%

Afrique en dévpt. : 2,9%
Golfe : 1,8%

États-Unis : 25,8%

Asie en dévpt. : 10,8%

Japon : 5,8%

CANZAS : 4,1%   Amérique Latine : 6,9%

1967

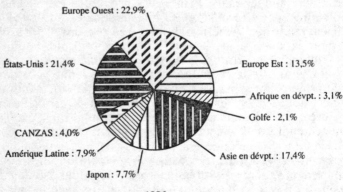

Europe Ouest : 22,9%

États-Unis : 21,4%

Europe Est : 13,5%

Afrique en dévpt. : 3,1%

Golfe : 2,1%

CANZAS : 4,0%

Amérique Latine : 7,9%

Asie en dévpt. : 17,4%

Japon : 7,7%

1986

Source : Base CHELEM-PIB, à partir des résultats du Projet de Comparaisons Internationales (phases IV et V) et d'estimations CEPH. (1989)

leurs importations en provenance du Japon, mais – surtout – hausse de 21 % de leurs exportations). Et encore n'a-t-on pas touché le fond : si l'on en croit les prévisions du consultant EIC [13], le déficit de l'Europe avec le Japon pour les matériels électroniques et informatiques devrait atteindre 29,3 milliards de dollars en 1995 (contre 19,9 milliards en 1989), tandis que les échanges avec les États-Unis seraient déficitaires de 23,6 milliards de dollars (18,3 en 1989)! La vérité est qu'à l'heure où les États-Unis et le Japon se sont – non sans conflits ni réticences – engagés sur la voie d'un rapprochement stratégique, la difficulté d'adaptation des Européens à la nouvelle donne industrielle et technologique prend, au fil des années, des proportions de plus en plus préoccupantes.

Les chiffres sont, ici, sans ambiguïté. A commencer par la part de la production européenne dans la production mondiale : tendanciellement, cette part diminue alors qu'augmentent celles du Japon et des pays d'Asie du Sud-Est et que la position des États-Unis se stabilise [14] (voir tableau page précédente).

Cette faiblesse de la capacité productive européenne trouve son explication si l'on analyse qualitativement les performances des différents secteurs industriels. Le retour progressif à la croissance qu'ont connu depuis quelques années les économies développées s'accompagne, en effet, d'un renouvellement des hiérarchies sectorielles influencé par la diffusion rapide des technologies de pointe : les secteurs clés de la croissance internationale sont aujourd'hui l'aérospatial, l'informatique, les composants électroniques, les télécommunications, l'équipement électrique, la pharmacie, les instruments de précision et de mesure... Or, dans cette nouvelle donne, l'Europe n'est pas bien placée. Contrairement aux États-Unis et au Japon, elle reste encore trop spécialisée dans les secteurs traditionnels : la haute technologie ne représente que 22,4 % de la valeur ajoutée produite dans la Communauté, contre 20 % aux États-Unis et 28 % au Japon [15]. Et, entre 1979 et 1985, cette proportion ne s'est accrue que de 3 % par an en Europe, contre 3,7 % aux États-Unis et – surtout – 17,1 % au Japon. Avec ce dernier pays, l'écart est d'ailleurs devenu dans certains secteurs un véritable fossé : la demande intérieure japonaise en matière de produits électriques et électroniques a ainsi augmenté d'environ 21 % contre seulement 3,5 % pour la demande européenne! Il existe donc, bel et bien, dans les « secteurs à forte demande » un « différentiel de croissance » structurel qui sépare les États-Unis et le Japon du continent européen.

Europessimisme excessif des froides statistiques officielles? Pas seulement. Interrogés en 1984 par le cabinet Booz-Allen and Hamilton pour le compte de l'édition européenne du *Wall Street Journal*, deux cents chefs d'entreprise européens décernaient déjà une collection de lanternes rouges à l'Europe dans les secteurs de pointe.

Technologies	États-Unis	Japon	Allemagne	Scandinavie	Royaume-Uni	France
Informatique	1	2	3	4-5	6	4-5
Électronique	1-2	1-2	3	4	6-7	6-7
Télécommunications	1	2	3	4	5-6	5-6
Biotechnologie	1	2	3	4	5	n.d. *
Produits chimiques	1	2	3	4	5	6-7
Métaux/alliages	2	1	3	4	5-6	5-6
Ingénierie	1	2	3	4	5	6
Produits manufacturés	1-2	1-2	3	4	5	6
Robotique	2	1	3	4	6	5
Moyenne	1,3	1,7	3	4,2	5,4	5,8

Source : Management and Technology, a Survey of European Chief Executives, 1984, patronné conjointement par le *Wall Street Journal Europe* et Booz-Allen and Hamilton.

* N.d. : non disponible.

Le partage des marchés mondiaux de haute technologie a donc commencé et si l'Europe n'en est pas totalement absente, du moins ne semble-t-elle pas jouer exactement dans la même catégorie que les États-Unis et le Japon. L'inquiétude manifestée par Paolo Cecchini (voir le chapitre précédent) sur la capacité des entreprises européennes à résister sur leur propre marché à la concurrence internationale, le cri d'angoisse lancé par Pasquale Pistorio (« *l'Europe risque de devenir la Venise du monde* ») prennent maintenant tout leur sens. Car si l'Europe, en raison d'un dynamisme technologique insuffisant, ne s'est guère montrée performante en dehors de ses frontières, comment pourrait-elle éviter, dès lors qu'elle a décidé d'ouvrir largement son marché aux vents de la concurrence, que les entreprises étrangères n'y pénètrent et n'y conquièrent des positions dominantes? Le fait est que les multinationales américaines et japonaises ne se sont pas contentées de nouer entre elles des relations complexes de concurrence et de coopération et d'aller toujours plus loin dans la recherche de l'excellence technologique : elles se sont intéressées de très près au marché européen en voie d'unification, suffisamment riche et actif dans les secteurs de pointe pour justifier d'importants investissements industriels et commerciaux et insuffisamment défendu pour que les entreprises locales puissent répondre efficacement à des opérations offensives. La « forteresse Europe » présentée par certains comme un repoussoir est devenue une forteresse assiégée et la tentation du « renoncement technologique » qui guette ses habitants pourrait bien les faire basculer dans une situation de dépendance durable.

IV

L'EUROPE PRISE AU PIÈGE

A l'occasion d'une conversation avec la presse portant sur différents sujets d'actualité, le président du Conseil italien, M. Ciriaco De Mita, répond en janvier 1989 à une question sur l'accord éventuel entre Italtel, le principal fabricant d'équipements de télécommunications italien, et la firme américaine AT&T, leader mondial du secteur. Le président du Conseil indique : « *Aucune décision n'a encore été prise pour le moment.* » Il précise : « *Nous attendons que l'IRI (le consortium public dont dépend Italtel) fasse une proposition et qu'il la soumette à l'approbation du gouvernement. J'ai lu moi aussi que des choix étaient intervenus et qu'il y avait eu des pressions. En réalité, il n'en est rien. En tant que gouvernement nous nous référerons, pour prendre notre décision, à une proposition technico-économique.* » Et M. De Mita d'ajouter, afin de récuser par avance l'argument selon lequel l'Italie pourrait servir de « cheval de Troie » pour l'entrée de la firme américaine dans la Communauté européenne : « *A une telle accusation, il faudrait en opposer une autre, que j'ai entendue aux États-Unis et qui consiste à dire que l'intégration européenne constituerait une sorte de forteresse, interdisant toute pénétration de l'extérieur* [1]. » Dans les deux cas, conclut-il, il s'agit d'exagérations à des fins de manipulation.

Le président du Conseil se donne beaucoup de mal pour garder un secret de polichinelle. Chacun sait, en effet, que les jeux sont faits. Malgré tous leurs efforts, la prise de position du président de la Commission européenne contre la solution américaine et l'intervention de leurs gouvernements respectifs, Alcatel et Siemens n'ont pu redresser une tendance favorable dès le début à AT&T. Quelques semaines plus tard, un communiqué publié par les dirigeants d'Italtel lève les dernières ambiguïtés : « *Les avantages de l'option AT&T concernent d'abord les futures générations de produits* [2]. » Dans un domaine où le « software » est plus important que le « hardware » et où la recherche informatique prend le pas sur la simple installation de nouveaux centraux, l'immense patrimoine scientifique d'AT&T, dont les laboratoires (les fameux « Bell Labs ») ont déjà produit de nombreux prix Nobel, aura sans doute constitué un atout décisif. De fait, les Américains se sont déclarés prêts à pousser très loin leur coopération avec Italtel et à fournir toutes les technologies nécessaires à la modernisation du réseau italien comme la transmission, le contrôle des centraux téléphoniques et la télématique. Pour Italtel, l'accord avec AT&T présente également un intérêt commercial dans la mesure où les dirigeants américains ont pris l'engagement d'associer la firme italienne à leurs futures opérations à l'étranger. Tout en ayant accès au savoir-faire d'AT&T, Italtel restera autonome en conservant, notamment, la gestion de ses produits.

Le plaidoyer – embarrassé – de M. De Mita, la satisfaction marquée par les dirigeants d'Italtel ne doivent pas masquer l'essentiel : en ouvrant grandes les portes au constructeur américain, l'Europe vient de confirmer, une fois de plus, sa vulnérabilité aux pressions extérieures. Car il n'y a pas que la technologie d'AT&T qui a séduit l'Italie. Dans cette affaire, Washington a pris de vitesse les capitales européennes, plaidant la cause de son industriel avec discrétion, mais efficacité, à tel point que certaines sources affirment que le prédécesseur de M. De Mita, le socialiste Bettino Craxi, avait déjà donné des assurances à la Maison Blanche. Si « forteresse Europe » il y a, la forteresse est assiégée et bien mal défendue... A croire qu'en réalité les accusations américaines ou japonaises ne sont pas très sincères : derrière le grand procès instruit contre la Communauté européenne se cachent des stratégies de conquête qui ne veulent pas dire leur nom. A la veille de 1992, l'Europe se met à l'heure triadienne sans bien se rendre compte qu'elle est aussi un enjeu de la compétition technologique internationale. Confrontée à deux systèmes industriels efficaces et agressifs, travaillée par la tentation du « renoncement technologique », l'Europe est soumise à la menace conjointe de l'intégration extérieure et de la dépendance technologique. Et la perte de la maîtrise de son destin est peut-être au bout du chemin de cette « intégration sous dépendance ».

La forteresse assiégée

Tout au long de cette année 1988, un grand procès se déroule aux États-Unis. Il s'agit d'un procès d'un genre inhabituel. L'accusé, en effet, n'est ni un voleur ni un criminel. C'est une organisation économique régionale, qui a décidé de pousser l'intégration entre ses membres jusqu'au point d'abolir complètement ses frontières intérieures avant le 31 décembre 1992 : la Communauté économique européenne. La faute, aux yeux de ses accusateurs, ne réside pas dans la décision elle-même. Mais celle-ci lui paraît présenter le risque de conduire, vis-à-vis des pays tiers, à l'érection d'une « forteresse » impénétrable. Comme le dit alors le responsable des négociations commerciales extérieures auprès du Président Reagan : « *Ce qui est important, c'est que l'Europe ne devienne pas libre-échangiste au plan interne et protectionniste à l'extérieur.* » Clayton K. Yeutter ajoute : « *Sur cette question, le jury est encore en train de délibérer* [3]. » L'ambassadeur américain auprès des Communautés européennes, Alfred H. Kingon, ne prend pas, quant à lui, ces précautions oratoires : « *Il y a un risque réel,* affirme-t-il, *que la Communauté se transforme en une entité protectionniste au fur et à mesure que 1992 se rapprochera, quels que soient les objectifs affichés officiellement.* » L'analyse de l'ambassadeur est la suivante : « *Au sommet de la Commission européenne, tout le monde se montre libre-échangiste. (...) Mais lorsque vous descendez au niveau des services, lorsque vous rendez visite aux différents États membres et lorsque vous parlez au monde des affaires, c'est une chanson très différente que vous entendez* [4]. » Le président d'AT&T Europe fait écho à la critique : se plaignant des pratiques en vigueur dans les pays européens, Robert E. Dalziel lâche : « *Vous n'avez pas à construire une usine au Wyoming pour vendre des équipements de téléphone au Wyoming* [5]. »

Et puisque ce risque de fermeture aux exportations américaines est réel, pourquoi ne pas le contrer par la manière forte ? Nous sommes cette fois au premier trimestre 1989 : tandis que le secrétaire au commerce de la nouvelle administration Bush, M. Mosbasher, réclame pour son pays l'équivalent d'un siège au sein du Conseil des Communautés européennes, Mme Carla Hills, qui a succédé à Clayton Yeutter, évoque la possibilité d'ouvrir les marchés à la « barre à mine ». De fait, en application du

« Trade Act » – la loi commerciale que le Congrès américain vient d'adopter – l'administration inscrit, juste à côté de la Corée du Sud, la Communauté européenne sur la liste noire des pays supposés protectionnistes dans le domaine des télécommunications. Bruxelles a une année pour venir à Canossa, faute de quoi, des sanctions unilatérales seront prises par Washington. Alfred Kingon précise : « *Washington veut obtenir de la CEE un accès au marché pour les produits et les services américains de télécoms, une politique non discriminatoire ainsi qu'un degré raisonnable d'accès au réseau de télécommunications* [6]. »

Devant cette offensive, Bruxelles fait le dos rond. Un slogan – « l'Europe partenaire » – est bien inventé pour répondre à la « forteresse Europe », elle-même qualifiée de *mythe*, par Horst Krenzler, le directeur général des relations extérieures à la Commission [7]. Mais sur le fond, les Européens prennent bien soin d'éviter la polémique avec Washington. Les États-Unis jugent-ils « *moralement inacceptable* », pour reprendre l'expression de John G. Heimann, président du comité exécutif de Merril Lynch Europe, la clause de « réciprocité » par laquelle certaines filiales de compagnies d'assurances américaines pourraient se voir interdites d'installation en Europe? La clause incriminée sera considérablement adoucie. Les Américains s'offusquent-ils des règles de « contenu local », introduites par la Commission dans la directive sur l'ouverture des marchés publics afin d'éviter que l'Europe ne soit, *de facto*, la seule des grandes régions industrialisées à assurer un accès totalement libre à ses marchés? Aussitôt, plusieurs États membres, au premier rang desquels la République fédérale, déclarent qu'ils mettront tout en œuvre pour empêcher l'adoption de telles règles *.

Dès le printemps 1989, la campagne sur la « forteresse Europe » semble toutefois nettement baisser d'intensité. Comme le dit William T. Archey, vice-président de la chambre de commerce américaine : « *Il y a moins d'hystérie au sujet de l'idée générique d'une forteresse Europe* [8]. » Et ce qu'il ajoute en dit long sur la méfiance qu'on continue toutefois à nourrir de l'autre côté de l'Atlantique vis-à-vis des Européens : « *Les gens parlent plutôt maintenant d'une série de mini-forts par opposition à un seul gigantesque.* » En d'autres termes, l'accusé n'est pas acquitté, il est seulement laissé en liberté surveillée.

---

* La directive a finalement été adoptée moyennant un adoucissement de certaines de ses clauses.

Cette soudaine mansuétude conduit à s'interroger sur les motivations véritables de la campagne sur la « forteresse ». S'agissait-il de prêcher les vertus du libre-échange ou bien les intentions étaient-elles moins pures ? Dans le premier cas, on voit mal pourquoi quelques concessions européennes, à plusieurs années de la date fatidique du 31 décembre 1992, auraient suffi à calmer les appréhensions américaines. Si le ton, à Washington, a soudainement baissé, n'est-ce pas plutôt le signe que l'on estime désormais que, forteresse ou pas, les assiégeants finiront par entrer dans la place, à l'image d'AT&T en Italie ?

American Telegraph & Telephone (AT&T) a, en effet quelques raisons d'être satisfait de l'accord conclu avec Rome. Il marque le vrai début de sa nouvelle existence internationale cinq ans après son démembrement de 1984. Cette année-là, suite à une action en justice engagée par le « Department of Justice », les dirigeants d'AT&T se sont résignés à l'inconcevable : le démembrement de l'empire historique du « Bell system ». Le réseau local d'AT&T est démantelé, et sa gestion confiée à huit compagnies régionales, les « Regional Bell Operating Compagnies » (les RBOC) créées pour l'occasion. AT&T conserve son réseau interurbain (les appels de zone géographique à zone géographique), son réseau international ainsi que sa filiale de fabrication de centraux Western Union. AT&T en tire les conclusions qui s'imposent : si sa position dominante sur le marché intérieur américain est perçue comme un danger pour l'innovation et la concurrence, il ne lui reste qu'à se redéployer au niveau international. Brutalement « allégée » sur son marché domestique, AT&T peut donc devenir le nouveau champion des intérêts américains dans le monde. Commence alors une longue série d'initiatives sur le marché européen – moins hermétique que le marché japonais – qui vont culminer avec l'opération Italtel.

Rapidement, AT&T signe un accord avec Philips avec lequel il crée une filiale commune, APT. Mais la part de marché de Philips en Europe est limitée, et la conquête des marchés nationaux se révèle plus difficile que prévu. En France, AT&T semble tenir la corde pour reprendre, conjointement avec Alcatel, la CGCT et ses 16 % du marché français de la commutation publique. Mais en 1987, c'est le tandem Matra-Ericsson qui l'emporte. AT&T espère alors devenir le troisième fournisseur de la Deutsche Bundespost à côté de Siemens et de SEL (filiale d'Alcatel) : peine perdue, là encore. Au siège américain d'AT&T, on commence à s'impatienter. L'éclaircie italienne arrive donc au bon moment. Et désormais relancée par l'alliance avec Italtel, AT&T Europe envisage maintenant de nouveaux projets, comme en Espagne où la firme américaine tient déjà, grâce à son alliance avec Telefonica, 10 % du marché de la commutation publique. De leur côté, encouragées par l'exemple de leur ancienne maison mère ou mues par leurs propres ambitions, les RBOC font, elles aussi, preuve d'un activisme remarqué sur le Vieux Continent *.

Au moment même où AT&T pousse ses pions en Europe, Paolo Fresco, le chef des opérations internationales de General Electric à Londres, confirme ainsi l'intérêt nouveau témoigné pour l'Europe par les géants de la technologie américaine : « *J'ai toujours pensé que nous devions faire plus en Europe, mais l'élément clé fut la prise de conscience de ce que l'Europe était en train de passer d'une organisation de pays à pays à une structure plus internationale destinée à devenir, dans certains secteurs d'activités, le premier marché du monde* [9]. » De fait, la progression de General Electric sur le marché européen va être spectaculaire. En deux ans, GE y fait passer son chiffre d'affaires de 2,7 milliards de dollars à environ 6 milliards et se dote d'un portefeuille d'activités allant de l'électronique médicale (numéro deux en Europe après la reprise de Thomson-CGR) à la production de plastiques de haute performance (numéro deux) en passant par les moteurs d'avion (numéro un à travers une « joint venture » avec le groupe français Snecma) et par les réseaux privés de télécommunications où sa filiale Geisco apparaît comme l'une des mieux placées pour profiter de l'abolition des frontières! Commentaire de Vincenzo Morelli, président de General Electric Medical Systems Europe, juste après que le président de GE, Jack Welch, eut signé le 13 janvier 1989 avec celui de GEC, Lord Weinstock, un vaste accord de coopération touchant notamment l'électroménager et l'imagerie médicale : « *Peu de sociétés sont hors de notre portée en Europe.* »

Si, pour des entreprises de la dimension d'AT&T ou de General Electric, « *l'Europe est l'étape vers le leadership mondial* », selon le titre significatif d'un article du *Financial Times* consacré aux opérations transatlantiques de General Electric [10], le marché européen est devenu aussi pour les « poids moyens » de la High Tech américaine, le relais naturel d'un marché américain parvenu

---

* Les RBOC ont notamment pris des participations dans des opérateurs de réseaux câblés et de radiotéléphone en Europe de l'Ouest et sont également très présentes sur les nouveaux marchés d'Europe de l'Est.

à maturité et où la demande de produits et services de haute technologie progresse donc souvent moins rapidement. Le prodige du micro-ordinateur Apple attend, par exemple, beaucoup de l'Europe : le Vieux Continent représente déjà un milliard de dollars de ventes pour un chiffre d'affaires mondial de 4,4 milliards. Aux États-Unis, les dirigeants de la firme californienne s'attendent à une inflexion à la baisse de la croissance, le maintien, voulu, de prix « haut de gamme » risquant de décourager certains clients. Moins sollicité – à ce stade –, le marché européen est encore très sensible à l'effet de marque dont bénéficie notamment le fameux Macintosh : de là à penser que celui-ci est le nouveau « poumon » d'Apple, il y a un pas que Mike Spindler, alors président d'Apple Europe (et aujourd'hui numéro deux d'Apple Corp.) n'hésite pas à franchir [11]. De fait, si l'on en croit les prévisions établies par la compagnie, le chiffre d'affaires d'Apple Europe devrait passer à 3 milliards de dollars vers le milieu des années 90, c'est-à-dire à peu près le chiffre d'affaires d'Apple aux États-Unis aujourd'hui. Autrement dit, « l'effet de rattrapage » joue en faveur de l'Europe. La boutade lancée par Phil Chauveau, directeur d'Apple Royaume-Uni, en dit long sur l'optimisme qui anime les dirigeants d'Apple : « *Si 1992 signifie une forteresse Europe, nous ne pensons pas avoir besoin d'un cheval de Troie pour la pénétrer* [12]*!* »

Mais parmi tous les Américains partis – ou repartis – à la conquête de l'Europe, il est difficile de ne pas faire une place particulière à IBM. Contrairement à un AT&T – souvent présenté comme son principal rival dans les technologies de la communication et de l'information – ou un General Electric, le numéro un mondial de l'informatique est depuis longtemps solidement implanté sur le marché européen. Lorsque, par exemple, IBM annonce qu'il vient de constituer une équipe de trente personnes pour réfléchir aux opportunités offertes par le grand marché européen et qu'il va mettre au point dans son centre de recherche de la Gaude, en France, un nouveau téléphone mobile capable de fonctionner dans l'ensemble des pays européens [13], c'est la preuve que la compagnie entend bien profiter, elle aussi, de la nouvelle donne du marché intérieur, mais ce n'est certainement pas une révolution stratégique. Au contraire, on peut considérer qu'IBM a été un précurseur de la pénétration de la High Tech américaine au cœur de l'économie européenne. Et qu'il a montré l'exemple lorsqu'il s'agissait de jouer de sa situation privilégiée sur le Vieux Continent pour tenir tête aux autorités européennes elles-mêmes.

Il y a quelques années, en effet, la Commission des Communautés européennes voulut mettre en cause les pratiques de « Big Blue » en matière de normalisation (il était reproché à IBM de rendre « captive » sa clientèle en lui imposant ses propres protocoles d'échanges de données entre ordinateurs) et certains États membres manifestèrent l'intention de s'opposer à une possible participation d'IBM aux travaux du programme ESPRIT. La réaction des dirigeants de la compagnie ne se fit pas attendre : « *La dernière chose que souhaite IBM est une confrontation avec la Communauté (...); si la Commission devait réussir, la Commission reconnaîtrait elle-même qu'elle a gravement desservi l'Europe.* » Devant une telle assurance et les menaces à peine voilées de désengagement industriel qu'agitait IBM, Bruxelles capitula et l'affrontement n'eut pas lieu : le contentieux sur les normes fut enterré moyennant l'engagement d'IBM d'assurer un minimum de transparence et IBM évita de se porter officiellement candidat à ESPRIT, se contentant d'être largement tenue au courant du développement du programme par des voies indirectes. La compagnie venait ainsi d'obtenir à peu de frais une reconnaissance de sa parfaite intégration dans le tissu économique et industriel européen.

Depuis cette époque, IBM ne se prive pas d'entretenir d'excellentes relations avec ses partenaires européens, qu'il s'agisse des entreprises * ou des gouvernements (IBM fut, un temps, le premier contribuable français). Avec 40 % environ du marché européen des ordinateurs, IBM distance de loin tous ces concurrents même si, comme aux États-Unis, ses positions ont légèrement reculé sur les créneaux de la micro- et de la mini-informatique. IBM ne se contente pas d'être, tous secteurs confondus, une des premières entreprises européennes : il excelle à pratiquer une stratégie d'influence qui, sans constituer une garantie contre toute attaque, a prouvé à de nombreuses reprises son efficacité. Ainsi les multiples interventions d'IBM Allemagne – il est vrai relayées par les pressions du gouvernement américain – ont-elles joué un rôle non négligeable dans la décision des autorités fédérales de procéder à une très large libéralisation du marché allemand des services de

---

* Deux illustrations parmi d'autres de ces bonnes relations : l'accord IBM-Siemens dans le domaine des autocommutateurs privés voix-données et plus récemment le projet d'accord avec British Telecom dans les réseaux privés de télécommunications.

télécommunications, jusqu'alors marqué par les pratiques mono-polistiques de la Deutsche Bundespost. Et plus récemment encore, la compagnie est parvenue, grâce à une nouvelle alliance avec Siemens, à forcer la porte du programme européen JESSI consacré aux mémoires submicroniques.

Quel que soit le côté vers lequel on tourne le regard, tout conduit donc à un triple constat : la technologie américaine est à l'aise en Europe; 1992 rapproche le marché européen des conditions du marché américain; AT&T, General Electric, Apple IBM et les autres ont soif de nouveaux débouchés et, de ce point de vue, le marché intérieur constitue pour eux un terrain de manœuvre idéal. Mais nous étions déjà habitués à voir des Américains en Europe; le fait nouveau est que les Japonais s'intéressent eux aussi de très près aux perspectives nouvelles ouvertes par l'intégration économique européenne.

La technique du canard

6 mars 1989. L'annonce par Toshiba de son intention de construire en Europe une usine de fabrication d'ordinateurs portables – le choix du site n'a pas encore été effectué – semble se perdre dans le flot de l'actualité économique. Il s'agit, pourtant, d'une première. Jusqu'ici, en effet, les entreprises japonaises s'étaient contentées de mettre en place en Europe des unités de production de matériel électronique grand public ou de périphé-riques d'ordinateurs, sans ressentir apparemment le besoin de faire de même pour la fabrication d'ordinateurs. L'explication donnée par Shunki Yatsumani, le président de la filiale de Toshiba chargée de commercialiser les ordinateurs de la compagnie au Royaume-Uni, est simple : Toshiba redoute les conséquences d'une possible action antidumping de la Commission de Bruxelles contre les portables exportés en Europe par sa compagnie, soit plus de 100 000 ordinateurs en 1988 et 38 % du marché. La décision de construire une usine sur le sol européen a donc un caractère préventif, puisque la Commission ne s'est jusqu'à présent pas penchée sur le cas spécifique des ordinateurs fabriqués en Europe. Mais Toshiba, indique Shunki Yatsumani, préfère jouer la sécurité. Il ne serait pas surprenant, ajoute pour sa part le *Financial Times* qui rapporte l'information, que la décision de Toshiba soit suivie d'initiatives semblables d'autres fabricants japonais d'ordinateurs, comme Epson ou Sharp : s'agissant des

marchés de la filière électronique, les entreprises japonaises ont
en effet l'habitude d'agir groupées.

La discrétion qui a entouré l'annonce de la décision prise par
Toshiba n'est pas surprenante : elle correspond au caractère
encore relativement limité des activités japonaises en Europe
comme à la manière de faire des entreprises de l'empire du
Soleil Levant – les « kaïshas » – et de leurs autorités de tutelle.
Les Japonais sont encore loin, à ce stade, d'être aussi engagés
sur le marché européen qu'ils le sont aux États-Unis, voire en
Asie, et notamment auprès des « Nouvelles Économies Industrialisées », les NEI comme les appelle l'OCDE. C'est ainsi que
sur 140 milliards de dollars d'investissements japonais à l'étranger, 15,5 % (mi-1988) sont allés à l'Europe, contre 38 % aux
États-Unis et 22 % à l'Asie [14]. Les écarts sont beaucoup plus
considérables encore si l'on regarde cette fois les préférences
affichées par les investisseurs nippons : selon une étude réalisée
par EGIS, un organisme de recherche sur le Japon, 3 % d'entre
eux seulement auraient l'intention de choisir l'Europe comme
première cible, contre 41 % pour les États-Unis et un spectaculaire 49 % pour les NEI [15]! A s'en tenir aux relations au sein de
la Triade, il apparaît que des trois « couples » possibles, le couple
Japon-Europe est de loin le plus faible : les échanges commerciaux entre le Japon et les pays de la Communauté européenne
ne représentent que moins de la moitié du commerce États-Unis-
Japon et environ le tiers des échanges États-Unis-CEE; on
retrouve la même asymétrie dans les accords de coopération
passés entre les firmes de la Triade, puisque pour 253 accords
américano-européens sur la période 1982-1986 et 128 entre des
entreprises japonaises et américaines dans les domaines des
technologies de l'information, 81 seulement ont été signés entre
le Japon et la Communauté européenne [16].

A ce caractère encore limité de la présence japonaise en Europe
correspond un profil bas, au plan politique, vis-à-vis de la Communauté des Douze. Bien sûr, les Japonais n'hésitent plus à appliquer
les recettes du « lobbying » qu'ils ont apprises aux États-Unis ni
à critiquer certaines mesures prises par Bruxelles – surtout
lorsqu'elles sont directement dirigées contre certaines pratiques
des entreprises japonaises. On a pu voir ainsi dans cinq pleines
pages payées au *Financial Times,* une geisha, au visage de plus
en plus sévère et prenant, ultime avatar, les traits de Margaret
Thatcher, annoncer chômage, inflation et réduction des investissements japonais comme résultat des mesures antidumping prises

par la « bureaucratie européenne »! Mais pas de grand discours, comme à Washington, sur les méfaits de la « forteresse Europe », discours vis-à-vis duquel les Japonais marquent leurs distances sans le désavouer réellement. Pour l'ambassadeur du Japon en France, Akitrane Kiushi, par exemple, « *cette notion de forteresse Europe, lancée par nos amis Américains, est exagérée. Évidemment,* ajoute-t-il, *c'est une forme de prudence. Mais si l'on exagère trop, ce sera nuisible à un progrès harmonieux de nos relations avec l'Europe* [17] ». Katsuhiro Fujiwara, le directeur du département des affaires économiques internationales du Keidaren, la fédération patronale japonaise, affecte, pour sa part, de faire confiance aux Européens : « *Les Européens, industriels, hommes politiques, nous ont plusieurs fois dit qu'il n'y aurait pas de forteresse Europe. Il nous semble préférable de les croire, tout simplement* [18]. »

Ces propos complaisants – qui contrastent fortement avec les propos tonitruants tenus par les Américains – n'empêchent évidemment pas les Japonais de poursuivre, dans la discrétion, une stratégie de pénétration et d'implantation à long terme. La technique utilisée par les Japonais pour conquérir l'Europe des années 90, à l'instar de celle inventée pour l'Amérique des années 80, s'apparente à la « *technique du canard* », comme l'écrivait *Le Nouvel Observateur* dans un article impertinent intitulé « Comment les Japonais vont nous manger [19] » : une attitude calme au-dessus de la surface de l'eau, mais qui cache des pattes très rapides pédalant par-dessous. Avant d'agir, les « kaïshas » commencent par observer, par analyser, par solliciter les conseils des organismes professionnels et de leur administration, bien connue pour l'attention qu'elle porte à l'évolution technologique et réglementaire internationale. Une fois arrêtée la décision stratégique, intervient le choix du lieu d'implantation et, de ce point de vue, les Japonais n'ont que l'embarras du choix parmi les différents pays de la Communauté européenne.

La faveur, pour l'instant, va nettement à la Grande-Bretagne, où en février 1989, 94 firmes à capitaux japonais employaient 25 000 personnes, en plus des 20 000 expatriés japonais déjà présents dans le pays [20]. Après la Grande-Bretagne, c'est peut-être l'Espagne qui est la mieux placée aux yeux des investisseurs nippons : son rapide développement industriel est jugé d'autant plus favorablement que les autorités de Madrid pratiquent une politique déclarée en faveur des transferts de technologie. La RFA elle-même ne dédaigne pas de faire appel au savoir-faire japonais. Quant à la France, elle a adopté jusqu'ici une attitude des plus ambiguës. Tandis qu'Édith Cresson, alors ministre des Affaires européennes, déclare que « *dès qu'un projet français ou européen est possible, il faut lui donner la préférence face aux investissements japonais (et que) dans le cas contraire, ces projets doivent répondre à des conditions strictes, sous peine d'accentuer la diminution de nos parts de marché* [21] », le ministre de l'Industrie, Roger Fauroux, affirme de son côté que les Japonais sont les bienvenus en France et que leurs investissements valent mieux que des chômeurs. Devant cette situation, l'ambassadeur du Japon en France a la partie facile : soulignant que les atouts de la France pour un investisseur japonais sont la prospérité, la qualité de la main-d'œuvre, la stabilité politique et une situation géopolitique favorable, il fait remarquer qu'il serait souhaitable que, « *d'une manière générale, le gouvernement français adopte une attitude claire en matière d'investissements étrangers* [22] ».

On comprend, dans ces conditions, que l'idée d'un front commun des Européens en vue d'un contrôle stratégique sur les investissement japonais – et *a fortiori* l'érection de véritables barrières protectionnistes – soient assez largement illusoires : le problème, en l'état actuel des choses, est plutôt d'éviter que les gouvernements du Vieux Continent n'en viennent, soit à se quereller comme le firent Londres et Paris au sujet des automobiles Bluebird fabriquées par Nissan en Grande-Bretagne *, soit à se faire concurrence, y compris à coups de subventions, afin d'attirer sur leur territoire telle ou telle « kaïsha » promettant de créer activité et emploi. La peur réelle ou feinte de la « forteresse Europe » a surtout incité les Japonais à venir, avec l'assentiment actif ou contraint des divers gouvernements nationaux, s'installer dans la place.

La progression de la présence japonaise en Europe est confirmée par les chiffres : selon une enquête effectuée par la Japan External Trade Association (JETRO), 411 filiales de compagnies japonaises étaient implantées ou en cours d'implantation en Europe à la fin janvier 1989, soit deux fois et demie le nombre de 1983. Les fabricants de matériel électrique et électronique figuraient au premier rang quant au nombre de filiales établies en Europe par des entreprises japonaises, devant les secteurs de

---

* Les autorités françaises refusaient de considérer les Bluebird comme européennes, mais finirent par s'incliner devant l'insistance de Mme Thatcher et les pressions de la Commission de Bruxelles.

la chimie, de la mécanique générale et du matériel de transport. Et selon les prévisions d'EGIS, les investissements japonais en Europe – qui auraient déjà fait un bond de 90 % en 1988 – devraient doubler en moyenne tous les quatre ans au cours des dix prochaines années!

Une fois rappelé que l'implantation japonaise en Europe demeure très limitée comparée à la présence américaine, ces chiffres laissent toutefois entière la question des motivations véritables des « kaïshas ». S'agit-il simplement, pour ces dernières, de se prémunir contre un risque supposé de protectionnisme? Ou bien l'investissement productif en Europe participe-t-il d'une stratégie plus profonde et plus durable d'internationalisation des entreprises japonaises?

La cause première de la politique d'implantation japonaise sur le Vieux Continent est incontestablement celle que mentionnait Shunki Yatsumani pour le compte de Toshiba : la crainte des mesures de protection prises par les autorités communautaires contre les importations japonaises. Les conclusions de l'étude confiée à l'universitaire allemand Helmut Schütte par la délégation japonaise à l'OCDE afin d'évaluer les possibilités et les limites de la coopération euro-nipponne dans le domaine des technologies de l'information expriment bien, selon toute vraisemblance, la façon dont on perçoit les choses à Tokyo.

Selon Helmut Schütte, « *compte tenu de l'état de tension qui caractérise la relation entre l'Europe et le Japon et du risque que celle-ci aille en se détériorant plutôt qu'en s'améliorant, les entreprises japonaises des technologies de l'information feraient bien de mettre en œuvre des stratégies qui les protègent des aléas politiques* [23] ». Dans cette optique, poursuit l'universitaire allemand, « *la voie la plus sûre pour ces dernières est d'investir massivement à travers des filiales européennes afin d'être considérées comme des autochtones au sein de la Communauté* ». A cet égard, « *l'intégration dans l'économie locale, jugée selon le degré de sous-traitance locale d'une part, et d'autre part en fonction de l'établissement d'unités de recherche sur place, pourraient conduire à une acceptation complète et ouvrir, le cas échéant, l'accès aux programmes de R&D parrainés par la Communauté* ». Comme l'implantation de Toshiba en Allemagne pour les ordinateurs portables, la décision (février 1989) de Fujitsu d'investir 100 millions de dollars dans une usine de fabrication de semi-conducteurs à Wearside dans le Nord-Est de l'Angleterre, répond visiblement à ce raisonnement. Il s'agit de préserver et si possible d'augmenter la part de marché de Fujitsu sur le marché européen en évitant de tomber sous le coup de la politique antidumping de la Commission des communautés européennes : celle-ci a en effet indiqué que pour être considérés comme des produits européens, les semi-conducteurs devraient être non seulement assemblés, mais fabriqués au sein de la Communauté. Fujitsu n'est pas seul à voir dans une implantation européenne la solution au problème puisque Hitachi et Toshiba ont eux aussi fait connaître leur intention de fabriquer sur place. Le numéro un mondial du secteur, NEC, est déjà installé en Écosse.

La crainte du protectionnisme, toutefois, n'apporte qu'un éclairage partiel sur la stratégie poursuivie par les entreprises japonaises en Europe. La réalité est que le marché européen est devenu la deuxième étape d'un profond mouvement d'internationalisation des « kaïshas » qui a débuté avec les États-Unis et auquel l'échéance du 31 décembre 1992 donne maintenant un second souffle. L'exemple des ordinateurs portables de Toshiba est, de ce point de vue, caractéristique. Car c'est d'abord sur le marché américain que l'entreprise japonaise avait fait porter, non sans succès, son effort commercial avant d'y installer des unités de production à la suite des mesures antidumping prises par le gouvernement Reagan en 1987. Le marché européen rattrapant le marché américain, il était logique que Toshiba cherche, de même, à se rapprocher de ces nouveaux consommateurs.

Ce sont bien, d'une manière générale, les deux mêmes raisons fondamentales qui ont poussé, au cours des années 80, les entreprises japonaises à s'établir aux États-Unis, et qui les conduisent, à l'orée des années 90, à voir dans l'Europe un nouveau champ d'action possible. La première est la hausse brutale du yen, l'*endaka,* qui a fortement incité les « kaïshas » à sortir de leurs frontières, à s'internationaliser : la séquence est bien connue, mais il est intéressant de noter qu'elle s'applique aussi désormais à l'Europe. Ainsi, pour le géant de l'électronique professionnelle NEC, produire en Europe est-il devenu d'autant plus intéressant que la hausse du yen a conduit le groupe à facturer au prix fort à ses filiales étrangères les produits fabriqués au Japon. En particulier, l'ensemble des produits livrés en France devaient être assemblés dans une nouvelle unité multifonctionnelle du groupe à Telford, dans les Midlands. Interrogé au début 1988, Yuzuru Yoshida, responsable de NEC pour la France, avait des raisons de se montrer optimiste : le chiffre d'affaires de la filiale française avait plus que doublé pendant l'exercice 1986-1987, avec d'excellentes perspectives de progression sur le marché des imprimantes et des périphériques d'ordinateurs [24]!

La seconde raison est davantage structurelle. Elle est conforme au schéma décrit par Kenichi Ohmae dans son livre *La Triade :* à un moment où les États-Unis, l'Europe et le Japon tendent de plus en plus à former un marché homogène et global de 700 millions de consommateurs, le sur-mesure, la recherche des « niches » de marché, voire les phénomènes de mode jouent un rôle de plus en plus important dans la demande des produits et services de haute technologie. Conclusion : plus le marché et les technologies sont globales, plus la proximité géographique et fonctionnelle vis-à-vis du consommateur final devient déterminante ; plus, donc, les entreprises de la Triade se doivent d'investir directement sur les grands marchés régionaux. En d'autres termes, l'Europe et son marché intérieur sont appelés à leur tour à s'intégrer au marché global de la technologie et à vivre « à l'heure triadienne ».

L'Europe à l'heure triadienne

Après les multinationales américaines, les « kaïshas » japonaises : en décidant de réaliser un espace sans frontières à l'horizon 1992, les Européens n'ont donc pas seulement créé les conditions d'une accélération des échanges à l'intérieur de la Communauté elle-même, ils ont accentué l'intégration du marché européen au sein du marché mondial et créé un champ de manœuvre favorable aux stratégies extérieures. L'entreprise d'intégration *interne* débouche ainsi en pratique sur une intégration externe.

La raison en est simple : il est beaucoup plus facile de s'attaquer à un marché unique et relativement peu défendu qu'à douze marchés nationaux différents soumis à l'interventionnisme des administrations nationales. C'est ce que montre bien la problématique de la suppression des « quotas » nationaux pour l'importation des automobiles japonaises qui, selon certaines estimations, pourrait faire passer la part de marché de ces dernières de 9 % à près de 25 % après 1993. D'autant que, le plus souvent, les Européens se sont inspirés des expériences étrangères pour définir leurs propres règles du jeu, l'exemple des télécommunications et de l'importation des méthodes de la « déréglementation » américaine (chapitre II) nous ayant servi de révélateur. Mais surtout, l'établissement d'un marché de 320 millions de consommateurs (340 avec l'unification allemande) s'accompagne d'une mutation qualitative dont les concurrents de l'Europe ont peut-être, plus vite que cette dernière, pris toute la mesure.

Avec quelques années de retard sur les États-Unis, mais de manière étonnamment semblable, l'Europe entre en effet à son tour dans cette ère des industries de la communication que certains vont jusqu'à dénommer « civilisation informationnelle ». Le boom du marché européen de la micro-informatique, les taux de croissance des marchés des semi-conducteurs et des télécommunications, le développement rapide des bases de données et de l'« informatique distribuée » sont autant de signes d'une évolution que les Américains considèrent chez eux comme acquise [25], et qui s'accompagne d'une mutation générale des modes de production et des comportements sociaux. C'est cette évolution vers une demande de produits et de services d'avant-garde qu'anticipe l'exploitant japonais de télécommunications internationales KDD qui vient d'installer un centre d'activités commerciales à Bruxelles en prévoyant que, « *avec le marché unique européen, des ouvertures peuvent être attendues dans le domaine de la vidéoconférence, ainsi que dans les services à valeur ajoutée tels que le traitement de données, le vidéotext, ou encore la boîte aux lettres électronique* [26] ». Autant, sinon plus, que les décisions prises par les « eurocrates » bruxellois, ce sont donc ces modifications de la demande issues des innovations technologiques qui travaillent le marché et la société européennes et qui poussent à son intégration dans une économie industrielle de plus en plus mondialisée.

A bien y regarder, il est facile de voir dans cette évolution la trace d'une de ces « mégatendances » que les futurologues patentés comme John Naisbitt pensent avoir identifié : « *La nouvelle économie mondiale ne saurait être appréhendée en termes d'augmentation des échanges commerciaux entre 160 nations. Il s'agit de tout autre chose : le monde bascule du commerce international à une économie planétaire. Une seule économie. Un seul marché. Ce changement est une étape naturelle de l'histoire économique de notre civilisation* [27]. » Dans cette perspective, l'Europe ne fait donc qu'accepter ce défi de la mondialisation et de la globalisation des marchés rendu possible par la technologie et qui devient chaque jour plus inéluctable. « *La technologie a traversé les frontières plus rapidement que la capacité des gouvernements à appréhender ce phénomène.* La technologie crée la diversité concurrentielle (competitive diversity) », affirme ainsi le célèbre consultant américain Regis McKenna [28] sans prendre le risque d'être démenti. L'avocat Samuel Pisar, célèbre porte-parole de la foi mondialiste, surenchérit : « *Une nouvelle géographie du monde se dessine. Des alliances industrielles, stratégiques, à vocation globale, se nouent à travers les frontières, comme autrefois les alliances politiques et militaires* [29]. »

Si les États sont hors jeu, quel doit donc être le nouveau « souverain » ? Pour beaucoup la réponse est simple : le consommateur. C'est en effet pour offrir à ce consommateur roi les prix les plus compétitifs et l'accès le plus large à la technologie que toutes les barrières commerciales doivent disparaître. Barrières d'autant plus inutiles, du reste, que cessant de délocaliser leurs usines dans des pays lointains à main-d'œuvre bon marché, les producteurs de technologie choisissent de plus en plus de venir s'implanter sur les lieux mêmes de la consommation. Et là encore, ce sont les nouvelles technologies qui ont entraîné ce changement de perspective. D'un côté, elles ont créé un marché mondial de l'information et des transactions électroniques permettant d'accélérer et de faciliter considérablement les opérations commerciales; de l'autre, les processus modernes de fabrication industrielle sont suffisamment flexibles et automatisés pour pouvoir se rapprocher au maximum du marché final.

Si l'on accepte ces prémices, la stratégie de pénétration des entreprises américaines et japonaises sur le marché européen, loin de poser problème, répond en réalité à la transformation en profondeur de l'économie mondiale. « *Une puissance triadienne,* explique Ohmae, *est une entreprise qui pourrait avoir un petit quartier général situé dans un lieu symboliquement appelé Anchorage, mais qui serait solidement implantée comme autochtone au Japon, aux États-Unis et dans la Communauté européenne, ainsi qu'éventuellement dans une ou deux autres régions vitales en fonction de ses besoins traditionnels et stratégiques* [30]. » Et cette « autochtonisation » de l'entreprise (les jésuites disaient déjà qu'il fallait être « chinois avec les Chinois ») a vocation à réduire progressivement à néant toutes les tendances protectionnistes, y compris celles qui pourraient naître dans une éventuelle « forteresse Europe ». C'est ce que certaines firmes transnationales d'origine américaine avaient déjà compris depuis longtemps : « *Nos 87 000 employés dans la CEE sont tous euro-*

péens et tous les responsables au sommet dans tous les pays de la Communauté sont des nationaux (...); nous nous sentons aussi européens en Europe que n'importe quelle autre société... » pouvait ainsi s'écrier avec force en 1984 John Opel, le président d'IBM au plus fort du contentieux avec la CEE. Six ans plus tard, Michael Armstrong, le président d'IBM World Trade n'hésite pas à aller beaucoup plus loin. Faisant indirectement allusion aux déboires des informaticiens européens autochtones, il affirme : *« Je crois qu'il est juste de dire – et je le dis publiquement – qu'IBM est la dernière société européenne d'informatique véritablement intégrée qui existe. La valeur ajoutée des produits européens d'IBM dépasse 90 %. Nous tenons ce niveau depuis sept ans et nous le maintiendrons tant qu'une infrastructure compétitive nous permettra de nous approvisionner en matériels et en compétences* [31]. *»* Aujourd'hui, les firmes japonaises qui étaient restées très réticentes à l'embauche de cadres locaux pour diriger leurs filiales étrangères sont en train, elles aussi, de changer leurs habitudes en la matière et de comprendre les bienfaits d'une stratégie d'enracinement local.

Devenant ainsi « Européens » au prix de la création de quelques milliers d'emplois sur le Vieux Continent, les industriels de la Triade sont aussi très à l'aise pour vanter les mérites, selon eux évidents, de leurs investissements : *« Le problème le plus important est celui de l'investissement en Europe. Vous en avez plus besoin que de frontières. Si investissements il y a, nous serons à l'intérieur de la forteresse, pour autant que l'Europe des Douze devienne une forteresse. Mais cela même nous ne le craignons plus »*, explique très simplement le Japonais Seiki, fonctionnaire de la section *Europe* du MITI et pour l'occasion porte-parole officieux des hommes d'affaires de son pays [32]. Ce langage a de quoi convaincre les Européens dont certains doutent justement de leur capacité à financer tout seuls leur croissance industrielle : *« Retrouver une part raisonnable dans ce marché d'avenir excéderait les forces de l'Europe, même unie; mais cela lui devient possible si elle est aidée par les investissements japonais et américains qui seront attirés par le grand marché en cours de construction* [33]. *»* La double irrigation du marché européen par la technologie et les investissements américains et japonais peut donc apparaître comme le meilleur moyen d'opérer une mise à niveau du Vieux Continent, jusqu'ici différée en raison du maintien des obstacles aux échanges et des réglementations protectrices nationales.

En décidant de réaliser l'intégration de leurs marchés nationaux, les Européens ne se sont peut-être pas rendu compte qu'ils allaient, dans le même mouvement, s'aligner très largement sur les règles de fonctionnement du marché international et faciliter l'arrivée en force de la concurrence américaine et japonaise et bientôt sans doute celle des quatre « dragons » *. Et les conséquences de cette intégration subie au sein d'un gigantesque marché unique triadien apparaissent préoccupantes à plusieurs égards.

Le piège de l'intégration

L'évolution en cours ne se traduira pas seulement par une interaction étroite entre les économies nationales (et régionales) ni même par une osmose croissante des modes de production et de consommation du monde entier. Elle va aussi créer une chaîne mondiale de circulation de la technologie et de la richesse dans laquelle les pays constituant les maillons les plus faibles risqueront de perdre la maîtrise de leur destin économique, social et politique. C'est cette crainte qu'exprime Albert Bressand lorsqu'il décrit sa vision d'un monde futur « *à trois vitesses* » organisé autour d'un « *centre intégré* » limité aux États-Unis et au Japon : « *Tandis que se met ainsi en place le centre intégré du nouveau système, les pays du second cercle – et tout particulièrement ceux d'Europe – voient se poser, de la manière la plus crue, le dilemme entre les remises en cause socio-économiques que porte en lui le nouveau mode d'intégration et les risques de marginalisation et de paupérisation relative qui sont la traduction concrète du processus de hiérarchisation et de fragmentation* [34]. »
Mais si l'analyse d'Albert Bressand est justifiée dans son principe, elle pèche néanmoins par un certain manichéisme. Dans le nouveau système international, l'alternative pour l'Europe – la plus prestigieuse des zones géographiques du second cercle – n'est justement plus entre la paupérisation et la richesse. Il est clair, en effet, que le maintien du pouvoir d'achat du continent européen est, sauf accident conjoncturel imprévisible, quasi assuré à moyen terme. A cet égard, l'accentuation de la pénétration du Vieux Continent par les investissements extérieurs signifie l'installation à un rythme accéléré d'unités de production modernes,

* Corée du Sud, Hong Kong, Singapour, Taiwan.

de centres de recherche de première qualité et d'un système de
distribution très performant. Outre que la CEE constitue le plus
vaste marché de consommation du monde, le haut niveau de
qualification de sa main-d'œuvre, allié à la clémence du climat
et aux conditions de vie exceptionnelles de la Vieille Europe vont
rester de formidables atouts. D'ores et déjà, chacun constate que
– selon leur génie propre – des villes comme Londres, Bruxelles,
Paris, Milan, Barcelone, Munich et Genève sont devenues des
pôles d'attraction internationaux pour des activités aussi floris-
santes que la finance, les services à valeur ajoutée, l'ingénierie,
le design ou les technologies de l'information.

Le risque majeur pour l'Europe n'est donc pas d'être progressivement exclue du partage des richesses triadiennes et de glisser
vers un sous-développement honteux. Le piège est, au contraire,
que, moyennant le maintien (voire l'augmentation) de son niveau
de vie, l'Europe consente à une perte de contrôle des développements technologiques effectués sur son sol et, de là, renonce
à exister en tant que puissance autonome. Richesse et renoncement à la puissance – y compris le renoncement technologique
– ne sont pas, en effet, incompatibles. S'inquiétant à la fin des
années 60 de l'évolution de l'économie française face à la concurrence internationale, François Perroux écrivait de la sorte : « On
conçoit déjà qu'une nation moyenne qui accepterait d'équilibrer
sa balance extérieure par le tourisme et par les exportations de
parfums, d'alcools fins et de primeurs, en livrant aux firmes
étrangères ses industries scientifiques et son industrie lourde,
pourrait bien être le théâtre de performances techniques et
économiques remarquables, mais perdrait son caractère même
d'économie nationale [35]. » Et à la même époque, Jean-Jacques
Servan-Schreiber évoquant la société postindustrielle pouvait
affirmer : « Si on prolonge les courbes actuelles, nous autres
Européens n'y participerons pas, du moins "à part entière".
Cela ne veut pas dire que nous deviendrons pauvres. Selon toute
probabilité nous continuerons de nous enrichir. Mais nous serons
à la fois dépassés et dominés, pour la première fois, par une
civilisation plus avancée (...) Tant il est vrai qu'en dernière
analyse, le pouvoir de créer des richesses, pour une entreprise,
c'est le pouvoir de décision [36]. » Aujourd'hui, le contexte a
changé : la menace ne se limite plus à cette supériorité industrielle
américaine qu'analysaient tous deux Perroux et Servan-Schreiber
et c'est de l'ouverture du marché européen que nous attendons
la prospérité. Cependant, la problématique est restée la même :

c'est d'abord l'existence d'une capacité technologique autonome et d'un tissu industriel structuré qui garantit la marge de manœuvre stratégique des nations et l'autonomie des choix collectifs.

Or, c'est bien la structuration industrielle et technologique de l'espace européen qui est en cause. Pleine de ressources dans ses laboratoires et ses usines et riche des perspectives d'expansion du marché intérieur, l'Europe apparaît donc, telles ces contrées riches et mal défendues de l'ancien temps, comme une terre à prendre pour des conquérants audacieux et déterminés. Cette volonté de conquête forcenée est manifeste dans le nouveau contexte triadien comme le fait remarquer Peter Drucker qui définit les *nouvelles réalités* des relations économiques transnationales par l'apparition, à l'initiative du Japon notamment, d'un *commerce d'antagonisme* remplaçant les anciennes formes de concurrence internationale : « *Le commerce de complémentarité vise à créer des partenaires. Le commerce de concurrence vise à créer des clients. Le commerce d'antagonisme, lui, vise à la domination d'un secteur. Pratiquer le premier, c'est faire sa cour; le second, c'est mener un combat; avec le troisième, il s'agit de gagner la guerre en détruisant l'armée de l'ennemi et sa capacité à combattre* [37]. »

Cela ne veut pas dire qu'il faille nécessairement craindre un effondrement brutal des entreprises européennes jusque sur leur propre marché domestique. Mis à part certains secteurs critiques importants (informatique, composants, électronique grand public) sur lesquels les positions des Européens sont durablement compromises, on peut même prévoir que profitant de leurs anciennes et traditionnelles relations avec leurs grands clients locaux, des entreprises comme Alcatel-Alsthom, Siemens, Ericsson continueront d'être parmi les principaux fournisseurs du marché européen. Le risque est plutôt que ces entreprises ne soient tentées, de proche en proche, de se placer en situation de dépendance technologique poussée vis-à-vis de fournisseurs extérieurs. Une telle situation caractérise déjà, on le sait, l'approvisionnement européen en composants, cette « matière première » de la filière électronique et bientôt de l'industrie tout entière. Elle caractérise aussi l'informatique, secteur où les Européens ont largement perdu pied, malgré quelques positions nationales souvent artificiellement maintenues grâce à une politique de marchés captifs. Elle marque encore plus certains domaines de l'électronique grand public comme le magnétoscope où, pour survivre, les entreprises européennes ont été contraintes de passer des accords de production sous licence japonaise. Et elle est en train de s'étendre à de nouveaux secteurs comme les terminaux de télécommunications où les Européens n'ont pas su maintenir les positions solides dont ils disposaient encore naguère : le tournant de la télécopie a été, notamment, raté malgré tous les efforts des gouvernements nationaux pour susciter le développement d'une industrie et d'une technologie autochtones : aujourd'hui la quasi-totalité des télécopieurs produits en Europe le sont soit sous licence japonaise, soit directement par des filiales de « kaïshas ».

Dans tous ces secteurs, la dépendance par les approvisionnements va se faire d'autant plus irrésistible que la pratique traditionnelle dans toute l'industrie électronique est de recourir à la technique de l'OEM (Original Equipment Manufacturer). Cette pratique consiste, pour un fournisseur de systèmes, à revendre sous sa propre marque des sous-ensembles ou des périphériques acquis auprès d'un constructeur extérieur. Les fabricants japonais et maintenant coréens ou taiwanais sont devenus des spécialistes de la fourniture en grande quantité de produits en OEM aux industriels américains et européens de l'électronique. Mais si ce système de revente invisible est logique dans des secteurs de haute technologie où un fabricant d'ordinateurs ou d'autocommutateurs ne peut pas en même temps fabriquer des imprimantes ou des postes téléphoniques, il n'en demeure pas moins qu'il porte en lui un grave danger de dérive. En effet, on passe de plus en plus – et à l'insu du consommateur non averti – de l'OEM sur des sous-ensembles ou des périphériques à des fournitures OEM portant sur les systèmes complets en eux-mêmes : c'est le cas aujourd'hui pour les télécopieurs, pour de nombreux micro-ordinateurs, voire pour certains grands systèmes informatiques. Lorsqu'une firme européenne comme Bull vend, par exemple, le haut de gamme de sa famille de grands ordinateurs de gestion DPS, elle revend en réalité les grands systèmes du japonais NEC rebaptisés DPS 88. Lorsque Alcatel met sur le marché français un terminal de radiotéléphone portatif, c'est en fait purement et simplement un produit fabriqué par le Finlandais Nokia. Et lorsque des sociétés de micro-informatique européennes mettent à leur catalogue des micro-ordinateurs portables, chacune d'entre elles n'a rien fait d'autre que de s'approvisionner auprès de fournisseurs asiatiques. Le plus inquiétant est que dans cette logique de commercialisation, il n'existe aucune transparence réelle, aucun moyen pour le client de connaître la véritable origine du produit et donc – *a contrario* – aucune incitation véritable du fournisseur à développer lui-même ses propres productions plutôt qu'à distribuer en toute clandestinité des produits extérieurs. La pente est donc glissante pour tous les fournisseurs du système qui n'ont pas en eux-mêmes une capacité et une originalité technologiques : la loi du marché mondial les condamne presque à coup sûr à devenir de simples revendeurs-adaptateurs de produits anonymes et à perdre donc, à terme rapproché, toute marge de manœuvre technologique propre. Il y a quelques années, Wisse Dekker, alors président de Philips sonnait déjà l'alarme : « *Le pire qui puisse arriver à l'Europe, c'est que nous perdions notre technologie. Ce n'est pas parce que vous démarrez une ligne d'assemblage de composants étrangers – ce que nous appelons une "usine tournevis" que vous avez la technologie.* »

Insensiblement, la dépendance d'approvisionnements peut se transformer en une dépendance technologique pure et simple. C'est dire s'il y a lieu de craindre, au-delà de ce « choc sur l'offre » que promettaient les experts de Paolo Cecchini pour 1992 (chapitre II), les conséquences à moyen terme d'une intégration très poussée des entreprises européennes dans le grand jeu triadien. Nous avons vu que la tentation du renoncement technologique guettait d'ores et déjà certaines entreprises européennes plus préoccupées de profiter des opportunités financières et des économies d'échelle offertes par le marché unique que de concevoir une véritable stratégie industrielle. Il est clair que pour ces sociétés, l'existence d'un marché d'approvisionnement abondamment pourvu sera en quelque sorte une opportunité complémentaire puisqu'elle leur permettra de faire l'économie de frais de recherche élevés et de développements techniques hasardeux tout en leur laissant le champ libre pour tirer le maximum de profit de leurs activités commerciales. Négocier avec un fabricant japonais un bon accord de distribution exclusive en Europe d'un produit technologique éprouvé, c'est – en tout cas à court terme – une attitude plus rentable que de continuer à entretenir d'importantes forces de R&D ou même des équipes de marketing capables de concevoir et de lancer un nouveau produit. Lorsque l'on voit, à l'automne 1990, Philips annoncer son retrait plus ou moins total du secteur des composants, des centraux publics et de l'informatique après s'être déjà dégagé de l'électronique militaire, on ne peut pas s'empêcher de se demander si le groupe d'Eindhoven ne vient pas d'être contraint à ce « pire » que redoutait son ancien président : perdre sa technologie.

Paradoxalement, la double intégration intérieure et extérieure risque donc pour l'Europe de se traduire par une victoire économique et une défaite technologique. Dans l'état de fragilité actuelle de la technologie européenne, l'intégration (du marché européen dans le marché mondial) conduit rapidement à la dépendance (de la technologie européenne vis-à-vis des approvisionnements, puis des technologies américaines et japonaises). Et l'intégration économique et la dépendance technologique forment ensemble les deux mâchoires d'un même piège : le piège de l'intégration sous dépendance.

Cette intégration sous dépendance n'a pas qu'un visage économique et industriel. Elle a aussi un visage qu'il faut bien appeler politique dans le sens le plus large du terme. A partir du moment où la maîtrise des technologies avancées est l'une des clés de la puissance non seulement industrielle, mais aussi géopolitique et militaire, il est inévitable qu'une dépendance technologique globale de l'industrie européenne ait des retombées significatives sur la capacité de l'Europe à se fixer elle-même son destin collectif. Le rapport de février 1987 du Pentagone sur le risque de dépendance que faisait courir à la défense américaine la domination japonaise sur l'industrie civile des semi-conducteurs (chapitre III) en donne un exemple indirect dans la mesure où il prend en compte, pour la première fois, l'effet induit que peut avoir sur un secteur stratégique protégé et non soumis à la concurrence du marché un état de dépendance technologique global. Et le livre sulfureux d'Akio Morita et Shintaro Ishihara, *Le Japon qui peut dire non*, a donné raison à cette approche transversale, en poussant la provocation verbale jusqu'à écrire : « *Si le Japon décidait d'arrêter de vendre des semi-conducteurs aux Américains, il n'y aurait pas de situation de remplacement. Si, par exemple, le Japon vendait ses "puces" à l'Union soviétique plutôt qu'aux États-Unis, cela inverserait totalement l'équilibre des forces militaires* [38]. » Dans le cas des Européens, déjà soumis à une forte dépendance technologico-politique vis-à-vis des États-Unis en matière militaire, de telles perspectives ne peuvent que renforcer leurs craintes d'une dépossession encore plus grande de leur autonomie de décision politique et militaire dans les décennies à venir.

Mais de manière peut-être plus grave encore, les conséquences qui accompagneraient nécessairement le basculement de l'espace européen dans une intégration sous dépendance se feraient sentir dans l'ordre socio-culturel, tant il est vrai qu'il existe un lien étroit entre les valeurs d'une civilisation et sa manière de vivre le développement technologique. Replacé dans une perspective historique, l'essor de l'Europe comme pôle industriel et technique entre la fin du XVIIIᵉ siècle et la Première Guerre mondiale a d'abord exprimé la capacité « culturelle » des Occidentaux – par opposition aux civilisations arabe et chinoise qui sont restées passives malgré toutes leurs connaissances – à faire converger deux mondes qui s'étaient longtemps ignorés, celui du commerce d'une part, celui des sciences d'autre part. C'est bien d'ailleurs dans cette « *révolte contre la fatalité et la soumission paresseuse, le jaillissement de l'invention technique, l'indiscipline créatrice* » qu'André Siegfried a cru voir la « *force secrète* [39] » de la civilisation occidentale.

De même, le développement du fordisme et des autres méthodes scientifiques d'industrialisation aux États-Unis s'est appuyé sur l'idéologie puritaine du travail partagé et de la réussite personnelle caractéristique de cette grande démocratie de masse. A partir de 1945, l'« american way of life » qui déferla sur l'Europe fut donc aussi une « american way of technology », tant il est vrai que pour les Américains : « *La technologie, c'est notre culture. Elle explique la supériorité américaine au cours de ce siècle* » et « *Nous aimons la machine comme les Anglais aiment le chien* [40] ».

Quant au Japon, Ezra Vogel, l'auteur de l'ouvrage *Le Japon, médaille d'or*, montre que ses succès industriels sont dus avant tout à l'attitude d'une société entièrement tournée vers la recherche de l'excellence et de la performance collective. Pour lui, comme pour beaucoup d'observateurs de ce pays, la remarquable aisance des Japonais face aux problèmes posés par la maîtrise des technologies modernes doit être rapprochée de leur capacité à faire fonctionner en synergie l'éducation, l'administration, la vie de la cité et l'activité productive. Mais il est clair aussi que, à la différence des Américains, « *si les Japonais ont dégagé une suprématie intellectuelle dans la guerre économique, ils n'ont pas réussi à bâtir un modèle de société de consommation exportable. Sans ce maillon manquant, les avancées technologiques et la capitalisation de la réussite commerciale des entreprises nippones risquent d'être toujours perçues comme des phénomènes déstabilisateurs pour les pays clients du Japon* [41] ».

La simple perspective que se renouvelle au profit des Japonais, même indirectement et imparfaitement, le scénario qui avait conduit – pour se limiter au point de référence le plus proche dans le temps – les États-Unis à imposer l'«american way of life» dans la foulée de leur domination technologique, doit cependant inciter les Européens à la réflexion. L'histoire montre trop le rôle perturbateur joué par la technologie sur les sociétés les plus stables et les valeurs les mieux établies pour que le Vieux Monde puisse se permettre de négliger les conséquences culturelles probables d'une domination de l'économie européenne par les technologies américaines et japonaises. Il n'y aurait rien de plus dangereux, pour les Européens, que de se replier sur leur passé prestigieux en fermant les yeux sur les mutations qui affectent la sphère productive et en espérant conserver par-delà les changements de la société un «noyau dur» culturel résistant à l'usure du temps et à l'évolution des rapports de forces au plan mondial. Une telle attitude relèverait, en réalité, de la schizophrénie pure et simple : pas plus que l'esprit ne peut être séparé du corps, la sphère de la culture et celle de l'économie ne sont étanches l'une à l'autre. Une culture «européenne», au sens de la fidélité à notre héritage multiséculaire, qui devrait affronter quotidiennement une réalité économique et sociale en contredisant radicalement les principes, deviendrait rapidement une culture de musée, une culture morte, de même que toute la superbe et tous les fastes de l'Empire chinois n'ont pas résisté longtemps à la supériorité technique et industrielle des Occidentaux.

Le scénario de l'intégration sous dépendance peut donc déboucher, à moyenne échéance, sur la diffusion de modèles de pensée et de comportement portant la marque des systèmes technologiques dominants de la Triade et finalement sur une forme de colonisation sociale et culturelle de l'Europe. Cela signifierait pour le Vieux Continent se conformer progressivement et sans même s'en rendre compte à un archétype postindustriel issu d'un compromis imparfait entre les valeurs de référence américaines et japonaises. C'est ce que Jacques Delors semble redouter lorsqu'il s'alarme des conséquences culturelles possibles d'une domination du «software» américain et du «hardware» japonais dans le domaine de l'audiovisuel : « Le risque pour l'Europe, ce sont les émissions américaines diffusées sur des téléviseurs japonais [42]. »

Réagissant en 1984 à un ouvrage consacré à l'essor technologique de la Silicon Valley et à ses enjeux géopolitiques, le sage Fernand Braudel se laissait aller à un emportement chez lui inhabituel : « *Le fait majeur, c'est que cette économie internationale unifie plus que jamais le monde. Aujourd'hui, cette unité est devenue monstrueuse, elle nous enveloppe, nous réduit en esclavage* [43]. » Cette aversion subite et polémique pour la mondialisation des échanges pouvait surprendre chez un homme qui avait consacré sa vie à en écrire l'histoire. On peut faire l'hypothèse que c'est la préfiguration des lourdes conséquences stratégiques d'une intégration brutale des marchés technologiques mondiaux qui a fait perdre son sang-froid à cet humaniste, grand connaisseur de la civilisation méditerranéenne et européenne. Il y a de quoi, en effet, être inquiet : si l'irréversible intégration des économies et des échanges à laquelle participe le grand marché de 1992 s'effectue sans que l'Europe n'ait rompu avec la tentation du renoncement technologique, alors il y a fort à craindre que le XXIᵉ siècle la verra disparaître en tant qu'entité politique et économique majeure. Faute de pouvoir enrayer efficacement la logique inexorable de l'intégration mondiale, il ne reste à l'Europe qu'un seul moyen de préserver ses chances d'avenir : diagnostiquer et guérir au plus vite ce « mal technologique » dont – malgré les discours et les programmes – elle semble toujours souffrir.

DEUXIÈME PARTIE

LE MAL D'INNOVER

V

LA STRATÉGIE DES CURIACES

Le 9 mai 1951, le salon de l'horloge du Quai d'Orsay est rempli de journalistes convoqués pour une conférence de presse qu'ils croient de simple routine. Cependant, Robert Schuman, le ministre français des Affaires étrangères leur donne lecture, sur un ton presque monocorde, d'une déclaration dont le contenu va stupéfier le monde et marquer le vrai départ de la coopération économique européenne. *« Le gouvernement français propose de placer l'ensemble de la production franco-allemande de charbon et d'acier sous une haute autorité commune, dans une organisation ouverte à la participation des autres pays d'Europe. La mise en commun des productions de charbon et d'acier assurera immédiatement l'établissement de bases communes de développement économique, première étape de la fédération européenne, et changera le destin de ces régions longtemps vouées à la fabrication des armes de guerre dont elles ont été les plus constantes victimes. »*

En quelques mots, tout – c'est-à-dire en fait la vision que Jean Monnet, le prophète de l'union européenne, a su faire partager à Robert Schuman et à travers lui au gouvernement français – est dit : le maintien de la paix et la construction de l'Europe passent par le rapprochement franco-allemand; l'unification économique de l'Europe se fera à travers des solidarités économiques concrètes et des institutions communes disposant de compétences propres; l'objectif final est de réaliser une véritable fédération européenne. La République fédérale d'Adenauer saisit aussitôt la main que lui tend la France. Elle est rejointe par les pays du Benelux et l'Italie, tandis que, les yeux toujours tournés vers « le grand large », le Royaume-Uni choisit de rester à l'écart du

mouvement. Soucieux de voir l'Europe libre prendre en mains
son destin et s'accélérer le redressement économique de celle-ci,
les États-Unis se félicitent de l'initiative française et lui apportent
leur soutien bienveillant. La CECA (Communauté européenne
du charbon et de l'acier), fruit de la clairvoyance de quelques
hommes et de la volonté des peuples européens de surmonter les
contradictions de deux guerres mondiales, voit le jour comme
une préfiguration de ces grandes entreprises communes qui vont
préparer la voie à l'union politique européenne.

Et pourtant, ce formidable changement dans les mentalités et
dans les faits qu'a été la construction communautaire ne va pas
empêcher les Européens de pratiquer, pendant de nombreuses
années, en matière industrielle et technologique, la *stratégie des
Curiaces* *. Non que la coopération scientifique et technique ait
été absente des préoccupations des « Pères de l'Europe ». Jean
Monnet, lui-même, se fera l'avocat d'une coopération européenne
ambitieuse en matière d'énergie nucléaire qui mettra sur les rails
– parallèlement au marché commun – la Communauté européenne de l'énergie atomique ou EURATOM. Mais précisément,
EURATOM va conduire à un douloureux échec qui compro-
mettra pour longtemps la confiance des Européens dans les vertus
de la coopération dans les secteurs de haute technologie. Et cette
« Europe de l'avenir » que la Communauté, malgré la force de
ses idéaux, n'aura pas su réaliser, ni les gouvernements nationaux,
ni les entreprises ne parviendront à la reprendre à leur compte.
Qu'il s'agisse, au début des années 70, du projet UNIDATA, ou
plus tard du magnétoscope puis de l'avion de combat européens,
le panorama technologique du Vieux Continent va surtout être
marqué par des échecs cinglants dans un climat de rivalité et
de soupçon : plutôt que leurs atouts, ce sont d'abord leurs
faiblesses que les Européens vont mettre en commun, dans le
même temps où Américains et Japonais adopteront des stratégies
coordonnées pour affronter le défi des technologies nouvelles.

EURATOM ou l'impuissance communautaire

Alors que l'horreur d'Hiroshima est encore dans toutes les
mémoires, l'opinion informée et la classe politique découvrent,

---

* Pour reprendre, en l'élargissant, l'expression imagée que François de Rose
appliqua à la politique militaire des Européens dans son ouvrage *Contre la
stratégie des Curiaces*.

en ce début des années 50, que l'atome n'a pas seulement un pouvoir destructeur, mais qu'il peut également faire l'objet d'une utilisation à des fins pacifiques et tout particulièrement en matière énergétique : le gouvernement américain, convaincu que les Soviétiques ont désormais rattrapé leur retard nucléaire, a décidé de lever le secret atomique pour permettre la création d'une industrie nucléaire privée aux États-Unis et la vente aux autres pays de brevets, de réacteurs et de matières fissiles [1]. Après avoir été synonymes de mort et de destruction, les progrès de la science et de la technique ouvrent maintenant des perspectives enthousiasmantes : la possibilité de s'affranchir de la dépendance exclusive vis-à-vis des énergies naturelles et la constitution d'une industrie nouvelle, à haut niveau de qualification et à fort potentiel technologique.

De la diffusion de ces techniques, l'Europe a toute raison de chercher à profiter. La nouvelle politique libérale des États-Unis en matière de brevets est une occasion à saisir (dès 1955, le gouvernement britannique annonce la mise en œuvre d'un programme d'électrification nucléaire). La forte expansion économique entraîne une croissance rapide de la demande d'énergie alors que les charbonnages européens ne semblent pas en mesure d'accroître sensiblement leur production et que les importations de pétrole sont coûteuses en devises. C'est ce que comprend Louis Armand, le président de la SNCF et brillant ingénieur auquel l'OECE (la future OCDE) a confié une étude sur les consommations futures de l'Europe en énergie. Avec quelque optimisme, les experts estiment que vers 1965 le prix de l'énergie atomique ne dépassera pas celui de l'énergie produite par les centrales classiques, thermiques ou hydrauliques. Surtout, Louis Armand est convaincu que les pays européens doivent se grouper pour profiter des offres américaines d'assistance. Les principaux pays d'Europe occidentale ont déjà décidé, le 1er juillet 1953, de créer à Genève le Conseil européen pour la recherche nucléaire (CERN) dans un but purement scientifique de recherche fondamentale autour de la composition de la matière. Il faut maintenant coopérer pour la recherche appliquée à l'utilisation industrielle de l'énergie nucléaire. Pour Louis Armand, les Européens doivent ainsi faire porter leur effort sur la construction d'une industrie, mais aussi d'un armement nucléaire : car si les Britanniques ont déjà pu, en raison de leur situation d'alliés privilégiés des États-Unis, mettre au point leur propre bombe atomique, faire de même ne manquerait pas de coûter très cher à la France et mieux vaut donc répartir la charge. Au total, une organisation commune permettrait de bénéficier à la fois de l'avance technique des États-Unis, de la coopération de la Grande-Bretagne et de l'apport financier et industriel de l'Allemagne fédérale, bien que celle-ci ait, pour sa part, renoncé à fabriquer des armes atomiques.

Bientôt, Jean Monnet, qui recherche un terrain pour relancer l'intégration européenne, reprend à son compte les idées de Louis Armand. Pour Monnet, l'énergie nucléaire présente l'avantage d'être un domaine neuf. Il sera donc beaucoup plus facile d'agir que dans des secteurs où existent déjà des industries nationales fortement individualisées : « *Aborder en ordre dispersé l'avenir atomique qui nous était promis, alors que nous étions en train de réussir au prix de gros efforts le rassemblement d'anciennes structures fragmentées par les générations précédentes, eût été insensé* [2]. » Jean Monnet, toutefois, se sépare de Louis Armand sur un point important : pour lui, la future communauté nucléaire doit s'en tenir strictement aux applications civiles. Il importe, en effet, de prévenir l'Allemagne fédérale de la tentation de se doter seule d'une industrie atomique exclusivement nationale : la communauté permettra de le faire, mais à condition que l'Allemagne soit placée sur un pied d'égalité avec ses partenaires, ce qui implique d'exclure les aspects militaires. Une CED nucléaire est d'autant plus inutile que le parapluie nucléaire américain semble apporter une garantie solide en matière de défense. La communauté nucléaire devra posséder la propriété de toutes les matières fissiles et en interdire à ses membres l'utilisation à des fins militaires. Elle aura ainsi une portée psychologique considérable : l'atome, instrument de la destruction apocalyptique, deviendra le symbole de la paix et du progrès.

Jean Monnet comprend vite que pour « vendre » son projet, il lui faut l'élargir à une autre dimension, celle de l'intégration économique globale. L'Allemagne et les pays du Benelux sont favorables, en effet, à l'idée d'un marché commun général qui n'est accepté qu'avec réticences du côté français où la tradition de protectionnisme économique est loin d'avoir disparu. Les industriels allemands, de leur côté, sont réservés vis-à-vis de la communauté atomique dont ils redoutent le caractère dirigiste et à laquelle ils aimeraient substituer une coopération avec les États-Unis et la Grande-Bretagne, plus avancés sur le plan technologique. Il faudra donc lier étroitement les deux projets, faire de la coopération nucléaire et du marché commun les deux éléments indissociables d'une même négociation. Ce qui fait qu'à l'époque (et contrairement à ce que l'on pense communément aujourd'hui) « *la première préoccupation des Européens, celle sur laquelle ils fondaient le maximum d'espoir, était le projet EURATOM, (...) l'idée plus large du Marché commun était perçue (comme Pierre Uri l'a dit) comme "un sous-produit d'EURATOM" principalement voulu par les Allemands* [3] ». L'initiative officielle est prise par Paul-Henri Spaak, ministre des Affaires étrangères de Belgique. La conférence des ministres des Affaires étrangères qui se tient à Messine du 1er au 3 juin 1955 confirme la volonté politique des six pays de la CECA d'aller de l'avant. Un comité présidé par Spaak soumet deux projets distincts à l'approbation des ministres des Affaires étrangères : EURATOM et le Marché commun. La négociation intergouvernementale se déroule rapidement et donne lieu, le 25 mars 1957 à Rome, sur le Capitole, à la signature de deux traités instituant la Communauté économique européenne et la Communauté européenne de l'énergie atomique.

Maintenant que les Six se sont solennellement dotés d'un instrument juridique et institutionnel pour mettre en œuvre une coopération ambitieuse dans le domaine nucléaire et que l'Allemagne fédérale semble avoir accepté sans arrière-pensées de jouer le jeu, le rêve de Louis Armand va-t-il enfin se concrétiser ? La France, qui n'a accepté le marché commun que parce qu'il était la contrepartie nécessaire d'EURATOM, va-t-elle se faire champion d'une industrie nucléaire européenne qui reste pour l'essentiel à créer ? Les espérances qu'ont fait naître la naissance d'EURATOM vont bientôt se trouver déçues.

EURATOM perd, d'emblée, une de ses principales justifications : précisément pour empêcher que ne devienne rentable une énergie nucléaire dont les experts avaient du reste sous-évalué les coûts et les délais de mise en œuvre, les grandes compagnies pétrolières pratiquent une politique de prix orientés à la baisse et parviennent à capter une part de plus en plus importante du marché énergétique. Mais c'est surtout le bouleversement de la donne politique qui est fatal à EURATOM. Car après l'arrivée au pouvoir du général de Gaulle, le gouvernement français a mis en œuvre une politique nucléaire extrêmement ambitieuse, aussi bien dans le domaine militaire que dans le domaine civil. En 1965, la France représente les deux tiers des investissements nucléaires des Six ; sa contribution à EURATOM ne dépasse pas 5 % du budget nucléaire national (contre 20 % pour la

République fédérale et 60 % pour l'Italie). Dans ses conditions, les dirigeants français veulent faire d'EURATOM le simple complément du programme national et éviter toute interférence avec la fabrication d'armes atomiques par la France. Autant dire qu'EURATOM est condamné. Certes la Belgique, les Pays-Bas et l'Italie, incapables de développer par eux-mêmes une industrie nucléaire viable, continuent à apporter leur soutien à EURATOM. Mais les deux principaux protagonistes, la France et la RFA, ne sont plus intéressés. Ayant solidement pris en mains l'avenir nucléaire national, les autorités françaises ne voient plus en EURATOM qu'une organisation gênante et souhaitent désormais sa disparition (déjà Michel Debré et le Commissariat à l'énergie atomique avaient combattu le projet lors de la négociation des deux Traités de Rome). Et pour sa part la République fédérale, qui avait compté quelque temps sur la communauté atomique pour développer son industrie nucléaire, s'en détourne, privilégiant désormais la coopération des entreprises privées allemandes avec les grandes firmes américaines.

L'agonie d'EURATOM est pénible. On se querelle sur les hommes. Fin 1961, le gouvernement français refuse de renouveler le mandat d'Étienne Hirsch, président de la Commission EURATOM et fédéraliste convaincu (l'ancien ministre du général de Gaulle Pierre Chatenet sera nommé à sa place). On se querelle sur le budget, chacun prétendant obtenir le « juste retour » des contributions versées. On se querelle, enfin, sur les choix technologiques. Soucieuse de préserver l'indépendance de ses programmes et disposant d'uranium naturel, la France a mis au point sa propre filière pour la construction de réacteurs de puissance : la filière de l'uranium naturel ou graphite-gaz, conçue par le Commissariat à l'énergie atomique et expérimentée dans les années 50 à Marcoule. Les autres pays européens préfèrent, eux, la filière de l'uranium enrichi, déjà développée par les Américains qui proposaient depuis 1956 de vendre ce combustible à un prix avantageux. Le 8 novembre 1958, un accord de coopération est signé entre EURATOM et les États-Unis. L'accord prévoit la construction dans la Communauté de six centrales nucléaires de type américain (uranium enrichi-eau pressurisée) avec l'aide technique et financière des États-Unis et la garantie par ceux-ci de l'approvisionnement en combustible. Les firmes allemandes choisissent la filière américaine. Ce n'est qu'en 1969, après le départ du général de Gaulle, que le gouvernement français décidera à son tour d'abandonner la filière française de l'uranium naturel, jugée trop chère par EDF, au profit de la filière américaine dite PWR à eau pressurisée de Westinghouse. Mais la mort politique d'EURATOM aura été consommée entre-temps. Quant à l'idée d'une industrie nucléaire européenne, elle sera restée purement virtuelle, le traité s'en tenant du reste à l'approvisionnement et à la recherche : chaque pays commandera ses centrales électriques à sa propre industrie, au point que malgré les qualités techniques du réacteur mis au point par le centre commun de recherche d'EURATOM (le réacteur « Orgel »), personne ne voudra en passer commande!

En dépit de l'échec technologique représenté par l'abandon de la filière graphite-gaz au profit de la technologie américaine de l'uranium enrichi, les malheurs d'EURATOM ont eu, paradoxalement, des conséquences beaucoup moins graves dans le domaine nucléaire proprement dit que sur la dynamique de la construction européenne en matière technologique et sur la capacité de la Communauté à apporter une réponse efficace à la crise industrielle des années 70.

S'agissant de l'avenir de l'énergie nucléaire en Europe, l'inexistence politique d'EURATOM n'a pas, en effet, empêché les États membres de réaliser pour leur propre compte un programme volontariste de développement de la capacité de production nucléaire, programme auquel le choc pétrolier de 1973 a donné un second souffle. Ainsi en 1984, à l'heure même de la grande poussée des mouvements écologistes, l'hebdomadaire américain *Business Week,* impressionné par la détermination du « complexe industrialo-nucléaire » français (déjà 60 % de l'énergie électrique produite par trente-six réacteurs) pouvait publier un article dont le titre résume bien la tonalité générale : *«Avec de la puissance en réserve, la France continue à pousser son programme nucléaire* [4]. »

Le dynamisme de la recherche nucléaire européenne n'a pas davantage été affecté par la querelle qui s'est développée autour d'EURATOM. Certes, le Centre commun de recherche – dont la création avait été prévue dans le traité d'EURATOM lui-même – ne parvient toujours pas à se défaire de sa mauvaise réputation, due pour l'essentiel à la médiocre qualité des résultats obtenus par son principal établissement, situé à Ispra en Italie. Mais face à cet exemple de mauvaise gestion, la Communauté peut faire valoir la réussite incontestable du programme JET (Joint European Torus), qui utilise la structure juridique de l'« entreprise commune » prévue par le traité EURATOM et dont le réacteur expérimental est situé à Culham près d'Oxford. Comme le souligne Michel Poniatowski, ce réacteur mis en service en mai 1983 permet aujourd'hui aux Européens de se placer au premier rang des recherches sur la fusion thermonucléaire, une nouvelle technologie d'énergie nucléaire qui permettra sans doute (dans plusieurs dizaines d'années) de se passer de la contrainte des approvisionnements en uranium (la fusion fait appel à des matières premières abondantes comme le deutérium ou l'hydrogène lourd) : « *Un an plus tard* (après son lancement), *JET découvrait un système d'isolement du haut plasma et obtenait des températures nécessaires pour l'obtention de la fusion. L'obstination européenne avait payé. Nous sommes aujourd'hui, dans ce domaine, en très bonne position* [5] » (la prochaine étape des travaux communautaires en la matière devrait permettre la construction, à partir de 1996, d'un nouveau réacteur capable de démontrer la « faisabilité technologique » de la fusion, alors que le JET n'a démontré encore que sa « faisabilité scientifique »). Quant au CERN, dont l'objet concerne, nous l'avons vu, la recherche fondamentale (physique des particules), celui-ci a su se maintenir depuis sa création au meilleur niveau international, comme en témoigne le prix Nobel obtenu en 1984 par le Hollandais Simon Van der Meer et l'Italien Carlo Rubbia pour avoir mis en évidence deux nouvelles particules élémentaires : les bosons vectoriels W et Z.

Enfin, la nécessaire rationalisation des dépenses provoquée par le rétrécissement du marché semble aujourd'hui contraindre les entreprises nucléaires européennes à cette « introuvable » coopération industrielle des années 60 : sur le plan commercial, la CGE et Siemens ont décidé, par l'intermédiaire de leurs filiales respectives Framatome et KWU, de monter des opérations communes à l'exportation; en matière de recherche industrielle, la France, l'Allemagne fédérale et le Royaume-Uni ont signé, au début de l'année 1989, un accord visant la mise au point d'une version moins coûteuse du surgénérateur franco-allemand Phénix. Et cet accord est d'autant plus remarquable qu'il associe pour la première fois la Grande-Bretagne aux travaux de Phénix et qu'il suppose, sur le fond, une coopération étroite, tant entre les acheteurs, c'est-à-dire les organismes d'électricité nationaux regroupés au sein de l'EFRUG (European Fast Reactor Utilities Group), qu'entre les industriels, GEC se joignant en l'occurrence à la CGE et à Siemens : un mini-EURATOM en quelque sorte, ne répondant plus à une initiative venue d'en haut, mais à une logique industrielle reconnue par les acteurs concernés.

Ces développements confirment bien, rétrospectivement, que l'échec d'EURATOM a d'abord été un échec politique, traduisant l'incapacité de la Communauté à prendre en charge l'avenir d'un secteur de pointe, et, par extension, à mener au nom des États membres une politique coordonnée en vue d'assurer la promotion de la technologie européenne. De ce point de vue, il est particulièrement cruel de relire la déclaration faite, alors que les négociations préparatoires à EURATOM et au Marché commun battaient leur plein, par le *Comité pour les États-Unis d'Europe* (le comité mis en place par Jean Monnet afin de constituer une force de propositions en vue de l'unification européenne) : « *Le développement de l'énergie nucléaire à des fins pacifiques ouvre la perspective d'une nouvelle révolution industrielle et la possibilité d'une transformation profonde des conditions de travail et de vie. Nos pays, ensemble, sont capables de développer eux-mêmes une industrie nucléaire. Ils forment la seule région au monde qui puisse se mettre au niveau des grandes puissances mondiales. Mais, séparément, ils ne peuvent rattraper leur retard, conséquence de la désunion européenne* [6]. » Face à l'hostilité de la France et aux réticences de l'Allemagne fédérale, ces velléités d'organisation de la Communauté n'auront pas pesé lourd. Dans ces « spécialités de puissance » dont parle le rapport Danzin déjà cité [7] (soit – outre le nucléaire – l'armement, l'espace, l'aéronautique, et l'essentiel de la filière électronique), les rapports de force paraissaient figés pour de nombreuses années : d'un côté la France et la République fédérale agissant séparément (la première à travers les « corps » de l'État et des institutions comme le CEA, la seconde à travers ses entreprises privées), de l'autre la Communauté frappée d'impuissance.

Cette impuissance des institutions mises en place par les pères de l'Europe à agir dans les domaines stratégiques contraste avec le développement rapide et spectaculaire des politiques communes menées dans les secteurs en déclin ou à finalité sociale : politique agricole commune (environ les deux tiers du budget communautaire), restructurations dans la sidérurgie grâce à la CECA, efforts de développement régional, au travers du Fonds européen de développement régional (FEDER) ou du Fonds social européen (FSE), notamment. Mais tandis que les efforts visant à revitaliser EURATOM ou encore à mettre en chantier un ordinateur à grande puissance européen * restaient vains, la Communauté répliquait à la crise économique par une étrange atonie, laissant même les États membres pratiquer une nouvelle forme de protectionnisme par le biais des aides nationales et des normes. Le Commissaire européen Karlheinz Narjes a eu beau jeu de dénoncer en 1983 l'existence de quelque 100 000 spécifications techniques différentes en Europe [8]. Le mal était en réalité plus profond : la Communauté était largement passée à côté des enjeux majeurs de la nouvelle révolution technologique pressentie dès les années 50 par Jean Monnet à propos de l'utilisation civile de la technologie nucléaire. Pendant que la Communauté était tout entière à l'élaboration d'une politique agricole commune – certes nécessaire – John Kennedy lançait le programme Apollo qui allait permettre à l'homme de marcher sur la lune et à l'industrie électronique américaine de maintenir son leadership. Et pendant que les années 70 voyaient se refragmenter le marché commun, le MITI mobilisait discrètement les entreprises japonaises dans la perspective de la bataille technologique mondiale dont il avait, mieux que tout autre, prévu la proche émergence.

Au risque de schématiser quelque peu, il est possible de prétendre que pendant les vingt premières années de son existence, le cadre communautaire a plus été perçu par les États membres comme un moyen de prise en charge collective des secteurs menacés que comme l'occasion de mettre en commun leurs forces afin de s'imposer sur le marché mondial. Dans le cas de cette « spécialité de puissance » par excellence qu'est l'énergie atomique, la démonstration est difficile à réfuter : ce sont leurs points forts que les gouvernements nationaux n'ont pas voulu partager, préférant construire indépendamment de belles réussites nationales. Et François Perroux donne en 1969 la raison politique de ce *cavalier seul* des États européens en matière nucléaire : « *L'atome est un domaine privilégié pour faire voir que l'indépendance stratégique, économique, politique, culturelle constitue un tout, qu'elle est une même œuvre aux aspects variés et pour prouver que la capacité nucléaire exerce une influence profonde sur le niveau et le caractère de la production, de la réputation internationale et des échanges commerciaux d'une nation* [9]. » Mais alors que le père de l'aménagement du territoire croyait que l'indépendance en matière nucléaire « *ne se confond ni avec l'autosuffisance, ni avec la*

---

* Propositions formulées par le Président Pompidou en 1970.

conquête du premier rang, ni avec le refus des collaborations européennes et internationales », la rivalité politico-stratégique entre les Européens va faire d'EURATOM la première grande déception technologique du Vieux Continent. Mais là ne se limite pas la division endémique des efforts technologiques européens : la stratégie des Curiaces a été également pratiquée par certains États, alors même que le marché mondial les mettait en situation de tragique faiblesse. L'affaire UNIDATA en est une illustration d'autant plus exemplaire que ses conséquences sur l'industrie informatique européenne demeurent aujourd'hui très profondes.

UNIDATA ou l'échec des « champions nationaux »

Lorsqu'il convoque, en ce mois de juillet 1966, un conseil interministériel destiné à entériner un plan ambitieux pour le développement de l'informatique française, le général de Gaulle a encore à l'esprit l'affront que lui ont infligé les États-Unis en interdisant, pour des « raisons de sécurité », à la société américaine Control Data de livrer au Commissariat à l'énergie atomique le superordinateur qu'il lui avait commandé. Ce faisant, les Américains ont confirmé, une fois de plus, le mépris dans lequel ils tiennent leurs alliés dès lors qu'il est question de haute stratégie et de technologie de pointe. Qu'à cela ne tienne : pour réaliser les simulations nécessaires à la bombe H, le CEA utilisera, dans le plus grand secret, le Control Data 6600 de la SEMA (Société d'études et de mathématiques avancées). Mais cette crispation américaine, aussi inutile que malvenue, n'a fait que conforter le général de Gaulle dans sa détermination de couper les liens de vassalité avec le grand frère américain, tant sur le plan militaire (sortie de la France de l'organisation militaire intégrée de l'OTAN) qu'industriel. Le gouvernement gaulliste en est désormais convaincu : pour disposer des capacités informatiques nécessaires afin de faire face aux nouveaux besoins militaires, mais aussi civils, il convient de faire appel, comme en matière nucléaire, à des ressources purement nationales et d'adopter à cette fin une politique volontariste d'indépendance technologique. Autour de la table du conseil, l'unanimité se fait d'autant plus facilement que tout juste deux ans auparavant, le gouvernement n'a pas su empêcher la prise de contrôle par le géant américain General Electric de la seule société française privée d'informatique générale, la Compagnie des Machines Bull.

Faute de pouvoir revenir sur les erreurs passées, le gouvernement décide donc, ce 18 juillet 1966, de créer, de toutes pièces,
une industrie informatique nationale placée sous la tutelle de
l'État et bénéficiant de solides garanties financières : le *Plan
calcul* est né et avec lui la Compagnie internationale pour
l'informatique (CII) qui entre en activité quelques mois plus
tard. La CII est constituée par la fusion de filiales appartenant
aux groupes CGE, Schneider et CSF. Aussitôt, les pouvoirs
publics, qui ont créé une Délégation à l'informatique, placée –
comme pour mieux marquer l'importance qu'ils attachent au
secteur – sous la responsabilité directe du Premier ministre,
passent un accord avec la nouvelle société : on garantit à la CII
études et marchés publics pour autant que celle-ci développe une
gamme d'ordinateurs « *originale* » et puisqu'il faut bien mettre
les points sur les *i*, « *n'ayant rien à voir avec la technologie
américaine* ». Le gouvernement, toutefois, a pris la précaution
de conserver deux fers au feu : si la CII a reçu pour mission de
développer, à l'ombre de l'État, une informatique purement
française, on continue à attendre de Bull-General Electric qu'elle
irrigue le marché français avec les ressources de la technologie
américaine dans l'espoir que celles-ci pourront être « francisées ».
Séduisante sur le papier, cette stratégie montre toutefois rapidement ses limites. La tâche est, d'emblée, très rude pour la CII
confrontée sur le marché français à la double concurrence d'IBM
et de Bull-General Electric. De surcroît, le marché informatique
est déjà, à l'époque, un marché mondial : le problème de la taille
critique de Bull et de la CII se pose d'autant plus que cette
dernière, à qui le gouvernement a demandé d'investir dans les
gros systèmes, s'est également lancée, de sa propre initiative,
dans les moyens et petits systèmes. Une occasion semble se
présenter au printemps 1970 : General Electric décide de se
retirer du marché des ordinateurs et de vendre ses filiales informatiques à son compatriote Honeywell. Immédiatement, certains,
à Paris, envisagent de faire jouer une clause des accords anciens
passés avec General Electric * pour racheter la société et la
fusionner avec la CII. Mais les dirigeants d'Honeywell vont
profiter du bon contact qu'ils ont établi quelques mois auparavant
avec Georges Pompidou lors de sa visite au États-Unis pour
obtenir du nouveau Président français une acceptation tacite.

---

* Selon cette clause, le gouvernement français disposait d'un droit de veto sur
un éventuel changement de propriétaire de Bull.

Le 29 juillet 1970, un communiqué du ministère des Finances annonce que « *M. Valéry Giscard d'Estaing, ministre de l'Économie et des Finances, a autorisé, au titre de la réglementation sur les investissements étrangers, l'opération selon laquelle General Electric cède à la société Honeywell sa participation dans le groupe Bull-General Electric* ». Dès lors, la situation est claire : pour la CII, la recherche de la taille critique ne peut passer que par l'Europe. Dans l'administration française, les esprits y sont favorables à la seule condition que la CII puisse préserver son identité, comme en témoignait déjà, en 1968, Maurice Allègre, alors Délégué adjoint à l'informatique : « *Il est certain que la réussite à terme du Plan Calcul lui imposera de rechercher des partenaires européens avec lesquels il conviendra de nouer des liens étroits. L'aboutissement de tels pourparlers est au premier plan des préoccupations du Délégué à l'informatique, mais les exemples sont nombreux, surtout ces derniers temps, pour démontrer qu'il eût été utopique de vouloir mettre sur pied dès l'origine un " Plan Calcul européen ". D'autre part, avant de coopérer il faut exister et l'on peut espérer que tel sera le cas de la CII dans peu de temps lorsqu'elle aura commencé la commercialisation de ses premiers ordinateurs de conception purement française* [10]. » En août 1971, la deuxième convention informatique, signée par l'État avec la CII mentionne donc explicitement le principe d'une alliance européenne, sous la condition que la société française conserve la maîtrise technologique de ses produits.

De même qu'une première occasion de renforcement de la CII est née de la volonté de désengagement de General Electric, c'est le retrait brutal d'un autre industriel américain qui ouvre la voie à cette alliance européenne. En 1971, RCA décide de jeter l'éponge face à IBM et d'abandonner à son tour le difficile marché de l'informatique. Du même coup, l'Allemand Siemens, qui produisait depuis plusieurs années des ordinateurs sous licence de RCA, doit rechercher un allié de remplacement. Or, Siemens, du fait précisément de sa dépendance vis-à-vis de la technologie de RCA, n'a pas réellement développé de capacité autonome dans le domaine des grands systèmes. Et à l'époque, il n'y a que la CII qui se soit lancée dans cette voie en Europe. C'est donc vers le jeune champion du Plan Calcul, pourtant aussi décrié sur le plan de sa gestion qu'admiré pour sa compétence technique, que se tourne la firme de Munich. Heinz Gumin, le patron de la branche informatique de Siemens, rencontre à Paris en août 1971 Michel Barré, le président de la CII. Et très vite un projet commun prend forme.

En janvier 1972, un protocole d'accord est conclu entre les deux sociétés. Le texte signé reconnaît le leadership technologique de la CII et prévoit que la nouvelle gamme, conçue en commun, sera compatible avec les grands systèmes IBM afin de permettre une connexion avec les machines du constructeur américain. Bientôt Philips, qui n'avait guère jusqu'alors manifesté d'intérêt pour une coopération avec la CII, propose d'élargir la coopération et de faire ménage à trois. Les compétences de la firme néerlandaise se situent essentiellement dans le domaine des petits et moyens ordinateurs de gestion. L'alliance à trois avec Siemens et la CII lui offre donc à la fois la possibilité de s'appuyer sur une future gamme complète d'ordinateurs tout en diffusant dans toute l'Europe ses petits systèmes. Après des négociations menées tambour battant, un nouveau protocole d'accord est signé en septembre 1972 : la CII, Siemens et Philips se fixent pour objectif de commercialiser, dès 1975, une nouvelle gamme d'ordinateurs sous la marque générique d'UNIDATA. Les perspectives semblent prometteuses pour le futur champion européen de l'informatique. Comme le rappelle aujourd'hui Emmanuel de Robien, ancien directeur de la prospective du groupe Bull, qui vécut de près l'opération : « *Le marché français et le marché allemand représentaient à eux deux 55 à 60 % du marché européen de l'informatique et UNIDATA devait permettre de contrôler 20 à 25 % de ce marché sur cinq ans, soit quelque 6 % du marché mondial, ce qui représentait un niveau suffisant pour amortir les coûts de développement et pour " exister " sur le marché mondial des gros et moyens systèmes* [11]. » Le 4 juillet 1973, un accord solennel officialise donc la création de l'association UNIDATA, prélude à une prochaine et probable fusion. L'Europe informatique vient-elle d'être portée sur les fonts baptismaux?

Malheureusement non. Et c'est l'incohérence de la politique industrielle française à la charnière de deux mandats présidentiels (celui de Georges Pompidou, tragiquement interrompu au printemps 1974, et celui de Valéry Giscard d'Estaing) qui va provoquer l'échec. Jusqu'en 1973, la ligne suivie par les autorités françaises ne manquait pourtant pas, malgré les écarts des deux affaires Bull, d'une certaine continuité. Dans un premier temps, on cherche à libérer l'informatique française de la dépendance technologique exclusive vis-à-vis d'entreprises américaines. Puis le marché national paraissant trop modeste pour permettre d'affronter la concurrence internationale, on veut, dans un second temps, élargir cette politique d'indépendance dans un cadre européen. Mais les vicissitudes politiques et les affrontements fratricides entre industriels vont imposer un changement de cap. En avril 1975, après avoir un temps balancé et tenté sans grande conviction de reprendre une dernière fois le dialogue avec ses partenaires européens, le gouvernement de Jacques Chirac donne son feu vert à la fusion de la CII et d'Honeywell-Bull, enterrant, du même coup, UNIDATA. La décision – prise en réalité à l'Élysée – est d'une portée considérable pour l'avenir de l'industrie informatique et électronique européenne, même si elle ne provoque que peu de remous au sein de l'opinion et de la classe politique. Que s'est-il donc passé en si peu de temps qui a pu justifier un tel revirement de la part des autorités françaises?

Lorsqu'il reprend « à chaud » le dossier d'UNIDATA, alors que l'accord censé donner naissance à l'entreprise européenne vient d'être approuvé par l'un des derniers conseils des ministres de Georges Pompidou, Valéry Giscard d'Estaing est loin de se trouver face à un paysage industriel et stratégique clarifié. La CGE, notamment, est partie en guerre contre UNIDATA. Depuis que Thomson-CSF s'est constitué en 1967 avec le rachat de la CSF par le groupe Hotchkiss-Thomson-Brandt de Paul Richard, et surtout depuis qu'en décembre 1972, le ministre des PTT français a choisi d'ouvrir à Thomson le club très fermé des fournisseurs de matériel téléphonique, jusqu'alors chasse gardée de la CGE, Thomson est devenu un rival gênant de la CGE dans le secteur électronique. Or UNIDATA « favorise » Thomson, en tant que chef de file des actionnaires de la CII, et « défavorise » la CGE dans la mesure où l'accord européen signifie aussi la marginalisation de Bull dans laquelle la CGE possède des intérêts. Dès lors la CGE et son puissant président, Ambroise Roux, n'ont de cesse de faire échouer le projet UNIDATA.

Dictée par des impératifs tactiques autant que par une analyse industrielle à plus long terme, l'opposition farouche de la grande société électrique et électronique française au projet UNIDATA va bientôt faire vaciller les convictions des fonctionnaires et des responsables politiques français. Et ce d'autant que la CGE agite d'autres arguments relatifs, ceux-là, à la concurrence européenne. Premier argument : l'entrée de Philips, spécialiste des petits systèmes et des périphériques, va mettre en danger la péri-informatique française, secteur auquel la CGE commence à

s'intéresser en marge de ses activités téléphoniques. Deuxièmement, et surtout, l'alliance avec Siemens va livrer pieds et poings
liés la petite CII à son principal concurrent européen. Là aussi,
la CGE a des raisons personnelles pour susciter une telle crainte :
Siemens est l'un de ses principaux concurrents, tant dans les
télécommunications que dans le nucléaire et la construction
électrique. Mais bientôt un événement inattendu vient apporter
de l'eau au moulin des adversaires d'UNIDATA : en pleine
campagne électorale française, on apprend que l'allemand Telefunken a décidé de se séparer, à son tour, de sa division informatique et que le gouvernement fédéral a demandé à Siemens
de le reprendre. L'épisode donne une nouvelle crédibilité au
spectre de l'hégémonie allemande. Désormais les jeux sont faits :
malgré les promesses de Siemens (qui s'engage à limiter sa
participation dans UNIDATA pour ne pas faire d'ombre à la
CII), la crainte d'une alliance déséquilibrée entre Français et
Allemands va faire basculer les responsables politiques français,
par ailleurs largement sollicités par les offres américaines
d'Honeywell.

Face à deux géants de l'électronique européenne, la CII n'est-
elle pas trop petite pour tirer son épingle du jeu ? N'y a-t-il pas
quelque risque à marier le fleuron national à des concurrents
aussi déterminés et redoutables ? N'est-il pas préférable de marier
l'informatique française avec l'informatique américaine, qui, elle
au moins, a des atouts technologiques et commerciaux incontestables à faire valoir ? Assailli par toutes ces questions, partagé
entre ses visées européennes et ses attachements atlantiques,
Valéry Giscard d'Estaing choisit la voie de l'apparente sagesse
– c'est-à-dire l'alliance CII-Honeywell-Bull – sans se rendre
compte de la responsabilité qu'il vient de prendre. Ce refus de
faire prévaloir l'ambition européenne sur les querelles industrielles et les pressions américaines lui sera sévèrement reproché :
« *Que les giscardiens aient repoussé l'idée d'une société d'informatique nationalisée indépendante de tous liens avec des groupes
capitalistes étrangers, se conçoit aisément. Ce que l'on comprend
moins, c'est leur hargne contre UNIDATA. Une expérience qui
s'inscrivait, a priori, dans le cadre de la philosophie élyséenne.
Valéry Giscard d'Estaing ne se présente-t-il pas comme un
Européen convaincu ? N'affichait-il pas, au contraire, au lendemain de son élection, son "amitié" avec Helmut Schmidt, le
chancelier allemand ? "UNIDATA aurait abouti à la mainmise
allemande", a-t-on répété tout au long de l'affaire. Que l'Al-*

*lemagne ait nourri une volonté hégémonique, c'est probable et
logique. (...) Lorsque la CII s'est trouvée ballottée, sans directives, Siemens n'a pas failli à la règle. Par contre, lorsque
l'Allemagne a trouvé face à elle une solide détermination, elle
en a tiré les conclusions et a prudemment battu en retraite. (...)
En cassant UNIDATA, Valéry Giscard d'Estaing a tourné le dos
à la seule tentative sérieuse de construction d'une industrie
européenne dans un secteur stratégique* [12]. » Et douze ans après
les auteurs de « French ordinateurs », Jean-Jacques Salomon
constate, avec la plupart des observateurs, qu'au bout du compte
« *il n'y aura ni industrie nationale autonome (CII-Honeywell-
Bull dépendait d'un comité technique à majorité américaine) ni
montage européen à l'échelle des enjeux technologiques et financiers mondiaux* [13] ».

Il ne suffit pourtant pas de jeter le blâme sur ceux qui auraient
fait échouer une bonne stratégie, celle de l'Europe et de l'indépendance technologique, au profit d'une mauvaise, privilégiant
la dimension atlantique. Il faut approfondir l'analyse : plus que
des manœuvres ou des erreurs de quelques hommes et malgré
l'apparente continuité, déjà notée, de l'action menée de l'échelon
national à l'échelon européen, UNIDATA, qui apparaît encore
aujourd'hui comme la plus importante tentative d'union industrielle européenne dans le domaine des hautes technologies, a en
fait été victime des contradictions internes de la fameuse politique
du « champion national ».

L'énoncé de cette stratégie qui a caractérisé pendant près de
vingt ans l'action industrielle des principaux pays européens est
simple : pour faire le poids sur le marché mondial, chaque pays
doit concentrer ses capacités industrielles et technologiques autour
d'une seule entreprise (ou en tout cas d'un nombre limité de
champions), chargée de défendre les couleurs nationales dans
son domaine d'excellence. Dans les décennies d'après-guerre, la
France, mais aussi la Grande-Bretagne, l'Italie, et à un degré
moindre la RFA, vont restructurer leur industrie autour de ce
concept : de fusions en prises de participation, dans chaque
secteur se constitue un pôle dominant qui a vocation à fédérer
autour de lui toutes les énergies disponibles. La CGE dans les
télécoms et l'électrotechnique (transport ferroviaire, énergie électrique), Thomson dans l'électronique grand public et de défense,
Dassault dans les avions de combat, l'Aérospatiale dans le reste
de l'aéronautique civile et militaire, la CII (ultérieurement CII-
HB) dans l'informatique : autant d'exemples français de cette

loi d'airain du *champion national*. Elle a d'ailleurs son exacte correspondance dans la plupart des autres pays européens : ICL, GEC, Plessey ou le futur groupe British Aerospace en Grande-Bretagne, MBB, AEG et Siemens en RFA, Philips aux Pays-Bas, sont devenus des industriels tout aussi spécialisés et monopolistiques que leurs concurrents français. Pendant ces trente glorieuses de l'économie européenne qui séparent la fin de la dernière guerre de la crise provoquée par le choc pétrolier, chaque partenaire de la Communauté met, en effet, un point d'honneur à constituer et à soutenir dans chaque secteur stratégique un fleuron national.

Pourquoi cette politique ambitieuse a-t-elle, au moins dans le secteur de l'informatique qui nous intéresse ici plus particulièrement, été un échec complet? La comparaison avec l'action menée au Japon au cours de ces deux mêmes décennies qui verront le lancement du Plan Calcul et le lancement avorté d'UNIDATA permet de bien mettre en lumière, indirectement, les carences et les lacunes de l'approche européenne.

Le Japon est alors confronté, à la même époque, à un problème analogue : comment assurer le développement d'une industrie informatique nationale alors qu'il semble impossible de remettre en cause la domination d'IBM. NEC, Fujitsu, Hitachi, Toshiba et Oki ont bien tenté leur chance, mais toutes ces entreprises accumulent des pertes en informatique et semblent souffrir d'un irrécupérable retard de compétitivité, notamment dans des domaines de base tels les composants électroniques. Comme en Europe, la dispersion des efforts rend impossible la réalisation de cette « masse critique » qui est le préalable nécessaire à un essor international. Les entreprises japonaises décident donc de faire appel au MITI : disposant d'une expertise technique autonome par l'intermédiaire de l'AIST (Agency for Industrial Science and Technology) et de l'autorité politique et morale, celui-ci apparaît en effet comme le seul acteur capable de fédérer les forces de l'industrie nationale.

Non sans mal – ce qui prouve que même au Japon, l'idée de coopération ne va pas forcément de soi –, le MITI parvient à imposer la création d'une association, la JECC (Japanese Electronic Computer Corporation), financée par les industriels eux-mêmes : la JECC jouera le rôle d'une sorte d'agent commercial des constructeurs nippons, achetant les ordinateurs fabriqués par ces derniers et les louant aux utilisateurs, le leasing informatique constituant alors la forme la plus courante de commercialisation des matériels en raison du prix élevé de ceux-ci. Et les pouvoirs publics y apporteront leur écot par l'intermédiaire de la Banque japonaise de développement (JDB), sous la forme de taux d'intérêts bonifiés. Comme en Europe, le choix technique effectué est celui de la compatibilité avec les normes IBM.

A la fin des années 60, la JECC ne suffisant plus pour maintenir en vie l'industrie informatique japonaise, un nouveau processus de concertation est mis en œuvre. Il apparaît rapidement que l'informatique nippone continue à pâtir de deux faiblesses graves : une structure industrielle trop morcelée et un niveau technologique trop bas. Le MITI propose alors aux industriels le marché suivant : l'administration financera des projets communs de recherche-développement à condition que l'industrie se restructure autour de quelques constructeurs capables de défendre les couleurs nationales. En 1972, les entreprises décident ainsi de se regrouper autour de trois pôles (Fujitsu-Hitachi, NEC-Toshiba, Mitsubishi-Oki). Le MITI, de son côté, lance un projet de 115 millions de dollars afin de leur permettre de se hisser technologiquement au niveau du produit vedette d'IBM, l'ordinateur 370. Il faudra encore un nouveau regroupement (Fujitsu-Hitachi-Mitsubishi face à NEC-Toshiba) et un nouveau plan du MITI en 1976 (le plan VLSI sur les composants doté, cette fois, de 130 millions de dollars) pour que l'industrie japonaise soit enfin en mesure d'assurer seule sa propre survie. Mais aujourd'hui la stratégie coordonnée mise en œuvre par le Japon a visiblement payé et les entreprises japonaises n'ont plus grand-chose à envier à IBM en termes de compétitivité, comme le montrent tout à la fois leurs performances sur le marché mondial et leurs stratégies offensives d'acquisition sur les marchés américain et européen : en avril 1989, Hitachi a acheté 80 % de National Advanced Systems (NAS) et Fujitsu – qui contrôle 50 % d'Amdahl (un autre fabricant américain de compatibles IBM) et, par là, 9,4 % du marché américain (contre seulement 6 % en 1988 [14]) – rachète en 1990 l'ancien champion britannique ICL !

Restructurations accélérées, constitution d'une industrie nationale autosuffisante assurée – commandes publiques et soutien financier aidant – du contrôle d'une part importante du marché national, de manière à pouvoir, dans un second temps, attaquer les marchés mondiaux : l'approche stratégique des Japonais et des Européens dans ces années décisives semble présenter des points communs. Ce sont les modalités et le contexte qui créent toute la différence. Deux points méritent ici d'être notés. En premier lieu, et cela dès l'origine, les « champions » japonais ne sont pas, comme la plupart des champions européens, des industriels spécialisés jouissant chacun dans leur domaine d'une position monopolistique : ce sont tous des conglomérats industriels diversifiés et financièrement puissants, placés par le MITI dans une situation de concurrence mutuelle systématique, mais régulée. En Europe au contraire, Siemens, la CII, ICL, Olivetti ou Philips vont se retrouver le plus souvent seuls sur leur marché national avec tous les risques d'abus que cela comporte sur le plan économique : abus de position dominante, perte de compétitivité, achats forcés, prix surévalués... Et dans les rares cas où plusieurs sociétés semblent coexister sur le même marché *, les États ne mettront pas beaucoup d'enthousiasme à laisser subsister cet état de concurrence, ainsi qu'en témoigne, en 1969, ce texte de l'économiste français – et futur ministre – Lionel Stoléru : *« Assistance, mais pour qui? Pour une seule compagnie et non pour deux. Il convient donc que l'État n'ait en face de lui qu'un centre de décision qui puisse assumer la responsabilité et la prise en charge de chacun des objectifs industriels susceptibles d'être poursuivis* [15]. »

Le second point tient à la taille du marché. Le marché japonais, sur lequel le MITI joue la carte de la coordination entre concurrents, est nettement plus vaste (110 millions de consommateurs) que chacun des marchés nationaux d'Europe pris séparément. A l'inverse, les Européens, qui refusent déjà la concurrence au plan national, font cavalier seul sur le territoire européen. Siemens fait peur aux Français parce qu'il est diversifié comme un Japonais tandis que la CII fait de l'ombre aux ingénieurs de Munich en raison de son leadership technologique : *« Plutôt divisés et perdants face à IBM qu'unis mais dominés par un autre Européen »* semble être, sinon la devise générale (la tentative d'UNIDATA montre que la coopération avait, malgré tout, des avocats), du moins l'un des ressorts secrets du comportement des décideurs européens.

Face à cette stratégie japonaise de la concurrence régulée sur un grand marché intérieur, les Européens sont restés, pour l'essentiel, prisonniers de schémas mentaux qui les ont rendus

---

* Cas de la France avec la CII et Bull et de la RFA, où Nixdorf mettra cependant dix ans avant d'être reconnu comme « second champion » derrière Siemens.

incapables de concevoir une politique de développement technologique autre que nationale et monopolistique, c'est-à-dire nettement en dessous du seuil d'efficacité. La signature de l'accord UNIDATA intervient donc trop tard. Des années de pratiques de préférence nationale et de dialogue privilégié entre chaque administration et son champion ont laissé de nombreuses traces. UNIDATA, de surcroît, n'est-elle pas pour partie une alliance de circonstances entre les dirigeants de la CII qui viennent d'être pris de vitesse par les Américains d'Honeywell (pour le rachat des parts de Bull) et ceux de Siemens, surpris par la défection de RCA? Toujours est-il qu'à aucun moment les arrière-pensées nationales ne disparaîtront vraiment et que l'absence d'un arbitre central susceptible de jouer un rôle comparable à celui du MITI au Japon (la CEE, par exemple, étrangement absente de ce dossier comme de la plupart de ce qui touche à l'époque à la haute technologie) ne facilite pas les choses.

Quatorze ans après l'avortement d'UNIDATA, l'informatique européenne n'a pas fini d'en payer le prix. L'échec est particulièrement patent sur le créneau des grands et moyens systèmes qui était celui d'UNIDATA : tous les « mainframes » produits par les constructeurs européens le sont aujourd'hui sous licence étrangère * et, tandis que ICL passe aux mains des Japonais, Bull, qui traverse une période de sérieuses difficultés financières, n'a élargi son assise commerciale qu'au prix de coûteuses subventions publiques et du rachat d'une division informatique d'Honeywell en pleine déconfiture. De plus, l'informatique européenne est passée à côté ** de cette seconde chance que fut le développement de la mini-informatique. Elle n'a pas non plus, contrairement à l'informatique japonaise, tenté sa chance sur le créneau très particulier des superordinateurs. Quant à la péri-informatique et à la micro-informatique, chacun sait que ce n'est pas là que se situe le point fort de ce qui reste de l'industrie informatique européenne.

L'impuissance des autorités communautaires d'EURATOM à lancer une aventure technologique commune montrait déjà la difficulté des responsables européens à mener une politique technologique cohérente et coordonnée. L'avortement du projet infor-

* Y compris ceux de Bull qui proviennent d'Honeywell ou de NEC.
** A l'exception significative de Nixdorf, non impliqué dans UNIDATA mais désormais hors course en tant qu'entreprise (Nixdorf a été racheté en 1990 par Siemens).

matique européen nous oblige à aller plus loin dans le diagnostic,
tant il est vrai que les dissensions industrielles privées n'ont rien
eu à envier dans cette affaire aux égoïsmes étatiques. Quelques
années plus tard, la confirmation de la responsabilité morale et
personnelle des industriels dans la division de l'Europe technologique va nous être d'ailleurs apportée avec ce nouveau rendez-
vous manqué que constitue la tentative du magnétoscope européen. Dans cette triste affaire, pas de doute : les entreprises
européennes n'ont pas été en reste vis-à-vis des gouvernements
pour pratiquer la stratégie des Curiaces.

Le magnétoscope européen ou la politique du cheval de Troie

« *Ce n'est pas une stratégie industrielle, c'est une simple
stratégie commerciale* », s'écrie, furieux, Pierre Dreyfus, le nouveau ministre français de l'Industrie [16], lorsqu'il prend connaissance du projet d'accord que Thomson, associé à l'Anglais Thorn
et à l'Allemand Telefunken, veut conclure avec JVC (filiale du
Japonais Matsushita) en vue de produire sous licence en Europe
du matériel hi-fi, et notamment ces fameux magnétoscopes dont
le marché semble appelé à un grand essor. Nous sommes en
octobre 1981 et le gouvernement socialiste nouvellement installé
n'entend pas se laisser dicter sa stratégie industrielle, d'autant
qu'il a de sérieux doutes sur le bien-fondé des projets qui lui
sont soumis : l'accord avec JVC devra donc se faire sans Thomson, dont on reverra la stratégie en détail une fois que l'entreprise
sera nationalisée. Et sans attendre, le ministère de l'Industrie
fait savoir qu'il accueille favorablement la proposition que vient
de faire Philips de construire en France une usine de 1 500 salariés
capable de produire un million de magnétoscopes par an. Contrairement à Thomson, Philips a, en effet, mis au point sa propre
technologie – celle du V 2000 – et se fait l'avocat d'une politique
d'alliances industrielles « exclusivement européennes ».

Sommes-nous en train d'assister au scénario exactement inverse
de celui d'UNIDATA ? Le fait est que sur ce sujet du magnétoscope, la motivation européenne des pouvoirs publics semble
cette fois beaucoup plus forte. De cette motivation, le gouvernement français va donner une preuve éclatante (et non sans
friser quelque peu le ridicule) en septembre 1982 lorsqu'il décidera de bloquer à Poitiers, au nom de la « résistance industrielle »,
le flot des magnétoscopes japonais qui inondaient le marché

français. Mais encore faut-il que les industriels, et notamment Thomson, jouent le jeu souhaité par l'administration.

Philips et Thomson ont déjà laissé passer, au cours de la décennie précédente, une première occasion de nouer des liens de coopération autour d'un projet de magnétoscope. Dès 1973, Philips, fidèle à sa réputation d'entreprise innovatrice précédemment acquise avec l'invention du magnétophone à cassette, construit le premier magnétoscope européen, le VCR, et le commercialise de manière très limitée : « *Mais cette fois-ci, Philips arrivait trop tôt. Le marché n'était pas encore mûr, il y avait peu de chaînes de télévision et les diffusions par satellites, comme les télévisions câblées, n'étaient encore que des perspectives lointaines* [17]. » C'est l'apparition en 1976 du VHS (Video Home System) de JVC qui va amener Philips à réagir et à modifier son système pour le mettre techniquement au niveau de ses concurrents (VHS mais aussi le Betamax de Sony) : en 1978, la firme néerlandaise lance finalement le V 2000 dont elle accorde bientôt la licence aux quelques entreprises européennes qui lui sont traditionnellement associées. Malheureusement, « *en changeant son standard, Philips s'est attiré une certaine défiance de la part de sa propre clientèle, puisque les anciens possesseurs de magnétoscope Philips VCR n'avaient plus la possibilité d'accéder à la technologie du V 2000 et qu'ils allaient très rapidement ne plus trouver de cassettes VCR auprès de leurs détaillants, le système ayant été abandonné* [18] ». Philips a donc déjà un handicap qu'il faut combler par une forte alliance européenne.

En France, pendant ce temps, Thomson a sommeillé, n'ayant jamais vraiment cru à l'avenir commercial du magnétoscope. Le réveil est brutal : alors que le temps manque pour mettre au point une technique autonome, il devient de plus en plus évident que le magnétoscope sera l'un des produits phares de l'électronique grand public des années 80. Philips va-t-il proposer à Thomson de lui faire partager le fruit de ses recherches afin de créer une alliance crédible face aux Japonais ? Thomson va-t-il rechercher une alliance européenne lui permettant de rattraper son retard ? Ni l'un ni l'autre : pour parer au plus pressé, Thomson accepte provisoirement d'être l'un des distributeurs des produits fabriqués au Japon par Matsushita tout en cherchant à terme une stratégie de remplacement qui pourrait passer par un accord avec l'Américain RCA pour imposer le vidéodisque au lieu et place du magnétoscope. Mais finalement, la piste du vidéodisque est jugée trop aléatoire et c'est l'alliance japonaise qui devient l'hypothèse privilégiée, y compris à long terme. C'est ainsi que le projet 3T-JVC (les trois « T » sont ceux de Thomson, Thorn et Telefunken) finit donc par échouer – aux deux sens du terme – sur le bureau de Pierre Dreyfus. La volonté du gouvernement français de barrer la route aux Japonais va-t-elle alors changer les données du problème?

La nationalisation de Thomson et l'arrivée d'Alain Gomez, nommé par le gouvernement en février 1982 aux commandes de l'entreprise, apportent en effet des éléments nouveaux. Alain Gomez n'est-il pas un ami personnel de Jean-Pierre Chevènement – nationaliste industriel notoire – qui, en tant que ministre de la Recherche, suit également de près le dossier? Ayant à peine eu le temps de faire l'inventaire des lieux, le nouveau P.-D.G. de Thomson part en effet à la recherche d'une solution européenne. Celle qu'il propose n'est pourtant pas l'alliance avec Philips à laquelle le gouvernement avait initialement pensé, mais une proposition alternative qui a également de quoi séduire : il s'agit de reprendre l'Allemand Grundig dont le P.-D.G., Max Grundig, qui a répondu favorablement à une première approche, recherche un partenaire solide pour assurer le développement de son entreprise après son départ à la retraite. Le projet suscite un vif intérêt à Paris : le rapprochement avec Grundig ferait enfin de Thomson un véritable leader de l'électronique grand public et permettrait d'envisager une coopération équilibrée avec Philips pour faire face à la menace japonaise. Là encore, dès le début de l'affaire, la méfiance entre grands industriels européens est présente : s'allier directement avec Philips dans l'électronique grand public, c'est comme se marier avec Siemens en informatique. Les Français ont toujours peur de ne pas faire le poids et de tomber sous la tutelle de leurs partenaires européens. D'où l'idée de se renforcer ailleurs avant de négocier avec les « poids lourds ». Le 17 novembre 1982, le journal *Le Monde* annonce que Thomson vient de prendre une option pour l'acquisition de 75 % du capital de Grundig. Le même jour, le Président François Mitterrand fait une allusion transparente à l'opération en déclarant : « *L'industrie des produits électroniques nouveaux pour le grand public, où la France a pris un retard, il faut le dire, inacceptable dans ces dix dernières années, s'affirme. Cela nécessitera une grande alliance, de grandes alliances, et je souhaite que soit examinée en priorité une solution européenne* [19]. »

Philips, qui possède un quart du capital de Grundig, demeure cependant incontournable. La firme d'Eindhoven bénéficie en effet d'une option lui permettant de prendre le contrôle de Grundig en cas de départ de son fondateur. Le dialogue entre Thomson et Philips tourne assez vite au dialogue de sourds. Philips serait prêt à renoncer à Grundig, mais exige que Thomson rompe tout projet d'accord avec JVC et adopte le V 2000. Convaincus que le magnétoscope de Philips ne peut plus faire le poids face à celui de JVC, les dirigeants de Thomson jugent d'emblée cette condition absolument inacceptable. Saisi directement par les dirigeants de Philips, Jean-Pierre Chevènement tente alors une médiation et déclare dans une interview au *Journal des Finances* : « *La prise de participation majoritaire de Thomson dans Grundig pourrait aboutir au remplacement partiel des approvisionnements de Thomson auprès des constructeurs japonais par des produits de technologie Philips* [20]. » Peine perdue : les dirigeants de Philips et de Thomson ne parviendront pas à se mettre d'accord et ils seront définitivement départagés par l'office allemand des cartels, le très redouté Bundeskartelamt : le 8 mars 1983, celui-ci dit non à l'accord Grundig-Thomson, considéré comme dangereux pour le bon fonctionnement de la concurrence sur le marché allemand (un an après, l'office des cartels autorisera pourtant sans problèmes la reprise de Grundig par Philips). Thomson ne fait pas appel et se porte alors acquéreur de 75 % de Telefunken. L'axe 3T-JVC est ainsi reconstitué et de fait, Thomson signe aussitôt un accord avec le fournisseur japonais. Concurrencé désormais sur le marché européen par l'appareil de JVC, le V 2000 n'a désormais plus aucune chance et, de fait, Philips abandonne bientôt son standard au profit du VHS.

Le projet de magnétoscope européen est mort, victime de la politique du cheval de Troie pratiquée par Thomson, mais aussi de l'excès de méfiance de Philips, qui a sans doute sciemment tenu Thomson à l'écart de ses recherches alors qu'au Japon Matsushita adoptait, dès le début, une politique extrêmement libérale en matière de distribution de licences afin d'imposer son standard (ce qu'il réussit à faire au détriment du V 2000, mais aussi du Betamax de Sony). La voie est donc ouverte pour une domination sans partage par l'industrie japonaise du marché mondial du magnétoscope, et par extension, des caméras vidéo et du camescope, un marché toujours aussi porteur puisqu'il devrait représenter plus de 20 % du marché global de l'électronique grand public en 1993.

Le défaut d'Europe

EURATOM, UNIDATA, le magnétoscope européen : quelques exemples parmi d'autres de cette stratégie de la division qui a conduit gouvernements et industriels du Vieux Continent à déserter le chemin de la coopération technologique au profit des égoïsmes nationaux ou des alliances extérieures. Certes, depuis la fin des années 70, les mentalités ont évolué dans le sens d'une plus grande coopération technologique entre Européens et, depuis le milieu de la dernière décennie, la Communauté européenne et ses experts semblent avoir convaincu les Européens de réagir et de s'engager dans de nouvelles formes de coopération : ESPRIT, BRITE et autre RACE, sans oublier EUREKA, qui n'est pas un programme communautaire *stricto sensu,* mais auquel la Commission est admise à participer. Alors, malgré les ambiguïtés et les limites de ces projets européens (première partie), chacun se met à croire que les mauvais esprits ont été conjurés. Et pourtant...

Et pourtant, la division et la méfiance réciproque n'ont pas cessé de hanter les coulisses de la scène industrielle européenne. Ainsi, pour un programme de recherche, pour un projet en développement, combien y a-t-il encore d'accords surprenants entre les principaux industriels du continent et leurs grands rivaux américains ou japonais ? Qu'il s'agisse d'Italtel qui se jette dans les bras d'AT&T (chapitre IV) ou du début de rapprochement entre Siemens et IBM dans les composants ou encore de l'annonce par MBB-Daimler-Benz d'un large et inquiétant accord stratégique avec Mitsubishi (chapitre II), comment faut-il interpréter ces flirts et ces épousailles si apparemment contraires aux idéaux défendus par les promoteurs de l'Europe de la technologie ? Le précédent du rachat d'ICL par Fujitsu, à tout le moins, n'incite pas à l'optimisme : car cette absorption fait suite à neuf ans de partenariat entre le champion britannique affaibli et le géant japonais qu'il avait appelé au secours en 1981 pour conclure avec lui, en tout bien tout honneur, un « *contrat de coopération, qui avait été fortement souhaité,* souligne-t-on aujourd'hui du côté japonais, *par le gouvernement britannique* [21] » ! Il est donc un peu tard pour que les bons esprits de l'informatique européenne, Bull en tête (qui coopère étroitement avec NEC), s'émeuvent aujourd'hui et appellent à des actions communes des Européens.

« *If you can't join them, beat them* », résume de façon lapidaire Guy de Jonquières du *Financial Times* : « *Pourquoi les compagnies européennes se tournent-elles souvent vers des partenaires étrangers plutôt que vers leurs alliés les plus proches? En partie par frustration; en partie parce que de tels accords leur donnent accès à une technologie supérieure. Mais surtout parce que faire équipe avec un puissant partenaire étranger fournit un bon moyen de prendre le pas sur ses rivaux européens* [22]. » Malgré l'indéniable retournement psychologique des années 1984-1985, la technologie européenne souffre ainsi toujours, hélas, d'un endémique défaut d'Europe. Et ce n'est pas très étonnant. Il y avait sans doute quelque naïveté à croire que quelques programmes officiels de coopération technologique et la création d'une zone économique homogène entre les Douze suffiraient à eux seuls à faire disparaître les arrière-pensées et les calculs nationaux. Car la stratégie des Curiaces et plus généralement le « défaut d'Europe » ne sont pas des problèmes conjoncturels : ils s'enracinent profondément dans la structure politique et industrielle du Vieux Continent et tiennent au fait que les enjeux technologiques sont, avant toute autre chose, des enjeux de pouvoir économique, militaire, culturel et social. Aujourd'hui comme hier, toute action d'envergure susceptible d'influer sur la répartition des atouts technologiques, tant entre les États qu'entre les puissances privées, provoque nécessairement, et même si la somme des intérêts de chacun est globalement positive, la « nervosité » des acteurs concernés. Un exemple récent montre bien la réalité et le poids de ces contraintes structurelles : c'est celui de l'avion de combat européen (ACE) que la croissance des coûts de développement dans l'aéronautique militaire et les discours de plus en plus nombreux sur une « Europe de la défense » semblaient pourtant désigner comme un possible nouvel Airbus. L'histoire malheureuse de l'ACE mérite d'être brièvement rappelée, tant elle montre bien que cette carence stratégique qu'est l'absence d'intérêt commun des Européens à travailler ensemble demeure fondamentalement un problème de nature politique.

C'est le 9 juillet 1984, quelques mois à peine après le lancement officiel d'ESPRIT, que les ministres de la Défense français, britannique, allemand, italien et espagnol lancent à Madrid l'étude de faisabilité du projet d'avion de combat européen. Le projet, ambitieux mais réaliste, vient à son heure : les premiers succès d'Airbus ont créé un climat d'optimisme et plusieurs avions militaires ont déjà été réalisés en coopération par les Européens, prouvant ainsi la faisabilité de ce type d'opération dans le domaine pourtant sensible de l'aéronautique militaire : le Jaguar franco-britannique, le Transall franco-allemand ou le Tornado anglo-germano-italien, notamment. Et en mai 1985, après plusieurs mois de négociations techniques difficiles, c'est à Rome qu'un « *accord préliminaire de principe* » est conclu entre les cinq gouvernements. Il concerne les caractéristiques techniques du futur avion non encore arrêtées à Madrid : poids de l'avion et poussée des réacteurs. L'ACE semble bien parti, même si un journaliste quelque peu chagrin note déjà que « *compte tenu de l'étendue des problèmes qui restent à résoudre, l'accord de Rome n'est qu'une goutte d'eau dans la mer. (...) Des grosses divergences subsistent, notamment sur le moteur et la maîtrise d'œuvre (dessin, cellule) du projet* [23] ».

Le pessimisme du journaliste est justifié. Quinze mois tout juste après le compromis de Rome, une « *nouvelle bataille d'Angleterre* » *(sic)* voit s'affronter le 31 août 1986 deux avions flambant neuf dans le ciel du célèbre Salon aéronautique de Farnborough. Fin et au profil audacieux, voici le Rafale d'AMD-BA (Avions Marcel Dassault-Breguet Aviation). En face, plus trapu dans sa silhouette mais tout aussi impressionnant, voilà l'EAP (programme d'avion expérimental en anglais) réalisé par le consortium Eurofighter que dirige British Aerospace. Capacités aérodynamiques, incidence de vol, agilité dans les figures de voltige, choix techniques pour les entrées latérales d'air : tout est bon pour comparer et départager les deux « démonstrateurs » (c'est-à-dire les préprototypes) concurrents issus de ce qui reste du projet d'avion de combat européen. D'un côté, seuls comme à leur habitude, Dassault et son bureau d'études d'où sont sortis les légendaires Mirage, mais aussi le Mystère 20. De l'autre, le quatuor British Aerospace-MBB-Casa-Aeritalia issu du consortium Panavia qui a conçu et commercialisé le chasseur-bombardier Tornado. Et derrière les jugements d'experts qui apprécient en connaisseurs les prouesses des pilotes d'essai dans le ciel anglais, une grande déception : l'avion de combat européen conçu « main dans la main » par l'ensemble des grandes puissances aéronautiques européennes ne verra pas le jour, faute de la présence des Français, numéro un européen de la spécialité!

On a beaucoup glosé depuis lors sur les raisons du cavalier seul de Dassault. Arrogance typiquement française pour les uns, légitime revendication de chef de file formulé par le meilleur avionneur européen pour les autres, chacun peut trouver l'explication qui lui convient à l'attitude intransigeante de l'industriel français qui, sûr de ses compétences et de son bon droit, a choisi de briser le fragile édifice européen plutôt que de collaborer à un avion qui ne lui plaisait pas. Toujours est-il qu'on retrouve typiquement là, dans cette passe d'armes entre Dassault et – pour l'essentiel – British Aerospace, une nouvelle version de la guerre des champions nationaux, ressortie des vieux cartons pour l'occasion. De là à accuser les seuls industriels, il n'y a qu'un pas franchi par certains, avant même la rupture, dès le lendemain de la réunion de Rome : « *(Ces) divergences... opposent principalement les industriels chargés de mener les études de faisabilité, et non les " politiques ", tous désireux, construction de l'Europe oblige, de mener à bien le projet* [24]. »

Ce serait pourtant une vue bien manichéenne des choses que d'opposer la sincère foi européenne des ingénieurs de l'armement aux vilains égoïsmes des « marchands de canons ». Certes, chacun sait que les industriels de l'armement ont un pouvoir de pression important sur les États, notamment en France où des firmes comme Dassault sont régulièrement accusées de piloter en sous-main la politique d'équipement des armées françaises à des fins mercantiles [25]. Et il est vrai que le gouvernement français, mis devant le fait accompli par son avionneur, finira par engager officiellement le programme Rafale le 21 avril 1988 à trois jours du premier tour de l'élection présidentielle. Mais pour autant, l'échec du projet européen a des causes plus profondes qui dépassent les seules dissensions industrielles. Revenons à l'accord de Rome : « *Pressentant l'échec des négociations, les chefs d'état-major des forces aériennes des cinq pays intéressés finirent par adopter une sorte de compromis temporaire, sachant pertinemment que la décision finale appartiendrait aux hommes politiques. "Au moins, ainsi, on ne pourra pas dire, en cas d'échec de la coopération européenne, que la responsabilité en incombe aux militaires ", devait déclarer, désabusé, le general Capillon, actuel chef d'état-major de l'armée de l'air* [26]. » Cette réflexion de l'ancien patron des ailes françaises (ensuite président de la SNECMA) replace le débat sous sa juste lumière : par-delà les querelles d'ingénieurs, l'affaire était hautement politique et devait être tranchée au plus haut niveau. Elle ne l'a pas été, tant cela aurait supposé des engagements gouvernementaux d'une grande portée stratégique.

Pour sauver le projet d'avion européen, il aurait d'abord fallu que les gouvernements tranchent entre les souhaits divergents de leurs états-majors concernant les spécifications de l'appareil. Les aviateurs français et les marins de l'Aéronavale souhaitaient un avion léger et polyvalent susceptible à la fois de servir d'avion d'appui tactique (pour remplacer les vieux Jaguar et Mirage F1) et de chasseur, capable de plus d'être catapulté sur porte-avions. Pour les autres Européens, le choix allait plutôt vers un avion de supériorité aérienne plus lourd, capable de remplacer les Starfighter américains et ultérieurement les Tornado. Derrière cette différence d'approche affleurait tout de suite la spécificité militaire française : la polyvalence de l'outil répondait à la polyvalence des missions à remplir (depuis la défense du centre de l'Europe, jusqu'aux conflits outre-mer ou en Afrique) et au souci de maintenir une puissance militaire autosuffisante dans toutes les postures. Dans ces conditions, le choix d'une ou de plusieurs versions complémentaires de l'avion européen aurait signifié l'émergence d'un consensus minimal des Européens autour d'une future spécialisation des rôles entre les armées nationales, à l'image de la spécialisation industrielle qui en aurait été le corollaire. En un mot, faire l'avion de combat européen obligeait les politiques à préciser les contours de l'Europe de la défense. Le pas ne fut pas franchi et l'on préféra se limiter au lancement ultérieur (en 1990) d'un programme de recherche militaire en coopération, dénommé EUCLID et calqué sur les programmes communautaires civils : là encore, le détour par les programmes de recherche coopératifs aura permis de faire l'économie d'une stratégie opérationnelle immédiate.

Derrière le difficile choix militaire qui aurait seul permis de réussir l'avion européen, il y avait aussi, nous l'avons évoqué, un choix implicite de politique industrielle et technologique : à l'heure où l'aéronautique et le spatial se rejoignent de plus en plus pour former l'un des secteurs les plus en pointe du prochain siècle, quel pays européen (au moins parmi les trois grands : France, RFA, Grande-Bretagne) était prêt à ce que son champion perde à terme rapproché la maîtrise de ces systèmes d'armes complexes que sont les avions de combat? Alors que Dassault s'est lancé, comme l'Aérospatiale, dans l'aventure de la navette spatiale Hermès, que MBB, racheté par Daimler-Benz, affiche de plus en plus ses ambitions aérospatiales (quitte à vouloir concurrencer le projet Hermès ou à former une société d'études spatiales avec Mitsubishi) et que British Aerospace et l'Aérospatiale se préparent à lancer le futur successeur du Concorde, aucun gouvernement européen n'a eu les moyens ou la volonté de forcer le destin en imposant à ses industriels un choix aussi douloureux qu'énergique. Dès lors, un véritable – et unique – avion de combat européen, dont le poids militaire et industriel aurait pu être considérable, était impossible à mener à bien par manque d'une stratégique politique globale.

Le défaut de conscience européenne et l'absence de véritable stratégie commune dans les secteurs de puissance sont donc parmi les causes traditionnelles des échecs de la coopération technologique européenne. Mais cette stratégie des Curiaces qui semble marquer en permanence les faits et gestes de l'Europe technologique ne suffit pas à expliquer la faiblesse chronique de l'Europe dans les secteurs de pointe. Car si tel était le cas, il suffirait aux Européens d'appliquer la recette magique de l'union pour réussir avec certitude, ainsi que semble le leur suggérer Jacques Delors : « *La technologie. Là aussi, c'est le principe simple de l'union qui fait la force. Ariane, Airbus ont montré que les Européens pouvaient prétendre aux premières places. L'entrée, le maintien, la percée sur la scène technologique nécessitent tant d'investissements que seule la réunion de leurs capacités permettra d'exister durablement. (...) La perspective, liée au Grand Marché, de débouchés plus vastes, des normes uniques ou acceptées, leur simplifie la tâche, et l'exemple de l'aéronautique montre tout le parti que l'on peut tirer de l'effet de dimension européenne* [27]. »

Il est vrai qu'un tel discours, qui se nourrit des échecs comme des succès de la coopération européenne, a l'avantage d'être mobilisateur. Mais son caractère volontariste présente aussi l'inconvénient de réduire la problématique de la technologie européenne à sa seule dimension politique et institutionnelle : si le « mal » de la technologie européenne se réduit à un « défaut d'Europe », il doit par conséquent avoir comme seul remède des solutions de type coopératif comme EUREKA, ESPRIT et plus encore Airbus ou Ariane. Est-ce si simple ?

De la même manière que nous avons déjà souligné dans la première partie les limites congénitales des programmes de R&D communautaires, il convient de se demander si les succès indiscutables d'Airbus et d'Ariane tiennent à la seule magie de la volonté politique de coopération des États ou si les conditions qui ont rendu possibles leurs succès ne sont pas plus complexes.

Derrière son caractère mythique et la récupération dont elle fait souvent l'objet, l'histoire de l'avion et de la fusée européens est beaucoup plus riche d'enseignements indirects sur le modèle technologique européen qu'il n'y paraît au premier abord...

VI

ARIANE, AIRBUS :
LES INIMITABLES SUCCÈS

Paris, boulevard de Montmorency. A deux pas de la porte d'Auteuil, à quelques centaines de mètres du bois de Boulogne, un bâtiment assez peu spectaculaire abrite celle des dix premières entreprises industrielles françaises qui a eu, sans doute, le plus de mal à se faire un nom dans le grand public. Créé de toutes pièces en 1964 pour réunir plusieurs des pôles de l'industrie aéronautique et balistique française, le groupe resta longtemps affublé d'un sigle rébarbatif : la SNIAS (Société nationale industrielle aérospatiale). Aujourd'hui, après plusieurs années d'efforts de communication interne et externe, il est enfin connu sous la dénomination commerciale dont il a voulu se doter : l'Aérospatiale. Dans le bureau présidentiel, un ancien délégué général pour l'Armement, Henri Martre, règne sur un empire industriel de près de 40 000 personnes. Ce grand patron, que l'on dit modeste, a plusieurs raisons d'être un partisan déterminé de la coopération industrielle européenne. L'Aérospatiale est en effet – outre ses activités dans le domaine des hélicoptères, des engins tactiques ou des missiles stratégiques – le principal pilier de deux programmes européens majeurs : Airbus et la fusée Ariane. Au 37, boulevard de Montmorency, l'Europe technologique et industrielle, c'est donc – pour une fois – autre chose qu'un sujet de discours : deux belles réussites commerciales dans des secteurs de très haute technicité et un motif légitime de fierté. Les hommes de l'Aérospatiale auraient-ils donc trouvé le moyen d'en finir avec la stratégie des Curiaces et de terrasser le démon de la division qui affaiblit si souvent les Européens? En fait, la genèse d'Airbus et d'Ariane montre qu'avant de voir le jour, la fusée et l'avion européens ont dû faire face aux difficultés endémiques inhérentes à tous les programmes transnationaux et que, si celles-ci ont finalement pu être surmontées, c'est d'abord grâce à la ténacité de quelques hommes et à des circonstances favorables. Et la formule de coopération intégrée mise au point, avec quelques variantes, tant pour Airbus que pour Ariane, n'est pas aisément transposable. Car dans le spatial et l'aéronautique comme dans les autres secteurs, la coopération européenne n'a pas encore été assez loin pour se traduire par une intégration complète des stratégies et des programmes : l'équilibre atteint demeure donc relativement fragile et ni l'Europe aéronautique ni l'Europe spatiale ne sont encore définitivement assurées de leur avenir. *A fortiori*, il faut donc se montrer prudent sur la capacité des Européens à faire, comme on les y invite souvent, d'autres Airbus ou d'autres Ariane dans des domaines où la compétition mondiale est encore plus sévère.

Un avion rattrapé au vol

Été 1968 : alors que les rues du centre de Paris retrouvent à peine leur calme, une partie essentielle se joue dans le secteur de l'aéronautique civile. Neuf ans à peine se sont écoulés depuis que, en 1959, l'aviation commerciale est passée définitivement de l'hélice au turboréacteur, et que la France a réussi à sortir sa fameuse Caravelle moins de deux cents jours après la mise en service du Boeing 707. Alors que chacun sait que Boeing va annoncer prochainement sa nouvelle arme secrète, le super long-courrier transatlantique à grande capacité Boeing 747, la France et ses alliés européens sont-ils prêts à rééditer, selon le même schéma, le succès de Caravelle : aux Américains le long-courrier, aux Européens le moyen-courrier (au moins sur leur propre marché puisque la Caravelle n'avait pas réussi à percer outre-Atlantique)? C'est bien ce qu'espèrent les ingénieurs de Sud-Aviation * qui ont commencé dès 1960-1961 à imaginer le jet qui serait au 747 ce que fut la Caravelle au 707. Le projet a eu un premier nom, toujours emprunté à la mythologie des grandes découvertes maritimes : le « Galion ». Il sera ensuite rapidement

---

* Sud-Aviation sera intégré quelques années plus tard dans le nouveau groupe Aérospatiale.

abandonné au profit de celui d'Airbus qui présente l'avantage de mieux évoquer la banalisation du transport aérien moderne et sa grande capacité.

Pour réaliser un projet aussi ambitieux financièrement et technologiquement, les Français ont demandé l'appui des industriels britanniques (qui coopèrent déjà avec la France dans le projet Concorde et dans l'avion d'appui tactique Jaguar) et allemands (engagés, pour leur part, dans les avions de transport militaires franco-allemands Noratlas, puis Transall). La formule coopérative, du reste, est à l'ordre du jour : il existe, à cette époque « *un sentiment croissant que, individuellement, les États européens vont être dépassés économiquement et industriellement par des entreprises américaines supérieures sur le plan technologique* [1] ».

C'est entre les industriels français et britanniques surtout que la synergie apparaît la plus forte, l'industrie aéronautique allemande, démantelée après la guerre, étant alors constituée de nombreuses sociétés rivales et ne disposant pas de capacités d'études comparables à celles des Français et des Anglais. Il se trouve en particulier que la société britannique Hawker Siddeley * s'est attaché la coopération des Français Bréguet et Nord-Aviation pour concevoir un projet (l'HBN-100) très proche par sa conception du Galion, au point que les ingénieurs britanniques en sont encore aujourd'hui à se disputer avec les ingénieurs français la paternité conceptuelle de l'Airbus. Tout naturellement, les ministres de tutelle en viennent donc à imposer un rapprochement entre les équipes de Hawker Siddeley Aviation, Sud-Aviation et les industriels allemands qui – soucieux de reprendre pied sur le marché des avions civils – ont décidé en 1965 de se regrouper autour de ce qui deviendra la société Deutsche Airbus. Entre Paris et Londres, le problème de la maîtrise d'œuvre se pose très rapidement : qui va assumer le leadership industriel? En fait, la réponse à ce problème figure déjà dans la configuration industrielle des deux pays. En France, la « stratégie de l'arsenal » ** a pour effet de favoriser une imbrication très forte entre les pouvoirs publics et les constructeurs d'avions militaires et civils. Et de l'autre côté de la Manche, « *c'est surtout la place de Rolls-Royce qui va jouer un rôle clé.*

---

* Hawker Siddeley sera ultérieurement fusionné avec British Aircraft Corporation pour former British Aerospace en 1977.
** Selon l'expression de Jean-Jacques Salomon reprise par Pierre Muller dans son livre sur Airbus (*Airbus, l'ambition européenne – logique d'État, logique de marché*, L'Harmattan, 1989).

Plus que les constructeurs de cellules, c'est le célèbre motoriste qui est considéré comme le fleuron de l'industrie aérospatiale nationale de Grande-Bretagne. De ce fait, lorsqu'un programme de coopération est envisagé, le premier souci des interlocuteurs britanniques semble être d'assurer le leadership de Rolls-Royce sur la motorisation. C'est ce qui s'est passé pour Concorde, les Anglais échangeant la maîtrise d'œuvre française pour la cellule contre une prééminence sur les moteurs [2] ». Un compromis élaboré par les politiques des deux pays est donc rapidement trouvé : Airbus sera équipé de moteurs Rolls-Royce, mais la conduite globale du projet sera confiée à Sud-Aviation. Conjonction d'intérêts entre industriels (un premier accord de principe est conclu en 1967 entre les sociétés retenues dans les trois principaux pays concernés), volonté politique coordonnée : l'aventure Airbus semble bien partie.

Pourtant, comme le note crûment l'historien aéronautique Jacques Noetinger : « *Paradoxalement, tout commença par un échec... Cette brillante réalisation européenne a connu un mauvais début et a failli capoter* [3]. » En 1968, en effet, moins d'un an avant le premier vol du Boeing 747, le projet Airbus – baptisé Airbus A 300 car il doit compter 300 places – n'est toujours qu'une épure sur le papier et l'on commence à se demander s'il a une chance de voir le jour. Ainsi le célèbre chroniqueur britannique Anthony Sampson qui consacre cette année-là un gros volume à l'Europe nouvelle ne mentionne-t-il le projet Airbus que pour dire qu'il est « *battu en brèche par les querelles et la concurrence frontale de l'Airbus américain* [4] ». Le principal sujet de controverse concerne alors les caractéristiques techniques et commerciales de l'avion, l'A 300 imaginé par Sud-Aviation et ses partenaires européens étant devenu, au fil des études et des croquis, un avion très lourd et d'une capacité d'emport trop importante pour répondre aux attentes des compagnies aériennes dans le créneau du moyen-courrier. Le 2 août 1968, le gouvernement français doit prendre note de l'avis réservé de ses deux homologues européens et ce n'est qu'avec difficulté qu'il les convainc de reporter leur décision définitive d'abandon à la fin de l'année. Entre la France et la RFA, notamment, la différence sur la manière d'apprécier les chances de réussite du programme est symptomatique : « *En France, la tendance est d'établir contradictoirement un ensemble d'hypothèses raisonnables, ni pessimistes, ni trop optimistes, en supposant que le programme sera bien conduit. On décide alors "d'y aller" s'il existe des chances raisonnables de réussir dans des conditions économiques acceptables. En Allemagne, par contre, il est indispensable d'analyser les conséquences d'hypothèses systématiquement pessimistes et de voir si le rejet d'une décision positive serait encore plus néfaste. C'est en quelque sorte l'application des règles du moindre mal* [5] *»*, explique aujourd'hui Raoul Béteille, l'ingénieur français devenu en juillet 1967 le directeur-coordonnateur du projet A 300.

Entre août et décembre 1968, une course contre la montre de trois mois et demi s'engage alors pour parvenir à transformer suffisamment le projet initial et obtenir le feu vert des gouvernements comme l'assentiment des futures compagnies utilisatrices. Aux côtés de Raoul Béteille, l'ingénieur Jean-Charles Parot est choisi par le président de Sud-Aviation, Jean Ziegler, pour diriger le « commando technique » qui, à l'usine de Suresnes, va revoir complètement le projet. Tous deux ont une expérience aéronautique considérable : Béteille s'est occupé des essais de la Caravelle tandis que Parot a été l'un des principaux concepteurs du Vautour, le premier biréacteur français à avoir franchi le mur du son. L'ingénieur allemand Félix Kracht s'associe à eux. Il a participé aux coopérations franco-allemandes Noratlas et Transall et dès novembre 1967 Raoul Béteille a commencé à repenser le projet avec lui. Kracht a, notamment, plusieurs idées simples : « *Être réaliste; le produit est défini par l'utilisateur; l'industriel est européen car l'ampleur du projet est inaccessible à l'échelle nationale* [6]. »

C'est ainsi qu'*in extremis* sera présenté à la réunion intergouvernementale tripartite de décembre 1968 le projet A 300 B qui, par rapport à l'A 300 d'origine, se présente comme un avion dont le diamètre du fuselage est plus modeste et la capacité en passagers plus limitée (250 voyageurs au lieu de 300), mais qui coûte 30 à 35 % moins cher et qui – surtout – permet d'embarquer les conteneurs de fret standards prévus pour les 747 (il a fallu pour cela remonter le plancher de la cabine). Reste aux gouvernements concernés à prendre la décision proprement politique de lancer ou non le programme et de débloquer, en conséquence, les financements publics nécessaires.

Londres fait connaître en premier sa réponse : elle est négative. Car la transformation subie par le projet sous l'impulsion de Raoul Béteille a fait une victime : le motoriste Rolls-Royce, dont le gros RB-207 ne s'impose plus dès lors que l'on passe de 300 à 250 places. Certes le RB-207 pourrait être remplacé par un autre moteur situé plus bas dans la gamme de Rolls-Royce, le RB-211, à condition que le motoriste britannique accepte d'en développer une version plus puissante. Mais la confiance a disparu entre Rolls-Royce et les promoteurs d'Airbus (Raoul Béteille et Félix Kracht reprochant notamment à la société britannique d'avoir négligé le développement du RB-207 à l'époque où celui-ci constituait l'une des clés du projet) et ceux-ci ont d'autant moins de raisons de respecter la lettre de l'accord politique initial entre Paris et Londres que les motoristes américains, Pratt & Wittney et General Electric notamment, ont fait des offres correspondant davantage aux souhaits des compagnies aériennes. La préférence finalement donnée au CF-6 de General Electric accroît la crédibilité commerciale de l'A 300, mais il est clair qu'elle constitue un *casus belli* avec les Anglais au moment même où un projet concurrent d'Airbus développé par British Aircraft Corporation – le BAC 311 – semble prendre consistance...

Du côté de l'administration française, un certain flottement est également perceptible. Auréolé de la réussite militaire du Mirage, le constructeur Marcel Dassault vient en effet de s'engager dans la construction du Mercure, un avion civil de 150 places optimisé pour les lignes court-courriers de moins de 1 000 km (soit la majorité des lignes au plan mondial) et dont certains, à Paris, estiment qu'il pourrait avantageusement se substituer à l'Airbus. C'est finalement à Bonn que l'on se montre le plus déterminé. Objectivement, le retrait anglais est une occasion à saisir pour les Allemands, dans la mesure où il les transforme en partenaires à égalité de droits avec les Français. L'industrie allemande, regroupée au sein de Deutsche Airbus, est en position de demandeur, tandis que le gouvernement fédéral est, pour sa part, sensible à la « symbolique » européenne d'Airbus. Dès le mois de janvier 1969, les autorités allemandes vont donc manifester leur désir de voir le programme se poursuivre à deux et rejeter la proposition britannique d'associer les industriels allemands à la fabrication du BAC 311. Les Allemands vont même, se substituant au gouvernement britannique, prendre à leur charge une partie des dépenses de financement de la voilure, permettant du même coup de maintenir la participation de Hawker Siddeley à titre privé comme le souhaite du reste la société britannique.

Ces initiatives vont se révéler décisives. Le 29 mai 1969, un accord industriel est signé entre l'Aérospatiale française, le consortium allemand Deutsche Airbus constitué autour de MBB, l'Anglais Hawker Siddeley, le Germano-Hollandais Fokker-VFW et l'Espagnol Casa. Parallèlement, General Electric signe avec la SNECMA et l'Allemand MTU une convention du même type pour l'adaptation des moteurs General Electric CF 6.50 au futur avion européen. Trois ans plus tard, le 28 octobre 1972, le prototype A 300 B1 effectue son premier vol à Toulouse, ce qui permettra à Airbus d'obtenir, dans un temps record, tous les certificats de navigabilité au printemps 1974.

La volonté de quelques hommes et le réalisme des solutions techniques et commerciales retenues ont ainsi permis de sauver de l'échec un projet technologique européen ambitieux que les États avaient pourtant été tentés d'abandonner. Or, c'est la même situation qui va se répéter, avec quelques années de décalage, en matière spatiale. C'est, en effet, durant cette même période charnière de 1972 à 1974 où Airbus effectue ses premiers vols, que va se jouer le destin de l'Europe spatiale. Le 31 juillet 1973, après un an et demi d'hésitations, la Conférence spatiale européenne approuve trois programmes, dont celui du « *lanceur trois étages de substitution* » (L.III.S.) défendu par la France. Ariane, la future star des cieux européens, vient de naître dans l'anonymat le plus complet : elle a bien failli ne jamais voir le jour tant les dix premières années de l'aventure spatiale européenne ont été dures et souvent décourageantes.

Faux départ pour l'Europe des fusées

C'est en 1962 que les Anglais et les Français (tous deux engagés dans des programmes balistiques liés au développement de leurs forces nucléaires) se mettent d'accord avec les Allemands et quelques autres États européens sur le principe d'une coopération en matière de lanceurs spatiaux. Pour ce faire, une organisation internationale spécialisée est mise sur pied : l'ELDO (European Launcher Development Organisation), qui entre officiellement en activité en 1964. Son but : réaliser une fusée susceptible de lancer les satellites expérimentaux qu'une organisation européenne parallèle – l'ESRO (European Space Research Organisation) – va être chargée de développer. Europa sera le nom hautement symbolique de cette fusée européenne que les équipes de l'ELDO doivent propulser dans les airs. Mais la méthode retenue pour réaliser techniquement cet engin n'est pas à la hauteur des ambitions et du symbole. Les États membres d'ELDO se contentent en effet de jouer au « meccano » et de mettre bout à bout trois étages dérivés d'engins déjà existants en Grande-Bretagne, en France et en RFA. Ce sont particulièrement les Britanniques qui ont insisté pour qu'Europa réutilise comme premier étage une version modifiée de leur missile balistique Blue Streak. La Grande-Bretagne avait, en effet, décidé en 1957 de développer ce missile sol-sol nucléaire de moyenne portée pour remplacer ses premiers bombardiers nucléaires en passe de devenir obsolètes. Mais en 1960, le gouvernement britannique décide d'arrêter le programme Blue Streak en raison de son coût trop élevé et de son retard technologique * et de se rallier à la solution du sous-marin nucléaire lanceur d'engins, équipé de missiles américains Polaris. D'où le désir compréhensible des responsables britanniques de rentabiliser leurs trois années de développement infructueux en réutilisant à des fins civiles la partie balistique de leur projet de missile sol-sol.

De leur côté, les Français acceptent sans trop de problèmes cette démarche hétérogène qui ne perturbe en rien leurs propres efforts nationaux en matière balistique. Depuis l'automne 1959, en effet, l'État français a constitué, sous son contrôle, une société industrielle chargée de concevoir des fusées : la Société pour l'étude et la réalisation d'engins balistiques (SEREB). La vocation de cette société (qui sera, elle aussi, intégrée en 1964 dans la future Aérospatiale) est avant tout militaire : concevoir et fabriquer les missiles balistiques qui porteront les charges nucléaires de la force de frappe française. Mais pour acquérir la technologie et la maîtrise industrielle, la SEREB s'engage parallèlement dans le développement d'une famille de lanceurs civils expérimentaux qui porteront des noms de pierres précieuses : Agate, Topaze, Émeraude, Saphir, Rubis et Diamant. Entre 1960 et 1967, cinquante-quatre tirs seront effectués (dont quarante-sept seront des réussites) avec comme apogée le lancement du 26 novembre 1965 au cours duquel une fusée Diamant mettra sur orbite le premier satellite expérimental français. Le second étage de la fusée Europa – dénommé Coralie – sera donc lui aussi un dérivé des lanceurs légers français.

C'est par conséquent dans un contexte de forte « *balkanisation technique et politique* [7] » que la toute jeune Europe spatiale se

---

* Blue Streak utilisait un carburant liquide alors que les États-Unis et l'URSS développaient déjà des carburants solides.

met en place sous le regard désabusé des observateurs : « *L'avance prise par les États-Unis ne cesse d'augmenter, pendant que l'Europe tâtonne et s'interroge (...), les équipes de recherche sont dispersées, les programmes divergent de pays à pays tandis que les accords bilatéraux signés entre Européens et Américains ajoutent au désordre des initiatives, des objectifs et des politiques* », écrit, durant l'été 1966, la revue scientifique française *Atomes* (aujourd'hui devenue *La Recherche*) qui conclut sévèrement : « *Ce qui manque le plus dans les options spatiales européennes, ce ne sont ni les moyens ni les talents, mais une conviction commune* [8]. » Et de fait, ce manque de communauté d'esprit entre partenaires, qui se traduit par la juxtaposition d'éléments hétérogènes et conçus pour des fonctions différentes, va limiter gravement les performances de la fusée Europa tout en générant des coûts importants (estimés à 3,5 milliards de francs de l'époque). Qui plus est, la fiabilité ne sera pas au rendez-vous : Europa subira six échecs successifs jusqu'à ce jour du 5 novembre 1971 où, par suite de la défaillance d'un élément de liaison entre le premier et le deuxième étage – un symbole du défaut de coordination entre les différentes composantes nationales de la fusée! – Europa II s'écrase au sol lors de son premier tir. C'en est trop pour les gouvernements cotisants : le programme est suspendu *sine die* en attendant son abandon officiel en avril 1973. L'Europe de l'espace est dans une impasse.

Pourtant, tous les efforts des Européens ne seront pas restés vains. La preuve en est clairement apportée, quelques semaines à peine après l'échec d'Europa II, lors du Conseil de l'ESRO, l'organisation sœur de l'ELDO chargée de développer des satellites européens. Le 12 décembre 1971, la douzaine de pays européens membres de l'ESRO décide, en effet, de ne plus se limiter à concevoir des satellites scientifiques expérimentaux, mais de se lancer dans la réalisation de satellites opérationnels. Si l'ESRO n'hésite pas à franchir ce pas important, c'est que cette organisation a mené à bien depuis 1964 des développements importants dans le domaine des satellites. Sans attendre la réalisation des premiers lanceurs de l'ELDO, l'ESRO avait notamment choisi la voie de la coopération avec les États-Unis, ce qui permit à la NASA de mettre en orbite en 1968 les deux satellites expérimentaux ESRO II (Iris) et ESRO IA (Aurore). Grâce à ce pragmatisme, six satellites scientifiques conçus par l'ESRO auront ainsi été lancés dans l'espace en moins de sept ans!

Pour poursuivre dans la voie prometteuse des satellites malgré les échecs répétés de la fusée Europa, les Européens ont, à première vue, une solution toute trouvée : intensifier la collaboration entamée avec les États-Unis et faire lancer les futurs satellites opérationnels européens par la NASA. C'est d'ailleurs dans ce sens que l'ESRO a demandé en 1970 à Washington de préciser les conditions à travers lesquelles les États-Unis accepteraient de mettre en orbite des satellites européens de télécommunications ou de météorologie. Malheureusement, la réponse américaine – bien que positive – fait comprendre aux dirigeants de l'ESRO que les États-Unis ont l'intention de profiter de leur position dominante sur le domaine des lanceurs pour contenir la concurrence étrangère en matière de satellites et imposer, de ce fait, aux Européens des conditions techniques et financières abusives : Washington indique notamment que la NASA refusera de lancer tout satellite de télécommunications en dehors du cadre – contraignant – d'INTELSAT, organisation internationale largement contrôlée par les Américains et qui prétend à un monopole sur les télécommunications internationales par satellite. « *Être à la merci du bon vouloir de nos partenaires excluait toute réelle liberté de choix,* se souvient Hubert Curien, l'ancien président du CNES. *Développer des applications commerciales n'était envisageable qu'à condition de disposer du moyen de mettre nous-mêmes en orbite les satellites commerciaux européens* [9]. » C'est ce que les spécialistes français cherchent à faire comprendre à leurs partenaires européens. Il est vrai que, parmi les membres de l'ESRO, la France est plus particulièrement consciente des dangers de la situation : moins de dix ans plus tôt, les États-Unis avaient déjà tenté d'user de leur monopole en matière de grands calculateurs scientifiques pour freiner la constitution de l'armement nucléaire français, ce qui, nous l'avons vu, avait poussé le gouvernement du général de Gaulle à entreprendre le « Plan Calcul » (chapitre v). Au lendemain de l'échec d'Europa, c'est donc de Paris que va venir l'impulsion mobilisatrice qui va sauver, *in extremis,* l'Europe des fusées.

Ariane ne tient qu'à un fil

Au CNES, l'agence gouvernementale française chargée de la recherche spatiale, comme à l'ELDO, on croit toujours fortement à la nécessité de persévérer dans le développement d'un lanceur autonome européen. Mais ce n'est pas l'opinion de tous les autres partenaires. La Grande-Bretagne et la RFA, notamment, se montrent très réticentes à l'idée de poursuivre la voie ouverte avec si peu de succès par le programme Europa, les projets de la NASA en matière de navette spatiale et les promesses américaines d'envoyer dans l'espace des astronautes et des équipements européens les séduisant visiblement davantage.

La partie qui se joue à Bruxelles durant l'année 1972 va donc être très difficile pour les partisans de l'Europe spatiale qui doivent concilier deux exigences partiellement contradictoires. D'un côté, les techniciens qui ont travaillé sur Europa sont convaincus qu'il faut au nouveau projet une cohérence technique et industrielle beaucoup plus forte et que son pilotage doit être assuré par une autorité centrale unique afin d'éviter les querelles nationales. De l'autre, il paraît impossible politiquement d'imposer aux Anglais et aux Allemands un programme institutionnellement trop rigide et industriellement trop ambitieux. La marge de manœuvre est donc étroite. Tandis que les officiels français haussent le ton pour convaincre les Allemands de rester dans la course (*« s'il faut faire ce lanceur seul, nous le ferons seul »*), les responsables du CNES élaborent une solution de compromis au contenu plus modeste que les idées alors en cours parmi les équipes de l'ELDO.

Sur le plan de la cohérence technique, l'essentiel demeure préservé dans le projet L.III.S. que va présenter le CNES : chacun des trois étages de la fusée sera mis au point spécifiquement pour ce nouveau lanceur, mais le profil de la fusée restera très classique et le maximum devra être fait pour valoriser et réexploiter le savoir faire acquis sur Europa. C'est ainsi qu'Ariane utilisera des ergols liquides azotés qui avaient déjà servi pour le second étage français Coralie d'Europa II et que les moteurs Viking seront dérivés des études de motorisation menées en vue d'Europa III. Mais technologiquement, L.III.S se veut moins ambitieux qu'EUROPA III : le second étage cryogénique du nouveau lanceur européen n'aura qu'une poussée de 7 tonnes contre les 20 tonnes imaginées précédemment pour EUROPA III.

Sur ces bases, l'habileté politique des Français va être de « troquer » l'accord de leurs principaux partenaires de la Conférence spatiale européenne contre un appui à d'autres programmes spatiaux complémentaires. D'un côté, la France accepte le lancement du programme Spacelab cher à la RFA et celui du programme MAROTS d'inspiration britannique. De l'autre, la

France s'engage à financer à 65 % la construction de la future Ariane dont le pilotage sera assuré par le CNES. Et dans le même temps, un accord de principe est trouvé pour remplacer l'ESRO et l'ELDO par une seule structure, l'Agence spatiale européenne (ASE) qui sera chargée de gérer ce système de répartition des tâches. A ce prix-là, le compromis diplomatique français, fondé sur la « divisibilité » des obligations des différents pays membres en fonction des projets, finit par payer et l'accord est trouvé le 20 décembre 1972 : « *Le rapprochement franco-allemand (...) n'avait été rendu possible et n'avait rallié d'éventuels participants aux (différents) programmes qu'autant qu'il n'imposait aucune obligation de participation auxdits programmes* [10]. » Sept mois plus tard, Europa ayant entre-temps été définitivement enterrée, le projet L.III.S. est adopté officiellement et la France en est à la fois le principal financier, le maître d'œuvre unique et le premier fournisseur industriel. L'Aérospatiale – qui a absorbé la SEREB – est l'architecte industriel du lanceur et réalise elle-même les deux premiers étages tandis que Matra fournit l'électronique de bord et la SEP (Société européenne de propulsion) les carburants. Mais malgré cette domination industrielle française, l'indispensable cohésion diplomatique entre les participants est préservée : au-delà des réserves de certains * et du scepticisme de tous, le projet de lanceur européen reçoit une nouvelle consécration officielle et semble en mesure de renaître encore une fois de ses cendres (l'un des noms envisagés pour le lanceur fut d'ailleurs Phénix).

Un nouvel écueil apparaît alors : le gouvernement français mis en place après l'élection de M. Giscard d'Estaing en mai 1974 fait grise mine devant la facture du nouveau projet, alors même que le nouveau Président ne cache pas son intention de normaliser ses relations avec Washington et donc d'éviter, tant dans le domaine informatique (chapitre v) que spatial, toute décision qui pourrait apparaître comme une provocation anti-américaine. Pendant l'été 1974, le ministre de l'Industrie M. d'Ornano ordonne donc au Pr Maurice Lévy – président du CNES, mais aussi du conseil de l'ESRO – de bloquer tous les contrats relatifs au nouveau lanceur. Et ce n'est que le 16 octobre 1974 que le gouvernement français, au sein duquel les ministres de la Défense et des Affaires étrangères ont mené bataille en faveur du pro-

---

* La Grande-Bretagne a, notamment, refusé de participer au financement initial.

gramme, annonce enfin officiellement son intention d'honorer les engagements pris en juillet 1973. Une fois de plus, la fusée européenne l'a échappé belle. Le dernier obstacle étant surmonté, il ne reste plus qu'à propulser vers le ciel celle qui, suite à de nouvelles négociations, finira par se dénommer *Ariane*. Après un départ avorté le 15 décembre 1979 et quelques frayeurs de dernière minute, ce sera chose faite le 24 décembre 1979 en fin d'après-midi. L'événement inspirera au quotidien communiste *L'Humanité* ce titre poétique : *« Ariane a croisé le père Noël. »*

La double trajectoire du succès

Après avoir parcouru un chemin semé d'embûches et connu un départ difficile, les programmes Airbus et Ariane vont remporter d'incontestables succès commerciaux, au point qu'aujourd'hui, après plus de trente-sept vols dont seulement six échecs, Ariane s'adjuge la moitié des commandes mondiales de lancements de satellites « commerciaux » * tandis qu'Airbus Industrie a livré plus de six cents appareils à plus de 90 compagnies de par le monde. Mais ces remarquables résultats obtenus sur le marché sont aussi devenus des atouts stratégiques et politiques des Européens face aux prétentions monopolistiques des États-Unis dans le domaine aérospatial. Symboliquement, deux dates clés vont ainsi réunir Airbus et Ariane dans une même trajectoire ascendante.

1977 : les deux chevaux de bataille de l'Europe technologique font leurs premières percées internationales en allant concurrencer leurs rivaux américains sur leur propre terrain. Pour Airbus, l'« aîné », qui vole déjà commercialement depuis 1974, c'est cette année-là que Franck Borman, l'ancien astronaute de la NASA devenu le prospère président d'Eastern Airlines, annonce la location de quatre Airbus pour six mois et son intention de commander ensuite trente-quatre A 300. Pour Ariane, la « cadette », qui en est encore à deux ans de son premier vol, c'est aussi à la fin 1977 que la puissante organisation INTELSAT, tenue par ses statuts de faire jouer la concurrence internationale pour le choix de ses lanceurs et de ses satellites dès qu'il apparaît une offre techniquement comparable et financièrement avantageuse, passe sa première commande à l'ASE. Il est vrai que

* Hors URSS et satellites militaires américains.

l'Agence spatiale européenne, désireuse de prendre pied par tous les moyens dans cette chasse gardée du lobby aérospatial américain, a fait selon les dires d'un de ses responsables une offre « à un tel prix qu'il était difficile de refuser ». Le 7 décembre 1977, INTELSAT prend donc une réservation ferme et une option pour le lancement par Ariane de deux satellites INTELSAT V qui seront effectivement mis en orbite par deux Ariane 1 en 1983. Même si dans un cas comme dans l'autre, la percée sur les terres américaines a été obtenue au détriment de la rentabilité immédiate (Airbus Industrie pratique, en effet, lui aussi des « prix cassés » au désespoir des industriels membres du consortium qui lui en font le reproche), ces deux commandes de 1977 représentent incontestablement les premières réussites des Européens à l'exportation et la reconnaissance indirecte par les États-Unis de leur crédibilité industrielle et commerciale.

Onze ans plus tard, en 1988, cette crédibilité européenne éclate à nouveau au grand jour avec, à quelques mois d'intervalle, l'entrée en service du nouvel Airbus A 320 et le tir de la première Ariane 4. Avec ces deux événements, les Européens affirment leur capacité à décliner une famille homogène de produits complémentaires susceptibles de répondre à la diversité des besoins du marché. Complémentarité vers le haut avec Ariane 4 * et vers le bas avec l'A 320, mais la logique reste la même, soutenue par l'annonce des développements futurs : les Airbus A 330 (biréacteur moyen-courrier gros porteur) et A 340 (quadriréacteur long-courrier de moyenne capacité) annoncés pour 1992 et la fusée Ariane 5, destinée à voler à partir de 1996 et à emporter la navette spatiale Hermès.

Ces coïncidences dans la chronologie des deux programmes et cette volonté commune de développer et de diversifier la gamme n'auraient peut-être qu'un intérêt limité si elles n'illustraient une approche philosophique commune : dès l'origine, Airbus et Ariane ont été positionnés dans les segments « milieu de gamme » du savoir-faire aérospatial, sur lesquels la croissance était la plus rapide : orbite géostationnaire pour Ariane (et non pas système polyvalent orbite basse/orbite haute comme se veut la navette américaine), moyen-courrier gros porteur pour les Airbus A 300 et A 310. Si, pour Ariane, et contrairement à Airbus, les pré-

---

* Les versions les plus puissantes d'Ariane 4 peuvent satelliser près de quatre tonnes de charge utile contre 1,5 à 2,5 tonnes pour les trois précédentes versions.

occupations proprement commerciales ne sont apparues que dans un second temps *, le résultat pratique n'en a pas moins été le même dans les deux cas : optimisés pour attaquer uniquement la partie du marché considérée comme la plus rentable et la moins bien protégée, Airbus et Ariane sont rapidement parvenus à occuper une position significative sur des marchés largement oligopolistiques. La manière dont Jean Pierson, l'administrateur-gérant d'Airbus industrie, décrivait en 1987 le positionnement du futur A 340 dans le monde des long-courriers, illustre bien cette recherche permanente d'une stratégie de « niche » : « *Notre premier objectif est de mettre en service ce que l'on peut appeler la moitié d'un 747, au fond un nouveau 707. Un 747 n'est pas rentable partout. Exemple : sur certaines fréquences, non pas quotidiennes, mais bi- ou tri-hebdomadaires, le coefficient de remplissage est déjà relativement faible. Un 340 permettra non seulement de rentabiliser ces fréquences-là, mais également d'aller vers la fréquence quotidienne* [11]. »

Très logiquement, ce réalisme en matière commerciale s'est doublé de pragmatisme, voire de prudence, dans les choix technologiques. Ainsi, contrairement au Concorde, le premier des Airbus, l'A 300, a-t-il été davantage innovant sur le plan commercial que technologique : « *Hormis un certain nombre d'innovations concernant l'aérodynamisme de la voilure, l'avion se caractérise surtout par le conservatisme des solutions retenues et par une certaine prudence dans les choix technologiques. (...) L'appareil, en revanche, était très innovant en matière commerciale, la formule bimoteur/fuselage large allant se révéler la plus performante du point de vue de l'économie des coûts d'exploitation* [12]. » Ce n'est que par la suite que les dirigeants d'Airbus adopteront une stratégie d'ouverture technologique qui débutera avec l'A 310 et s'amplifiera avec l'A 320, qui deviendra, avec notamment un poste de pilotage entièrement repensé, l'avion le plus innovant de sa catégorie (l'A 330/340 marque le retour à un certain classicisme en intégrant les percées technologiques de l'A 320). Mais même dans le cas de l'A 320, l'innovation n'aura rien d'une révolution, les ingénieurs du bureau d'étude se contentant, pour l'essentiel, d'adapter à un avion commercial les nouvelles commandes électriques de bord mises au point, grâce à l'électronique, pour les avions de combat.

---

* La décision de réaliser une fusée européenne a d'abord répondu à un souci d'indépendance nationale, notamment de la part du gouvernement français.

Le constat est, pour l'essentiel, identique dans le cas de la fusée Ariane. Certes, contrairement à l'Airbus A 300, l'Ariane 1 qui est lancé le 24 décembre 1979 représente dans certains de ses composants un saut technologique : le moteur HM7 qui alimente le troisième étage de la fusée a été conçu à partir d'une solution audacieuse, celle d'un mélange hydrogène-oxygène qui autorise une vitesse d'éjection plus élevée que les ergols traditionnels. Mais fondamentalement, les ingénieurs du CNES qui sont à l'origine du programme ont préféré valoriser le potentiel technologique déjà accumulé au cours des années 60 plutôt que de concevoir un produit entièrement nouveau : le moteur HM7 lui-même a bénéficié d'un ensemble d'études et d'essais effectués en France dès 1962 sur les moteurs cryogéniques. C'est bien d'ailleurs la raison pour laquelle le pouvoir politique s'est rangé aux propositions du CNES et non pas à celles, beaucoup plus ambitieuses, qu'avaient élaborées les équipes de l'ELDO, dont on retiendra, pour l'anecdote, qu'elles étaient elles aussi dirigées par des ingénieurs français, dont le futur président d'Arianespace, Frédéric d'Allest. Rappelons également, pour mettre les choses en perspective, que le projet américain contemporain de la fusée européenne est celui de la navette spatiale, qui, malgré les déboires que celle-ci a pu connaître par la suite, n'en constitue pas moins dans l'histoire de la conquête spatiale une rupture technologique beaucoup plus importante que le programme Ariane.

Partage des tâches à l'échelle européenne, réalisme technologique et commercial : les sages préceptes de l'ingénieur Kracht ont été suivis à la lettre autant du côté d'Ariane que d'Airbus. Suffirait-il d'ajouter à la formule une structure commerciale autonome (le GIE Airbus Industrie ou Arianespace) pour tenir enfin l'introuvable modèle de la coopération technologique européenne ? Ce n'est pas, en effet, la moindre des similitudes entre les deux programmes que de s'être caractérisés par une séparation organique et fonctionnelle entre la réalisation industrielle et la commercialisation.

Pour Airbus, cette séparation a été voulue dès l'origine puisque la création du GIE Airbus Industrie en 1970 n'est postérieure que de quelques mois à l'accord industriel proprement dit entre les partenaires européens. Et Pierre Muller, dans son étude déjà citée, croit voir dans cette institution originale l'une des principales forces du système : « *L'événement clé, qui explique à la fois le succès du programme et les transformations qu'il induit*

*dans les relations États-industriels, est la constitution, pour une
large part inattendue, d'un acteur très particulier qui va, au fil
des années, prendre le leadership du programme. (...) Le problème sera donc d'expliquer comment Airbus Industrie, qui
aurait très bien pu ne rester qu'un bureau de coordination entre
les industriels (à l'image du GIE "Avion de transport régional"
qui commercialise la gamme ATR) s'est imposé comme l'acteur
stratégique du système en faisant accepter peu à peu son propre
système de référence : le référentiel du marché* [13]. » Le GIE ne
s'est pas contenté d'assurer le travail de prospection et de
promotion nécessaire à la commercialisation des avions fabriqués
par le consortium : il a su profiter du fait que les choix technologiques, en matière d'aviation civile, doivent toujours demeurer
liés aux besoins commerciaux des compagnies pour se mettre en
situation d'effectuer l'arbitrage et la synthèse entre les différentes
stratégies proposées par les industriels.

Dans le cas d'Ariane, le schéma est un peu plus complexe,
puisque c'est le CNES français qui gère, pour le compte de
l'Agence spatiale européenne, le programme Ariane en liaison
avec l'Aérospatiale qui en est le maître d'œuvre industriel.
Néanmoins, une société commerciale privée, Arianespace, a été
constituée en 1980 après les premiers vols d'Ariane et a pris en
mai 1981 le relais de l'ASE en matière de promotion et de vente
des lancements d'Ariane. Mais, en dépit des variantes, la philosophie d'origine apparaît semblable dans les deux cas : compenser
les effets pervers de la coopération industrielle (jalousie, concurrence externe...) par la mise en place d'une structure commerciale
autonome chargée de gérer au mieux les intérêts communs des
partenaires. Adoptée également par le couple franco-américain
SNECMA/General Electric dans le domaine des moteurs d'avions
civils * cette formule, intermédiaire entre le simple accord de
coopération industrielle et le véritable joint-venture, a sans doute
permis aux acteurs concernés de se lancer dans une coopération
européenne efficace sans pour autant aliéner véritablement leur
liberté de manœuvre stratégique ni subir toutes les rigueurs d'une
gestion centralisée de type étatique.

* Le CFM56 de la SNECMA et de General Electric est commercialisé par
une filiale commune, CFM International, qui assure aussi la coordination du
programme.

La potion magique n'existe pas

Le fait qu'Airbus et Ariane aient de nombreuses caractéristiques communes ne permet pas, malheureusement, de conclure que celles-ci sont aisément transposables à d'autres secteurs. Tout au plus, ces deux programmes démontrent que le retard technologique européen – lorsque retard il y a – n'a rien d'insurmontable dès lors que des stratégies appropriées sont mises en place. Pour le reste, si l'avion et la fusée européens sont parvenus à s'arracher aux pesanteurs traditionnelles des coopérations européennes, c'est sans doute aussi parce qu'ils ont bénéficié d'une conjonction de facteurs analysables, mais non forcément reproductibles. D'autant qu'il convient d'évaluer les succès d'Airbus et d'Ariane à leur juste mesure : celle de réussites incontestablement encourageantes, mais ne provoquant en aucun cas un retournement décisif et définitif de la position de l'Europe face à ses principaux concurrents mondiaux.

Ayons d'abord la franchise de reconnaître que le succès commercial d'Airbus et d'Ariane a été une surprise quasi générale, y compris pour les responsables de ces programmes. Lorsque, à l'occasion du dixième anniversaire du premier vol d'Ariane, un journaliste demande à Hubert Curien : «*A quel moment avez-vous cru au succès d'Ariane?* », le ministre de la Recherche répond diplomatiquement : « *Dès le début, bien sûr. Sinon, je ne l'aurais pas tant soutenue. Techniquement, je n'ai jamais douté du succès et de la pertinence du concept choisi.* » Mais il ajoute ensuite : « *Commercialement surtout, il faut bien reconnaître que le succès d'Ariane a dépassé nos premières espérances* [14]. » Et André Lebeau, ancien directeur général adjoint du CNES et de l'ASE, confirme encore plus clairement ce point de vue dans son ouvrage écrit avec l'économiste Patrick Cohendet : « *Dans le succès d'Ariane, entre une part de chance qu'il convient de ne pas méconnaître. A côté d'une évaluation correcte des éléments de la conjoncture qui se prêtaient à une prévision, d'autres ont joué, tous dans le bon sens, qui par nature n'étaient pas prévisibles* [15]. » La chance, de fait, a été souvent présente au rendez-vous. Pour Ariane, il est incontestable que par-delà même le malheureux et spectaculaire accident de la navette Challenger en janvier 1986 qui bloqua pour deux ans et demi les tirs du seul moyen de lancement disponible à la NASA, l'irréalisme des prévisions américaines quant à la rentabilité commerciale de la navette pour le placement de satellites en orbite a fortement servi la cause d'Ariane qui reposait, elle, sur des recettes avérées. Du côté d'Airbus, il est évident aussi que la déréglementation féroce, qui s'est emparée du secteur de l'aviation civile depuis 1978 et a fait exploser la demande américaine et asiatique, a favorisé conjoncturellement la progression du nouvel avion européen dont les livraisons venaient juste de commencer. Rappelons, en effet, qu'après une première vague de commandes prometteuses entre 1972 et 1975 (dont une part non négligeable provenant des compagnies nationales européennes), Airbus industrie ne vendra que deux avions en tout et pour tout entre décembre 1975 et avril 1977! Sans l'opiniâtreté des hommes et le soutien des gouvernements, la traversée du désert aurait pu se transformer en déroute prématurée.

La même lucidité dans l'analyse impose, en second lieu, d'évaluer les succès d'Airbus et d'Ariane à leur juste mesure. Sur les quelque 8 000 avions de ligne actuellement en service dans le monde (hors URSS et pays de l'Est), moins de 1 500 sont européens, dont un tiers seulement sont commercialisés par Airbus, les autres ayant été fabriqués par des constructeurs américains. Face au géant Boeing, Airbus apparaît d'abord et avant tout comme un « challenger », situation dont il bénéficie dans la mesure où les avions du consortium européen constituent une alternative originale et crédible à l'offre du numéro un mondial, mais qui porte en elle-même ses limites. Ni sur le plan technologique ni sur le plan commercial, Airbus ne semble vraiment en mesure de contester frontalement la position dominante de la firme de Seattle. L'exemple de l'Airbus A 320 est très significatif à cet égard : c'est volontairement, et non pas par frilosité ou par manque de ressources, que Boeing a choisi de ne pas riposter à la stratégie d'ouverture technologique d'Airbus et de renoncer à lancer son prototype 7J7 qui, grâce à l'utilisation du propfan et des avantages en termes de consommation que celui-ci apporte, aurait pu reléguer l'A 320 au rang de « génération intermédiaire ». Si Boeing s'en est tenu pour l'instant à une stratégie d'amélioration du 737, c'est en fonction d'une analyse proprement commerciale qui l'a conduit à privilégier la continuité dans les lignes de produits et à adopter une politique de prix très compétitifs. Et n'oublions pas non plus que, malgré les importantes subventions publiques dont il a bénéficié, le « challenger » Airbus reste encore déficitaire vingt ans après le lancement du programme!

Du côté d'Ariane aussi, il convient de relativiser quelque peu les choses : si la belle fusée européenne a trusté, durant les longs mois de la quasi-paralysie américaine, une grande partie des commandes de lancement civil, elle ne bénéficiera pas indéfiniment d'une telle rente de situation. Déjà, l'échec du lancement du 36e lancement d'Ariane subi le 23 février 1990 a donné l'occasion aux observateurs d'ouvrir les yeux sur une concurrence qui tend à se développer à travers la relance par les Américains de leur production de lanceurs classiques (fusées Delta de MacDonnel Douglas, Atlas de General Dynamics et Titan de Martin Marietta) et l'arrivée des lanceurs commerciaux chinois et soviétiques. Dans un autre ordre de considérations, l'activité économique et industrielle générée par Ariane en Europe demeure très modeste : « *A ses débuts en 1974, l'Agence spatiale européenne a voulu créer une véritable industrie. Mais l'espace n'est pas un champ homogène. C'est encore un micro-secteur qui occupe moins de 10 000 personnes en France* », constate Marc Giget, l'un des meilleurs connaisseurs français des questions aérospatiales [16]. Et la réussite des lancements d'Ariane ne semble pas entraîner derrière elle les parties les plus rentables de l'activité spatiale : la vente de satellites et de stations terriennes d'émission et de réception de communications par satellite, notamment. Dans tous ces domaines, l'industrie européenne connaît une situation d'incertitude et de dispersion que les récents rapprochements (Matra/ GEC-Marconi et Aérospatiale/Alcatel) ne suffiront peut-être pas à résorber, alors que les Américains Hughes Aerospace, General Electric/RCA Astroelectronics et Ford Aerospace contrôlent, à eux trois, près des trois quarts du marché mondial des satellites et que les Japonais maîtrisent les quatre cinquièmes du marché des stations terriennes. Comparant la situation de faiblesse des Européens en matière de satellites à la réussite du lanceur Ariane, le professeur Jacques Soubeyrol avance d'ailleurs une explication qui suggère qu'en Europe la « stratégie des Curiaces » est toujours très présente : « *Dans chacun des pays membres, on a assez rapidement vu qu'il y avait là un marché commercial potentiel important ; après avoir abordé sur une base communautaire le développement technologique, les grands pays membres ont essayé de reprendre le jeu en main et mirent sur pied un certain nombre de programmes qui se basaient sur des politiques industrielles différentes, chaque grand pays essayant de bien placer sa propre industrie. Le résultat a été qu'à l'heure actuelle l'Europe connaît une bien trop grande dispersion industrielle : elle a davantage de firmes qui fabriquent des satellites de télécommunications pour les marchés nationaux qu'il n'y en a aux États-Unis pour répondre aux besoins américains et à ceux de l'exportation* [17]. » De là à en déduire que la coopération exemplaire au sein du programme Ariane a été d'autant meilleure que les pays membres n'y voyaient pas un programme commercialement rentable (alors qu'à l'inverse, EURATOM a échoué du fait des envies nationales suscitées par les retombées commerciales prévisibles), il n'y a qu'un pas!

La réussite d'Airbus et d'Ariane ne doit pas être seulement relativisée : il faut aussi la rapprocher des conditions objectives qui l'ont rendue possible. Ces deux programmes de coopération ne sont pas, en effet, sortis du néant : ils ont directement bénéficié des politiques progressivement mises en place par les États européens après la Seconde Guerre mondiale pour assurer le développement de secteurs jugés stratégiques. Les ressorts et les motivations de ces politiques sont bien connus. Il s'agissait, grâce à une intervention volontariste des pouvoirs publics sur le tissu industriel national, d'acquérir progressivement le savoir-faire nécessaire pour être capable de mettre au point de manière autonome – c'est-à-dire sans dépendre à titre exclusif de l'aide américaine – ces systèmes complexes que sont les avions et, à plus forte raison, les engins spatiaux modernes. Des sommes considérables ont ainsi été dépensées en R&D et en programmes expérimentaux ou opérationnels.

Avec ses corps d'ingénieurs étroitement liés à l'État et son culte de l'indépendance nationale, la France a sans doute été le pays le plus engagé dans cette « stratégie de l'arsenal » (chapitre VIII) qu'elle a généralement pratiquée avec un certain bonheur : ainsi, dès le milieu des années cinquante, une nouvelle génération d'appareils tels l'Ouragan, le Mystère IV, le Noratlas, le Magister ou la Caravelle marquait la renaissance de l'industrie aéronautique française, pourtant entièrement en ruine en 1945. Mais la France n'a pas été la seule nation à s'engager avec autant de vigueur dans des programmes aéronautiques ambitieux : « *Dans une large mesure (...), l'industrie aérospatiale britannique dans son ensemble dépendait de l'État. Peu d'industries peuvent se prévaloir d'une expérience aussi profonde et aussi variée de l'intervention publique en leur sein. La liaison s'est intensifiée et étendue depuis les premiers jours de l'aviation, quand l'intérêt des militaires a mis en place le système de relation, jusqu'à inclure toutes les phases de la fabrication et pratiquement tous les aspects de la technologie aérospatiale* [18]. »

En RFA, l'aide publique a pris essentiellement la forme d'une garantie gouvernementale accordée aux financements bancaires de Deutsche Airbus. Lorsque Daimler-Benz rachète en 1989 à l'État fédéral ses parts dans le consortium allemand, Bonn accepte de couvrir les risques de change deutsche Mark/dollar auxquels le groupe d'Edzard Reuter pourrait avoir à faire face dans le cadre de la commercialisation des Airbus. Tout cela pouvait légitimement faire dire en 1987 au président de British Aerospace, Sir Austin Pearce : « *Regardons la situation en Europe. Vous avez Aérospatiale, qui est une société nationalisée et qui donc fait partie intégrante de la politique gouvernementale française. Résultat : un important soutien public. En RFA, vous avez quelque chose de différent, mais dont l'effet est, en quelque sorte, comparable : une aide gouvernementale importante. Voilà les gens avec lesquels nous rivalisons. Dans un monde parfait nous n'aurions pas besoin de recourir au soutien gouvernemental, mais le fait est que nous ne sommes pas dans ce monde parfait et que tout cela ne va pas changer très rapidement* [19]. » A tel point, d'ailleurs, que les Américains ne cessent, depuis les premiers succès commerciaux d'Airbus, d'intenter des procès d'intention – mais aussi désormais une action devant le GATT – au constructeur européen accusé de bénéficier exagérément des largesses gouvernementales et de fausser ainsi la concurrence internationale, accusation à laquelle Airbus répond invariablement en rappelant les crédits militaires fédéraux qui ont permis à Boeing et McDonnell Douglas de s'imposer sur le marché civil.

De même qu'Airbus n'aurait sans doute pas été concevable sans ce summum de la *stratégie de l'arsenal* que fut Concorde, Ariane n'aurait pas été possible si l'ELDO et les fusées expérimentales françaises n'avaient pas « essuyé les plâtres » à grand renfort d'argent public. Même s'ils ont été portés par une politique commerciale plus réaliste ou plus en phase avec les événements, les deux programmes ont donc une dette évidente vis-à-vis de la politique d'*irrigation technologique* menée avec constance depuis 1950 par les États européens en matière aérospatiale. Ajoutons à cela les conditions de concurrence très privilégiées qui ont accompagné les premiers pas d'Airbus (qui a bénéficié d'un important marché de lancement protégé, avec les commandes des compagnies aériennes nationales) et d'Ariane, avec notamment les lancements de satellites effectués pour le compte des administrations des télécommunications européennes ou des organismes régionaux spécialisés comme l'ASE ou Eutelsat : le moins que l'on puisse dire est qu'Airbus et Ariane ont largement bénéficié des soins attentifs que leur ont prodigués les pouvoirs publics. Mais cela limite aussi leur valeur exemplaire. Car si l'aviation civile comme la mise en orbite de satellites demeurent des marchés de petite ou de moyenne série où l'on met de dix à quinze ans pour passer du laboratoire à l'usine et où les mécanismes brutaux de la concurrence sont amortis par le jeu des négociations internationales entre États, ces caractéristiques demeurent, on le sait, exceptionnelles dans le monde de la High Tech d'aujourd'hui.

De même, si l'on peut à juste titre créditer les deux programmes d'avoir su rendre rapidement autonome la fonction commerciale par rapport à la fabrication industrielle, il convient de ne pas commettre de contresens : le fait que l'intégration institutionnelle se soit limitée aux aspects commerciaux a peut-être eu ses avantages dans la mesure, notamment, où la fonction marketing s'en est trouvée valorisée, mais il a traduit surtout l'incapacité des industriels européens à aller plus loin ensemble dans la coopération proprement industrielle. Imposée par une configuration de l'industrie européenne encore largement dominée par les réalités nationales (d'où la règle sacro-sainte du « juste retour »), la séparation fabrication/commercialisation est plus, dans le cas d'Airbus comme d'Ariane, un compromis tactique qu'un choix stratégique délibéré.

C'est si vrai que le principal écueil qui semble guetter l'avenir de ces deux programmes réside, sans doute, dans le risque d'affaiblissement, voire de rupture du consensus entre les coopérants. Pour Ariane, les problèmes ont commencé à apparaître avec l'adoption en novembre 1987 à l'ASE des trois programmes chargés d'assurer l'avenir à moyen terme de l'Europe spatiale : Ariane 5, Hermès et Colombus. La Grande-Bretagne annonça alors son intention de ne pas participer au financement d'Ariane 5 et de Colombus, son ministre du Commerce extérieur, Kenneth Clarke, n'hésitant pas, au passage, à faire un véritable procès d'intention à la France : « *Ariane est une fusée française qui doit être conçue pour lancer des satellites et dont les Français veulent se servir pour mettre un de leurs astronautes dans l'espace* [20]. » Quant à la RFA, elle avait averti, dès 1985, ses partenaires qu'elle ne souhaitait pas participer avant l'an 2000 à la fabrication de la future navette Hermès, concurrente du projet d'avion hypersonique Sänger de MBB. La décision définitive de financement a donc dû être reportée et tous les observateurs s'attendent à un « forcing » allemand pour obtenir un rééquilibrage de la donne spatiale européenne au détriment de la position dominante (mais aussi motrice) de la France : « *Le poids de l'Agence spatiale européenne doit être renforcé par rapport aux programmes nationaux* [21] », a d'ailleurs prévenu, dès 1988, Edzard Reuter, le président du futur groupe MBB-Daimler-Benz, indiquant ainsi diplomatiquement que l'industrie allemande souhaitait voir les programmes spatiaux européens prendre une plus grande autonomie vis-à-vis du leadership français.

Même son de cloche chez Airbus où l'année 1989 aura été marquée par les pressions de Deutsche Airbus (largement dominé également par MBB-Daimler-Benz) pour obtenir la fin du monopole de l'Aérospatiale française en matière de montage des avions à Toulouse. Les Allemands obtiendront finalement gain de cause au prix d'une légère concession de MBB : la RFA n'aura pas le montage de l'A 320, mais ouvrira une chaîne pour celui du futur A 340. Par ailleurs, les rumeurs s'amplifient au sujet d'une possible modification de structure du GIE Airbus que certains (la RFA et la Grande-Bretagne, à nouveau) souhaiteraient voir privatisé : « *Nous voulons transformer le GIE sans responsabilité globale en une société à capital. Il faut que cette société maîtrise tous les aspects commerciaux et industriels pour l'ensemble d'Airbus* », annonce ainsi en 1989 Jürgen Schrempp, le nouveau patron de Deutsche Aerospace [22] (la division aéronautique de MBB-Daimler-Benz regroupant MBB et Dornier). « *Peut-être faut-il d'abord aller au bout des réformes proposées au sein même de la formule en vigueur* », lui répond l'administrateur Jean Pierson [23], afin de calmer le jeu, mais lui-même semble acquis à une évolution inéluctable : « *Nous regardons actuellement un scénario dans lequel Airbus prendrait le commandement des chaînes d'assemblage et de l'aménagement intérieur des avions. Un commandement opérationnel qui ne changerait rien aux questions de propriété. Sinon, à quoi bon se poser la question de l'avenir d'Airbus Industrie* *? »

---

* Un nouveau développement important semble sur le point d'intervenir. Une société privée – une sorte d'Airbus Industrie *bis* – serait prochainement créée par Deutsche Aerospace, Aérospatiale et Aeritalia (associés à De Havilland of Canada) pour commercialiser tous leurs avions de petite capacité non fabriqués par Airbus industrie. Pourtant sollicités, les Britanniques ne participeraient pas à la nouvelle société. De son côté, Airbus Industrie étudierait, à la demande des Allemands, la possibilité de réaliser un super-Jumbo d'au moins 600 places (*Le Point*, 31 décembre 1990).

L'âge de maturité des deux rejetons les plus prometteurs de la technologie européenne est donc lourd d'incertitudes. Incertitudes technologiques et stratégiques d'abord, maintenant que l'Europe, après avoir rattrapé son retard, se retrouve réellement face à face avec les leaders américains (et demain, japonais?). En ce sens, l'une des conclusions d'André Lebeau et Patrick Cohendet à propos du programme spatial européen vaut également pour l'avenir d'Airbus : « *A cette époque* (au début des années 70), *le retard de l'Europe était considérable et il suffisait, en somme, d'exploiter cette position de second, d'observer attentivement le sillage du leader, et à l'occasion ses errements, pour définir une stratégie efficace. La tâche est plus difficile aujourd'hui où l'écart s'est réduit et où les lignes directrices de l'avenir apparaissent moins nettement. (...) Dans le passé, on s'est surtout donné, pour l'essentiel, un objectif de rattrapage pour lequel la référence était, dans chaque secteur, le niveau de la technologie américaine : peut-on, dans l'avenir, envisager de placer, dans certains secteurs, l'Europe en position d'excellence* [24]? » Incertitudes structurelles ensuite, touchant, comme nous l'avons vu, la cohésion interne des programmes.

Cette alchimie subtile et efficace, qui a permis à Airbus et à Ariane de s'envoler vers le succès, ne correspond sans doute pas à une formule stable et n'est sûrement pas la « potion magique » susceptible de rendre invulnérable tout futur programme de coopération européenne. Si la réussite rapide d'Ariane et d'Airbus valide clairement l'existence d'un potentiel technologique, industriel et humain non négligeable sur le Vieux Continent, elle n'offre pas, pour autant, la solution miracle qui dispenserait les Européens de se pencher sur les causes profondes de leur névrose collective face à cette impérieuse nécessité d'innover qui caractérise de plus en plus les sociétés industrielles avancées et la compétition technologique mondiale. Souvent présentés comme des modèles à imiter, Airbus et Ariane réfutent l'argument simpliste – et somme toute tautologique – selon lequel seul le « démon de la division » serait responsable de tous les maux technologiques de l'Europe. Ces deux programmes alimentent évidemment le plaidoyer en faveur de la coopération européenne, mais ils renvoient tout autant à une analyse des rapports technologie/marché, de l'insertion de l'entreprise dans l'environnement international, de la motivation des équipes, bref, de l'ensemble de ces facteurs industriels, économiques, voire socioculturels qui, ensemble, forment système et expliquent les performances (ou les déficiences) d'un modèle d'innovation. Une visite dans les hauts lieux de l'innovation mondiale s'impose donc à titre comparatif avant de pouvoir déterminer les causes profondes de ce « mal technologique » qui mine l'Europe et la condamne à n'être que le maillon faible de la Triade et à subir, jusque sur son propre marché, la loi des firmes américaines et japonaises.

VII

INNOVER OU MOURIR

« *J'en ai rêvé, Sony l'a fait.* » C'est sous ce slogan faussement modeste que la plus imaginative des firmes électroniques japonaises présente en 1990 le plus petit camescope du monde. Fidèle à la longue tradition de miniaturisation de la firme (radio portative, magnétophone grand public, walkman, lecteur-laser portable...), cette caméra vidéo 8 mm tient littéralement dans la main ainsi que le prouve la photo qui illustre la publicité. Mais cette campagne de promotion va plus loin que la seule présentation d'un produit nouveau. Elle exprime également une philosophie du développement technologique. « *J'en ai rêvé, Sony l'a fait* » n'est pas un slogan neutre. Tandis que la plupart des firmes de l'électronique grand public rivalisent dans l'image High Tech futuriste (« *Philips, c'est déjà demain* », ou le quelque peu prétentieux « *Loin devant* » de Thomson...), l'entreprise que dirigea longuement Akio Morita a choisi de réconcilier, en quelques mots simples, l'exploit technologique et le désir personnel du consommateur. Et cette volonté de ne pas séparer avancée technique et besoin du marché ne date pas d'hier chez Sony ainsi que le raconte son ancien président : « *Un samedi soir, à Tokyo, lors de l'une de nos réunions des responsables de nos différents services, quelqu'un me demanda ce qu'il était advenu de notre slogan " La recherche fait toute la différence ". J'expliquai que si nous nous contentions d'affirmer que " La recherche fait toute la différence ", le personnel de notre entreprise risquait d'en conclure que le secteur de la recherche suffisait à assurer notre prospérité. Il n'en est rien. (...) Ce que je veux dire, c'est que réaliser quelque chose de différent n'est pas une fin en soi. Il faut exploiter cette innovation, la développer, la faire fructifier* [1]. »

La plupart des grands leaders technologiques mondiaux – à commencer par les firmes japonaises – partagent aujourd'hui cette vision large de l'innovation selon laquelle un produit nouveau est d'abord l'aboutissement d'un processus long et complexe intégrant étroitement les possibilités ouvertes par la recherche et la volonté de vendre. Autrement dit l'innovation doit autant au marketing, à l'ergonomie et à la qualité de fabrication qu'à la simple découverte technique. Et beaucoup de responsables nippons, fiers de leurs succès, veulent y voir la recette miracle de leur réussite, à commencer par Akio Morita lui-même dans son nouveau livre consacré aux relations nippo-américaines : « *La principale raison de la force industrielle du Japon n'est pas sa maîtrise des technologies de base, (...) mais le fait qu'il sait créer des produits dérivés de ces technologies. L'Amérique n'a aucune faiblesse technologique. Mais elle manque de la créativité nécessaire pour valoriser commercialement les nouvelles technologies. Je crois que c'est le principal problème des Américains et, en revanche, la plus grande force du Japon* [2]. »

Mais, pourtant, cette articulation étroite et permanente entre la R&D et le marketing, cette alchimie fragile qui transforme une belle idée en un bon produit, n'est pas – quoi qu'on en dise aujourd'hui à Tokyo – l'exclusivité de la seule industrie japonaise. L'apparition, il y a quinze ans, sous le soleil californien de ce merveilleux outil qu'est le micro-ordinateur a démontré une nouvelle fois la capacité du système technologique américain à faire d'une avancée technique importante une innovation commerciale, sociale et culturelle décisive. Et l'on peut même faire l'hypothèse que c'est sans doute aux États-Unis que les ambitieux ingénieurs nippons ont appris, après la guerre, les règles d'or de l'innovation gagnante qu'ils ont ensuite systématiquement mises en œuvre. Quelle que soit l'explication retenue, une chose paraît claire : si les États-Unis et le Japon dominent aujourd'hui la scène internationale des hautes technologies, au point d'être tentés de se répartir purement et simplement les marchés mondiaux, c'est qu'ils maîtrisent, chacun à leur manière, les ressorts complexes du processus innovateur. Les « histoires d'innover » des firmes américaines et japonaises ont donc doublement valeur de leçon : elles nous permettent d'effectuer un voyage au cœur de l'innovation qui montre, notamment, comment la différence se fait souvent sur des déterminants socioculturels et sur la capacité des entreprises à intégrer dans un processus unique les différentes phases du processus innovateur; mais elles révèlent aussi, en creux, les difficultés manifestes des entreprises européennes à se montrer performantes lorsqu'elles sont confrontées directement avec les dures réalités du marché international.

Des puces et des pommes dans la vallée du silicium

« World's First Microcomputer Kit. » En janvier 1975, la revue *Popular Electronics* de New York publie en première page la photo couleur d'un curieux appareil rectangulaire à l'allure quelconque. En réalité, cette photo ne représente qu'un boîtier métallique vide équipé de quelques voyants électriques factices, car le seul prototype opérationnel de la machine développé en Californie a été égaré quelques jours avant la parution, lors de son transport par Railways Express! De plus l'Altair (c'est le nom de l'appareil) est très primitif dans sa réalisation puisqu'il ne comporte ni écran ni clavier et que ses seules entrées-sorties sont des voyants et des commutateurs ou, éventuellement, des bandes perforées. N'empêche, l'Altair qui ne coûte que 397 dollars va être, sinon le premier micro-ordinateur au monde *, tout au moins le premier à être commercialisé en série avec plusieurs milliers d'exemplaires vendus. La micro-informatique est née mais elle n'en est encore qu'à la préhistoire.

En avril 1977, dans les couloirs de la First Coast Computer Fair, un ingénieur de 27 ans distribue une brochure comparant les mérites d'une nouvelle machine, le Zaltair, à ceux des autres micro-ordinateurs exposés. Là encore, il y a mystification : le Zaltair – supposé être un Altair amélioré – n'existe pas et le seul but du tableau comparatif de la brochure est de présenter indirectement les qualités, bien réelles celles-là, d'un ordinateur inconnu présenté pour la première fois durant ce salon. Steve Wozniack, le facétieux jeune homme, est un ancien ingénieur de chez Hewlett-Packard et la machine s'appelle l'Apple II. La toute neuve Apple Corporation installée dans un garage de Cuppertino (Californie) devient bénéficiaire en quelques mois et double régulièrement sa production tous les trois mois au point d'atteindre en 1979 le chiffre de 35 100 machines vendues dans l'année! Désormais le marché industriel est ouvert et les applications professionnelles vont pouvoir se développer. En quelques

---

* L'ingénieur français François Gernelle a notamment réalisé dès 1973 le « Micral » chez R2E sous la direction de Truong Trong Thi.

années historiques, un chemin considérable a été franchi sous le signe de l'innovation technologique la plus pure.

Tout a commencé en réalité en 1968 lorsqu'un inventeur du sud de la Californie, Gilbert Hyatt, a conçu, sur le papier, le principe d'un circuit intégré unique regroupant les différentes fonctions d'un calculateur électronique, c'est-à-dire traitement arithmétique, stockage des données et gestion des entrées-sorties. Mais Gilbert Hyatt et sa petite société Micro Computer n'ont que des moyens modestes qui ne leur permettent pas de tirer profit de ce concept révolutionnaire. En revanche, parmi les associés minoritaires de Micro Computer figure Robert Noyce, un ingénieur qui a été chez Fairchild l'un des inventeurs du circuit intégré et qui vient juste de fonder la société INTEL (Integrated Electronics). C'est pourquoi lorsqu'une société japonaise, qui souhaite se fournir en circuits intégrés capables d'être utilisés dans des calculatrices électroniques, s'adresse en 1969 à INTEL, Bob Noyce pense à utiliser le concept conçu (et breveté) par Gilbert Hyatt. L'avantage, à ses yeux, d'un tel circuit intégré processeur est que ce circuit possède une capacité d'utilisation étendue puisqu'il peut être programmé à volonté, à la différence des circuits intégrés spécialisés qui ne peuvent être utilisés que pour une seule fonction. Après discussion, ETI (le client japonais) finit par accepter le principe proposé et signe un contrat d'exclusivité sur la fourniture d'une première puce programmable de ce type nommée 4004. INTEL vient de fabriquer, presque par hasard, le premier microprocesseur *.

Deux ans après ETI, la commande d'une société américaine de terminaux relance de nouveaux travaux dans le même sens et permet à INTEL de réaliser un deuxième microprocesseur beaucoup plus puissant que le 4004 puisqu'il accepte des « mots » de huit bits au lieu de quatre précédemment. Mais avant la fin du développement, le client se désiste en raison des délais et INTEL se retrouve avec un nouveau microprocesseur inutilisé, le 8008. C'est alors que la firme californienne confie à l'agent de relations publiques, Régis McKenna, le soin de promouvoir le microprocesseur parmi le milieu des électroniciens. « L'ordinateur programmable sur une puce » donne des idées à plusieurs sociétés ou ingénieurs indépendants qui y voient l'occasion de réaliser autour d'un microprocesseur un

---

* Il faudra cependant encore vingt et un an à Hyatt pour voir la validité de son brevet reconnue et sa paternité conceptuelle confirmée.

véritable ordinateur personnel bon marché. Parmi ces pionniers, Ed Roberts, fondateur de Micro Instrumentation and Telemetry Systems (MITS), une petite société de calculatrices en kit au bord de la faillite (en raison justement de la concurrence des calculatrices de poche qu'un autre fabricant de microprocesseurs, Texas Instruments, venait de lancer sur le marché) décide d'utiliser le 8080 d'INTEL, une version évoluée du 8008, pour réaliser l'Altair.

Le succès de l'Altair dans les mois qui suivent sa sortie n'est pas essentiellement un succès technologique. La machine n'est pas très performante (7 Ko de mémoire centrale, uniquement), elle n'est pas très facile à utiliser et elle n'est pas non plus la seule à employer un microprocesseur. Un an avant la sortie de l'Altair, Xerox avait ainsi commencé à vendre à quelques « grands comptes » (dans l'administration principalement) l'Alto, une machine autonome beaucoup plus puissante dont le logiciel préfigurait déjà les systèmes bureaucratiques modernes et les stations de travail graphiques. Mais l'Alto, qui ne fut produit qu'à moins de 2 000 exemplaires, coûtait le prix d'un mini-ordinateur et restait conçu pour servir de poste de travail intégré à un réseau informatique lourd. Au contraire, l'Altair présente dès l'origine deux caractéristiques qui en font une innovation industrielle et commerciale tout autant que technique.

De par son prix et sa présentation en kit, la machine vise un public nouveau : celui des ingénieurs et des bricoleurs électroniques pris personnellement et non en tant que salariés d'une entreprise. Pour contourner l'informatique classique qui s'adressait aux informaticiens, les fabricants de mini-informatique (Digital, Hewlett-Packard, Data General) avaient pris pour cible les ingénieurs et les services informatiques des entreprises. Désormais c'est l'individu en lui-même qui est visé, celui qui travaille tous les jours devant un ordinateur et qui rêve d'en avoir un chez lui. L'architecture de l'Altair est aussi originale que son positionnement commercial : un bus électronique relie les différents éléments du système et permet de connecter à volonté des équipements additionnels (périphériques, cartes d'extension...). Cette architecture « ouverte » laisse donc toute liberté aux utilisateurs et aux sociétés d'électronique pour réaliser les compléments nécessaires afin de tirer parti au maximum des possibilités de la machine. Elle assure, de ce fait, la réussite commerciale et médiatique spectaculaire de celle-ci. Parmi les premiers « développeurs », Bill Gates, étudiant à Harvard, et son copain Paul Allen écrivent en quelques semaines une version du langage BASIC adaptée à l'Altair sans savoir qu'ils viennent de créer ainsi le premier standard logiciel de la micro-informatique et que la société qu'ils vont prochainement fonder, Microsoft Corporation, va devenir sur cette lancée l'un des maîtres incontestés de la nouvelle industrie informatique mondiale.

Le succès encore plus spectaculaire de l'Apple II, deux ans plus tard, est lui aussi le fruit d'une innovation qui dépasse largement les seuls acquis de la nouveauté technologique. Le coup de génie de l'Apple II, c'est d'abord d'exploiter à fond les idées originales qui ont fait leur preuve sur les premières machines des pionniers. En tout premier lieu, l'Apple II reprend totalement à son compte le concept d'architecture ouverte apparue avec l'Altair, au point que, quelques années plus tard, on parlera couramment à ce sujet du « principe de Woz », oubliant ainsi que lorsque Steve Wozniack conçut l'architecture de l'Apple II il ne fit que reprendre l'idée du bus de données d'Ed Roberts. Cette « ouverture » de l'Apple II, qui se présente matériellement comme une grande boîte vide comprenant plusieurs « slots » (connecteurs) permettant toutes sortes d'adjonctions, va déclencher l'essor d'une véritable industrie parallèle, tant dans le domaine du logiciel (jusqu'en 1985, l'Apple II aura la plus grande bibliothèque logicielle du monde) qu'en matière d'add-on (cartes d'extension et périphériques divers). Et toute cette floraison de produits complémentaires va faire de l'Apple II le produit phare de la micro-informatique. Deux de ces produits vont notamment jouer un rôle déterminant : la Softcard, une carte d'émulation CP/M (CP/M était alors le système d'exploitation le plus répandu) et le tableau Visicalc (l'ancêtre de Multiplan et de Lotus) dont on a pu dire : « L'Apple II et Visicalc furent une symbiose impressionnante. Et il est difficile de dire lequel devait le plus à l'autre. En définitive, tous deux firent beaucoup pour le succès de l'industrie du matériel et du logiciel [3]. »

A cette ouverture complète de l'architecture, Wozniack et Jobs vont ajouter le maximum de perfectionnements techniques et ergonomiques. Lancé en 1977 avec un système de stockage sur cassettes et un écran de 40 colonnes qui n'affiche que les majuscules, l'Apple II est bientôt doté d'une unité de disquettes, de 80 colonnes et se met à utiliser majuscules et minuscules. Ce n'est que le début d'une évolution permanente du produit qui connaîtra de nombreuses mises à niveau pendant dix ans * sans perdre pour autant sa comptabilité et sa cohérence d'origine. De même, l'Apple II est ergonomiquement une grande réussite qui tranche, dès sa lancée en 1977, avec l'aspect rebutant de la plupart des machines présentes sur le marché : au lieu des boîtes métalliques austères et des faisceaux de câbles électriques, le boîtier en plastique à l'allure jeune et un peu futuriste du micro-ordinateur d'Apple (avec un léger plan coupé pour le clavier) s'ouvre facilement et permet d'enficher les cartes d'extension tandis que toutes les connexions sont rassemblées à l'arrière de la machine. Cette ergonomie originale repose sur un savant compromis marketing : boîtier fermé, on est devant une machine à l'allure « professionnelle », mais ouverte et remplie de cartes d'extension et de gadgets électroniques, c'est à nouveau le jouet magique du bricoleur solitaire qui réapparaît! Même chose pour le logo d'Apple qui figure ici pour la première fois : moderne et professionnel dans son design, mais rendu impertinent et décontracté par sa forme de pomme et ses coloris multicolores. Le marketing est donc loin d'être absent de la conception même de l'Apple II.

Quinze ans à peine après la « préhistoire » de l'Altair et les balbutiements de l'Apple II, le micro-ordinateur est devenu l'une des réussites technologiques et commerciales les plus importantes du siècle. Importante par l'étendue universelle de sa diffusion et le cash-flow qu'elle dégage. Importante aussi par la révolution que le « micro » a introduit dans tous les domaines de la vie économique depuis le travail de bureau jusqu'à l'automatisation des tâches industrielles, en passant par les nouvelles formes de la création artistique ou les applications télématiques grand public. Au départ de cette prodigieuse mutation, il y a un progrès déterminant de la technologie – le circuit intégré microprocesseur –, mais surtout le génie innovateur de quelques hommes et de quelques sociétés qui ont su en trouver le point d'application social et économique et les moyens appropriés d'en assurer la diffusion. C'est, en effet, avant tout sur une base culturelle que va se faire la percée de la micro-informatique. Au point que, quelques années plus tard, le jeune patron d'Apple France (ancien d'Hewlett-Packard et futur vice-président d'Apple Corp.), Jean-Louis Gassée, pourra intituler un ouvrage à la gloire de son

---

* La version IIe deviendra le nouveau standard tandis que la version portable IIc permettra à l'Apple II de vivre une deuxième et dernière jeunesse.

entreprise : *La Troisième Pomme,* installant ainsi, en toute imper-
tinence, le micro-ordinateur Apple immédiatement derrière deux
pommes historiques à l'importance universelle : la pomme offerte
à Ève dans le Paradis terrestre et celle qui fit comprendre à
Newton le principe de la gravitation!

Les dirigeants d'Apple ne sont toutefois pas les seuls à avoir
compris et exploité la dimension socioculturelle autant que
technologique de la micro-informatique. IBM ne pouvait, en
effet, rester longtemps inactif face à la menace que faisaient
peser les initiatives des « petits » constructeurs sur les conceptions centralisatrices de l'informatique qu'il défendait depuis
qu'en 1964 le succès foudroyant de la gamme des 360 * lui
avait assuré la domination définitive du marché mondial des
moyens et des grands systèmes. C'est pourquoi dès 1980, « Big
blue » conçoit l'une des opérations de récupération marketing
les plus incroyables du siècle. Dans le secret le plus absolu,
la prestigieuse compagnie met sur pied une petite équipe
d'ingénieurs et de spécialistes du marketing dirigée par Philip
Estridge et chargée de définir un produit micro-informatique
concurrent des produits d'Apple et des autres « start up »
californiens. Douze mois plus tard, l'arme de la reconquête est
prête sous le nom faussement anodin de « *Personal Computer* ».
Et moins d'un an après son lancement, le PC d'IBM prend le
contrôle de plus de 50 % du marché de la micro-informatique
mondiale. Le secret? Là encore, un mélange adroit de technologie et de bon positionnement commercial.

Technologiquement et industriellement, la règle majeure d'IBM
sera de ne rien inventer, mais d'utiliser uniquement le meilleur
de ce qui existe déjà chez les concurrents. Rompant pour la
première fois avec ses habitudes ancestrales, IBM va acheter
ainsi, à l'extérieur, l'ensemble des composants physiques et
logiques nécessaires. Dans le domaine des composants, c'est chez

---

* En 1964, IBM s'assura définitivement une position dominante sur le marché
mondial en introduisant la gamme des IBM 360. Ces ordinateurs n'étaient pas
une révolution technologique, mais ils reposaient sur deux concepts d'emploi
entièrement nouveaux : celui de l'universalité (un 360 pouvait aussi bien traiter
des applications de gestion que des calculs scientifiques ou techniques) et celui
de la compatibilité totale entre tous les modèles de la gamme (ce qui résolvait
définitivement les problèmes de migration et de conversion). Cette polyvalence
et cette modularité, obtenues notamment grâce à la généralisation du codage par
« octet », furent à la base de toute l'informatique moderne (voir notamment
Kenneth Flamm, *Creating the Computer,* The Brookings Institution, 1988, et
René Moreau, *Comment naquit l'informatique,* Dunod, 1982).

INTEL qu'IBM – oubliant un instant que la compagnie reste, pour ses seuls besoins internes, l'un des premiers fabricants mondiaux de composants électroniques – trouve le processeur 16 bits qui lui donnera une vitesse de traitement supérieure aux Apple II et III. Comme Microsoft a mis au point la première version du langage BASIC sur micro-ordinateur, c'est aussi la jeune firme de Bill Gates qui fournit le système d'exploitation PC-DOS (bientôt connu sous son nom générique de « MS-DOS »). Et pour respecter totalement l'esprit originel du micro-ordinateur, la très puritaine compagnie d'Armonk n'hésite pas à commander une version PC du populaire traitement de texte Easywriter à son auteur originel qui n'est autre que John Draper, dit « *Captain Crunch* », le plus célèbre pirate des États-Unis qui avait fabriqué avec Jobs et Wozniack des boîtiers de piratage téléphonique avant de faire de la prison pour fraude informatique!

Du point de vue du positionnement marketing, c'est par une autre « approche socioculturelle » qu'IBM réussit à s'imposer sur un marché de la micro-informatique qui lui est pourtant, culturellement, opposé par nature. En 1981, le succès de la micro-informatique a déjà commencé à franchir plus ou moins clandestinement les portes des entreprises où l'on voit apparaître dans le plus grand désordre des ordinateurs personnels plus ou moins pirates et tous incompatibles aussi bien entre eux qu'avec l'ordinateur central. C'est dans ce contexte que l'apparition du PC d'IBM va donner aux responsables informatiques d'entreprise l'impression de résoudre leur cas de conscience : en achetant un PC d'IBM, ils se dotent de la nouvelle souplesse d'utilisation bureautique et informatique procurée par le micro-ordinateur, tout en sauvegardant en apparence une certaine cohérence d'équipement entre leurs sites centraux (souvent IBM) et les nouveaux systèmes. Pour renforcer cette impression quasi instinctive, IBM met rapidement en avant la possibilité de connecter dans un futur proche les PC aux ordinateurs centraux IBM. Par une judicieuse utilisation de la culture « *corporate* » traditionnelle de sa clientèle, IBM parvient ainsi à positionner son PC sur un autre segment de marché que celui des ordinateurs individuels concurrents. Et comme le marché des entreprises moyennes et grandes est numériquement et financièrement beaucoup plus porteur que celui des personnes physiques et des petites entreprises individuelles, IBM peut imposer rapidement sa loi dans le domaine de la micro. La « compatibilité PC » est aujourd'hui

une référence obligée pour tous les fabricants *, ce qui permet
à IBM de protéger à distance l'environnement technique de son
véritable marché (celui des moyens et grands ordinateurs de
gestion) en disposant d'un droit de regard sur la définition des
standards de la micro-informatique mondiale.

L'innovation commerciale et technique qu'a constituée la définition du produit PC a donc été d'une grande importance stratégique pour la compagnie qui, malgré sa position de numéro un
mondial toutes catégories de l'informatique, s'est rendu compte
à cette occasion qu'elle restait, elle aussi, soumise à la loi d'airain
de l'innovation technologique. « *L'innovation – art appliqué de
la nouveauté et de la croissance – est sous-jacente aux stratégies
et aux succès des entreprises gagnantes. Elles innovent tôt et
souvent, créant de nouveaux marchés, de nouveaux produits ou
services, et de nouvelles méthodes de travail. (...) Pour le nouveau
venu qui cherche à survivre et à s'imposer sur un marché où la
concurrence en place a l'avantage de l'échelle, des relations de
longue date avec la clientèle, de la réputation et de la solidité
financière, l'innovation n'est pas un luxe. C'est une nécessité* [4]. »
Dans la micro-informatique « Big Blue » s'est retrouvée, par la
force des choses, dans la position inhabituelle et inconfortable
du nouveau venu : elle a su alors faire de cette faiblesse une
force et jouer le jeu de l'innovation pour provoquer ce basculement dynamique qui seul modifie les rapports de forces établis.
C'est de la même façon qu'Apple, son précurseur sur ce marché,
a réussi à devenir la dixième entreprise informatique mondiale,
alors que ses rivales des premiers jours ont soit disparu du secteur
(Texas Instruments), soit sont devenues des fabricants de compatibles PC (Tandy, Commodore, Victor) au même titre que n'importe quel fabricant japonais ou coréen. Nous sommes loin ici
des leçons d'économie politique sur l'ajustement par les prix :
sur les marchés les plus porteurs, la demande est davantage
élastique à la nouveauté qu'aux variations des prix et lorsque
c'est la compétitivité prix qui devient déterminante, celle-ci
renvoie encore aux innovations de process dont a pu bénéficier
l'appareil productif.

---

* Mis à part Apple, encore que le Macintosh, qui a succédé avec succès à
l'Apple II, se dote de timides passerelles vers le monde MS-DOS.

Voyage au cœur de l'innovation

L'innovation, c'est « *la rencontre entre le champ du techni-quement possible et celui du socio-économiquement désiré* [5] ». Il lui faut donc, au point de départ, un double élément déclen-cheur : le « *market pull* » et le « *technology push* » pour parler selon les catégories de la science économique américaine actuelle (ou encore « seeds and needs »). A la fois une demande du marché pas ou mal satisfaite et une ouverture technologique significative susceptible d'apporter une réponse nouvelle à ce besoin. Dans le cas des micro-ordinateurs à usage domestique qui ont connu un échec complet tant aux États-Unis qu'en Europe (notamment le T07 de Thomson sur lequel on reviendra au chapitre suivant), il y a eu clairement défaillance des deux côtés : une demande d'informatique domestique mal cernée et une réponse technologique largement insuffisante : utilisation du télé-viseur familial, des claviers bas de gamme, des moyens de stockage très limités et incompatibles, quelques rares gadgets. L'échec de produits précurseurs comme les premiers micro-ordinateurs bureautiques de Xerox (l'Alto puis la station Star) ou celui du disque optique numérique, relève quant à lui d'un déséquilibre entre un contenu technologique fort et trop novateur pour l'époque et une demande sociale du marché encore informe. A l'inverse, l'incroyable réussite du « walkman » de Sony repose entièrement sur le fait que les ingénieurs japonais ont mobilisé leur savoir-faire technique non pour réaliser un produit réellement nouveau (le walkman n'est jamais qu'un simple lecteur de cas-sette), mais plutôt pour transformer ergonomiquement le magné-tophone à cassette traditionnel et en faire un outil musical de bonne qualité pouvant être utilisé à l'extérieur sans gêne pour autrui (taille, autonomie d'énergie, stéréophonic, casque léger) [6]. C'est la technologie qui s'est mise au service du besoin social et non l'inverse. Car, ainsi que le notait déjà Schumpeter, « *réaliser une invention et mener jusqu'à son terme l'innovation corres-pondante sont, technologiquement et sociologiquement, deux choses tout à fait différentes* [7] ».

Dès que l'on pénètre quelque peu au cœur du processus d'innovation, on s'aperçoit donc que l'image linéaire classique du cycle de produit (R&D – conception – production – commer-cialisation) doit faire place à un système interactif beaucoup

plus complexe entre ces quatre stades. Mener à bien une innovation sur les marchés concurrentiels de haute technologie « *cela
demande une collaboration accrue entre : un niveau stratégique
et commercial qui anticipe les demandes des décideurs industriels, un niveau ergonomique qui prend en charge les besoins
des utilisateurs, un niveau technique où s'opèrent l'architecture
et la fonctionnalité du système, un niveau industriel chargé de
la fabrication des produits* [8] ».

Pour illustrer ce parcours complexe et interactif, retournons
chez Sony pour assister non pas à un nouveau succès de la firme
sur son terrain de prédilection de l'électronique grand public,
mais pour étudier comment elle a su se faire une place sur le
difficile marché des stations de travail informatiques. Comme
IBM avec le PC, Sony qui n'avait jamais réussi sa percée dans
le secteur informatique a dû jouer le jeu de l'innovateur « nouveau
venu ». Cela ne lui a visiblement pas mal réussi puisque les
premiers exemplaires de la station NEWS sont en train d'arriver
en Europe après avoir fait « un malheur » sur le marché japonais.
Cette aventure technologique, menée par une firme connue pour
la qualité de sa gestion de l'innovation, est exemplaire de plusieurs
des traits génériques attachés aux processus innovateurs. Grâce
à NEWS, Sony a pu, en trois ans, s'emparer de 30 % du marché
japonais des stations de travail, juste derrière les leaders américains Sun et Hewlett-Packard.

A l'origine, tout avait, en effet, commencé par un relatif échec
de Sony dans le domaine de la micro-informatique : en 1980, la
compagnie avait lancé une série de machines à traitement de
texte alors que les ordinateurs personnels avaient déjà commencé
à rendre ces machines obsolètes et, en 1982, Sony choisit pour
son premier ordinateur personnel un microprocesseur 8 bits alors
qu'IBM venait de sélectionner le 16 bits pour son propre PC !
Or, en 1985, le leader du marché des équipements audio et vidéo
numériques qu'est devenu Sony se rend compte qu'il ne peut pas
demeurer absent du marché voisin de la micro-informatique avec
lequel commence à apparaître des convergences technologiques
qui préfigurent l'émergence d'une véritable filière numérique
multimédia. C'est pourquoi la direction générale donne pour
mission à l'un de ses meilleurs ingénieurs, Toshi Doi, de concevoir
un produit susceptible de faire rentrer Sony sur le marché micro-
informatique.

Convaincu qu'il faut changer de méthode de travail s'il veut
parvenir à renverser la tendance, Doi décide de suivre une voie

originale. Il réunit une petite équipe d'ingénieurs choisis pour leur esprit peu conventionnel et ne leur impose que deux contraintes : la machine devra utiliser le nouveau microprocesseur à 32 bits et le prototype devra être prêt dans les six mois. Dès le début de l'aventure, on peut ainsi remarquer une similitude frappante avec la démarche suivie par IBM avec son PC : même choix d'une personnalité exceptionnelle et quelque peu atypique pour mener à bien le projet (Toshi Doi pour Sony et Philip Estridge pour IBM), même dimension limitée de l'équipe-projet constituée au départ (respectivement 11 personnes pour NEWS et 12 pour l'IBM-PC), même rythme de travail acharné et même souci des délais (6 mois pour le prototype de NEWS, 12 pour celui de l'IBM-PC) et surtout, peut-être, même indépendance par rapport à la technologie et les habitudes de la compagnie (de la même façon que pour le PC, les composants et le logiciel d'exploitation de NEWS vont être achetés en quasi-totalité à des fournisseurs extérieurs).

A la surprise de Doi, plutôt que de construire un ordinateur de bureau, l'équipe – qui a pris pour nom le projet *Ikki,* soit « cul sec » en japonais, une bonne manière d'exprimer sa volonté d'aller vite – s'oriente vers une véritable station de travail, utilisant, de préférence à la version commercialisée par AT&T, le créateur du logiciel, une version spécifique d'UNIX développée par l'université de Berkeley. Le choix est risqué, mais non sans logique : mal parti dans le domaine des micro-ordinateurs classiques, Sony aurait du mal à percer sur ce segment déjà fortement banalisé par la suprématie des compatibles IBM. Par ailleurs, le marché des stations de travail graphiques est en plein essor : ces machines qui ressemblent esthétiquement à des ordinateurs personnels sont, en réalité, de véritables petits calculateurs scientifiques dotés d'une puissance de calcul et de moyens graphiques considérables. Postes de travail privilégiés de l'ingénieur ou du dessinateur industriel, ces « workstations » sont en passe de surclasser le PC classique dans toutes les applications scientifiques et techniques. En lançant une station de travail, Sony peut espérer un retour indirect et fructueux sur le marché de la micro-informatique haut de gamme. En janvier 1986, un premier prototype est présenté à Doi qui convainc bientôt Kouichi Kishida, directeur technique de la société Software Research Associates (SRA) et considéré comme le père de l'Unix japonais, d'écrire les logiciels nécessaires pour la station de travail.

Doi rencontre alors une première difficulté. Les responsables des autres divisions de Sony mettent en doute la possibilité pour la compagnie de réussir sur le créneau totalement nouveau pour elles des stations de travail et soulignent l'inexpérience de l'équipe d'*Ikki* en matière de production industrielle. La division « micro-systèmes » (chargée des ordinateurs personnels et des machines à traitement de texte) est particulièrement hostile et refuse d'inscrire NEWS parmi ses priorités. Doi se résout alors à faire appel au président de Sony, Norio Ohga. Convaincu par l'argumentation de Doi, celui-ci décide de lui ouvrir un financement de 6 millions de dollars pour la production de NEWS, sous la forme d'un projet interne à l'entreprise, mais complètement autonome. Avec l'énergie – et les moyens rudimentaires – d'une « start up », l'équipe d'*Ikki,* à peine étoffée, s'attelle à la tâche. Mais bientôt apparaît une nouvelle difficulté : comment commercialiser et assurer la promotion de NEWS? Le réseau de distribution des équipements bureautiques de Sony n'est pas adapté pour ce nouveau produit qui vise un public plus « haut de gamme » et le budget limité dont dispose Doi ne lui permet pas de former une équipe de vente. Doi propose, sans succès, NEWS aux Américains Sun et Data General. C'est finalement de la société SRA de Kouichi Kishida que vient le salut : celle-ci accepte de réaliser les premières ventes, introduit NEWS auprès des sociétés de logiciel et sélectionne une cinquantaine d'universitaires auxquels une station de travail sera offerte gratuitement afin de faire connaître le produit auprès des milieux spécialisés.

NEWS est présenté pour la première fois officiellement au Tokyo Data Show d'octobre 1986 et, d'emblée, l'accueil est enthousiaste. Mis sur le marché en janvier 1987, NEWS se crée aussitôt un marché en raison de son faible prix : 12 000 dollars, soit un cinquième du prix de vente de la station Sun 3, le modèle comparable pour une rapidité de calcul de 20 % plus élevée! Trois mois après, la station NEWS est déjà vendue à 900 unités et les développeurs de logiciels se mettent à travailler pour elle. En moins de quatre ans, Toshi Doi se retrouve ainsi à la tête d'une unité de 400 employés pour un chiffre d'affaires annuel de 190 millions de dollars. Une nouvelle fois, Sony a prouvé sa capacité à transformer un projet technologique en une innovation industrielle et commerciale significative.

NEWS est, en effet, à nouveau l'illustration du fait que l'innovation n'est pas synonyme de percée technique, mais plutôt de conception industrielle et marketing originale. Avec NEWS, Sony n'a rien inventé. La firme s'est contentée de tirer le meilleur parti des technologies disponibles et de réussir son positionnement commercial : un secteur du marché en plein essor, l'absence d'un autre fournisseur japonais capable de bénéficier des réflexes nationalistes d'achat, un produit aux capacités vidéo et graphiques développées permettant à Sony de valoriser son excellente image d'entreprise multimédia; enfin, un prix d'appel très attractif. Côté produit, la même stratégie innovatrice est présente : le choix du 32 bits et d'Unix, l'intégration de tous les composants sur la carte mère afin de réduire l'encombrement de la machine et – de ce fait – la sortie d'une version portable (huit kilos) mettant, pour la première fois au monde, une véritable « workstation » à la disposition des utilisateurs itinérants (ingénieurs, chefs de chantier, etc.). Même dans un domaine déjà fortement occupé par des concurrents puissants et agressifs, la firme japonaise trouve là le moyen de signer une *première* qui lui permet, malgré tout, de marquer sa différence. Comment? *« Ikki a réussi parce que l'équipe a pu construire la machine dont elle rêvait* [9] *»*, explique aujourd'hui Toshi Doi sans peut-être se rendre compte qu'ainsi il rejoint inconsciemment l'un des slogans les plus évocateurs de l'image de son entreprise.

Dans cette aventure de NEWS, les quatre étapes interactives du processus d'innovation sont aisément identifiables : la R&D (y compris la veille technologique), la définition du produit, sa production et son marketing. Au point de départ du projet au cours de l'année 1985, il y a la veille technologique, et plus exactement la prise de conscience par Toshi Doi que l'apparition du microprocesseur à 32 bits va ouvrir une nouvelle ère dans le domaine de la micro-informatique en même temps qu'elle constitue une opportunité à ne pas manquer pour Sony. Le deuxième stade est celui de la conception du produit et de la réalisation du premier prototype : il dure environ six mois, selon les instructions de Doi, et voit l'équipe d'*Ikki* s'orienter vers la mise au point d'une véritable station de travail, plus attractive à concevoir pour des ingénieurs formés sur les mini-ordinateurs de DEC qu'une simple machine de bureau. Le troisième stade (qui démarre en mai 1986) est celui de la fabrication industrielle, et revêt en l'occurrence une forme « artisanale » et « intrapreneuriale ». Enfin le quatrième et dernier stade (à partir de janvier 1987) est celui de la commercialisation : il est original dans sa gestation, puisque, là encore, Doi innove par rapport aux pratiques en vigueur au sein de Sony, mais repose finalement sur une politique très « classique » de pénétration du marché par des prix bas.

Tout au long de ce processus, des acteurs différents interviennent et jouent chacun un rôle indispensable dans la réussite du projet : Toshi Doi, l'ingénieur chargé du projet, mais aussi Kouichi Kishida de SRA qui va prendre en charge le lancement commercial de NEWS et – surtout – le président de Sony, Nohrio Ohga, qui a su, au moment critique, donner l'impulsion nécessaire à la réussite du projet. On touche là à l'un des autres traits caractéristiques de la gestion des projets innovants : l'importance capitale du facteur humain. Une étude menée chez Texas Instruments, l'un des leaders américains des circuits intégrés, a montré que la plupart des échecs rencontrés par la firme dans l'introduction de nouveaux produits étaient liés à la présence à la tête du projet d'un cadre qui n'était pas volontaire pour cette tâche : « *Lorsque TI envisage désormais la création du nouveau produit, la disponibilité d'un cadre très actif, volontaire pour prendre en charge le projet, est le premier critère d'appréciation pris en compte, le potentiel du marché et l'économie du projet ne venant qu'en seconde et troisième position* [10]. » Un spécialiste du management technologique décrit d'ailleurs ainsi le profil idéal du chef de projet innovant : « *C'est un architecte social qui doit comprendre l'interaction des variables organisationnelles et comportementales afin de créer un climat d'active participation dans lequel les dysfonctionnements pour cause de conflits seront réduits au minimum. Cela requiert de sa part à la fois une compétence technique et une expérience de la direction des hommes, des problèmes d'administration et d'organisation. Il convient aussi qu'il soit capable de travailler efficacement avec la direction générale, afin d'assurer la visibilité organisationnelle du projet et la disponibilité des ressources nécessaires et d'obtenir un soutien ciblé et permanent tout au long du processus d'innovation* [11]. »

Suivant les types d'innovation concernés, le rôle déterminant peut être attribué à l'un ou l'autre des acteurs : le projet peut être lancé par le management de l'entreprise lui-même (volonté d'innover pour occuper un créneau stratégique) ou par le chercheur-technologue (réaction à l'apparition sur le marché d'une nouvelle technologie, ou mise au point de celle-ci au sein même de l'entreprise), mais aussi par l'ingénieur de production (il s'agira alors typiquement d'une innovation de process) ou même être suscité par le responsable commercial (répondre à une demande latente de nouveaux produits ou services). A partir de là, la capacité à répercuter sur l'ensemble des autres fonctions de l'entreprise un signal ou une impulsion émis à un point donné de la chaîne est peut-être le critère décisif de la réussite en matière d'innovation.

L'innovation ne se réduit donc pas à l'effort de recherche et de développement consenti par l'entreprise, même si celui-ci est souvent une condition nécessaire. Elle s'insère étroitement dans la vie même de l'entreprise, et dépend tout autant, sinon plus, de facteurs humains et organisationnels, voire culturels. Prise en tant que système, l'entreprise innovatrice apparaît comme l'interface entre l'état général des connaissances scientifiques et techniques et les attentes du marché. Et vue de l'intérieur, l'innovation se caractérise comme un processus intégré, par lequel un produit ou une technologie nouvelle passe avec succès les différentes étapes qui vont du laboratoire au marché. Ce caractère intégré de la démarche – et là encore l'aventure de Sony et de sa station NEWS est riche d'enseignements – peut s'apprécier à trois niveaux différents.

Pas d'innovation sans intégration

Le premier niveau est temporel et suppose qu'un projet donné résiste à la dispersion interne (manque de cohésion de l'équipe projet) ou externe (réaction de rejet de la part du management), ce qui n'exclut naturellement pas une gestion intelligente de l'incertitude et de l'imprévu. Ainsi Toshi Doi et la direction de Sony ont su, tout comme IBM en 1981, écarter ce double écueil en donnant carte blanche à l'équipe d'*Ikki* et en n'hésitant pas à court-circuiter les échelons hiérarchiques traditionnels et les habitudes bien établies. Notre schéma à quatre stades doit donc être relu à la lumière de ces remarques : veille technologique, conception du produit, fabrication industrielle et commercialisation doivent pouvoir optimalement s'intégrer dans un processus continu et finalisé et non constituer des étapes indépendantes et mal interfacées.

La liaison entre la phase de recherche et celle de production est particulièrement importante. Un rapport sur le développement de produits nouveaux au Japon publié en 1983 par le Centre de prospective et d'évaluation du ministère de l'Industrie et de la Recherche insiste notamment sur le fait que dans l'industrie japonaise « *l'accent est mis sur la production* » et il ajoute : « *Il est à noter que les ingénieurs chargés de la R&D font la plus grande partie de leur travail dans les ateliers en contact étroit avec les responsables de la fabrication* [12]. » Dans les systèmes de gestion de production modernes (type CIM : Computerised Integrated Manufacturing), il est ainsi fréquent de relier directement aux calculateurs et à la base de données du laboratoire les machines de test et de contrôle qualité situées sur les chaînes de production afin de permettre aux équipes de R&D d'analyser en permanence les causes des éventuelles défaillances de fabrication et de concevoir les améliorations de process ou de produit qui seront introduites dans les versions suivantes.

Pour ne pas avoir été capable d'identifier suffisamment tôt un banal défaut de conception, Apple rata ainsi le lancement commercial de l'Apple III, son ordinateur à vocation professionnelle qui était sorti précocement dès la fin 1980. Les quelques mois d'errement qui s'écoulèrent avant que soient corrigés les défauts de la première série discréditèrent largement la machine et permirent à IBM de pénétrer le marché avec un produit plus moderne (16 bits contre 8 bits) avant même que son précurseur malchanceux ait pu faire réellement ses preuves. Conçu et mis au point par une équipe mal soudée et polycéphale, l'Apple III a typiquement souffert d'un mauvais retour d'information entre production et développement. Mais dans beaucoup de cas, la liaison doit être également capable de fonctionner en sens inverse : dès qu'un laboratoire arrête son choix sur une technologie nouvelle, c'est, en effet, la course contre la montre qui commence pour s'assurer que la direction de la production sera capable de produire, dans les délais et avec les outils modernes adaptés, le produit final, et cela alors même que ses spécifications précises ne sont pas encore arrêtées. Dans le cas de l'IBM-PC, il fallut que très en amont du design définitif de la machine, l'équipe des ingénieurs logiciels arrête son choix sur le système d'exploitation MS-DOS développé par Microsoft afin que les développeurs extérieurs aient le temps nécessaire pour réaliser les logiciels d'application qui devaient être disponibles dès la mise sur le marché du PC. Et même au Japon, un manque de synchronisation entre choix technologique et capacité de production peut compromettre un projet : le lancement surprise de la station NEWS faillit avorter en raison de l'opposition des responsables de production de Sony qui évaluaient à deux ans le délai nécessaire pour avoir la capacité de livrer la première station NEWS.

Le second niveau d'intégration est donc logiquement fonction-
nel et suppose que le chercheur (ou le technologue), le manager,
l'ingénieur et le responsable marketing parviennent à mettre en
commun leurs compétences pour faire passer progressivement le
projet innovation de l'état virtuel à l'état réel. Il est très significatif à cet égard que, selon l'US National Science Foundation,
la moitié des innovations produites aux États-Unis entre 1953 et
1973 ont été le fait de petites entreprises alors que ces dernières
n'ont reçu, pendant la même période, que 4 % des aides fédérales
à la recherche. Comment expliquer ce résultat, sinon par le fait
que cette « intégration » des compétences est *a priori* plus facile
à effectuer dans une petite structure que dans une grande? Des
études de management américaines ont ainsi mis en évidence
l'importance qui s'attache à « *la constitution d'une équipe unifiée
multifonctionnelle chargée de la mise en œuvre innovante du
plan-produit qui a été défini* [13] ». Ce « team », cette « équipe
projet » – qui vise à recréer au sein de la grande entreprise
l'intimité de la PME innovatrice – a pour objectif de permettre
la circulation optimale de l'information entre les différentes
fonctions de l'entreprise impliquées dans le processus d'innovation
et d'en assurer l'intégration.

Parmi toutes ces interactions successives et parallèles qui
doivent s'établir au fil du projet entre les différentes fonctions,
celle qui tend à lier étroitement définition technique et ergonomique du produit, d'une part, et prospective commerciale, d'autre
part, est sans doute la plus importante. Et ce d'autant plus que,
dans le domaine des produits de haute technologie, les méthodes
classiques de marketing (enquêtes, interviews, tests de produit, etc.) ne sont souvent guère applicables. Toute étude de
marché en matière de haute technologie « *se heurte à l'impos-
sibilité de faire sentir à des utilisateurs potentiels les usages de
services ou produits dont ils n'ont pas la moindre idée. Dans
une étude effectuée, il y a plusieurs années, pour déterminer le
marché potentiel des messageries électroniques, les personnes
interrogées avaient répondu en évoquant l'ergonomie des terminaux et les possibilités qui seraient offertes par le traitement
de texte qui servait de support à la messagerie; elles s'étaient,
par contre, révélées incapables d'exprimer ne serait-ce qu'une
opinion sur ce que les concepteurs de l'étude désiraient savoir
et avaient le sentiment d'avoir effectivement demandé : l'intérêt
de transmettre et recevoir des messages et de les consulter
instantanément par le truchement d'une boîte aux lettres élec-*

tronique [14] ». Dans ce même domaine de la télématique, les erreurs de marketing prévisionnel sont d'ailleurs nombreuses, à commencer par le positionnement originel du Minitel français que la DGT avait décidé de mettre au point comme substitut de l'annuaire papier après l'échec de plusieurs prototypes de systèmes de renseignements téléphoniques automatisés à base de synthèse vocale et de reconnaissance de la parole. Seule, donc, l'analyse en temps réel du comportement des premiers utilisateurs (lors de l'expérience Télétel de Vélizy, notamment) a permis de réorienter progressivement l'offre télématique des Télécoms vers le créneau lucratif des messageries et des services interactifs. C'est dire l'importance extrême de la relation qu'il convient d'instaurer en permanence entre les hommes du marketing et de la vente et les ingénieurs qui établissent les spécifications du produit. Et c'est d'ailleurs à des hommes de marketing que Steve Jobs et Steve Wozniak, les deux ingénieurs fondateurs d'Apple, ont fait appel dès les premières années pour diriger leur nouvelle société : Mike Markkula, un jeune milliardaire à la retraite (seulement 34 ans en 1976!), mais qui a gagné une fortune grâce aux actions d'INTEL dont il fut pendant plusieurs années le directeur marketing et Mike Scott, un ancien du marketing de Fairchild qui devint le premier président d'Apple. Puis plus tard, John Sculley, précédemment président de Pepsi-Cola.

Enfin, le troisième niveau auquel l'importance d'une gestion intégrée de l'innovation doit être appréciée est celui de la stratégie générale de l'entreprise. L'innovation ne devient gagnante pour l'entreprise que si elle est compatible avec le projet global poursuivi par celle-ci et avec sa culture. En première analyse, il s'agit en effet de gérer le paradoxe : l'innovation, par essence imprévisible et capricieuse, constitue bien une forme de rupture; à l'inverse, l'entreprise ne peut changer tous les jours d'objectif et moins encore de message. Michel Callon, spécialiste de la sociologie de l'innovation, fait justement remarquer qu'« *aujourd'hui, un projet d'innovation court davantage le risque d'être tué par l'entreprise où il a vu le jour que par le marché proprement dit* [15] », tant le basculement conceptuel que constitue toute innovation technologique peut être difficile à supporter et à assimiler par l'entreprise. L'intégration dans la stratégie globale de l'entreprise est donc une condition essentielle de la réussite de l'innovation et, là encore, le lancement réussi de la station NEWS est significatif.

En effet même si, en apparence, le projet *Ikki* est un pied de nez à l'establishment de Sony et une rupture avec l'activité traditionnelle du groupe, son succès s'inscrit en réalité parfaitement dans la stratégie de diversification de Sony vers les marchés multimédias à partir de ses positions fortes en électronique grand public (marché qui n'apparaît plus aussi porteur qu'auparavant). Les éléments de cette stratégie sont, *grosso modo,* les suivants : un potentiel en matière de recherche-développement portant notamment sur les écrans haute résolution et les disques optiques; une volonté de diversification stratégique concrétisée par des actions telles que le rachat de Columbia; des alliances dans le domaine des télécommunications et de l'informatique (notamment un accord important signé en 1990 avec Apple pour développer des ordinateurs portables); un savoir-faire manufacturier incontestable; enfin un désir de conquête des nouveaux marchés multimédias qui comportent notamment le traitement des images et du son sur ordinateur. D'où la tentation de revenir sur le marché de l'informatique par le biais des stations de travail qui sont à la fois une alternative chaque jour plus crédible au micro-ordinateur et un élément important de la nouvelle chaîne de l'informatique graphique *.

Intégration dans le temps, intégration fonctionnelle, intégration stratégique : le processus d'innovation technologique ne repose pas sur les seuls éléments scientifiques et techniques. Il dépend avant tout de facteurs organisationnels, structurels, psychologiques et donc – indirectement – culturels. *« Les technologues ne font qu'utiliser la science. Ils tirent des ressources scientifiques ce qui peut les aider à résoudre les problèmes qui se posent à eux et à atteindre les objectifs en vue desquels ils travaillent. De ce fait, ces problèmes et ces objectifs sont au moins aussi déterminants pour comprendre ce qu'ils vont réaliser que la science qui était à leur disposition* [16]. » Contrairement à ce qui est communément admis, l'aptitude à l'innovation ne se réduit donc pas à un niveau élevé de dépenses de recherche. Certains même – comme S. Woods de l'Institut atlantique pour les affaires internationales – n'hésitent pas à affirmer qu'*« il n'y a pas de lien direct entre l'investissement en R&D et le niveau d'innovation industrielle* [17] ». Ce qui ne l'empêche pourtant pas de porter une appréciation particulièrement sévère sur la situation européenne : *« Même si les États-Unis et le Japon ont des*

---

* Les stations de travail servent notamment de supports pour des applications de CAO ou d'imagerie de synthèse.

structures industrielles fondamentalement différentes, ils appa-
raissent néanmoins tous les deux comme mieux adaptés à
l'innovation industrielle que l'Europe occidentale... Il y a là un
problème spécifique à l'Europe occidentale dont la solution sera
difficile et longue à trouver, mais qui s'avère essentielle pour
restaurer la compétitivité européenne. » L'analyse de la manière
dont les principaux pays européens se comportent face au défi
de l'innovation confirme largement ce diagnostic.

VIII

L'EUROPE EN MAL D'INNOVATION

« Le compact-disc est une industrie naissante et il convient que la Communauté européenne prenne les mesures de protection nécessaires face à la menace de la concurrence japonaise. » Nous sommes à Bruxelles au tout début des années 80 et l'ambassadeur néerlandais Rutten a pris la parole au cours d'une de ces nombreuses réunions du COREPER (le Comité des représentants auprès de la CEE) au cours desquelles sont évoqués la plupart des grands sujets de l'activité communautaire. L'ambassadeur a commis une sorte de lapsus qui n'échappe pas aux fonctionnaires présents dans la salle : emporté par son élan, M. Rutten a parlé d'« industrie » naissante et non pas simplement de « production » naissante comme l'aurait voulu la rigueur du vocabulaire. Mais il est vrai que la délégation des Pays-Bas est sous pression : alors même que la prestigieuse firme néerlandaise Philips vient, une fois de plus, de faire preuve de son inventivité en mettant au point le compact-disc, un nouveau produit promis à devenir l'une des stars de l'électronique grand public, elle semble sur le point d'être prise de vitesse par ses concurrents japonais pour ce qui est de la production en série et de la commercialisation. Partisan déclaré du libre-échange au niveau des principes, le gouvernement de La Haye n'a donc pas hésité très longtemps. Instruction est donnée aux diplomates en poste à Bruxelles de défendre vigoureusement l'idée que l'érection de barrières commerciales est nécessaire pour sauvegarder les intérêts vitaux de l'industrie européenne dans un domaine à fort contenu technologique. Car le compact-disc et la platine laser, en effet, n'ont pas seulement vocation à se substituer au bon vieux microsillon et au « tourne-disque » : faisant appel aux technologies de la numérisation et

qui permet – par un décalage très précis des impulsions dans le temps – de faire circuler ensemble sur une même ligne de nombreuses liaisons téléphoniques. Dans ce système, il n'existe donc plus à l'intérieur du central un lien physique entre une ligne d'entrée et une ligne de sortie. C'est le logiciel du commutateur auquel est relié l'appelant qui va « mélanger » de manière très complexe les liaisons, lesquelles seront « triées » et restituées séparément vers les abonnés par le commutateur d'arrivée. Outre la puissance de traitement qu'elle apporte, cette nouvelle technologie numérique ouvre des perspectives immenses : dès lors que le signal vocal est traité comme une suite de données informatiques, la voie est ouverte au réseau universel, susceptible de traiter aussi bien des messages émis par des terminaux de télécommunications traditionnels, comme le téléphone, que des signaux numériques transmis par des ordinateurs, voire de l'image. En 1970, lorsque le premier central temporel est installé à Perros-Guirec, le futur réseau « tout numérique » NUMERIS, qui verra le jour vingt ans plus tard, est déjà en germe.

Passant outre aux réticences de certains de ses collaborateurs, Gérard Théry, le jeune directeur général des télécommunications nommé par Valéry Giscard d'Estaing à l'arrivée de celui-ci au pouvoir, a décidé, en effet, de parier sur la commutation temporelle. Pour ce faire, la DGT a besoin d'un industriel : ce sera CIT-Alcatel, filiale de la CGE et principal constructeur français d'équipements de télécommunications. CIT va profiter d'un transfert complet de technologie de la part du CNET et va développer sur cette base sa famille des centraux E 10. C'est un coup d'audace : partout ailleurs, on s'en tient encore aux techniques de la commutation électromécanique ou à celle – intermédiaire – de la commutation spatiale (le géant mondial AT&T a fait le choix du central électronique spatial en 1965 et il mettra cinq années de plus qu'Alcatel pour sortir son premier central temporel en 1975). Mais les E 10 vont tenir leurs promesses, si bien qu'au début de la décennie suivante, la DGT a non seulement atteint les objectifs quantitatifs ambitieux qu'elle s'était fixés en termes de lignes installées, mais elle peut aussi se flatter d'avoir construit le réseau le plus moderne et le plus « numérisé » du monde (transmission et commutation comprises). L'usager y trouve lui aussi son compte, qui place le téléphone parmi les services publics les plus performants et les plus fiables. Le syndrome du « 22 à Asnières » est bien guéri !

Le programme d'investissement mis en œuvre par la DGT n'a

pas seulement des effets bénéfiques sur le réseau et sur l'indice de satisfaction des usagers : il fait passer en peu de temps l'industrie française d'une situation d'introversion sur le marché national et de dépendance technologique (la France était en retard en matière de commutation spatiale) à une position de force en ce domaine, doublée de la référence désormais prestigieuse du réseau de la DGT. C'est une occasion à saisir à l'exportation, notamment vis-à-vis des pays en développement qui n'ont pas, contrairement aux pays industrialisés, de constructeur national vers lequel diriger naturellement leurs commandes. Alcatel et la Direction des affaires industrielles et internationales de la DGT, créée pour assurer la promotion de la technologie française, s'y emploient conjointement à travers une prospection dynamique des marchés étrangers, le soutien de la diplomatie française et les instruments financiers du ministère de l'Économie et des Finances. Bientôt, le E 10 est l'un des centraux les plus vendus au monde. Forte de ce succès, la maison mère d'Alcatel, la Compagnie générale d'électricité (future Alcatel-Alsthom), réalise l'opération industrielle la plus importante de son histoire et l'une des plus considérables jamais menée par un groupe français : le rachat – déjà évoqué – des activités de la multinationale américaine ITT, qui fait d'Alcatel, juste derrière AT&T, le numéro deux mondial des équipements de télécommunications.

La remarquable avance technique et le joli succès commercial et industriel des téléphonistes français est un bon exemple de ce que l'industrie européenne sait faire de mieux lorsqu'elle en a l'opportunité stratégique. Mais cette belle histoire du central E 10 peut-elle pour autant se comparer trait pour trait aux aventures technologiques américaines ou japonaises de ces vingt dernières années? Elle en présente, au prime abord, certaines des caractéristiques, et notamment le fait d'avoir cherché à valoriser sur le plan marketing un avantage technologique, valorisation dont nous avons vu qu'elle constituait la clé d'une innovation réussie : « *Il était clair que la chance principale de l'industrie française reposait sur l'innovation technologique. Depuis de longues années, les grandes entreprises mondiales de télécommunications s'étaient implantées sur les marchés classiques. Les positions d'ITT, de Siemens, et d'Ericsson étaient inexpugnables si les conditions mêmes de la concurrence restaient inchangées. Or, justement, l'introduction des nouvelles technologies, dites électroniques, bouleversait radicalement le marché mondial. Les clients basculaient vers ces nouvelles techniques. Les entreprises ancien-*

nement installées perdaient une bonne partie de leurs avantages acquis. Bien plus, l'importance de leur parc installé et de leur carnet de commandes en matériel classique les rendait moins aptes à accélérer l'introduction des nouvelles technologies [2]. » De ce point de vue, les ingénieurs français ont été habiles à saisir la chance qui s'offrait à eux. En l'espace de quelques années, le numérique est devenu le mot de passe obligatoire, la référence indispensable des télécommunications mondiales, quand bien même une bonne partie des besoins de téléphonie traditionnelle auraient, théoriquement, pu être satisfaits par des technologies plus anciennes comme la commutation spatiale. Avec leur technologie toute neuve, un réseau national ayant été modernisé au pas de charge, les Français ont ainsi pris de vitesse des industriels mieux établis et plus puissants au départ, mais qui n'avaient pas su – moins en raison d'un potentiel de recherche insuffisant que d'une mauvaise perception de l'évolution du marché – prendre à temps le « tournant » de la commutation temporelle.

Toutefois, l'histoire du développement et de la promotion de la commutation temporelle par les Français se distingue par deux traits essentiels de la formidable aventure de la micro-informatique américaine ou des réussites japonaises en électronique. Si l'État est absent de la genèse de l'Apple II et de l'IBM-PC, il est omniprésent dans celle du E 10. C'est dans ses laboratoires qu'est mise au point la nouvelle technologie de traitement des signaux de télécommunications. C'est lui qui assure, par sa politique de commande publique (84 % des achats de la DGT en matière de commutation sont garantis à la CIT), le nécessaire amortissement des dépenses de développement du E 10. Politique qui fera dire plus tard à un observateur à la dent dure : « *Les performances de la CIT sont, en réalité, à porter au seul crédit d'Ambroise Roux et de Georges Pébereau* (respectivement président de la CGE et directeur général de CIT), *qui ont hissé à un niveau jusque-là inégalé ce savoir-faire très particulier qui consiste à se partager les bons terrains de chasse, à se répartir les marchés, à fixer des règles de non-concurrence et, si possible, à s'installer dans une situation de monopole face à un État largement complice de toutes ces vilenies anti-économiques* [3]. » Enfin, à l'exportation, le E 10 bénéficie tout à la fois du soutien de la DAII, des liens de coopération technique que l'exploitant du réseau national a souvent noués avec l'exploitant du pays acheteur, des interventions politiques de la diplomatie française et des crédits privilégiés du Trésor. Cette combinaison se révèle particulièrement payante auprès des pays en développement.

De surcroît, l'apparition de la commutation temporelle n'est qu'un des aspects de la convergence globale des télécommunications et de l'informatique et ne correspond pas, en soi, à une transformation socioculturelle du type de celle provoquée par l'apparition du micro-ordinateur. L'Apple II et les autres machines du même type ont suscité une nouvelle manière de penser, un nouveau comportement face à l'activité intellectuelle et plus généralement face à la technologie : ils ont fait sauter une barrière culturelle, opération qui n'aurait pas été possible en dehors du contexte si particulier de créativité, d'excitation et de « challenge » de la vallée du silicium. Le E 10, lui, n'a pas beaucoup changé le produit final, en l'occurrence le service téléphonique. C'est la convergence des télécommunications et de l'informatique qui a rendu possible, à côté du téléphone, le développement de nouveaux services comme le transport de données informatiques, l'interrogation à distance de bases de données ou les transactions électroniques. Et si les commutateurs temporels ont été l'un des véhicules de cette évolution *, ils n'ont pas en eux-mêmes changé le rapport de l'homme à la technologie. Le E 10 est une remarquable réussite technique, ce n'est pas une révolution culturelle. A l'inverse sans doute du Minitel qui – bien qu'issu de la même veine volontariste et colbertiste de la DGT – est un produit relativement « pauvre » sur le plan de la technologie **, mais dont l'impact social et économique est indéniable.

Colbert pour le meilleur et pour le pire

Au total, l'invention du central numérique temporel ne répond pas en priorité aux motivations commerciales et sociologiques qui ont fait le succès des innovations californiennes. C'est plutôt l'illustration typique et réussie d'un modèle français d'innovation que Jean-Jacques Salomon a appelé la « *stratégie de l'arsenal* [4] » c'est-à-dire la prise en charge, à travers un corps d'élite de l'État,

* Il existe cependant d'autres types d'équipements comme les multiplexeurs qui permettent de traiter les signaux transportés sur des liaisons de télécommunications.
** Il est intéressant de noter que le concurrent allemand du Minitel, le Bildschirmtext, comporte davantage de « fonctionnalités », mais n'en fut pas moins un retentissant échec commercial.

d'un grand programme technologique d'infrastructure. C'est ce même schéma qui a permis de nombreuses réussites industrielles françaises, notamment dans le domaine militaire : la Délégation générale pour l'armement (DGA) tient alors le rôle de la DGT; la DRET (Direction des recherches et études techniques) et les autres centres techniques de la DGA remplacent le CNET; le corps des ingénieurs de l'armement se substitue à celui des ingénieurs des télécommunications tandis que les industriels de l'armement prennent la place d'Alcatel. De son côté, la délégation aux affaires internationales de la DGA joue à l'exportation un rôle comparable à celui de la DAII. Et dans le domaine civil, le TGV est de même le « produit » d'un couple, SNCF/Alsthom, tandis que les centrales nucléaires sont celui d'un trio, Commissariat à l'énergie atomique, EDF et Framatome. A chaque fois, on note la même séquence entre un potentiel de conception et de recherche, un lieu de décision stratégique, une capacité manufacturière de l'industrie française et une volonté d'exportation, l'État jouant, *en même temps,* grâce à un volume important de marchés publics réservés, le rôle de catalyseur et de protecteur.

Mais cette belle mécanique bien huilée peut tout à la fois engendrer des réussites incontestables et des échecs malheureux. Ainsi, au même moment où la DGT lançait sa politique de communication temporelle, elle décidait néanmoins, soucieuse du délai de cinq ans (entre 1975 et 1980) qui la séparait de l'entrée en service de ces nouveaux systèmes, d'inciter Thomson (nouveau rival d'Alcatel) à fabriquer des commutateurs spatiaux. Pas de clerc coûteux qui fait dire à Jacques Darmon, l'un des anciens responsables des activités télécoms de Thomson : « *C'est alors que se firent dramatiquement sentir les effets de la dépendance de l'industrie française : incapable de résister à la pression de l'Administration, les entreprises françaises se rallièrent à ce choix désastreux. De 1976 à 1980, des investissements considérables furent consacrés à la mise en place de ces produits de technologie intermédiaire. (...) Lorsque cet effort atteignit son échéance, comme il était prévisible, son caractère absurde apparut à tous : le jour même où l'on inaugura la nouvelle usine destinée à ces produits, l'administration des PTT annonça qu'elle ne commanderait plus ces matériels et que ses achats porteraient dorénavant sur des produits de la nouvelle génération tout électronique* [5] *!* »

Plus caricaturale encore apparaît, avec le recul du temps, une autre opération industrielle également lancée par Thomson (cette fois-ci avec son plein accord) et à l'inspiration tout aussi technocratique. En 1984, le groupe Thomson croit tenir la stratégie gagnante qui doit bientôt propulser sa filiale Thomson Micro-Informatique Grand Public parmi les leaders européens, puis mondiaux de la micro-informatique grand public : ce sera une montée rapide des ventes de son ordinateur, le T07, jusqu'à la taille critique du marché, qui permettra à la fois d'atteindre des prix compétitifs et d'attirer les auteurs de logiciels. Derrière cette grande ambition qui laisserait entendre que Thomson va d'emblée croiser le fer avec les Apple et autres IBM, se cache une réalité plus prosaïque : Thomson est assuré du soutien que vont apporter au lancement du T07 les commandes publiques du futur Plan « Informatique pour tous » avec cent mille machines commandées dans un premier temps, puis cinq cent mille, voire un million ensuite.

Techniquement, les ingénieurs de Thomson croient également tenir leur arme secrète : le T07 sera incompatible avec tout ce qui s'est fait jusqu'à présent en micro-informatique! Et sur ce point Jean Gerothwohl, le patron de la micro-informatique de Thomson, est très explicite : « *Il est tout aussi important d'avoir une spécificité (c'est-à-dire en pratique son propre standard) pour avoir un minimum de protection au niveau d'"hard" (si vous vendez la même machine que tout le monde, le risque est grand de voir des produits fabriqués en Extrême-Orient arriver sur votre marché à des prix très bas) et du "soft" (si votre standard est mondial, il y a de bonnes chances que la majorité des logiciels viennent de l'étranger, des USA cette fois)* [6]. » Protection! voilà un maître mot qui résume bien la logique originelle de ce projet technologique tout droit sorti des réflexions des cabinets ministériels : protégé techniquement par sa non-compatibilité matérielle et logicielle, le T07 va être protégé commercialement par le flot des commandes publiques de l'Éducation nationale. Et la conjonction des deux protections va lui permettre d'assurer son marché de lancement avant de se lancer vaillamment sur les marchés extérieurs au prix d'une possible alliance internationale, avec Philips par exemple.

Pourtant, quatre ans plus tard, Thomson quitte par la petite porte le marché de la micro-informatique après avoir soldé ses comptes : ni les moyens financiers et humains mis en œuvre par la compagnie, ni les commandes de l'Éducation nationale à partir de 1985 n'ont suffi à sauver le T07, cette « *Trabant de l'in-*

formatique [7] », comme certains le surnommeront méchamment
plus tard, complètement dépassé par les modèles plus performants
et plus évolutifs présentés par la concurrence. En 1984, lorsque
sort le produit, la percée du PC d'IBM a déjà jeté un sort à la
notion même d'ordinateur domestique en plaçant d'emblée le
seuil de crédibilité au niveau de l'ordinateur de bureau. Et cette
même année, Apple prend à son tour acte de cette évolution du
marché en sortant le Macintosh qui, dans l'univers spécifique
Apple, correspond lui aussi à cette nouvelle gamme d'ordinateur
professionnel de bureau. Le T07, qui, à l'heure du PC, voulait
encore s'attaquer au marché de l'Apple II avec à peine plus de
moyens que l'Altair, était donc d'emblée condamné à l'échec
pour manque d'innovation.

De même et à l'inverse du projet *Ikki* de Sony (cf. chapitre
précédent), le T07 ne s'inscrivait pas dans une logique de diversification agressive de l'entreprise. Tout au contraire, en 1984,
Thomson avait déjà entrepris un recentrage très brutal sur deux
métiers de base : l'électronique de défense et l'électronique grand
public. Le micro-ordinateur domestique n'était donc pas là pour
ouvrir un nouveau marché, mais plutôt pour se protéger préven-
tivement des concurrents japonais et américains de l'électronique
grand public qui cherchaient à se diversifier dans la micro-
informatique. Entre les hommes de Sony et ceux de Thomson il
y avait là aussi un écart culturel et stratégique important et un
désaccord profond sur le concept même d'innovation, offensif
pour les premiers, défensif pour les seconds.

Si la garantie publique d'une protection minimale du marché
est bien l'un des ingrédients traditionnels de la réussite technologique colbertiste, l'expérience ratée du T07 prouve aussi qu'elle
ne peut pallier, à elle seule, l'absence d'un réel élan innovateur
ou d'une stratégie industrielle cohérente. Il en avait été de même
avec le Plan Calcul où, en l'absence d'une capacité de conception
et d'impulsion autonomes, l'État n'était pas parvenu à imposer
aux industriels une orientation viable pour le développement de
l'informatique française. Que l'État intervienne mal ou qu'il
n'intervienne pas, et c'est le modèle d'innovation « à la française »
lui-même qui semble s'essouffler. Car on ne compte plus le
nombre d'innovations produites en France qui ont connu, faute
d'un relais public à défaut de provenir du secteur privé, un sort
incertain. A commencer par le micro-ordinateur Micral de R2E
ou encore l'aspartam (le « faux sucre » qui ne fait pas grossir)
dont le brevet fut pris par un chercheur français, mais qui est

aujourd'hui exploité par une firme chimique américaine. Et la fameuse « carte à mémoire » de Roland Moreno et Michel Hugon souffre elle-même, malgré la ferveur médiatique dont elle fait l'objet depuis près de quinze ans, de n'avoir réussi qu'une percée encore fragile : si le soutien de France-Télécom avec sa carte téléphonique lui assure aujourd'hui un débouché garanti, ce sont pourtant les hésitations du secteur bancaire (pour l'essentiel nationalisé) qui l'ont empêché de prendre une avance décisive face à la concurrence active des Japonais.

Centraux numériques, TGV, Mirage, centrales nucléaires contre micro-ordinateur, carte à mémoire, Plan Calcul ou aspartam : les entreprises françaises ont du mal à jouer le scénario de la réussite technologique lorsque l'État ne leur souffle pas leur rôle. Indiscutablement, les ingénieurs des grands corps publics sont parvenus à maintenir allumée la flamme de l'innovation et à mener de grandes aventures technologiques en mélangeant de manière subtile potentiel de recherche et protection de l'État, y compris du reste dans le cas d'Ariane et d'Airbus qui ont bénéficié à plein de transferts de technologie publics et de marchés nationaux de lancement protégés. Mais par-delà quelques engouements médiatiques, l'économie et la société françaises n'ont visiblement pas offert aux innovateurs le contexte commercial – et plus encore culturel – nécessaire pour que se produisent des phénomènes comparables à celui de la Silicon Valley aux États-Unis. Les rapporteurs de l'OCDE n'ont donc pas eu tort de parler de « façade brillante [8] » à propos de ces grands programmes technologiques publics susceptibles de masquer la relative atonie innovatrice de la société civile. Pour reprendre un propos de Gérard Worms, président de la Compagnie financière de Suez et alors animateur de l'Association nationale pour la recherche technique, la société française manque sans doute encore, contrairement à ce qui est le cas aux États-Unis et au Japon, voire en Allemagne, d'« obsession technologique [9] ». Autrement dit, il n'y a plus de « 22 à Asnières », mais les Français ne se sont peut-être pas complètement départis, face aux problèmes nouveaux posés par la modernité, de cet esprit de dérision et de distance dont témoignait à sa façon le sketch de Fernand Raynaud.

Les chasses gardées de la Germany Incorporated

Le comportement de l'Allemagne en matière d'innovation relève, à première vue, d'une analyse complètement différente de celle de la France. Les deux systèmes industriels donnent l'impression d'être la copie inversée l'un de l'autre. La politique industrielle et technologique de la France est centralisatrice à l'image de son histoire politique et de sa géographie économique. En Allemagne, l'innovation ne procède pas, pour l'essentiel, de l'État, mais du secteur privé qui finance les deux tiers de la R&D nationale contre seulement 40 % en France. On a vu, par exemple, qu'en France, c'est le CNET qui joue le rôle d'orientation de la recherche nationale en matière de télécommunications. En Allemagne, c'est le laboratoire de Siemens, la Deutsche Bundespost Telekom – l'exploitant du réseau public de télécommunications – n'ayant de ce point de vue qu'une fonction relativement limitée. Ainsi les technologies utilisées dans le domaine novateur et coûteux des télécommunications « large bande » ont-elles été mises au point, pour l'essentiel, par des chercheurs de Siemens.

Le modèle technologique allemand repose d'abord sur la puissance de frappe des grandes entreprises. A l'instar de Siemens, les grands groupes industriels allemands possèdent aujourd'hui des ressources financières et technologiques telles qu'elles leur permettent de planifier et de gérer à long terme l'innovation technologique. Ensuite – l'écart entre l'Allemagne et ses partenaires-concurrents européens n'étant plus ici seulement quantitatif, mais bien qualitatif –, les Allemands peuvent aussi compter sur un réseau de petites et moyennes entreprises qui ont fait de la technicité et de la qualité de leurs produits leurs principaux atouts commerciaux, ce qui leur a permis de surmonter avant les autres la crise pétrolière. Plus de 50 % du PNB allemand est en effet le fruit d'entreprises de moins de 500 salariés. Mais ces petites entreprises ne sont pas, pour autant, démunies sur le plan industriel ou technologique : « La PMI française de la mécanique pèse trois fois moins que sa concurrente allemande, aussi bien en ventes et en profits qu'en frais de recherche », reconnaît Roger Fauroux, le ministre français de l'Industrie. Certes, il n'est pas question, pour les PME-PMI allemandes, de jouer, comme Siemens et consorts, la carte de l'autarcie à tous les stades depuis la recherche jusqu'à la commercialisation. Mais c'est précisément le point fort et l'originalité du tissu industriel allemand que de s'être organisé pour tirer le meilleur parti de l'état des connaissances techniques et l'adapter à ses caractéristiques et ses besoins spécifiques. Ainsi l'existence de fondations industrielles (Thyssen, Volkswagen, par exemple) et de centres de recherche sous contrat disposant, tels les quelque trente « Fraunhaufer Institut », d'un personnel qualifié de très haut niveau, permet aux PME d'avoir facilement accès à l'expertise technologique. L'efficacité de la formation professionnelle outre-Rhin est également connue et garantit la disponibilité d'une main-d'œuvre adaptable. Et pour compléter le dispositif, l'appui de « banques maisons » (Hausbank), fortement impliquées dans le processus industriel, favorise la poursuite de stratégies à moyen et long terme tandis que, sur les marchés extérieurs, de nombreux liens de coopération existent entre les entreprises allemandes, à l'initiative notamment des grands groupes industriels qui n'hésitent pas à mettre leurs sociétés de commerce international au service du tissu dense des PME-PMI qui gravitent autour d'eux. A sa manière, le tissu industriel allemand offre donc, par nature, un bon exemple d'intégration fonctionnelle entre les instituts privés de recherche, le management de l'entreprise – lui-même très lié aux milieux bancaires – la main-d'œuvre industrielle et les alliances nouées entre les entreprises en vue de l'exportation.

Produites par une structure très différente, les réussites industrielles allemandes n'ont donc pas le même goût que les spectaculaires programmes technologiques à la française. Là où la tradition hexagonale veut que le prestige national soit mobilisé à grands renforts de crédits publics et de déclarations prophétiques, l'industrie allemande semble préférer le travail modeste, permanent et presque inaperçu de ses ingénieurs et de ses chercheurs qui, sans cesse, améliorent la qualité et la performance des produits allemands et déposent chaque année plus de trente mille brevets *. Pas de grandes dates magiques, pas de produits miracles dans l'histoire récente de la technologie allemande, plutôt un processus d'adaptation continu du tissu industriel.

Pourtant, s'il possède des points forts qui lui sont propres, le modèle allemand d'innovation présente avec le modèle français des faiblesses communes. Il est vrai que les grands groupes industriels comme – ce qui est au moins aussi significatif – les

---

* Les Français n'en prennent qu'environ douze mille.

PME ont su intégrer le souci d'excellence technologique dans une politique visant avant tout à défendre les bastions traditionnels de l'industrie allemande. Mais dans les domaines d'élection privilégiés des nouvelles technologies – ceux-là mêmes où nous avons vu des compagnies comme Sony, Apple, Microsoft et IBM manœuvrer à leur aise – les performances allemandes ont toujours été beaucoup plus nuancées. Si bien qu'au total on peut se demander si la « Germany Incorporated » n'est pas en panne d'inspiration dès qu'elle sort des limites de ses chasses gardées où le gibier est, il est vrai, abondant : pas plus que les Français, les Allemands n'ont su se mettre complètement en phase avec la nouvelle donne de la technologie mondiale.

L'évolution du secteur des machines-outils illustre bien à la fois la force et les limites du système : dans ce domaine pilote de l'industrie allemande, l'innovation n'a pas été considérée comme un processus de rupture stratégique, mais plutôt comme un moyen de valoriser au maximum une situation acquise. Pôle traditionnellement le plus solide (et le plus exportateur) de l'industrie allemande, le secteur mécanique n'a ni précédé ni même réellement anticipé l'impact de la micro-électronique sur les équipements de production et les machines industrielles. Ce n'est qu'après 1980 que les industriels allemands du secteur, constatant que la réputation de qualité et de robustesse de leurs produits ne suffisait plus à les protéger de la concurrence étrangère (notamment japonaise), ont choisi de renouveler leurs gammes et de centrer leur offre sur des produits spécifiques plus évolués technologiquement tout en étant moins sensibles à la concurrence par les prix. L'analyse a été payante : la RFA reste le premier exportateur mondial de construction mécanique et, depuis 1983, son solde technologique (balance des droits de propriété industrielle) dans ce secteur est devenu fortement positif. De même, lorsque le géant Siemens décide en 1983 d'investir massivement dans le développement de mémoires électroniques à haute intégration (9 milliards de francs sur cinq ans pour le projet Mega, suivi d'une participation active au projet européen Jessi), ce n'est pas tant pour faire du secteur des composants électroniques, chroniquement déficitaire, une source de profit autonome pour l'entreprise que pour hisser ses compétences technologiques à un niveau suffisant pour préserver l'évolution de ses principales activités : la construction électrique, les télécommunications, l'informatique ou les transports, qui sont toutes confrontées à la révolution électronique.

Le modèle allemand d'innovation marque donc une propension assez nette pour l'introversion. Il faut constater tout d'abord que l'industrie germanique ne s'est pas servie de la technologie pour créer de nouveaux marchés, comme a pu le faire systématiquement l'industrie japonaise par exemple (chapitre III), mais plutôt pour les conserver. Toutes les analyses sur ce point sont formelles. Que ce soit pour l'Institut pour l'économie mondiale de Kiel (dans un rapport très critique rendu public en 1988) ou, un an plus tard, le CEPII (Centre d'études prospectives et d'informations internationales) français [10], la spécialisation de l'industrie allemande reste relativement défensive et figée. Les points forts de l'industrie allemande se situent globalement dans des secteurs de moyenne technologie. C'est sur eux que les entreprises germaniques ont fait porter – avec le succès que l'on connaît – l'essentiel de leur effort d'ajustement : ainsi la construction mécanique, l'automobile et la chimie de base concentrent-elles près de 60 % des dépenses de R&D du secteur privé *! En revanche, dans les secteurs les plus porteurs de croissance (technologies de l'information, services à valeur ajoutée, etc.), les performances allemandes sont beaucoup plus médiocres. Ainsi, en 1988, les produits informatiques, électroniques et de télécommunications ne représentaient plus que 7 % des exportations allemandes contre 17 % aux États-Unis, 21 % au Japon, 11 % au Royaume-Uni et 7,5 % en France. Et si l'on compare par exemple AEG et Thomson, deux entreprises d'électronique professionnelle qui pesaient en 1982 le même poids en termes de chiffre d'affaires, on arrive en 1988 à un écart de 30 milliards de francs en faveur du leader électronique français!

De plus, la gestion de l'innovation outre-Rhin est restée très centrée sur l'appareil industriel lui-même. L'Allemagne d'aujourd'hui est marquée, à l'évidence, par une forte culture industrielle que lui envient à juste titre ses partenaires européens et qui lui assure la suprématie économique au sein du marché commun. Mais culture industrielle ne signifie pas aptitude à rompre les barrières psychologiques, humaines et institutionnelles – plus que véritablement techniques – qui limitent l'éclosion de nouvelles technologies et freinent la diffusion de l'innovation au sein d'une société donnée. Pour reprendre l'exemple du vidéotex

* D'après les statistiques officielles, les dépenses de R&D représentent 7,8 % du chiffre d'affaires de l'électrotechnique, 5 % pour la mécanique de précision et l'optique, 4,5 % pour l'industrie chimique et 3,7 % dans la mécanique et les véhicules de transport.

qui permet d'effectuer une analyse autour d'un petit nombre de paramètres, la différence de succès entre le Minitel français et le Bildschirmtext allemand est frappante. Certes, la simplicité du terminal français et son système de tarification plus attractif * lui conféraient au départ un avantage marketing. Mais là où le Minitel a suscité une profusion de services gérés par des prestataires privés et provoqué un phénomène de société, l'utilisation du Bildschirmtext est restée beaucoup plus classique et confidentielle. A distance, la France a gagné face à l'Allemagne la bataille de l'innovation sur son seul potentiel d'imagination et de créativité, les facteurs proprement industriels n'entrant guère en ligne de compte. Et cet exemple n'est pas atypique. En matière de capital risque, de production de logiciels informatiques ou encore de services de télécommunications à valeur ajoutée – autant d'activités où l'essentiel se joue sur la matière grise et non pas la capacité manufacturière – l'Allemagne est de la même manière derrière la France et la Grande-Bretagne. « *En fait, les innovations* (des entreprises allemandes) *sont largement centrées sur les processus de fabrication et visent à obtenir une réduction des coûts de production ainsi qu'une plus grande flexibilité des entreprises. La véritable créativité innovante apparaît plutôt terne* », peuvent ainsi écrire Sabine Urban et Ernst-Moritz Lipp dans un livre récent consacré à l'économie allemande [11].

L'histoire de l'ascension et de la chute récente de l'entreprise allemande d'informatique Nixdorf est, dans ce contexte, intéressante à plusieurs titres. Elle a, tout d'abord, valeur de contre-exemple. Car, avant d'être racheté au bord de la faillite début 1990 par Siemens, Nixdorf a longtemps fait figure d'exception sur la scène allemande, au point que l'hebdomadaire britannique *The Economist* a pu écrire cette phrase à l'humour grinçant et quelque peu malveillant : « *Nixdorf, cette société qui prouvait que les Allemands étaient capables, eux aussi, d'être innovateurs et entreprenants* [12]. » D'emblée, en effet (la société a été fondée en 1952 à Essen par Heinz Nixdorf, mais elle attend 1968 avant d'entrer sur le marché de l'informatique), Nixdorf commence son brillant parcours sous le signe de l'innovation technologique : suivant l'exemple de quelques pionniers américains (notamment Digital Equipment), Nixdorf est parmi les premiers à développer le concept de mini-ordinateur à partir du démarquage de la

---

* Le « kiosque » électronique du Minitel évite à l'utilisateur d'avoir à contracter un abonnement spécifique pour chaque service utilisé.

structure des grands systèmes. Le marché allemand est bientôt trop étroit pour Nixdorf, dont les véritables concurrents sur le marché mondial de la mini-informatique se nomment alors Digital Equipment, Wang, Data General ou Hewlett-Packard. Nixdorf grimpera jusqu'à la dix-septième place de l'informatique mondiale en 1988 tandis que les experts de l'OCDE, de leur côté, lui rendent un hommage incident en écrivant en 1984 dans une de leurs publications : « *Ailleurs qu'aux États-Unis, ce sont les grandes entreprises qui innovent. Des exceptions qui confirment la règle : Norskdata en Norvège et Nixdorf en Allemagne* [13]. »

Mais l'incapacité dans laquelle s'est trouvé Nixdorf, en bout de course, d'assumer seul son destin montre aussi combien il est difficile, lorsque l'on sort des sentiers battus de la puissance industrielle allemande, d'échapper à ces « langueurs » qu'évoquent Sabine Urban et Ernst-Moritz Lipp à propos de l'innovation en RFA [14]. Certes, l'échec de l'aventure Nixdorf est lié à quelques événements conjoncturels difficiles à prévoir : Heinz Nixdorf est mort subitement en 1986 au moment même où la montée irrésistible de la micro-informatique et des nouveaux standards (DOS, OS2, UNIX) commençait à mettre partout en difficulté la mini-informatique et ses logiciels « propriétaires », c'est-à-dire propres à chaque constructeur et incompatibles entre eux. Pourtant, par-delà ces causes immédiates, Nixdorf n'a pas su non plus se détacher complètement de quelques-uns des atavismes de l'industrie allemande. Après avoir inventé la mini-informatique, Nixdorf a poursuivi son parcours en pratiquant une politique « *de marché de niche à marché de niche* [15] », reposant plus sur la déclinaison de produits spécifiques adaptés à des clientèles bien identifiées (depuis les systèmes pour la grande distribution jusqu'aux automates bancaires) que sur la transformation permanente de sa technologie d'origine. C'était signer là sa condamnation, tant il est vrai que sur un marché High Tech en perpétuel renouvellement, la qualité et la fiabilité des produits ne sont plus des atouts suffisants en eux-mêmes.

C'est à ce stade qu'il convient de se demander si, à sa manière, l'Allemagne n'a pas, elle aussi, besoin de protections pour innover et réussir industriellement. Question iconoclaste en apparence lorsque l'on sait à quel point l'establishment allemand cultive le goût et les méthodes du libéralisme économique et industriel. Et pourtant le caractère introverti du modèle d'innovation allemand, la spécialisation défensive de l'industrie germanique, suggèrent fortement que celle-ci n'aime pas plus la concurrence brutale que ses consœurs françaises et européennes. Visiblement, la Germany Incorporated fonctionne mieux sur ses chasses gardées qu'en situation exposée. En fait, à bien y regarder, une double protection a permis aux entreprises allemandes de s'adapter mieux que d'autres – mais en faisant certaines impasses sur l'avenir – aux nouvelles conditions de l'économie mondiale.

Les Allemands sont-ils capitalistes?

En premier lieu, le marché allemand est, à l'évidence, un marché difficile à pénétrer où les entreprises nationales – un motif de fierté outre-Rhin – font l'objet de toutes les attentions de la part de la collectivité. Le 28 octobre 1989, le très respectable hebdomadaire financier français *La Vie française* ose ainsi titrer : « Les Allemands sont-ils capitalistes?» Cet article sévère et paradoxal met en évidence l'épaisseur des protections financières et juridiques qui maintiennent l'industrie allemande à l'écart des visées trop agressives de la concurrence internationale : « *Sur les 300 000 entreprises allemandes, 2 300 ont opté pour un statut de société anonyme. Alors que 12 500 d'entre elles réalisent un chiffre d'affaires supérieur à 30 millions de deutsche Marks (102 millions de francs), 590 seulement sont cotées en bourse, tous marchés confondus.* » On y apprend ainsi avec stupeur que de grands industriels tels que MBB, Henkel ou Bosch (l'inventeur du frein ABS, une belle innovation technique et commerciale) ne sont pas cotés en bourse et que, de l'aveu même d'un banquier allemand, « *qu'il s'agisse de Puma (la société d'articles de sport récemment rachetée) ou de Nixdorf, les problèmes sont apparus après leur introduction en bourse. Quand il a été mis sur le marché, Nixdorf était au sommet* ».

De même, on doit à Jean-Jacques Salomon et à un rapport officiel récent d'avoir brisé un tabou solide relatif aux aides publiques à la recherche : «*Au contraire de ce que l'on croit communément, le financement public de la recherche civile en Allemagne fédérale est en fait plus important qu'en France : ce financement est comparable (en 1984, il était de 1,08 en pourcentage du PIB en RFA et de 1,22 en France), mais comme la part consacrée à la recherche militaire y est moindre (0,10 contre 0,42), la recherche civile allemande est finalement mieux soutenue par l'État en RFA qu'en France. Elle l'est d'autant plus que, dans l'estimation des aides allemandes, on ne tient pas*

compte, comme l'a souligné un rapport récent, de l'intervention
des Länder et des communes, " l'État fédéral jouant un rôle
d'écran vis-à-vis de la CEE et de ses réglementations sur les
aides ". Le même rapport conclut que, de 1980 à 1986, le surplus
d'aides de l'Allemagne sur la France a représenté pour les
petites et moyennes entreprises un volume supérieur à l'aug-
mentation de leurs fonds propres [16]. » Et la meilleure preuve de
cette implication, mal connue, de l'État dans la recherche, ce
sont les débats qu'elle provoque au sein de la communauté
économique et scientifique, ainsi que le reconnaît le Dr V. Massow
du ministère fédéral de l'Éducation et de la Science : « *L'inter-*
vention accrue de l'État en faveur de la recherche industrielle
a suscité en RFA une discussion sur l'opportunité du recours
aux finances publiques pour financer la recherche industrielle.
Certains trouvent un tel recours incompatible avec notre système
d'économie de marché [17]. » Tout cela pourtant ne date pas d'hier :
à l'heure même où la France lançait son fameux Plan Calcul, le
gouvernement de Bonn mettait, lui aussi, en place son premier
Programme de soutien à l'industrie informatique, suivi en 1975
par une directive secrète obligeant l'administration fédérale à
réduire de 20 % la part d'IBM dans son parc informatique [18]!
De même, plus récemment, c'est le ministère de la Recherche
et de la Technologie (BMFT) qui a pris l'initiative de réunir –
à la manière du MITI japonais – un groupe de travail regroupant
les plus grandes firmes d'électrotechnique allemandes et les
principaux centres de recherche, afin de trouver les moyens de
freiner la dépendance allemande en matière de composants et
de sous-ensembles micro-électroniques.

Toujours dans le même ordre d'idée, les grandes entreprises
bénéficient directement, et comme en France, des commandes –
massives – de l'État. Témoin extrême, mais significatif, de ce
« germanocentrisme », Siemens : « *La firme de Munich est le*
fournisseur attitré de la Bundesbahn, de la Bundespost et de la
Bundeswehr. Nombreux outre-Rhin sont ceux qui admettent que
le trésor de guerre de Siemens serait moins garni si les entre-
prises publiques germaniques avaient été plus regardantes sur
le prix des matériels vendus par leur fournisseur favori... Alle-
mand et fier de l'être, Siemens réalise encore près de la moitié
(47 %) de son chiffre d'affaires en Allemagne, alors que la CGE
se contente de 40 % dans l'Hexagone [19]. »

Deuxième élément de « protection » : les entreprises allemandes
bénéficient, sur les marchés extérieurs, d'une solide rente de

situation industrielle. Cette rente de situation s'exprime tout
d'abord au plan géographique. Car les exportations allemandes
restent assez concentrées sur l'Europe où elles profitent à plein
de l'existence du marché commun et des liens de coopération
divers tissés avec les autres États membres de la Communauté,
et d'abord la France qui est le principal importateur de produits
« made in Germany ». Toutes les études montrent d'ailleurs que
le redressement industriel de l'Allemagne au cours des années 80
(la RFA avait subi un relatif passage à vide à la fin des années 70),
s'est largement effectué au détriment des parts de marché détenues par la France, notamment dans l'automobile.

A cette rente de situation géographique s'ajoute une rente
sectorielle, liée à la domination exercée sur certains marchés
mondiaux par les entreprises allemandes, et notamment celui de
la mécanique. C'est ainsi que les Allemands détiennent 45,5 %
du marché mondial à l'exportation des installations de séchage
et de traitement des surfaces (le second exportateur est l'Italie
avec 12,7 %), 39,4 % du marché des machines d'imprimerie
devant les 13 % du Japon et 31 % du marché de l'outillage de
précision devant la Suisse avec 12,8 % [20]. Dans un tel contexte,
il est clair qu'il est plus facile de conserver des marges élevées
qui servent à leur tour à financer un important effort de R&D
et d'adaptation de la gamme de produits. L'exemple de cette
entreprise utilisatrice ouest-allemande revendant en Allemagne
de l'Est une machine-outil amortie sur cinq ans – et donc créant
pour le fournisseur un marché de renouvellement – montre bien
le « cercle vertueux », pour l'économie allemande en général et
l'industrie de la construction mécanique en particulier, créé par
la jonction d'une demande nationale et d'une demande mondiale
fortes et d'une offre constamment mise à jour.

Il est intéressant, enfin, de noter que pour l'essentiel, les points
forts de l'industrie allemande se situent à un stade relativement
éloigné de la consommation finale, où le marché est le plus
changeant et la concurrence la plus forte. Les travaux du CEPII,
déjà cités, montrent bien que les avantages comparatifs de
l'Allemagne fédérale concernent principalement les biens d'équipement et les biens intermédiaires. Or, ce sont précisément les
domaines où la clientèle peut le plus facilement être fidélisée à
travers des liens industriels et commerciaux divers que les entreprises allemandes, comme on le sait, excellent à tisser. Sauf crise
conjoncturelle grave, on ne change pas de programme d'investissement en cours de route. C'est donc ici d'une troisième et

dernière rente de situation – rente de situation stratégique en raison des liens de dépendance industrielle et technologique qu'elle suppose – dont bénéficie l'économie allemande.

La France de Colbert et de l'École Polytechnique n'est donc pas la seule à chercher, par différents moyens, à protéger ses développements technologiques innovants. Jouant sur ses atouts traditionnels, la RFA semble elle aussi avoir trouvé comment mettre discrètement – mais efficacement – à l'abri sa capacité d'innovation technologique. Et si tout cela est finalement assez contraire à la stricte logique du marché pur et parfait, il faut reconnaître que dans les domaines technologiques de pointe, la tentation de protéger l'innovation est d'autant plus forte en Europe que l'absence ou l'insuffisance de telles protections a souvent conduit par le passé à des échecs cuisants. Prenant appui sur les exemples français et allemands – qui représentent à eux deux environ 50 % du potentiel de recherche européen –, le constat peut être généralisé : l'Europe souffre, dans son ensemble, d'un complexe de l'innovation protégée.

Le complexe européen de l'innovation protégée

En Europe, l'innovation technologique semble s'épanouir à l'abri de protections et dépérir lorsqu'elle en est privée. Les leçons françaises et allemandes sont ici transposables, ne serait-ce que parce que la plupart des réussites technologiques du Vieux Continent sont imputables à ces deux pays. Et ce n'est pas faire injure à la technologie britannique ou italienne, par exemple, que de le souligner : pour l'essentiel, le paysage technologique européen s'est organisé, ces vingt ou trente dernières années, autour du modèle colbertiste français et des performances de la Germany Incorporated. Même si les programmes européens de coopération technologique font, par définition, la part belle à un esprit volontariste proche de la démarche française, il est éclairant d'observer que, pratiquement à chaque fois, c'est de l'axe Paris-Bonn que tout est parti et que tout a été décidé.

La relation entre réussite technologique et protection institutionnelle est à son « point de tension » maximal dans le cas des grands programmes technologiques français ou européens d'inspiration française (type Airbus et Ariane, voire ESPRIT ou EUREKA). L'État est en effet, dans ce cas de figure, à la fois l'acteur et le client, puisque c'est à travers lui que passe l'essentiel des commandes. Commandant les deux bouts de la chaîne, la technologie et le marché, il lui est bien entendu plus facile de provoquer cette « explosion créatrice » dont nous avons vu qu'elle était à l'origine de toute vraie innovation. Plus facile ne veut pas dire que la réussite est assurée : il faut de toute façon affronter à un moment ou un autre l'épreuve du marché international et là, les performances du colbertisme technologique sont beaucoup moins évidentes que sur le plan interne, même si des succès remarquables ont été enregistrés comme en matière de télécommunications où les Français ont su – pour une fois – exploiter à fond leur avance technologique. Il faut y voir aussi la volonté politique de pousser jusqu'au bout les conséquences d'une logique de programme et d'interventionnisme industriel.

C'est peut-être cette volonté, beaucoup plus que la capacité technologique ou scientifique *, qui a finalement fait défaut à la Grande-Bretagne alors même que celle-ci s'était engagée, dans la période de reconstruction d'après-guerre, dans une action de soutien vigoureux de la technologie britannique (aéronautique, nucléaire, informatique...). Du moins est-ce le constat désabusé auquel se livre aujourd'hui Sir Christopher Hogg, président de Courtaulds : *« L'histoire du monde est remplie d'exemples de nations et de peuples réalisant des choses extraordinaires, mais la volonté joue un rôle important, et je ne suis pas sûr que dans ce pays nous ayons la volonté d'agir avec suffisamment de détermination, et pendant une période de temps suffisamment longue, pour résoudre certains des problèmes fondamentaux auxquels nous nous trouvons confrontés, et améliorer nos performances économiques* [21]. » Force est de constater que, ballotté entre les doctrines industrielles contradictoires des conservateurs et des travaillistes, le Royaume-Uni n'a pas su, comme la France, mener une politique de grands programmes, certes soutenus par les pouvoirs publics, mais ayant des retombées industrielles importantes. La comparaison entre les performances de l'industrie française des équipements de télécommunications et celle de l'industrie britannique est, à cet égard, édifiante : là où les Français ont su tirer parti de la synergie entre un important potentiel de recherche public et les entreprises nationales, les Britanniques s'en sont tenus, notamment en matière de commu-

---

* Les dépenses de R&D britanniques sont comparables à celles de la France après avoir été longtemps supérieures.

tation publique, à des choix conservateurs et se sont au total laissés distancer *.

L'Allemagne a pu, d'une façon différente de celle de la France, mais peut-être plus payante sur le long terme, combiner la relation entre innovation technologique et protection de marché. L'intervention de l'État allemand a été plus discrète et, de toute manière, plus indirecte que dans le cas français. On a assisté pour l'essentiel à une mobilisation collective et multiforme de la Germany Incorporated, mobilisation dont les fonds publics n'ont jamais été absents, mais qui repose surtout sur un aggiornamento technologique permanent et sur la volonté de préserver ces « rentes de situation » que l'industrie allemande a su se constituer au fil des années.

Pas plus que le colbertisme technologique, le modèle industriel intégré à la germanique n'a véritablement fait école en Europe, si ce n'est peut-être en Italie où, face à une concurrence pourtant sévère des pays en développement, l'industrie textile a réussi une résurrection surprenante en développant des méthodes de production complètement décentralisées et en faisant une utilisation astucieuse et pragmatique des nouvelles technologies. Dans son livre récent, « *L'Avantage concurrentiel des nations* » [22], l'économiste anglo-saxon Michael Porter donne un autre exemple de cette capacité d'innovation « à l'allemande » de l'industrie italienne : c'est celui de l'industrie italienne de la tuile en céramique, réunie autour de la ville de Sassuolo en Émilie-Romagne et qui est devenue leader mondial selon un processus faisant irrésistiblement penser, sur une échelle certes très réduite, à celui qui a conduit la machine-outil allemande à retrouver son tonus (voir *supra*). M. Porter montre en effet comment la création d'un tissu industriel extrêmement concentré et concurrentiel dans une zone géographique limitée, jointe à un phénomène d'internationalisation de l'industrie de la tuile en céramique, a incité les entreprises italiennes à innover dans à peu près tous les aspects de cette industrie. Mais revenant sur le cas de l'Italie plus loin dans son livre, Michael Porter souligne que les « *relations horizontales* » au sein du tissu industriel italien sont « *rarement fondées sur la technologie, contrairement à ce qui est le cas en Allemagne et au Japon* », et que « *les entreprises italiennes ne réussissent pas*

---

* L'OPA conjointe de GEC et Siemens sur Plessey (chapitre II) a entériné le renoncement du Royaume-Uni à pouvoir disposer dans l'avenir d'une technologie nationale indépendante.

souvent lorsque la standardisation, la production de masse, ou des investissements lourds dans la recherche fondamentale sont en jeu [23] ». Le fait est que malgré le dynamisme incontestable et la créativité de ses entrepreneurs, l'Italie pèse encore trop peu dans la recherche européenne pour pouvoir dialoguer d'égal à égal avec ses voisins du Nord et faire figure de « contre-modèle » susceptible d'offrir une réelle alternative au modèle européen dominant de l'innovation protégée *. D'autant qu'à côté d'un secteur privé qui a su en l'absence de toute protection officielle obtenir de brillants résultats, l'État continue à tenir en ses mains une bonne partie des leviers industriels : ainsi ce gigantesque consortium public qu'est l'IRI réalise-t-il, selon certaines estimations, près de la moitié de la recherche indus-trielle en Italie!

Enfin, dans l'intervalle situé quelque part entre la politique de planification « par le haut » pratiquée par la France et celle de l'occupation systématique d'un segment de marché pratiquée par les entreprises allemandes (et à un degré moindre par les firmes italiennes), quelques entreprises européennes innovantes sont par-venues à se constituer des « niches de marché » en évitant la concurrence frontale avec les poids lourds de l'industrie améri-caine ou japonaise. Ces entreprises, pour prendre le secteur de l'informatique légère qui s'y prête bien, ont eu pour nom Nixdorf, Olivetti ou Amstrad. On pourrait citer aussi l'industrie euro-péenne du logiciel qui, emmenée par les entreprises françaises et britanniques, s'est taillée une (petite) place au soleil sur un marché mondial très largement dominé par la créativité améri-caine. Ces « niches » restent toutefois, par définition, bien fragiles. Elles supposeraient, pour pouvoir être maintenues et développées – après tout, des entreprises comme Sony ou Apple ont bien prospéré à partir d'un créneau de marché au départ étroit –, un potentiel d'innovation après lequel les entreprises européennes continuent le plus souvent à courir : Nixdorf s'y est épuisé,

---

* En 1985, la part des dépenses intérieures brutes de R&D dans le produit intérieur brut n'était que de 1,33 % en Italie contre 2,11 % aux Pays-Bas, 2,31 % en France, 2,33 % au Royaume-Uni et 2,66 % en Allemagne fédérale, soit un rapport du simple au double avec ce dernier pays (source : Commission des communautés européennes). On retrouve le même décalage en matière de brevets : toujours en 1985, les entreprises italiennes ne déposaient que 2 063 brevets dans leur propre pays, contre 12 158 pour les entreprises fran-çaises, 19 797 pour les entreprises britanniques et surtout 32 708 pour les entreprises allemandes (source : OCDE et ministère français de la recherche et de la Technologie).

Olivetti a du mal à renouveler ses lignes de produits et Amstrad souffre d'un défaut de capacité manufacturière. La capacité d'adaptation des sociétés de services informatiques européennes est en revanche nettement meilleure en raison justement de cette indépendance vis-à-vis de la contrainte industrielle.

Hors du champ de ces différentes formes de protections institutionnelles ou naturelles, la technologie européenne a, malheureusement, souvent fait pâle figure face aux dures réalités du marché international. Lorsque le terrain est devenu moins favorable, le modèle européen d'innovation a paru s'essouffler, comme si la confrontation directe avec les modèles américains et japonais devait systématiquement tourner en sa défaveur, comme si les entreprises européennes souffraient d'une sorte de complexe lorsqu'il leur fallait abandonner leurs références habituelles. La filière électronique – c'est-à-dire le cœur de la révolution technologique en cours – offre un exemple presque caricatural du contraste entre les performances réalisées par les Européens en situation protégée d'une part et en situation exposée d'autre part.

Ainsi les Européens s'en sortent-ils plutôt bien en matière d'électronique professionnelle (y compris les systèmes d'armes qui représentent de loin le plus gros marché de cette branche) et de télécommunications : si l'on en croit les chiffres de l'EIC (voir tableau ci-après) le solde des échanges commerciaux de l'Europe était positif en 1989 pour l'électronique professionnelle et pour les télécommunications (bien que de très peu dans ce second cas). Ces deux secteurs sont, presque par définition *, des secteurs protégés, étroitement dépendants des marchés de l'État ou de ceux des entreprises publiques : marché de défense pour l'électronique professionnelle, marché des équipements de réseau public (commutation et transmission) pour les matériels de télécommunications. La « réussite » européenne s'explique aussi – mais les deux aspects sont liés – par l'importance des débouchés offerts par les pays en développement et les pays de l'Europe de l'Est (soit l'essentiel du « reste du monde » selon la nomenclature de l'EIC) : vis-à-vis de ces pays, l'Europe était excédentaire de quelque 6 milliards de dollars en 1989 dans le domaine de l'électronique professionnelle, soit le plus gros « solde » devant les États-Unis (3,2 milliards) et de 1,7 milliard pour les matériels

---

* Si l'on met à part le marché des terminaux de télécommunications qui est fortement concurrentiel et dont le déficit, dû à la poussée japonaise, explique justement que le solde total pour les télécommunications ne soit pas plus fortement positif.

de télécommunications (premier exportateur juste derrière le Japon).

Le tableau se transforme complètement dès lors que l'on aborde ces secteurs exposés par excellence de la filière électronique que sont l'électronique grand public, les composants actifs et l'informatique. Les chiffres de l'EIC sont sur ce point éloquents : dans ces trois secteurs, les Européens sont battus à plate couture par les Japonais (électronique grand public, composants actifs, informatique) et les Américains (composants actifs, informatique). Et la situation va aller s'aggravant, comme nous l'avons vu globalement (chapitre III) pour l'ensemble de la filière électronique.

ÉVOLUTION PRÉVISIBLE DES SOLDES COMMERCIAUX
DE L'EUROPE DANS LA FILIÈRE ÉLECTRONIQUE
(en milliards de dollars)

	Électronique professionnelle	Télécommunications	Électronique grand public	Composants actifs	Informatique
1989	+ 3,3	+ 0,01	− 10,5	− 4,9	− 16,8
1995	+ 3,9	+ 0,2	− 15,5	− 7,6	− 23

Source : EIC, 1990.

L'analyse qualitative conforte l'impression négative qui ressort de ces chiffres. On a déjà évoqué (chapitre V) le cas de l'informatique − 23 milliards de déficit prévus en 1994! − à propos du marché des grands systèmes informatiques, marché mondial où par nature, face aux stratégies de puissance d'IBM et, dans une moindre mesure, des groupes japonais, les velléités de réaction des entreprises européennes n'ont pas pesé lourd. De bout en bout le Vieux Continent a joué trop petit, alors même qu'il disposait d'un potentiel d'innovation certes inférieur à celui des Américains, mais supérieur au départ à celui des Japonais. Et quelques années après, les Européens souffrirent du même « déficit de puissance » dans le domaine des composants, opposant à la formidable stratégie concertée des Japonais (suscitée par le MITI avec le plan VLSI) leurs traditionnelles politiques individualistes des « champions nationaux * ».

---

* Thomson et Matra-Harris en France, AEG et Siemens en Allemagne, Ferranti et Inmos en Grande-Bretagne, SGS-ATES en Italie, etc.

Mais l'exemple de l'électronique grand public est, d'une certaine manière, encore plus révélateur des difficultés des Européens dès lors que la compétition technologique tourne au rapport de forces pur et simple. Dans l'électronique grand public en effet, et contrairement à ce qui est le cas dans l'informatique et les composants, l'Europe pouvait faire valoir un potentiel de départ significatif : tant la radio que la télévision se sont rapidement développées sur le Vieux Continent avec la formation d'un tissu industriel équilibré. Et pourtant la capacité d'innovation-produit des entreprises européennes n'a pas été suffisante pour résister à la pression, d'abord des constructeurs japonais, puis de ceux des « quatre dragons » d'Asie du Sud-Est, soit la Corée, Singapour, Taiwan et Hong Kong.

Le drame de l'électronique grand public européenne c'est principalement celui d'une entreprise majeure du continent : Philips. La société d'Eindhoven n'est pas n'importe quel industriel de l'électronique. Elle a toujours été l'une des firmes européennes les plus innovantes au point que beaucoup voyaient en elle le Sony du Vieux Continent. Et c'est d'ailleurs avec la société de A. Morita que Philips a lancé conjointement sur le plan mondial le disque laser compact. Aujourd'hui pourtant, alors que l'échec global de l'électronique grand public européenne se lit de manière éloquente dans les chiffres, Philips va mal : son conseil d'administration a brutalement démissionné en mai 1990 le président Van der Klugt, tandis que la firme néerlandaise se sépare progressivement de plusieurs de ses activités périphériques (informatique, armement, centraux publics et sans doute bientôt les composants) dans le seul but de revenir à un seuil de rentabilité acceptable.

Que s'est-il passé? Un double débordement contre lequel les Européens n'ont pu faire jouer aucune de leurs protections habituelles : déficit d'innovation sur les créneaux haut de gamme (magnétoscopes, camescopes...), déficit de compétitivité-prix sur les produits bas de gamme (appareils radios et enregistreurs à cassette...). Sur le haut de gamme (magnétoscopes, caméras vidéo et camescopes), l'Europe subit de plein fouet depuis plusieurs années la concurrence du Japon qui domine la scène avec respectivement 66 % et 93 % de la production mondiale. Ce manque de compétitivité sur le haut de gamme explique un gros tiers du déficit commercial européen sur le secteur électronique grand public. Sur le bas de gamme, l'Europe subit, au contraire, la pression des quatre dragons : le déficit tous produits confondus de l'électronique grand public européenne vis-à-vis du « reste du monde », est de 2,8 milliards de dollars, soit environ un tiers également du déficit total électronique grand public. Au total, l'Europe ne tire son épingle du jeu que dans le milieu de gamme et notamment la télévision couleurs où elle est le premier producteur mondial et où ses échanges sont à peu près équilibrés.

Dans le déclenchement de ce scénario catastrophe, l'échec du magnétoscope européen (chapitre v) a bien signifié, pour l'industrie européenne, un point de rupture. Jusque-là en effet, on pouvait caresser l'espoir d'une sorte d'équilibre, dans le match Japon-Europe, entre la capacité manufacturière du premier et le potentiel d'innovation de la seconde, les Européens continuant à tenir le marché des nouveaux produits où les marges sont en principe les plus élevées. Mais la percée décisive des Japonais dans le magnétoscope, puis, par voie de conséquence, dans la vidéo, a mis à bas cette belle construction : ce n'était plus, désormais, les Européens (ou les Américains) qui donnaient le ton, mais bien les Japonais et, qui plus est, sur le segment de marché de loin le plus porteur de l'électronique grand public. L'innovation avait changé de camp. Dès lors, les données du problème se trouvaient fondamentalement modifiées : l'arbitrage innovation-produit contre compétitivité-prix ne jouait plus vis-à-vis du Japon, mais des nouveaux pays industrialisés. Aujourd'hui, ce sont donc les quatre dragons qui, après avoir capturé 78 % du marché ouest-allemand des récepteurs télévisions de 14 pouces [24], apparaissent les mieux placés en raison de leur flexibilité industrielle pour profiter, à court et moyen terme, de la baisse tendancielle des prix mondiaux de l'électronique grand public (pour une base 100 en 1980, le prix d'une télévision sera à l'horizon 1992 d'environ 80, celui d'une radio-cassette de 70, celui d'un magnétoscope de 50 et celui d'une platine laser de... moins de 20 ! [25]). Après la mise hors jeu des États-Unis, ce sont donc désormais les Européens qui, faute d'avoir pu conserver leurs avantages technologiques, risquent d'être définitivement marginalisés par la confrontation qualitative et quantitative entre le Japon et ses poursuivants asiatiques.

Derrière de grandes réussites industrielles et techniques, l'industrie européenne, toutes nationalités confondues, semble donc avoir du mal à gagner sur le terrain de l'innovation dès lors qu'elle ne peut plus s'abriter derrière des protections structurelles ou commerciales. Et cette incapacité à innover sur le marché mondial hors de toute protection n'est que le symptôme des déficiences structurelles du modèle d'innovation européen.

Les trois déficiences du modèle d'innovation européen

Certaines de ces déficiences sont désormais bien connues, notamment des Français qui en constatent souvent chez eux les manifestations les plus extrêmes. Mais au moins trois d'entre elles sont communes, à un degré ou à un autre, à l'ensemble des pays européens. L'étude de l'Institut atlantique citée au chapitre VII met d'emblée le doigt sur la plus évidente de toutes, le mauvais transfert technologique université-industrie : « *Alors que les niveaux européens de dépenses de recherche sont satisfaisants, les rigidités de la base technologique découragent la constitution de relations profitables entre la recherche académique et industrielle, limitant du même coup l'échange interactif d'informations et de personnel technique* [26]. » Michel Callon confirme, évidemment, cette analyse du point de vue français : « *Le système français d'enseignement organise dès l'origine un clivage entre, d'un côté, les cadres de gestion ou les ingénieurs généralistes, et de l'autre, quelques chercheurs enfermés dans les enceintes universitaires* [27]. » L'un des responsables de la société Max Planck, la principale institution allemande de recherche scientifique, montre bien cependant qu'il s'agit plus largement d'un phénomène continental : « *Je ne pense pas que nous ayons, en Allemagne et en Europe en général, un retard quelconque en recherche fondamentale par rapport à des pays comme les États-Unis ou le Japon. Mais il y a un problème indéniable de transfert de connaissances, et il est, on le sait, particulièrement difficile à résoudre en Europe. Ce problème n'est d'ailleurs pas le même pour toutes les disciplines scientifiques; il y a des traditions. En chimie, nous avons depuis longtemps, en Allemagne, des contacts soutenus avec l'industrie, mais ce n'est pas le cas de la microélectronique, par exemple, bien que la recherche fondamentale soit excellente en ce domaine* [28]. » L'exemple anglais, peut-être le plus symptomatique, vient compléter le tableau. A en croire le Design Council, un organisme financé par le gouvernement de Sa Gracieuse Majesté et donc en principe peu fondé à la critique gratuite, les industriels britanniques se caractérisent par une fâcheuse propension à ignorer – contrairement à la concurrence étrangère – les découvertes effectuées dans les laboratoires nationaux [29]. Ainsi la technologie des écrans à cristaux liquides, exploitée aujourd'hui par les industriels japonais pour leur plus grand bénéfice, a-t-elle été mise au point par des chercheurs de l'université de Hull dans le cadre d'un programme gouvernemental. De même l'industrie britannique s'est-elle refusée à fabriquer les scanners à résonance magnétique * développés dans les années 70 par les universités de Nottingham et d'Aberdeen. Conséquence : le British Technology Group, l'agence gouvernementale compétente, a vendu le brevet à des compagnies japonaises, allemandes et américaines qui dominent aujourd'hui un marché mondial estimé à environ 6 milliards de francs par an.

Plus en aval dans le processus, la liaison fonctionnelle, dont nous avons vu l'importance, entre la conception et la fabrication en série du produit innovant est aussi considérée comme l'un des points faibles du management industriel européen : « *En Europe, la décision de création d'une nouvelle gamme de produits (...) touche d'abord les responsables de recherche et développement dont le travail est le plus souvent dissocié des centres de production et de distribution de l'entreprise* », relevait ainsi le CPE dans une étude consacrée au Japon [30]. Là encore, le système productif français présente un exemple presque caricatural de cet état de fait : « *Dans le mode d'organisation français, chacun est bien dans son coin, autonome : des gens qui font la conception, des gens qui exécutent, des gens qui font l'entretien. Et chaque service, chaque niveau hiérarchique souhaite avoir une grande indépendance et être maître chez lui* [31] », explique Philippe d'Iribarne, sociologue du CNRS pour qui – thèse qu'il a défendue dans un ouvrage récent – le modèle de gestion industriel français obéit tout entier à la « *logique de l'honneur* ». Mais les experts du Service de prospective et des études économiques de la DGT, chargés en 1983 d'une étude sur l'innovation, ont estimé sur ce point qu'il était possible d'extrapoler un « *modèle européen à partir de l'exemple français* » : « *Il s'agit d'un modèle individualiste carriériste. La réussite est liée à la trajectoire d'un individu et non à ses réalisations. La division du travail est très marquée entre les tâches de conception et les tâches d'exécution qui sont en général dévalorisées* [32]. » Constatons en tout cas qu'à l'instar de leurs homologues français, les industriels britanniques

---

* Ces scanners sont utilisés en imagerie médicale pour visualiser l'intérieur du corps.

ont identifié la mauvaise articulation entre les objectifs stratégiques de l'entreprise et l'organisation du processus manufacturier comme l'un de leurs principaux problèmes. Sir John Egan, président de British Leyland (devenu depuis Rover), expliquait ainsi en 1987 comment le constructeur automobile britannique avait progressivement perdu pied dans la concurrence internationale : « *Probablement tout avait été de travers. La compagnie avait été dirigée pendant plusieurs années à partir de lignes fonctionnelles s'intégrant dans une bien plus grande organisation, BL* (British Leyland). *Les gens s'étaient concentrés sur toutes sortes d'objectifs stratégiques et non pas sur le fait de fabriquer de bons produits en tant qu'objectif principal. Aussi la qualité était-elle un très grave problème. Tout le processus manufacturier était mal organisé et mal articulé, et il y avait un très mauvais timing, des stocks très importants, une très faible productivité* [33]. »

Mais c'est peut-être encore à l'extrémité du processus innovateur que les entreprises européennes semblent rencontrer le plus de difficultés à tirer profit de leurs ressources innovatrices et technologiques. La rencontre avec le marché d'un projet innovateur – devenu entre-temps un produit – est, nous l'avons vu, l'une des phases critiques essentielles du processus. Pour avoir sous-estimé durant longtemps cette question, l'ANVAR française a constaté à ses dépens qu'une grande partie des projets qu'elle finançait échouaient aux portes mêmes du marché, ce qui l'a amenée en 1988 à subordonner ses aides à l'innovation à la garantie d'un financement extérieur du lancement commercial. Hans Jürgen Schmolke, consultant en Allemagne fédérale, décrit lui aussi ce « *piège du marché* » qui guette ces petites PME subventionnées : « *Les programmes publics de soutien à l'Innovation peuvent être un piège pour les PME parce qu'ils exigent des entreprises un projet très innovant par rapport aux solutions techniques existantes, au lieu de les aider à trouver leur succès commercial sur leur propre marché. Résultat, elles se retrouvent dans une situation de "solitude technique"* [34]. » Mais cette fragilité des nouveaux produits face au marché n'est pas l'apanage des PME naissantes, elle touche aussi de plein fouet de grands groupes industriels puissants comme Siemens, le géant aux 100 000 produits, qui, après avoir essuyé des échecs aussi discrets que cuisants, a décidé en 1989 de rattacher sa direction recherche et développement à celle du marketing. Et pour revenir à l'exemple de l'automobile britannique, là encore l'analyse des industriels concernés est sans complaisance : « *L'une des principales raisons* (de notre déclin) *a été l'attention insuffisante accordée au marché, et en conséquence notre part de marché s'est érodée en liaison directe avec les initiatives prises par nos concurrents* [35]. » Tandis qu'étendant son jugement à l'ensemble de l'industrie européenne des technologies de l'information, Vittorio Cassoni, le directeur général du groupe Olivetti, effectue le rapprochement avec la politique du marché protégé longtemps pratiquée par les gouvernements nationaux : « *Les pays européens ont principalement choisi de renforcer leur industrie des technologies de l'information à travers des politiques d'offre garantissant au champion national la part du lion du marché domestique, plutôt qu'en se rapprochant des besoins de l'usager à travers des actions orientées vers la demande* [36]. »

Le passage à la commercialisation d'un produit innovant technologique est d'autant plus difficile à réaliser qu'il est aujourd'hui bien établi que « *le territoire de référence, c'est-à-dire la zone géographique minimum sur laquelle il faudra se battre, diminue avec l'originalité technologique. (...) C'est toujours le cas lorsqu'il s'agit de produits ou services High Tech où l'indice d'originalité élevé, généralement supérieur à 15 %, impose un territoire de référence qui est la Triade éventuellement élargie aux zones satellites à développement rapide* [37] ». Cela signifie donc que le marché de départ d'un produit technologiquement avancé devra être d'emblée un marché transnational qui, par nature, échappera à toute protection organisée d'origine étatique. D'où de nombreux échecs européens (grands systèmes informatiques, télécopie, magnétoscope) très symptomatiques de la contradiction intrinsèque qu'il y a dans le modèle européen entre une exigence forte de protection et l'obligation, imposée par la technologie, de se battre dès l'origine au niveau du marché international. D'où aussi le handicap spécifique d'un marché européen nationalement fragmenté face aux marchés domestiques américain et japonais : « *S'attaquer aux barrières structurelles qui bloquent l'innovation en Europe – et dont l'absence d'un marché intégré n'est que la manifestation la plus évidente – est non seulement souhaitable, mais encore essentiel pour le regain de compétitivité des entreprises européennes de haute technologie* [38]. » Ce cloisonnement des marchés nationaux en Europe qui a été l'argument déterminant en faveur de la mise en œuvre du marché unique (chapitre II) est donc aussi l'un des signes de la faiblesse structurelle chronique du modèle européen d'innovation technologique.

La technologie, miroir du mal européen

« *Le défi américain n'est pas essentiellement d'ordre industriel ou financier. Il met en cause, avant tout, notre fécondité intellectuelle, notre aptitude à transformer les idées en réalités. Ce qui cède devant la poussée extérieure, ayons le courage de le reconnaître, ce sont nos structures politiques et mentales – c'est notre culture* [39]. » C'est dans ces termes que, en 1967, Jean-Jacques Servan-Schreiber stigmatisait cette « *Europe sans stratégie* » incapable de relever le défi industriel, technologique et social lancé au monde par les États-Unis. Et plus de vingt ans après, son raisonnement demeure largement valable. Certes, le respect quasi religieux qu'il éprouvait vis-à-vis des méthodes rationnelles de management américaines a fait place à une attitude plus critique des observateurs, justifiée par la série de déboires industriels qu'éprouvent depuis une dizaine d'années les États-Unis. Mais la puissance industrielle et économique repose plus que jamais sur la capacité de mobilisation des hommes et sur l'organisation des entreprises et de la société. C'est donc dans le tissu social et politique de l'Europe qu'il faut chercher la cause de ses faiblesses. Plutôt que de se fixer arbitrairement sur une cause unique censée expliquer l'ensemble des difficultés du modèle d'innovation européen, on se contentera ici d'examiner trois hypothèses. Ces hypothèses peuvent être prises séparément, s'additionner, mais peuvent aussi être conjuguées les unes avec les autres.

La première hypothèse reste relativement proche de notre analyse (voir ci-dessus) des blocages de l'innovation en Europe. Elle met en cause la circulation de l'information. En effet, il est facile de constater que les trois déficiences du modèle d'innovation européen (mauvaise liaison recherche/industrie, manque d'intégration entre conception et production, difficile passage au marché) sont essentiellement des dysfonctionnements dans la communication des informations entre les différents niveaux du système productif. Tout se passe comme si des goulots d'étranglement empêchaient le passage rapide et efficace d'un stade à un autre et compromettaient la cohérence et l'intégration du processus innovateur. De fait, il semble bien que le problème majeur de l'Europe soit plus un problème de gestion des flux qu'une carence dans la disponibilité des stocks. L'Europe n'a pas, en effet, de handicap insurmontable quant au niveau de sa recherche, quant à la disponibilité des financements industriels ou quant à la compétence et au nombre d'hommes nécessaires à son développement technologique. Ce qui semble lui manquer le plus, c'est de savoir faire circuler de manière harmonieuse et intégrée tous ces flux de matière et d'information dans les rouages complexes de la machinerie de l'innovation.

Or, la théorie systémique nous apprend justement que cette gestion des flux est un élément capital du bon fonctionnement de tout système complexe. Décrivant le concept de « système technique » comme un circuit faisant circuler la technologie de réservoir en réservoir, Paul Millier de l'Institut de recherche de l'entreprise écrit ainsi : « *L'information est l'énergie du système, elle doit l'irriguer en transitant d'un réservoir à l'autre. Les flux sont au cœur de la dynamique du système technique. Du fait de l'organisation des réservoirs entre eux, les flux technologiques vont cheminer dans plusieurs directions : les flux verticaux que l'on retrouve du haut en bas d'une filière et qui continuent à lui donner ses caractéristiques (filière électronique, filière bois...). Les flux horizontaux ou flux de connaissances qui circulent entre toutes les entreprises d'une même branche. Ce flux est souvent freiné par des obstacles légaux ou de confidentialité. Les flux latéraux qui assurent la propagation de la connaissance d'une filière à l'autre, d'une branche à l'autre. Les flux internationaux (...). L'ensemble de ces flux conduit à la diffusion de la technologie. Nous la caractériserons par sa vitesse et son amplitude, elle sera influencée par différents facteurs non tous de nature technique* [40]. »

L'hypothèse d'un déficit européen en matière de gestion et de circulation de l'information est renforcée par la constatation que l'Europe est en retard dans le domaine des moyens d'information modernes. Dans le secteur des banques de données, par exemple, le rapport entre les pays de la CEE et les États-Unis est de un à deux, tant en matière de production que de consommation. Et dans un nouveau domaine prometteur comme le CD-ROM *, les producteurs américains dominent aussi 77 % de l'offre et 80 % du marché [41]. Quand on sait, par ailleurs, l'effort déployé depuis une dizaine d'années par le Japon pour se hisser, à son tour, au niveau américain dans ces domaines des ressources information-

---

* Disque laser utilisé comme support d'information pour des bases de données.

nelles, on peut légitimement concevoir que ce retard de l'Europe soit une donnée structurelle.

Mais cette explication quasi mécanique peut être replacée dans une perspective plus large et plus profonde. On a vu précédemment que l'innovation trouvait sa source dans la rencontre féconde entre les possibilités de la technique et les attentes du marché et que le talent de l'innovateur consistait à dépasser cet antagonisme par une démarche créatrice. Que ce soit en trouvant un nouveau procédé pour mieux satisfaire un besoin existant ou en utilisant d'une manière nouvelle un procédé déjà connu pour satisfaire un besoin jusqu'alors insatisfait, l'innovation est toujours un mécanisme « dialectique » qui se nourrit de l'insatisfaction du marché et de la remise en cause des usages que provoque l'évolution des techniques. Or, il est tentant de relier cette logique de l'innovation à celle qui a animé depuis les origines la civilisation européenne. Edgar Morin a ainsi décrit l'identité culturelle et historique de l'Europe comme une « dialogique » permanente entre des tendances sociales et intellectuelles différentes, voire opposées : « *L'Europe n'a d'unité que dans et par sa multiplicité. Ce sont les interactions entre peuples, cultures, classes, États, qui ont tissé une unité elle-même plurielle et contradictoire. (...) L'Europe n'a d'existence, jusqu'au début du XXᵉ siècle que dans les divisions, antagonismes et conflits qui, d'une certaine façon, l'ont produite et préservée* [42]. » Et c'est, toujours selon Edgar Morin, cet état même de la civilisation européenne qui a permis la naissance de la science moderne : « *Il (y) fallait surtout un très chaud bouillonnement historique, social et culturel pour que se rencontrent et se combinent dans les mêmes esprits des curiosités diverses et adverses, ainsi que les arts de penser, calculer, observer, expérimenter, inventer, bricoler. (...) La science est, en elle-même, propulsée par une dialogique permanente entre le rationalisme, qui donne le primat à la cohérence théorique et tend à rationaliser l'Univers en l'enfermant dans la théorie, et l'empirisme, qui donne le primat aux données et aux faits (...). A cette première dialogique se lie une seconde entre imagination (invention d'hypothèses) et vérification. Parmi les scientifiques, il en est qui sont plutôt rationalistes, d'autres plutôt empiristes, d'autres plutôt imaginatifs, d'autres encore plutôt vérificateurs, et ce sont leurs discussions et leurs conflits qui font avancer la science.* »

Continent des contradictions fertiles, mère de la science moderne

et de la technologie, comment donc l'Europe peut-elle avoir
perdu cette tendance innée à la remise en cause dialectique, et
donc à l'innovation tant sociale que technologique? C'est là qu'il
est possible de hasarder une nouvelle hypothèse. Lorsque l'on
regarde l'évolution de l'Europe depuis le « xviiie siècle – le siècle
même du démarrage de la révolution industrielle – on est frappé
de constater comment ce continent a perdu en sociabilité et
diffusion des idées ce qu'il a gagné en organisation politique. A
la fin du xviiie, l'Europe n'est encore qu'un fouillis de structures
politiques hétérogènes, mais elle constitue indiscutablement une
société commune au sein de laquelle les hommes, les idées, les
langues et les découvertes scientifiques circulent en permanence
avec une grande fécondité quels que soient les querelles politiques
ou conflits militaires intermittents. Deux cents ans plus tard, le
paysage est totalement différent : l'espace européen s'est structuré, au prix de lourds sacrifices, en États-nations politiquement
homogènes et a entrepris, sur la dernière période, de constituer
à travers notamment les Communautés européennes une organisation politique commune. Mais dans le même temps, malgré
l'essor des moyens de communication modernes, il semble que
chaque société nationale se soit refermée sur elle-même, sur son
patrimoine propre et sur ses particularités. Mieux encore, dans
chacune de ces sociétés nationales, l'avènement par ailleurs
heureux d'un haut degré de tolérance politique et sociale a
largement affaibli l'importance des conflits sociaux, culturels et
intellectuels qui depuis toujours rythmaient la vie intérieure de
la civilisation européenne. Le conflit des « Anciens » et des
« Modernes » comme celui du Progrès et de la Tradition –
dialogiques fondamentales de la dynamique européenne – ne sont
désormais plus perceptibles en dehors de certaines querelles de
chapelle ou de quelques avatars du déjà fameux « conflit des
générations ». Entre 1960 et 1980, on a cru un instant que la
résistance aux changements introduits par l'usage de l'informatique dans la vie professionnelle et domestique s'inscrirait dans
la lignée de ces grandes discordes sociales, mais, aujourd'hui,
chacun s'accorde à penser que la crise annoncée s'est résorbée
en une acceptation morose d'un changement souvent subi, mais
jamais réellement rejeté.

   Il est facile, bien entendu, de voir dans cette réduction des
antagonismes le signe avant-coureur d'une société européenne
plus pacifique, plus homogène et plus démocratique. Mais comme
aucun phénomène collectif n'est réductible à une seule signifi-

cation, on doit aussi se demander si, ce faisant, cette mutation de la société de la différence à la société d'indifférence n'a pas progressivement asséché à la source les antagonismes violents, mais fondateurs qui alimentaient depuis Copernic et Galilée la dialogique de la science et de la technologie européenne. Le paradoxe est peut-être qu'une société européenne ouvertement moderne et passivement acquise aux formes les plus avancées de la technique n'est pas le meilleur lieu d'éclosion de l'innovation technologique. Car, comme le souligne encore Edgar Morin, « *le génie européen n'est pas seulement dans la pluralité et dans le changement, il est dans le dialogue des pluralités qui produit le changement, il n'est pas dans la production du nouveau en tant que tel, il est dans l'antagonisme de l'ancien et du nouveau* [43] ». Et la meilleure démonstration en est, *a contrario*, la manière indiscutablement fertile dont le Japon traditionnel et féodal est en train d'accoucher, dans les contradictions que l'on imagine, d'une technologie et d'une forme de culture résolument innovantes.

Une troisième explication peut venir se greffer sur cette hypothèse du déclin de la capacité conflictuelle et dialogique de la société européenne. C'est celle des traumatismes inouïs qu'a subis cette dernière depuis deux cents ans. Deux d'entre eux sont particulièrement évidents. Le premier, déjà largement oublié, a été celui provoqué par la terrible brutalité de la révolution industrielle et de son bras séculier, le machinisme. Visitant en 1862 les villes industrielles de l'Angleterre victorienne, l'écrivain conservateur Taine est à la fois impressionné et horrifié de ce qu'il découvre : « *L'homme, ici, est un insecte; l'armée des machines prend toute l'attention. A la vue de ces créatures d'acier, de forme bizarre, si laborieuses, si industrieuses, parmi les grincements et le tonnerre de leur hâte furieuse, on pense aux nains et aux géants souterrains de la mythologie scandinave, aux monstres déformés qui, dans les cavernes des montagnes, forgeaient pour les dieux des colliers et des armures. Aujourd'hui, c'est pour l'insecte qu'ils travaillent; il leur commande; et parfois, en voyant la disproportion des serviteurs et du maître, on oublie à quel prix il leur commande. (...) Il est six heures et nous revenons par les quartiers pauvres. Quel spectacle! (...) J'ai vu de pareils quartiers et de pareils taudis à Paris, à Bordeaux et à Marseille, mais nulle part avec une impression aussi forte. C'est celle d'un cauchemar ou d'un roman d'Edgar*

Poe. (...) Certainement l'horrible et l'immonde sont pires ici qu'ailleurs [44]. »

Le second traumatisme fut, bien évidemment, la dévastation répétée engendrée par les deux conflits mondiaux nés l'un comme l'autre au cœur même de l'Europe. Beaucoup virent dans l'absurdité et l'énormité des destructions de ces deux guerres la conséquence fatale et logique du machinisme et d'une société technique folle de démesure : « *Puisque l'expérience de 1914 ne vous a pas suffi (...) celle de 1940 ne vous servira pas davantage. Oh! ce n'est pas pour vous que je parle! Trente, soixante, cent millions de morts ne vous détourneraient pas de votre idée fixe : "Aller plus vite, par n'importe quel moyen." Aller plus vite? Mais aller où?* » s'écrie en 1945 Georges Bernanos, et il poursuit : « *Oh! dans la prochaine inévitable guerre, les tanks lance-flammes pourront cracher leur jet à deux mille mètres au lieu de cinquante, le visage de vos fils bouillir instantanément et leurs yeux sauter hors des orbites, chiens que vous êtes! La paix venue, vous recommencerez à vous féliciter du progrès mécanique. "Paris-Marseille en un quart d'heure, c'est formidable* [45] *!"* »

Aujourd'hui, tout est en apparence conjuré : la civilisation industrielle a su prendre un visage humain et moins aliénant, le spectre de la guerre européenne a été vaincu par les efforts de la construction politique de l'Europe. Et pourtant, tout cela pourrait fort bien avoir laissé une trace d'autant plus invisible qu'elle serait profonde et refoulée. Derrière les réflexes pacifistes de la décennie quatre-vingt, derrière les procès en sorcellerie intentés au nom de l'écologie contre les méfaits du nucléaire, derrière le mythe de la « croissance zéro » que caressa, il y a vingt ans, le Club de Rome, on aperçoit peut-être les stigmates d'une société occidentale – et particulièrement européenne – qui n'a pas pu surmonter les chocs terribles que lui a infligés, en si peu d'années, la montée aux extrêmes de la technologie et du machinisme. Ce qui expliquerait encore mieux, à un niveau plus profond, pourquoi la société européenne freine inconsciemment le déroulement automatique du progrès technique et perturbe, à tous les niveaux, les mécanismes fragiles de l'innovation et de la créativité technique.

Mauvaise circulation de l'information, blocage des dialogiques sociales et intellectuelles, rejet des traumatismes de la société industrielle : autant de pistes à explorer pour s'approcher des véritables causes du complexe d'innovation européen. Une chose

nous paraît certaine : loin d'être une maladie purement industrielle, la langueur dont souffre chroniquement l'innovation en
Europe est le révélateur d'une faiblesse sociale et culturelle. Ce
besoin de protection instinctif qui pousse les industriels européens
à rechercher toutes sortes de sauvegardes et de garanties pour
se couvrir contre le « risque d'innovation » indique non seulement
une difficulté de leur part à gérer le changement technique, mais
aussi une incapacité de la société dans son ensemble à assimiler
et à animer ce même changement technique.

C'est dire si toute stratégie destinée à redynamiser la scène
technologique européenne ne peut être que globale, ce qui implique
de s'adresser, non seulement aux États et aux entreprises qui
sont les acteurs les plus visibles de la compétition industrielle,
mais aussi, plus en profondeur, à la société qui est le juge ultime
du succès ou de l'échec de l'innovation. C'est autour d'un tel
impératif stratégique que sera centrée la troisième partie de ce
livre. Et cet ajustement s'impose d'autant plus que les années
qui viennent apparaissent lourdes de défis et de menaces pour
l'avenir de la technologie européenne.

TROISIÈME PARTIE

L'IMPÉRATIF STRATÉGIQUE

IX

LES NOUVELLES FRONTIÈRES
DE LA TECHNOLOGIE EUROPÉENNE

« *Une mise à jour s'impose. Il faut repenser l'Europe dans son nouveau contexte. Nous ne sommes plus à l'heure de l'Europe du pardon ou du troisième continent, mais à l'heure de l'imagination et de l'exemple* [1]. » Ces mots écrits en 1968 par Louis Armand et Michel Drancourt trouvent une étrange actualité plus de vingt ans après, à l'aube d'une décennie qui sera celle de tous les paris et de toutes les incertitudes. D'un côté en effet, le rythme du renouvellement technologique devient tel qu'il risque de perturber profondément les hiérarchies industrielles entre nations tout en rendant caduques, au passage, l'ensemble des protections dont avaient pu bénéficier jusqu'ici les industries de pointe du Vieux Continent. De l'autre, les bouleversements politiques intervenus au-delà de l'ancien rideau de fer ont d'ores et déjà donné le signal d'une compétition commerciale et technologique de grande ampleur pour la conquête des nouveaux marchés à l'Est en Europe.

Conquête de nouveaux espaces technologiques, élargissement vers l'est de l'espace économique européen : chacun de ces deux défis constitue, à sa façon, et aussi différents qu'ils puissent être, une frontière nouvelle que l'Europe devra tout à la fois conquérir et défendre si elle tient à préserver son avenir économique et industriel. La nouvelle donne technologique et géopolitique internationale place donc les Européens au pied du mur et les oblige à inventer de nouvelles stratégies.

L'Europe de l'Ouest sur trois nouveaux fronts

Düsseldorf, mai 1990. L'assemblée plénière du Comité consultatif international de radiocommunication (CCIR) a inscrit à son ordre du jour la délicate question de la norme mondiale de télévision haute définition (TVHD). Ce n'est pas la première fois que cet organisme de normalisation, plus connu des spécialistes que du grand public, se penche sur le sujet. Quatre ans auparavant, lors d'une réunion tenue à Dubrovnik en Yougoslavie, les Européens avaient obtenu *in extremis* le report d'une décision qui paraissait acquise au départ en faveur de la norme de télévision haute définition proposée par le Japon et soutenue par les États-Unis. L'adoption de la norme japonaise aurait pu avoir des conséquences industrielles et culturelles considérables. Fixer la norme internationale en matière de TVHD veut dire, en effet, imposer dans le monde entier un seul type de système vidéo pour la nouvelle génération des programmes et des équipements de télévision. Si le système MUSE proposé par les Japonais de la chaîne publique NHK avait été retenu à Dubrovnik, les industriels nippons en auraient retiré une avance technologique et commerciale considérable alors même que les Européens n'avaient engagé aucun développement significatif dans ce domaine.

A Düsseldorf, le « suspense » a disparu. Les Américains ont retiré leur soutien à la norme japonaise, et les Européens ont beaucoup progressé dans la mise au point de leur technologie. Le CCIR, dans ces conditions, n'a plus qu'une solution : constater l'opposition entre la norme japonaise et la norme européenne (le HD Mac) et se contenter d'un accord minimal sur un certain nombre de paramètres communs, notamment le format rectangulaire de l'image (format type « cinéma »).

A première vue, ce match entre Japonais et Européens autour de la télévision haute définition a tout d'une compétition technologique classique dans laquelle l'Europe, contrairement aux États-Unis (dont l'industrie du téléviseur est d'ores et déjà sous dépendance étrangère) semble prête à faire preuve de détermination. Une semaine avant le compromis de Düsseldorf, le ministre français de l'Industrie, Roger Fauroux, a ainsi annoncé que les pouvoirs publics français soutiendraient financièrement le programme conjoint de R&D animé par Thomson et Philips et dont le budget total est de 20 milliards de francs sur cinq ans. Son commentaire ne laisse aucun doute sur l'état d'esprit offensif des autorités françaises : « *La TVHD est notre avenir industriel. Cet accord entre deux groupes qui étaient concurrents depuis des décennies est symbolique de ce que nous voulons faire en Europe pour rattraper notre retard sur le Japon* [2]. » Et quelques semaines plus tard, c'est au tour de la Commission des Communautés européennes de prendre le relais en inaugurant officiellement, le 11 juillet 1990 à Strasbourg, Vision 1250, un groupement d'intérêt économique de droit européen comprenant aussi bien des constructeurs (Thomson, Philips, Bosch, Nokia), que des diffuseurs (BBC, OFRT, RAI) et des producteurs (BSB, SFP, BHDTV, Thames Television, Unitel, Laser Creation et France-Télécom). Premier objectif de Vision 1250 : constituer une large vidéothèque TVHD en mettant un parc d'équipements à la disposition des producteurs de programmes de télévision et de films.

A bien y regarder, cependant, il apparaît que les Européens ne sont pas parvenus à exorciser leurs vieux démons et que le dossier très médiatique de la télévision haute définition est encore loin aujourd'hui de pouvoir être assimilé à un Airbus ou une Ariane de l'audiovisuel. Tout d'abord, dans la plus pure tradition de la « stratégie des Curiaces », le front européen de soutien aux normes de diffusion audiovisuelles prônées par les industriels et la Commission de Bruxelles connaît déjà des fissures inquiétantes. Si le très vif intérêt marqué dans un premier temps par la RAI italienne pour la norme japonaise avait créé un certain malaise entre Européens, les distances prises en 1990 par les diffuseurs allemands vis-à-vis du D2 Mac Paquet – une norme intermédiaire destinée à préparer le terrain pour le HD Mac – ont créé une difficulté d'une tout autre nature. Malgré les efforts du gouvernement de Bonn, la majeure partie de la communauté audiovisuelle allemande n'est toujours pas convaincue de l'intérêt d'une phase intermédiaire à laquelle elle reproche son coût et les incertitudes commerciales qui l'entourent. De même, les restructurations engagées en Grande-Bretagne dans le secteur de l'audiovisuel risquent de compromettre le projet de diffusion de programmes D2 Mac par le satellite britannique BSB.

Mais le véritable problème des Européens semble être plus encore les difficultés persistantes qu'ils éprouvent à mettre en place une stratégie intégrée et globale d'introduction de la TVHD. Contrairement aux Japonais, les Européens n'ont pas encore réellement fait la liaison entre les aspects technologiques de la télévision haute définition * et les aspects liés à la diffusion et aux programmes. Au Japon, NHK maîtrise l'ensemble du processus à l'exception des équipements industriels puisqu'elle dispose d'un puissant laboratoire de recherche, d'une forte capacité de programmation et enfin de ses propres moyens de radiodiffusion, dont un satellite de télévision directe lancé spécialement pour la promotion de la TVHD. Les fabricants d'équipements, de leur côté, ont choisi, pour mieux préparer le terrain, de se doter d'un portefeuille de programmes cinéma 35 mm dont ils maîtrisent parfaitement la conversion au format vidéo : ainsi Sony a-t-il racheté les studios Columbia (marque CBS) tandis que Matsushita, son grand rival dans l'électronique grand public, vient de faire de même avec MCA. Rien de tel en Europe où, avant même de connaître divers déboires techniques, le programme franco-allemand de télévision directe par satellites de forte puissance TDF/TVSAT a souffert du manque de synchronisation entre le lancement des satellites, l'affectation des canaux aux différentes chaînes de télévision et la commercialisation des équipements de réception auprès du grand public.

Dans ce dossier, les Européens semblent donc aborder un problème de l'an 2000 en utilisant des méthodes héritées des années 70. Ils se polarisent sur l'effort de R&D – certes considérable – réclamé par le développement industriel de la TVHD, mais ils paraissent oublier que comme tout système innovant, celui-ci exige une action continue et coordonnée sur le marché afin de le faire accepter par le consommateur. Une fois de plus, il y a donc lieu de craindre le scénario d'un partage des tâches entre le Japon, qui sera présent quoi qu'il arrive en matière d'équipements, et les États-Unis qui semblent avoir renoncé à toute ambition manufacturière, mais demeurent les mieux placés sur le créneau des programmes et dont les producteurs ont déjà compris tout le parti qu'ils pouvaient tirer de la TVHD.

S'il y a de quoi être inquiet devant la manière dont le Vieux Continent aborde le dossier de la TVHD qui fait pourtant l'objet d'une priorité politique affichée et d'une mobilisation générale, à plus forte raison faut-il se demander si les Européens ne sont pas en train de passer à côté d'une révolution beaucoup plus importante encore par ses impacts économiques et de société, celle des biotechnologies.

---

* Où ils n'ont d'ailleurs pas encore refait leur retard, comme le montre l'exemple des caméras TVHD européennes qui pèsent soixante kilos, pour seulement treize aux caméras japonaises.

C'est l'impression qui ressort indirectement de la lecture d'un rapport publié en 1984 par l'Office américain d'évaluation des technologies (OTA selon l'acronyme anglais) et consacré à la capacité des États-Unis à résister à la concurrence internationale dans le domaine des biotechnologies. Le rapport est centré sur l'analyse d'un certain nombre de faiblesses qui risquent, selon l'OTA, de handicaper à terme l'industrie américaine : l'érosion du financement fédéral de la recherche fondamentale, l'insuffisance du financement de la recherche appliquée par les capitaux-risques, le manque de bio-ingénieurs, notamment. Mais on note au passage cette remarque : c'est du Japon, avec sa longue expérience des biotechnologies traditionnelles et sa politique de R&D très active, dont les États-Unis devraient se méfier. L'Europe, elle, n'apparaît pas comme un concurrent très dangereux.

Là encore, en effet, les Européens ont été plus longs que leurs concurrents internationaux à prendre la mesure des enjeux industriels du secteur et ce sont les États-Unis qui, les premiers, ont saisi les opportunités offertes par les résultats de la biologie moléculaire et du génie génétique. La manière dont se sont créées outre-Atlantique les premières sociétés spécialisées dans les technologies du vivant évoque irrésistiblement le scénario de la Silicon Valley. Innovation technologique, entrepreneurs audacieux, transferts université-industrie, « start up » et capital risque : tous les ingrédients du « cocktail » de l'innovation à l'américaine (et d'une dynamique de circulation de l'information et des personnes) se sont trouvés réunis et ont donné lieu, depuis 1975, à la création de quelque quatre cents sociétés désignées désormais par l'expression de « nouvelles sociétés de biotechnologie » (NSB) [3]. Après la crise de confiance boursière dont elles ont été victimes en 1984-1985 en raison des prévisions commerciales trop optimistes de leur part, les NSB se sont restructurées * et sont revenues à un marketing plus orthodoxe, tandis que les grandes sociétés américaines se sont mobilisées à leur tour, leurs investissements passant de 200 millions de dollars par an au début des années 80 à 1,2 milliard en 1985.

Les Japonais, eux aussi, se sont lancés très tôt dans la course, mais en suivant une stratégie plus classique (et déjà expérimentée avec succès dans la filière électronique) de diversification au sein des grands groupes industriels. On y retrouve les trois ingrédients

---

* Ou ont été rachetées comme Genentech par la société chimique suisse Hoffman-Laroche.

de base de la promotion technologique à la japonaise : le rôle catalysateur des pouvoirs publics, qui s'exprime ici par la publication de prévisions de marché volontairement très optimistes par le MITI et la mise en place de programmes de recherche coopérative; une forte mobilisation industrielle, particulièrement sensible parmi les entreprises de l'agro-alimentaire, de la chimie et de la pharmacie; enfin une politique organisée d'acquisition technologique. Comme aux États-Unis, et bien que de manière différente, le développement des biotechnologies au Japon se caractérise donc par un fort « cheminement des flux ». Alors que les Américains excellent à réaliser le transfert université-industrie (au point que l'on a vu des prix Nobel comme Walter Gilbert abandonner la recherche pour se lancer dans l'aventure commerciale), les Japonais sont au sommet de leur art lorsqu'il s'agit de gérer des « flux transversaux », autrement dit d'organiser la diversification latérale de toute une filière industrielle. Ce que dit sur ce point Pierrick Rollet, attaché commercial du poste d'expansion économique et commercial de l'ambassade de France à Tokyo, est très significatif : « *A la différence des grands groupes occidentaux, souligne-t-il, les entreprises japonaises concernées par les biotechnologies ne se sont pas contentées d'investir dans leur domaine de compétence le plus proche, c'est-à-dire selon les cas l'agro-alimentaire, la chimie ou l'industrie du médicament. Elles ont entamé une véritable politique de diversification. C'est ainsi que l'on voit des groupes agro-alimentaires comme Kyowa Hakko ou Kogyo s'intéresser de très près aux applications des biotechnologies en matière pharmaceutique* [4]. »

Étudiant l'état des biotechnologies en Europe occidentale pour le compte du Department of Commerce américain, Robert T. Yuan ne trouve, pour sa part, ni le phénomène de génération spontanée de petites et moyennes entreprises qui a caractérisé l'essor des biotechnologies aux États-Unis ni cette capacité de prévision et de projection à long terme qui semble être le trait distinctif du système industriel japonais. Reconnaissant que les « *grandes multinationales* (européennes) *sont intégrées, orientées "produits" et disposent de larges ressources financières et techniques*, il souligne toutefois : *Elles ont généralement été conservatrices en matière de biotechnologie, mais leur acceptation de l'innovation industrielle les a poussées à acquérir des technologies américaines.* » S'agissant des « start up », seuls, selon lui, le Royaume-Uni, la Suède et à un moindre degré les Pays-Bas ont manifesté quelque dynamisme créateur. Sa conclusion est donc assez sévère : « *Les petites et les moyennes entreprises réclament toutes deux des clients industriels qui soient à la fois profitables et compatibles en termes de technologies. Lorsque de tels partenaires n'existent pas au sein de l'environnement domestique, ils doivent être cherchés à l'étranger. La relation symbiotique entre les firmes nouvelles et petites d'une part, les grandes multinationales d'autre part, n'existe pas actuellement en Europe de l'Ouest* [5]. » A ce son de cloche américain, que l'on peut toujours soupçonner d'un parti pris inconscient, il faut malheureusement ajouter l'opinion convergente des deux auteurs de l'étude menée pour le compte du Centre de prospective et d'études (CPE) du ministère français de la Recherche : «*Alors que le Japon investit massivement dans ce secteur et que les États-Unis, avec quelques états d'âme (...), poursuivent un effort de recherche important, l'Europe semble parfois rester sur son expectative. Si les problèmes spécifiquement européens – excédents agricoles, existence d'un tissu dense et diversifié de PME ayant un faible niveau de R&D – semblent devoir être pris de plus en plus en compte, l'Europe n'a pas encore pris ces problèmes à bras le corps et se débat entre un discours politique visant à favoriser leur prise en compte et une lenteur des structures de recherche à intégrer des problématiques trop vastes ou trop appliquées* [6]. »

Ce qui est vrai des biotechnologies l'est aussi de cet autre domaine porteur d'avenir – peut-être à encore plus long terme – qu'est la supraconductivité. Depuis en effet que deux chercheurs du laboratoire de Zurich d'IBM, Karl Alexander Müller et Johannes Georg Bednorz, ont découvert le premier supraconducteur à « hautes températures * », ces matériaux nouveaux ont suscité un intérêt considérable dans la communauté scientifique et industrielle internationale. N'offrant aucune résistance à la circulation de l'électricité, les supraconducteurs laissent entrevoir un champ d'application immense, allant, pour ne citer que ces quelques exemples, du transport de l'électricité (il suffirait de quatre ou cinq câbles souterrains pour alimenter une grande agglomération) à l'élimination de l'échauffement des circuits électroniques en passant par la production de champs magnétiques intenses. Les industries électriques, le secteur des trans-

* Jusqu'alors, les propriétés de la supraconductivité mises en évidence dès 1911 par le physicien néerlandais Heike Kamerlink Onnes, c'est-à-dire la perte de toute résistance à la circulation de l'électricité, supposaient le voisinage du zéro absolu.

ports, mais aussi les firmes d'électronique (Philips utilise dès maintenant des aimants supraconducteurs fournis par une filiale de GEC-Alsthom dans certains de ses matériels d'imagerie médicale) seront tous un jour des utilisateurs des composants supraconducteurs. Mais comme à l'accoutumée, le Vieux Continent, bien que géographiquement et scientifiquement à l'origine de ces recherches, s'est laissé distancer par ses deux principaux concurrents.

Aux États-Unis, la réaction à l'annonce de la découverte du laboratoire d'IBM est en effet quasi instantanée. Dès juillet 1987, le président Ronald Reagan décide un assouplissement de la loi antitrust pour permettre aux entreprises américaines d'unir leurs efforts en la matière. D'autres mesures sont annoncées : une meilleure protection des brevets, une modification du « Freedom Information Act » afin d'empêcher la divulgation de toute information susceptible de menacer les intérêts américains, ou encore l'attribution de bourses « rapides » pour les étudiants et chercheurs désirant s'orienter dans le domaine de la supraconductivité. Cette même année 1987, le gouvernement américain fait inscrire quelque 29 millions de dollars sur le budget fédéral (dont 11,5 milliards de dollars pour le seul département de la Défense), montant qui passera à 50 millions de dollars l'année suivante. Quant aux entreprises privées, les moyens qu'elles mobilisent montrent à quel point elles prennent au sérieux l'enjeu de la supraconductivité : près de cent chercheurs à IBM, une cinquantaine chez AT&T. Dupont de Nemours, quant à lui, n'hésitera pas à engager 4,5 millions de dollars pour acquérir, auprès du centre de recherche coopérative de l'université de Houston, les droits d'un brevet sur un matériau supraconducteur prometteur. Et les Américains sont si obsédés par la crainte de perdre leur avance au profit des Japonais qu'en janvier 1989, une commission consultative sur la supraconductivité créée par la Maison Blanche et présidée par Ralph Gomory, le vice-président d'IBM pour la science et la technologie, en vient à préconiser une politique « à la japonaise » de formation de consortiums d'entreprises réunis sous la houlette de centres universitaires! Soutenus par la National Science Foundation, de tels consortiums vont, de fait, se constituer rapidement et emprunter le chemin déjà suivi par l'université de Houston et son « Texas Center for Superconductivity » : on citera, parmi d'autres, le « New York State Institute on Superconductivity » ou le « Consortium on Superconductivity Ceramics » de l'université de Bethlehem.

Les Américains n'ont pas tort de redouter la concurrence des Japonais. Ceux-ci semblent, en effet, procéder à une mobilisation tranquille, sur le modèle qui a fait ses preuves pour l'électronique et qui est en train de le faire pour les biotechnologies. Le signal a été donné par l'administration : dès 1988, le MITI et le ministère de l'Enseignement ont distribué l'équivalent de 350 millions de francs pour financer le démarrage des recherches consacrées à la supraconductivité. Mais le secteur privé n'a pas tardé à se mobiliser à son tour : l'ISTEC, un centre de recherche coopératif, est bientôt créé par une cinquantaine d'entreprises japonaises. Prix du ticket d'entrée : 4,5 millions de francs. A en croire une enquête effectuée par la revue *Nikkei Superconductors* à la fin de l'année 1988, le degré d'intérêt des industriels japonais pour cette nouvelle technologie est très élevé : sur 103 entreprises ayant répondu au questionnaire, 25 ont une section de recherche dédiée exclusivement aux supraconducteurs, 20 leur consacrent une partie de leurs ressources de R&D, 19, enfin, ne font pas de R&D, mais assurent une veille technologique permanente! Les Japonais paraissent, au total, suffisamment sûrs d'eux-mêmes pour ne pas rechercher à tout prix des applications opérationnelles à court terme, alors même que la plupart des spécialistes reconnaissent qu'un long chemin reste encore à faire. « *Les Japonais ne semblent pas obnubilés par les problèmes d'application. Ils travaillent dans le but de découvrir de nouveaux matériaux, d'améliorer ceux existants (fabrication de monocristaux et de films supraconducteurs) et de comprendre l'origine de la supraconductivité* [7] », estimait en 1988 un rapport du Quai d'Orsay qui opposait cette attitude du Japon à l'apparente impatience des Occidentaux. Et c'est aussi l'impression que donne le professeur Tanaka, directeur de l'ISTEC, lorsqu'il décrit méthodiquement, dans une interview publiée le 10 mai 1990 par le *Nikkan Kogyo Shimbun*, les trois phases du développement des supraconducteurs : après la première phase *d'ingénierie des matériaux* qui vient de s'achever, la nouvelle étape aura pour objectif d'atteindre la limite des 150 degrés Kelvin pour les pièces non minces et de continuer les travaux sur la synthèse à basse température; si cette deuxième étape se révèle fructueuse, la troisième étape, dès 1995, pourra alors voir la réalisation d'applications pratiques comme les roulements magnétiques [8].

Et les Européens? Les premières statistiques disponibles indiquent que leurs entreprises font preuve d'un moins grand dynamisme que leurs rivales américaines et japonaises. Début

1989, sur 149 brevets relatifs aux supraconducteurs déposés en Europe, 86 (!) provenaient du Japon, 31 des États-Unis, 13 de la RFA, 12 de la France, 2 du Royaume-Uni et 5 de divers pays européens. Certes, pour prendre le cas de la France, les pouvoirs publics consentent désormais un effort appréciable (environ 150 millions de francs par an) et, s'agissant du niveau atteint par les chercheurs, le bilan est nuancé, mais non défavorable. Écoutons ainsi Bernard Raveau, l'un des précurseurs de la supraconductivité à hautes températures : « *Il faut distinguer trois domaines. Dans celui de la recherche de nouvelles formulations, de nouveaux alliages, nous sommes en pointe. (...) Deuxième domaine, l'électrotechnique, avec ses fils et céramiques capables de transporter de forts courants. Le troisième domaine, qui m'inquiète le plus, c'est celui de l'électronique et des couches minces. Alors que, aux États-Unis et au Japon, on annonce des densités de courants transportés de 6 000 ampères par centimètre carré, on n'a pas de chiffres en France. Le retard semble sérieux et pose problème* [9]. » Mais le principal verrou, une fois de plus, semble se situer à l'articulation recherche-industrie. C'est notamment l'opinion qu'exprimait en 1987 Jean-Marie Maillard, chargé de recherche au CNRS, dans une étude réalisée pour le CPE. Jean-Marie Maillard reconnaissait que de grandes entreprises françaises comme Rhône-Poulenc ou la CGE avaient accordé une attention particulière à l'enjeu des supraconducteurs et disposaient de compétences enviables en la matière. « *Malheureusement*, ajoutait-il, *les entreprises françaises se concentrent encore trop sur une valorisation de l'acquis correspondant à une adéquation avec les moyens déjà existants. Si l'on exclut quelques grands groupes (...), on peut regretter que les grandes entreprises françaises aient souvent une très grande inertie institutionnelle, des schémas décisionnels complexes, ce qui peut expliquer que leurs diversifications, lorsqu'elles ne sont pas financières (...), se résument souvent à des rachats de sociétés* [10]. » Exactement l'inverse de ce que font les entreprises japonaises dans le même domaine.

Tout va plus vite

Dans trois secteurs aussi différents et prometteurs que la TVHD, les biotechnologies et la supraconductivité, l'Europe de l'Ouest a donc déjà pris du retard sur ses principaux concurrents et semble, chaque fois, buter sur des obstacles technologiques, économiques, voire culturels qu'ils franchissent plus facilement qu'elle. Ces difficultés à suivre le rythme imposé par les États-Unis et le Japon s'expliquent, en grande partie, par ces mêmes inhibitions, ces mêmes déficiences structurelles en matière d'innovation que nous avions déjà identifiées (chapitres VII et VIII). Pour l'essentiel, ce n'est pas d'un manque de capacité en recherche-développement que souffrent les entreprises et les centres de recherche européens sur ces nouveaux fronts, c'est d'un manque de flexibilité, d'un défaut d'anticipation stratégique et d'un marché intérieur trop peu dynamique. Certes, cette situation n'a encore rien d'irréversible puisque, pour l'essentiel, la télévision haute définition, les biotechnologies et les supraconducteurs sont encore en phase exploratoire. Mais la fenêtre d'opportunité des Européens est étroite et le temps presse : la compétition technologique devient chaque jour plus intense, de nouveaux acteurs apparaissent et un décrochage de l'Europe peut chaque jour se révéler un peu plus irrémédiable. Car il ne faut pas s'y tromper : si l'Europe, grâce à son capital industriel et humain, a réussi tant bien que mal à conserver une place dans la course technologique engagée après-guerre, il n'est pas certain que les nouvelles vagues technologiques qui s'annoncent lui laisseront la même chance. Le constat établi à partir de la télévision haute définition, des biotechnologies et des supraconducteurs possède à cet égard valeur d'avertissement. Prise dans les bouleversements de l'économie mondiale, confrontée à de nouveaux enjeux et à de nouveaux acteurs, menacée par la perspective d'un décrochage technologique, l'Europe de l'Ouest va devoir se battre seule et elle ne pourra compter sur aucune de ses anciennes rentes de situations pour conserver son rang.

Selon toute vraisemblance, en effet, les prochaines années vont être marquées par une triple accélération : accélération de l'effort de recherche scientifique et industrielle, tout d'abord; accélération de la diffusion des nouvelles technologies dans le tissu industriel, ensuite; accélération des échanges et intensification de la concurrence sur le marché mondial, enfin.

Plus que jamais, le rang des nations et des entreprises sur la scène internationale va dépendre de leur capacité à soutenir l'énorme effort de recherche que commandent l'accélération du progrès scientifique et l'apparition de nouveaux champs d'investigation technologique. Et ce pour une raison fort simple : presque tous les développements que rendait possible l'état des techniques développées dans l'après-guerre (nucléaire, informatique, électronique, turboréacteur, lanceur balistique) ont été ou sont en passe d'être complètement réalisés. De ce fait, les nouvelles percées scientifiques et technologiques vont réclamer des moyens souvent gigantesques, nécessaires à une sorte de démarrage à zéro. Dans l'électronique par exemple, le passage aux circuits submicroniques * transforme considérablement les fondements techniques du secteur avant même que l'optique – et demain sans doute la biologie – viennent prendre le relais des semi-conducteurs à base de silicium dans le domaine du traitement de l'information. Du côté du logiciel et des architectures informatiques, on assiste à une mutation pleine d'espoirs et d'incertitudes : chacun sent bien que l'intelligence artificielle et les ordinateurs neuronaux sont les voies du futur, même si personne n'a la moindre idée de la manière et du calendrier selon lesquels celles-ci seront réellement défrichées par l'industrie. Les sciences du vivant semblent, elles aussi, à l'orée d'une nouvelle ère. Des programmes comme le séquençage du génome humain vont mobiliser des chercheurs de toutes nationalités pendant des années, voire des décennies, et révolutionner l'état actuel des connaissances puisqu'il s'agit de rien moins que de localiser et d'identifier chaque gène humain. D'ores et déjà le budget consacré par l'administration fédérale américaine à ce programme est de 83 millions de dollars par an, et devrait bientôt atteindre les 200 millions [11]. De même dans le secteur spatial commence-t-on à aborder de nouvelles applications après avoir vécu, pendant trente ans, sur les dividendes des programmes militaires, puis de la course à la lune. Et, évidemment, les secteurs de l'énergie (avec notamment l'avènement de la fusion thermonucléaire) et des matériaux nouveaux vont participer grandement à cette nouvelle vague d'exploration scientifique et technique.

Mais ce phénomène d'intensification technologique ne va pas se limiter aux seuls secteurs de pointe : l'ensemble de l'industrie va devoir se plier à l'exigence d'un effort de recherche-développement accru. Prenons l'exemple du Train à grande vitesse français, le fameux TGV qui a battu en 1990 le record du monde de vitesse sur terre (515 km/h). Lors de la mise en service du TGV Sud-Est en 1981 entre Paris et Lyon, ce train n'était en

---

* C'est-à-dire à des composants dont la finesse de conception est inférieure au micron. La réalisation de tels composants fait l'objet des travaux de recherche menés en Europe au sein du programme JESSI (chapitre XI).

fait qu'un train rapide traditionnel entièrement reconditionné pour la vitesse (avec notamment des innovations au niveau des essieux et de l'aérodynamique) et doté d'un moteur de facture encore classique bien que poussé au maximum de ses capacités. Quelques années après, son jeune frère, le TGV Atlantique qui assure depuis 1989 les liaisons entre Paris et la côte Ouest, lui ressemble trait pour trait, mais est pourtant d'une conception technologique entièrement différente. Moteurs synchrones, commandes informatiques intégrées... : « *Il y a plus d'écart techno-logique entre le TGV Atlantique qui a battu le record du monde et le premier TGV Sud-Est qu'entre celui-ci et un train rapide traditionnel* », assure-t-on aujourd'hui chez le constructeur GEC-Alsthom [12]. Et, meilleure preuve du fait que le transport ferro-viaire est désormais, lui aussi, soumis à la fièvre de l'accélération technologique, les pouvoirs publics français ont engagé en 1990 les premiers financements pour la conception du TGV de troi-sième génération.

Dans le même domaine des transports, l'automobile va devenir, elle aussi, cette « voiture du futur » [13] bourrée d'électronique et contrôlable par ordinateur. Cette fois-ci, c'est un projet EUREKA, le projet Prometheus, qui vient soutenir les recherches des constructeurs européens. Prometheus s'est fixé pour objectif de réduire de moitié les 50 000 accidents mortels qui se produisent chaque année en Europe de l'Ouest en mettant au point un système de communication global et de téléguidage permettant notamment d'éviter les collisions. Même mobilisation du côté des moteurs où la bataille technologique entre les grands constructeurs mondiaux fait rage : normes antipollution, volonté d'abaisser les coûts (un moteur représente 15 à 20 % en moyenne du coût d'une voiture), raccourcissement des durées d'industria-lisation des modèles et de renouvellement de la gamme, course à la performance, tout se rejoint pour faire de la maîtrise technique des moteurs l'un des grands enjeux de la compétition sur le marché mondial de l'automobile. Ainsi, une entreprise comme Ford, fortement confrontée à la concurrence forcenée des fabricants japonais, n'a-t-elle pas hésité à investir l'équivalent de quelques 7 milliards de francs pour construire, dans le Michi-gan, une usine totalement révolutionnaire de fabrication de moteurs [14]! Pas de doute, nous allons bien vers une contagion généralisée et accélérée de tous les secteurs de l'industrie par l'accélération technologique, phénomène que les experts de l'OCDE appellent « *revivifier l'industrie par la technologie* [15] ».

Selon eux, les technologies nouvelles « *qui rivalisent avec les technologies traditionnelles et les supplantent, quand elles ne supplantent pas des secteurs entiers* » peuvent bouleverser les conditions de fonctionnement d'industries pourtant parvenues à maturité : « *Tel est le cas de l'imprimerie et de l'édition où les nouvelles technologies de l'information, en particulier les nouveaux supports de l'information, tendent à supplanter les supports traditionnels et où, simultanément, de profondes mutations technologiques, comme celles qu'entraîne l'application des ordinateurs et des micro-processeurs au stade de la pré-impression et de la composition, transforment de fond en comble les opérations traditionnelles* [16]. »

Accélération scientifique et technologique, accélération du rythme de diffusion de l'innovation dans le tissu industriel tout entier, les prochaines décennies que va vivre l'Europe se caractériseront aussi par une accélération de la concurrence sur les marchés mondiaux dont il y a tout lieu de craindre qu'elle mette à mal les diverses protections dont avaient bénéficié jusqu'à présent les industries de pointe européennes. Cette troisième accélération est largement liée aux deux premières : plus il y a de technologie, plus le changement économique et social dépend de la capacité d'innovation technologique des entreprises et de la réceptivité du marché, plus les dispositifs institutionnels et juridiques visant à préserver des technologies nationales deviennent artificiels. L'évolution du marché des télécommunications l'illustre bien : les monopoles légaux ou de fait ont déjà commencé à exploser sous l'effet de la diversification technologique et le mouvement ne s'arrêtera pas avec la libéralisation des matériels et des services (chapitre II). L'exemple des biotechnologies est lui aussi significatif : contrairement aux technologies de l'information qui ont souvent été considérées comme des technologies de puissance par les gouvernements nationaux et où les marchés publics (télécommunications, informatique, électronique militaire) forment une part encore importante de la demande globale, les nouvelles technologies du vivant se développeront, d'emblée, dans des secteurs industriels exposés : industrie pharmaceutique, agro-alimentaire, chimie...

Brochant sur le tout, de nouveaux pays vont faire leur entrée dans l'arène et rendre la compétition plus dure et plus féroce. D'ores et déjà, les « dragons » d'Asie du Sud-Est nous montrent qu'ils peuvent être redoutables, non seulement sur les créneaux de basse et moyenne technologie où il est à prévoir qu'ils mèneront la vie dure aux producteurs européens, et notamment allemands, qui y détiennent la plupart de leurs « avantages comparatifs » (chapitre VIII), mais aussi désormais sur les secteurs à forte valeur ajoutée. C'est ainsi par exemple que les Coréens ont fait leur entrée dans le « top 20 » des fabricants mondiaux de semi-conducteurs et que, visiblement peu impressionnés par la compétition Europe-Japon dans la TVHD, ils ont annoncé le lancement d'un programme de recherche-développement quadriennal de près d'un milliard de francs visant à permettre à leurs industriels de figurer parmi les principaux exportateurs de téléviseurs haute définition dans les années 90 [17]. *« Pour nous en Corée, la haute technologie est devenue un impératif national. Notre stratégie fondée sur une main-d'œuvre bon marché a fait son temps, notamment pour des raisons sociales intérieures; nous devons maintenant trouver de nouveaux avantages comparatifs dans la technologie »*, résume ainsi un consultant coréen [18].

C'est donc dans un environnement concurrentiel encore plus agressif que par le passé que l'Europe va devoir se battre pour gagner sa place sur les nouveaux créneaux technologiques. A la différence de ce qui s'était produit pour des secteurs comme l'électronique, l'aéronautique ou la chimie, les Européens n'ont plus, en effet, dans ce nouveau contexte d'accélération technologique, une place qui leur soit réservée. Que ce soit sur le terrain des biotechnologies, de la TVHD, de la supraconductivité ou de tout autre domaine émergent, l'industrie européenne va avoir peu de temps pour se débarrasser de ses faiblesses intrinsèques en matière d'innovation comme de stratégie industrielle. D'autant que s'ouvre, au même moment, un deuxième front dont la dimension industrielle et technologique va rapidement se révéler décisive.

La technologie prend sa revanche à l'Est

Novembre 1989 : quelques mois après la nomination du gouvernement Mazowiecki en Pologne, le régime communiste est-allemand ouvre sous les projecteurs des télévisions du monde entier les points de passage qui séparent les deux parties de Berlin. La foule des Berlinois de l'Est déferle en direct sur la Kurfürstendamm, tandis que des files de Trabants provoquent rapidement des embouteillages dans les artères de Berlin-Ouest. Dans les heures qui suivent, la foule s'attaque symboliquement au « mur de la honte » qui coupait la ville en deux, anticipant ainsi la décision des deux gouvernements allemands de lancer le processus d'unification. Avec la chute du mur de Berlin, l'après-communisme vient de commencer à l'est de l'Europe.

Comme un château de cartes qui s'effondre, la quasi-totalité des pays satellites de l'URSS, en Europe centrale et orientale, vont être atteints simultanément par le processus d'ouverture politique. Pologne, Hongrie, RDA, mais aussi, bientôt, la Tchécoslovaquie qui va faire sa « révolution de velours », et même la surréaliste Roumanie de Ceauşescu qui connaîtra, en pleines fêtes de Noël, une révolution tout aussi surréaliste. Et partout les médias occidentaux, situés en première ligne, transmettent des images impressionnantes témoignant de la faillite des systèmes socialistes. A regarder chaque soir sur les écrans les signes extérieurs de cet échec (équipements archaïques, pénuries, pollution...), chacun prend alors conscience du fait que, derrière l'impasse politique dans laquelle se sont fourvoyés les régimes communistes est-européens, se cache une réelle faillite économique et technologique.

On connaissait depuis longtemps, il est vrai, les rigidités considérables et les incohérences qui affectaient le système productif centralisé d'inspiration soviétique. Mais les incontestables percées de la science en URSS et dans quelques-uns de ses pays satellites (notamment la RDA) semblaient prouver que ce modèle de planification et d'industrialisation forcée était capable de produire, lui aussi, des technologies modernes. *« Il n'est pas douteux que dans les années à venir, l'URSS accomplira de nombreux et remarquables exploits scientifiques, notamment dans le domaine internationalement prestigieux de l'exploration spatiale et dans les domaines scientifiques liés à la recherche militaire. Sa technologie militaire continuera à concurrencer celle des États-Unis, voire sûrement à la dépasser dans certains domaines. Cela se réalisera à travers des programmes intensifs concentrant les ressources économiques et le talent scientifique. La structure organisationnelle soviétique est remarquablement conçue pour mener à bien de tels programmes* [19] »*,* affirmait ainsi en 1970 Zbigniew Brezinski, émigré polonais et futur conseiller du président Carter. Mais il ajoutait immédiatement : *« La question cruciale est de savoir si la science et la gestion industrielle soviétique peuvent fournir à la société soviétique ce modèle d'innovation scientifique à large spectre, nécessaire à la fois* *pour garantir le progrès intérieur et élargir la position internationale de l'URSS.* »

Vingt ans après, la réponse à l'interrogation de Brezinski ne fait plus de doute. Malgré les réalisations techniques des grands programmes soviétiques, malgré les efforts déployés pour concilier développement socialiste et progrès technique, le système d'économie planifiée n'a pas su tirer profit du potentiel scientifique de l'URSS pour bâtir une société technologique moderne. L'échec est d'abord patent s'agissant de la diffusion des innovations scientifiques dans l'industrie et dans la société : à peine 200 000 micro-ordinateurs installés en URSS et moins de 60 000 en Tchécoslovaquie, alors que les besoins estimés sont respectivement d'environ 20 millions et 1,5 million; 10 lignes téléphoniques pour cent habitants en URSS et dans l'ancienne RDA et quinze en Tchécoslovaquie (alors que la moyenne occidentale oscille entre 40 et 50). Mais ce déficit de modernisation technologique touche aussi les produits intermédiaires et les biens d'équipements eux-mêmes dans de nombreux secteurs de production : « *L'appareil de production des industries mécaniques connait, depuis une vingtaine d'années comme l'ensemble de l'appareil de la production industrielle soviétique, un processus de dégradation inexorable et accéléré. (...) On a par exemple la situation des machines-outils : seulement 0,5 % de leur parc utilisé dans ces industries mécaniques est soumis à la modernisation; bien plus, 80 % de ces modernisations sont en réalité une réparation qui, même si elle est efficace, n'a pas d'autre but que d'augmenter la longévité des composants* [20]. »

Plus grave encore, on commence à s'apercevoir que le potentiel de recherche de l'URSS, tout comme les grands programmes stratégiques, sont eux-mêmes sérieusement affaiblis. Même les programmes spatiaux, fleurons de la technique soviétique, font aujourd'hui l'objet de critiques et de remises en question : « *Les pannes des deux sondes Phobos et l'échec de la mission* (en septembre 1989) *ont apporté de l'eau au moulin des adversaires de l'astronautique et conforté les chercheurs dans leurs critiques du matériel mis à leur disposition par l'industrie* [21]. » Et certains observateurs n'hésitent pas à affirmer que « *ce n'est pas seulement l'économie civile qui va mal : c'est tout le système scientifique et militaire soviétique qui est menacé de ne pas franchir honorablement le cap de l'an 2000. (...) A l'exception de quelques secteurs (mathématiques et physique en tête), la science fondamentale soviétique traverse une crise grave. Une enquête réalisée à la demande du gouvernement américain auprès de 80 scientifiques et ingénieurs américains de haut niveau a apporté les conclusions suivantes : " Dans presque toutes les branches analysées, les Soviétiques soit n'arrivent pas à rattraper leur retard, soit le laissent s'aggraver [22] ". »*

Cette analyse critique de l'ensemble du dispositif technologique soviétique, qui remet en cause la théorie classique du « double secteur » (un secteur civil arriéré et un secteur militaire et spatial moderne et performant), ne fait que reprendre et poursuivre des observations engagées il y a déjà longtemps. Dès 1966, l'académicien Piotr L. Kapitza identifiait, en effet, les premiers signes d'une régression scientifique de l'URSS : « *Les États-Unis représentent le tiers de la science mondiale. Nous en représentons un sixième (...) Il apparaît qu'avec à peu près le même nombre de travailleurs scientifiques, nous produisons la moitié du travail scientifique fait par les Américains. C'est pourquoi il faut considérer que la productivité de nos savants est inférieure à celle des Américains. (...) Il ne faut pas craindre de dire qu'au cours des dernières années, l'écart dans le domaine de la science entre les Américains et nous ne se réduit pas. Il est d'autant plus urgent de chercher une voie pour rattraper ce retard [23]. »* Mais l'appel du futur prix Nobel de physique (en 1978) ne fut pas entendu et, pendant toutes ces années, l'URSS et les pays socialistes vont continuer à soutenir la thèse selon laquelle les réussites militaires, nucléaires et spatiales du bloc soviétique sont la preuve de sa capacité scientifique et technique. « *A la limite des années 60 et 70, l'Union soviétique est entrée dans la nouvelle phase contemporaine de son développement historique quand le socialisme progresse sur sa propre base possédant des forces puissantes de production, d'une science et d'une culture d'avant-garde, d'un potentiel économique, scientifique et technique puissant. (...) A l'heure actuelle, l'interaction de la science et de la production s'intensifie; ce qui signifie que le niveau technique de la production est déterminé de plus en plus par les succès de la science et le progrès de la science par les performances de la production [24] »*, affirment très sérieusement en 1982 trois spécialistes soviétiques dans un rapport rédigé pour le compte de l'Unesco. En République démocratique allemande, quelques années plus tard, on tient encore le même type de discours triomphal et rassurant : « *Ainsi l'économie socialiste planifiée a la possibilité de pouvoir adopter pour le long terme des solutions optimales qui répondent aux impératifs sociaux dans leur* *complexité et aux nouveaux problèmes ardus de notre développement. Mais cela exige une stratégie de longue haleine. Celle-ci a été clairement définie, discutée et adoptée lors du Xe Congrès du Parti socialite unifié d'Allemagne (SED). Dans son essence, cette stratégie vise à marier organiquement les acquis de la révolution scientifique et technique aux avantages du système économique socialiste, à assurer la continuité de la croissance de notre économie et l'élévation du niveau de vie matériel et culturel du peuple [25]. »*

Pourtant, malgré cette autosatisfaction très caractéristique de la « langue de bois », la réalité est simplement que le bloc socialiste n'a pas pu échapper à la loi d'airain de l'innovation technologique. Kapitza avait mis le doigt sur une partie du problème quand il écrivait dans la *Komsomolskaïa Pravda : « A l'heure actuelle, chez nous, le processus d'assimilation du progrès scientifique et technique ne répond pas au besoin de l'industrie. Je veux m'arrêter sur les causes qui freinent la mise en œuvre du progrès scientifique et technique. Cette mise en œuvre est, chez nous, lente et ardue. Pourquoi? (...) Notre industrie accepte-t-elle toujours volontiers d'apprendre du nouveau? Se crée-t-il toujours, chez nous, des conditions dans lesquelles l'industrie éprouve véritablement l'utilité d'assimiler les techniques nouvelles [26]? »* En URSS comme ailleurs, c'est finalement la capacité à innover et à diffuser l'innovation dans l'économie et non plus seulement le potentiel de recherche scientifique qui a fait la différence en termes de performance industrielle et technologique. Et c'est en cela qu'aujourd'hui la désintégration des systèmes d'économie planifiée peut s'analyser comme la faillite d'un modèle technologique inadapté aux exigences de l'économie et des sociétés modernes.

Plusieurs traits caractéristiques des sociétés et des systèmes industriels de type soviétique ont contribué à rendre obsolète ce modèle de développement dès qu'il a été confronté aux perspectives ouvertes par les nouvelles technologies.

Le modèle soviétique a été conçu et organisé pour mener à bien une industrialisation lourde de type traditionnel, c'est-à-dire orientée vers la production de biens d'équipement par des unités industrielles de grande taille employant une importante main-d'œuvre et fabriquant en grandes séries des produits banalisés. Ce mode d'industrialisation, choisi durant les années 20 et 30 pour permettre une mise à niveau et une autarcie industrielle rapide de l'URSS, s'est perpétué sans mutation fondamentale jusqu'à aujourd'hui avec ses deux principales caractéristiques : la centralisation de sa gestion et son manque de flexibilité dans l'allocation des ressources et la transformation de la production. De ce fait même, les complexes industriels des pays du CAEM * ont presque systématiquement manqué de cette marge d'autonomie et d'adaptation qui caractérise toujours le processus innovateur. Analysant les productions militaires soviétiques, l'économiste Jacques Sapir y a ainsi relevé les signes d'un conservatisme évident dans la conception comme dans le choix des composants : « *Le conservatisme dans les composants renvoie, lui, à une réticence nette à changer la nature de la production. Il y a, à l'évidence, une préférence marquée de la part des concepteurs soviétiques pour la stabilité du cadre technique qu'ils utilisent. Le processus d'améliorations évolutives permet de minimiser les risques et les incertitudes liés à des innovations pures* [27]. » Une telle attitude répond d'ailleurs à une certaine logique : dans un système où règne un monopole d'approvisionnement et de livraison, toute évolution de la production trop éloignée de ce qui se fait déjà est susceptible d'engendrer des perturbations importantes dans le circuit économique, voire, à terme, de remettre en cause la position de responsables ayant effectué des choix hasardeux. Dans un tel système, Sapir montre que la seule innovation possible est celle qui consiste à : « *a) trouver des combinaisons nouvelles de composants anciens, b) trouver des utilisations nouvelles de produits anciens. Cette culture (technologique militaire soviétique) peut être caractérisée comme un processus constant de recherche de légitimité des institutions à l'origine du produit face aux décideurs et aux utilisateurs. Elle peut aussi être caractérisée comme un processus permanent d'autonomisation face à un environnement gros d'incertain* [28]. » C'est de tout cet état d'esprit que témoigne à sa façon Anatoly Boudionniy, ancien ingénieur électronicien émigré en France en 1984 lorsqu'il affirme : « *L'innovation est muselée en Union soviétique : les dirigeants sont timorés et n'osent pas ouvrir de nouvelles directions de recherche. Vous n'allez pas me croire, mais dans les centres de recherche soviétiques, des affiches placardées sur les murs affirment qu'il est interdit de mener des études ou de réaliser des prototypes qui n'aient pas d'équivalent en Occident* [29]. » Quant à Paul Snell du Center for Russian

---

* Conseil d'assistance économique mutuelle ou COMECON selon le sigle anglais.

and East European Studies de Birmingham, son analyse de la structure institutionnelle de l'industrie informatique soviétique l'a amené à penser que « *les intérêts trop divergents entre organisations industrielles et académiques à l'intérieur même de la hiérarchie créent souvent des barrières entre la recherche scientifique et l'innovation industrielle* [30] ».

Cette faiblesse structurelle du modèle d'innovation d'inspiration soviétique se traduit aussi par un curieux mépris pour les activités tertiaires. Cette situation est, à l'origine, due à une interprétation rigide du concept marxiste d'activités productives : « *Dans les économies de type stalinien, les services ne sont pas considérés comme une forme de la production et, par conséquent, les investissements qui y sont consacrés sont perçus essentiellement comme une charge pour l'économie* [31]. » C'est ainsi qu'une grande partie des activités de services classés arbitrairement dans la catégorie des « services aux ménages » sont considérées traditionnellement par la comptabilité publique soviétique comme « activités improductives ». Anne-Marie Crosnier du CEDUCEE voit dans cette situation une des causes de l'« *indigence du secteur tertiaire en URSS* » à laquelle la perestroïka gorbatchévienne tente aujourd'hui de mettre un terme : « *Éclipsé des années durant par d'autres priorités, le secteur des services aux ménages apparaît bien comme laissé-pour-compte, toute la politique menée sous l'égide de Kossyguine et Brejnev s'étant concentrée exclusivement sur la production de biens de consommation. L'idéologie dominante mettait alors les services, non créateurs de biens matériels, à une place de second ordre* [32]. » Or, l'on constate aujourd'hui en Occident une double réalité : d'une part, il est impossible de séparer arbitrairement services aux entreprises et services aux particuliers et d'autre part, l'essor des technologies de l'information – étape actuelle du développement industriel mondial – repose largement sur une interpénétration permanente entre service et production, entre « hardware » et « software ».

De fait, les écarts les plus importants entre l'Est et l'Ouest sont apparus dans le domaine de l'électronique et des technologies de l'information. S'il en est ainsi, alors que l'URSS et les pays d'Europe centrale possèdent un grand nombre de mathématiciens et de physiciens de renommée internationale, c'est clairement en raison de la résistance structurelle du modèle soviétique à la notion même de circulation de l'information, notion qui est en même temps à la base de la révolution électronique et au cœur du processus innovateur (chapitre VIII). Exemple symptomatique de cette résistance, la difficulté de pénétration de ces moyens modernes de traitement et de diffusion de l'information que sont le téléphone et le télécopieur dans les sociétés socialistes, en raison du caractère potentiellement subversif de ces outils. On raconte en URSS que lorsque Trotski proposa la mise en place d'un système téléphonique moderne, Staline refusa en disant : *« Je ne peux imaginer de plus grand instrument contre-révolutionnaire en ce moment* [33]. » Tandis qu'à Budapest, on affirme aujourd'hui : *«Au début des années 50, en pleine période stalinienne, Rakosi (le dirigeant communiste renversé par Imre Nagy lors de l'insurrection de 1956) avait estimé que le téléphone était un instrument typiquement bourgeois et que le peuple hongrois pouvait s'en passer* [34]. » Mais cette méfiance vis-à-vis de tous les symboles de la civilisation de l'information n'a pas seulement été le fait d'une hiérarchie et d'une police secrète répressives, elle reflète aussi la réticence profonde de toute une société habituée au secret et à la circulation verticale de l'information à l'égard de modes de relation plus personnalisés et plus responsabilisants. Même dans l'Armée rouge, utilisatrice légitime et privilégiée des moyens informatiques, on relevait encore, il y a quelques années, des réticences significatives : *« On a encore du mal à se soumettre aux seules données de l'ordinateur (...) Un certain nombre d'officiers préfèrent ne pas utiliser leurs ordinateurs* [35]. » Au point que Mikhaïl Gorbatchev a fait de la question de la diffusion des technologies de l'information l'un de ses premiers objectifs stratégiques dès son arrivée au pouvoir en 1985. Reliant cette question à celle, plus large, de la capacité innovatrice de l'URSS, le leader soviétique déclarait ainsi en juin 1987 devant le Comité central : *« La chose la plus alarmante est peut-être le fait que nous avons commencé à perdre du terrain en matière de développement scientifique et technique. Au moment même où les nations occidentales commencent à restructurer largement leurs économies en faisant particulièrement attention à la sauvegarde de leurs ressources et à l'usage des technologies les plus modernes ainsi que des autres retombées de la science et de la technique, notre progrès scientifique et technique a été retardé. Et cela non pas en raison de l'absence d'une base scientifique, mais principalement du fait que notre économie nationale n'était pas réceptive aux innovations* [36]. »

C'est bien d'ailleurs parce que la principale déficience du système soviétique résidait depuis longtemps dans l'obsolescence croissante de son modèle technologique, que l'embargo occidental géré au sein du COCOM a finalement été d'une certaine efficacité. « *En ralentissant l'exploitation intensive des nouvelles technologies à double usage, en exerçant un chantage latent sur les possibilités d'approvisionnement industriel de l'URSS, l'embargo occidental a certainement pesé d'un poids important sur l'évolution récente de la posture stratégique de Moscou. Non en empêchant l'URSS de se doter des systèmes d'armes majeures dont son appareil militaire a besoin, mais plutôt en contraignant le Kremlin à payer le prix fort pour parvenir à cet objectif et – de ce fait – à exacerber les contradictions économiques existant en termes d'allocation des ressources entre le secteur civil et les programmes militaires. (...) La réussite relative du COCOM consiste donc, pour une large part, à avoir maintenu le système soviétique dans un état archaïque et bureaucratique non compétitif dans lequel la valorisation technologique est en permanence freinée par des techniques de gestion très policières (notamment dominées par la notion de droit d'accès : le " dostoup ") et où – faute des technologies modernes de production – l'industrialisation demeure une opération lourde, centralisée et peu flexible* [37]. »

Scènes de chasse dans les ruines du communisme

Face à la nouvelle perspective qui s'ouvre à l'Est de l'Europe, la réaction dominante en Occident aura été une réaction purement mercantile. Confortée presque malgré elle dans la certitude de la supériorité des systèmes économiques libéraux, l'aristocratie industrielle occidentale a compris instantanément comment l'ouverture des marchés intérieurs de l'URSS et de l'ancien CAEM pouvait constituer une alternative bienvenue à la décroissance conjoncturelle des investissements dans les pays en développement. Sous couvert d'accompagner le passage vers l'économie de marché, de moderniser les infrastructures économiques et industrielles, c'est tout simplement un nouvel Eldorado mythique que les industriels américains, européens, mais aussi japonais croient avoir aperçu tandis qu'un enjeu majeur mobilise déjà tous les efforts : la reconstruction technologique des anciens systèmes communistes.

Il y a bien là, en effet, de quoi exciter les convoitises. D'un côté des infrastructures industrielles obsolètes qu'il convient de remplacer totalement, de l'autre une main-d'œuvre qualifiée et un potentiel de consommation bien supérieurs à ce que l'on rencontre habituellement dans les PVD. « *Du passé faisons table rase* », proclamaient, il y a quelques décennies, les bolcheviks triomphants ; aujourd'hui, ce slogan est le mot d'ordre favori des industriels capitalistes de l'Ouest. Avec à la clé, une perspective exaltante : plutôt que de remettre à niveau des équipements et des infrastructures anciennes, voici enfin l'occasion rêvée pour tout reconstruire à neuf, pour implanter *ex nihilo* les outils technologiques et les méthodes les plus modernes. En un mot, l'Est dévasté est un laboratoire idéal et grandeur nature pour les technologues débridés de la Triade.

Certes, il y a bien des organismes publics responsables qui s'interrogent sur l'opportunité d'une telle « politique de la terre brûlée » et qui appellent les industriels et les experts à une analyse plus fine. C'est le cas de la Commission des Communautés européennes dans sa communication consacrée à la « coopération scientifique et technologique avec l'Europe centrale et l'Europe de l'Est » : « *La question clé qui se pose est de savoir si l'aide doit être axée sur la remise en état des capacités existantes, qui pourraient bientôt être supplantées par d'autres, plus avancées, ou si les efforts doivent viser à éliminer les technologies inadéquates et à se concentrer sur la construction de structures entièrement nouvelles. La démarche à adopter devra être déterminée en fonction de la situation des différents secteurs et pays. (...) Il est possible que, dans un avenir proche, les pays de l'Europe centrale et de l'Europe de l'Est importent des technologies courantes, mais ils seront vraisemblablement peu disposés à installer de nouvelles capacités qui aboutiraient à la production de biens de qualité inférieure aux normes durant des années. Les technologies les plus modernes sont très souvent supérieures dans l'absolu, c'est-à-dire qu'elles sont les meilleures technologies si l'on compare les prix des facteurs, non seulement pour les produits nouveaux, mais aussi pour les produits traditionnels de haute qualité. L'existence d'une main-d'œuvre bon marché pourrait affecter les modèles de spécialisation, mais pas nécessairement les choix de technologies. Les possibilités réelles pour les technologies courantes devront être évaluées par les industriels occidentaux et leurs homologues d'Europe centrale et d'Europe de l'Est, et non faire l'objet d'un choix politique délibéré* [38]. » Mais cette approche pragmatique qui suppose d'adapter le choix de la technologie transférée à la situation concrète du marché et des infrastructures locales est largement minoritaire : « *On a déjà constaté dans de nombreux pays en développement que l'injection de technologies à trop haute dose ne fonctionnait pas vraiment et pouvait même créer des effets pervers. Les structures sociales sont en Europe de l'Est différentes, mais il serait néanmoins souhaitable que la technologie pénètre les pays de l'Est de manière progressive et appropriée. Cela dit, je crains cependant que nous allions plutôt vers la création de " poches " technologiques coexistant avec des zones encore très sous-développées* [39]. »

La chasse est donc ouverte et, chaque jour, de nouveaux contrats ou de nouvelles implantations occidentales sont annoncés triomphalement par les principales entreprises mondiales de haute technologie. Et progressivement se dessine la nouvelle géographie industrielle de l'Est de l'Europe. Traits dominants de ce mouvement : la disparition rapide des structures publiques locales et la prise en charge directe de la production et de la distribution par les industriels occidentaux. L'effacement des États, jusqu'alors omniprésents dans la gestion de l'économie, ne se limite pas aux ambitieux et nécessaires programmes de privatisation, il tend à la disparition quasi totale de toute autorité de réglementation et à l'apparition soudaine d'une règle du jeu hyperlibérale largement inspirée par le modèle de déréglementation anglo-saxon. On voit déjà ce phénomène apparaître dans le secteur des télécommunications et des services financiers. Parallèlement, l'on est passé en quelques mois de la déjà classique « joint-venture » avec un partenaire local (majoritaire ou non) à la reprise pure et simple d'entreprises et d'activités par les sociétés occidentales. Conjuguées ensemble, ces deux tendances accréditent le scénario d'une transition industrielle et technologique rapide et brutale sans réels garde-fous. Même si ce scénario semble avoir les faveurs des groupes industriels américains et japonais ainsi que des jeunes et impatientes élites économiques locales, il n'est sans doute pas le plus conforme aux intérêts collectifs des Européens.

Il y a fort à craindre, en effet, que cette OPA commerciale et technologique sur l'Europe de l'Est ne débouche sur des traumatismes économiques et sociaux préjudiciables à l'équilibre de la région, et donc du continent. Il ne suffira pas de reconstruire les usines et de remplacer toutes les machines pour modifier en quelques mois les ressorts profonds de systèmes économiques restés si longtemps isolés du développement industriel occidental. Comme le démontre Jacques Sapir à partir de l'exemple des matériels militaires, il existe dans le système soviétique (et donc, par contagion forcée, dans la plupart des pays ex-satellites) une

« *culture technologique* » spécifique qui s'est constituée « *comme un ensemble de réponses normalisées à des contraintes passées et présentes. Ces contraintes peuvent être systémiques (les pénuries, le problème de la qualité, celui de la légitimité) ou encore des contraintes liées au niveau de développement (nature et degré du retard technologique, disponibilités en ressources humaines ou matérielles); enfin, elles peuvent être liées à une certaine doctrine militaire (armée de conscription, valorisation de l'affrontement avec les États-Unis)* [40] ». Dans un autre domaine, celui de la micro-électronique, on sait, par exemple, que pour échapper à la double contrainte de la fiabilité des composants et de l'embargo COCOM, les Soviétiques ont conçu leurs premiers microprocesseurs selon un schéma artisanal différent du standard occidental : « *Neuf des quinze premières familles de microprocesseurs (soviétiques) étaient des systèmes " bit-sliceable ". Il s'agit d'une technique de connexion en parallèle de petits éléments de microprocesseur afin de produire une puissance de calcul supérieure. En connectant quatre de ces microprocesseurs 4 bits en parallèle, les ingénieurs soviétiques pouvaient fabriquer un PC équivalent à un micro-ordinateur 16 bits* [41]. » Tous ces savoir-faire spécifiques apparus au fil du temps pour compenser les imperfections de l'environnement technique et économique ne peuvent disparaître aussi vite que ces imperfections elles-mêmes. Autant il est envisageable de remettre à niveau en une dizaine d'années les infrastructures matérielles des pays d'Europe de l'Est, autant il est douteux que l'on puisse dans la même période éradiquer à une grande échelle la culture technologique et industrielle de toutes ces populations d'ingénieurs et de techniciens. Et cela serait-il possible qu'il faudrait se demander si le jeu en vaut la peine. Cette culture d'adaptation à la contingence et à la précarité a été durant des décennies la force invisible de ces hommes. La leur retirer sans ménagement reviendrait à les priver de la seule richesse industrielle dont ils peuvent encore se prévaloir. Si l'on ajoute à cela que les modes de production importés d'Occident nécessitent une culture fondée sur les valeurs de travail, de poursuite du profit, de performance individuelle et de recherche de la qualité, on imagine combien sera lent le processus nécessaire à la relève des anciennes « démocraties populaires ».

La rencontre soudaine des cultures technologiques et sociales de l'Est avec les rutilantes technologies sophistiquées de l'Ouest risque donc de créer une perturbation dont on ne mesure pas encore l'ampleur. Perturbation que risque d'accentuer la perte de légitimité des appareils étatiques dans cette partie de l'Europe. Entre les aspirations de la population à l'emploi et à une hausse rapide du niveau de vie, les promesses démagogiques de politiciens novices et les appétits conquérants des industriels de l'Ouest, comment ne pas envisager l'apparition de frustrations profondes, de rejets passéistes du progrès technique, voire d'explosions sociales? On a vu à quel point l'Europe de l'Ouest elle-même avait des difficultés structurelles à jouer le jeu exigeant de l'innovation technologique permanente imposé par la compétition mondiale (chapitre VIII et ci-dessus), on peut donc concevoir à quelles difficultés risque de se heurter la tentative de modernisation accélérée des anciens pays socialistes européens.

C'est sur ce sujet qu'apparaît une divergence profonde d'intérêts entre les Européens de l'Ouest et leurs autres partenaires occidentaux. Pour les Américains ou les Japonais, la conquête des marchés de l'Est est, en tout état de cause, une opération rentable dans la mesure où elle leur assurera un débouché pour leurs produits et une base arrière au cœur du continent européen. Pour les Européens, en revanche, le bénéfice à court terme d'implantations industrielles et commerciales ne suffit pas. Il importe, pour l'équilibre et l'avenir du continent, qu'une transition harmonieuse soit assurée entre les anciennes sociétés communistes centralisées et le mode de vie de l'Ouest de l'Europe. La disparition du rideau de fer représente, pour l'Europe, un quitte ou double prodigieux : soit les nouveaux pays démocratiques de l'Est parviennent à assurer les conditions d'un développement économique équilibré et rejoignent sous un toit commun (quelle qu'en soit la forme institutionnelle) leurs États frères de la CEE, donnant ainsi au continent européen tout entier un avantage quantitatif et qualitatif considérable sur la scène internationale; soit l'Europe de l'Ouest doit affronter sur son flanc oriental une situation politique, économique et sociale troublée, ce qui limite alors pour longtemps ses capacités de réaction et de mobilisation face à la concurrence internationale. En cela, les Européens ont à la fois un intérêt stratégique et une responsabilité morale dans la modernisation technologique de l'Est. Dans la chasse aux marchés est-européens, ils ne peuvent attendre aucune concession des États-Unis et du Japon dont les grands opérateurs industriels ont déclenché une offensive sans précédent en vue de prendre à revers la fragile construction européenne qui s'annonçait à travers « l'horizon 1993 ».

Là encore, c'est le risque d'intégration sous dépendance qui menace l'Europe. Intégration sous dépendance des marchés de l'Est eux-mêmes, emportés de force dans une logique triadienne de délocalisation et de mondialisation des échanges à laquelle ils ne sont pas préparés. Intégration sous dépendance pour l'Europe tout entière qui aura d'autant plus de mal à conserver une marge d'autonomie industrielle, technologique et politique qu'elle risque de voir ses principaux rivaux industriels s'installer en maîtres dans un espace est-européen économiquement déréglementé et politiquement instable.

Un tel défi, même situé sur le terrain technologique, ne peut être relevé que par une volonté politique très forte. Car il s'agit, à nouveau, d'une lutte pour la puissance mondiale. Dans ce jeu-là, la simple conjugaison des intérêts individuels des firmes européennes ne suffira pas à convaincre les ingénieurs et les consommateurs d'Europe de l'Est de lier leur destin à celui de notre Europe occidentale.

Menacée sur sa frontière géographique orientale comme sur sa nouvelle frontière technologique, l'Europe se trouve confrontée à une situation d'urgence immédiate. Les réponses globales et politiques à ses déficiences structurelles ne peuvent plus être repoussées au lendemain. Ou bien les Européens jettent, dans les années à venir, les bases d'un modèle de développement technologique original capable de répondre aux exigences des nouvelles industries tout comme de constituer une alternative performante et sociale aux pays frères de l'Est. Ou bien l'Europe risque de subir une double défaite sur ces deux terrains, défaite qui signifierait sans doute pour elle la fin de son existence comme acteur autonome et comme moteur de la vie internationale.

La définition et la mise en œuvre de ce modèle technologique européen est sans doute l'une des exigences majeures que doivent prendre en compte les autorités politiques européennes, tant au niveau des États qu'à celui des institutions communautaires. Cet effort indispensable pour répondre aux défis du troisième millénaire passe par une reformulation offensive des modes d'analyse des phénomènes technologiques et des politiques mises en œuvre pour les maîtriser. Le temps des politiques technologiques partielles et conjoncturelles est désormais derrière nous, voici venu celui des stratégies globales prenant appui sur le *marché,* qui reste un irremplaçable instrument de régulation économique, mais s'attachant aussi à agir sur les *structures* industrielles et techniques sous-jacentes et remontant enfin jusqu'à la *société* elle-même qui est tout à la fois la matrice et le véritable enjeu de la création technologique.

X

LES STRATÉGIES DE MARCHÉ

Le 31 mars 1988, l'ambassadeur de France Henri Froment-Meurice remet au ministre des Affaires étrangères un rapport dont le titre fleure bon la technocratie : « La dimension extérieure du marché intérieur ». Ce rapport, publié ultérieurement sous le titre plus digeste de « L'Europe de 1992. Espace et puissance [1] », n'en est pas moins attendu avec un vif intérêt au Quai d'Orsay. Il a été demandé à l'ambassadeur parce qu'on commence à s'interroger, à Paris, sur les moyens permettant de faire du « projet 1992 » un véritable instrument de compétitivité externe de la Communauté européenne. Henri Froment-Meurice met d'emblée le doigt sur ce qui lui semble être la faiblesse principale de l'exercice : « *Le marché intérieur me paraît être un grand projet, mais sans grands moyens. Un grand projet, aussi ambitieux que nécessaire, puisqu'il s'agit de rien de moins que de bouleverser notre environnement économique, social et par voie de conséquence politique, afin de faire de l'Europe tout entière une grande puissance économique. Mais sans grands moyens – j'entends, moyens de réaliser le marché lui-même et plus encore, moyens d'assurer son fonctionnement.* » Et l'ambassadeur de préciser sa pensée en attirant l'attention sur le fait qu'un grand marché ne devient un instrument de compétitivité que s'il s'accompagne d'un ensemble de mesures appropriées : « *Invoquer en effet en permanence l'exemple du Japon ou des États-Unis pour démontrer l'efficacité économique d'un grand marché, c'est oublier que les performances accomplies par le Japon et les États-Unis, leur capacité de négociation, sont indissociables de l'existence d'une autorité politique et économique unique qui assure la régulation du marché et les règles du jeu.* »

Le rapport d'Henri Froment-Meurice se veut de portée générale, mais il mérite d'être relu dans le contexte des défis technologiques auxquels l'Europe est aujourd'hui confrontée : dans la compétition entre les entreprises et les États de la Triade, en effet, le marché n'est pas seulement un lieu où se confrontent les ambitions des uns et des autres. Il est, lui-même, un objet de *stratégie* dans la mesure où la manière dont il fonctionne est loin d'être neutre pour la diffusion des produits et services de haute technologie et où les politiques de *régulation* mises en place par les autorités compétentes sont susceptibles d'exercer une influence considérable sur les relations concurrentielles entre les principaux acteurs du marché.

Dans la perspective de l'après 1992, les Européens se doivent donc d'éviter deux erreurs. La première serait de croire qu'ils peuvent transformer le Grand marché en une aire de protection de leurs industries de pointe comparable, mais sur une plus grande échelle, aux anciens marchés nationaux cloisonnés. Il est clair qu'à de nombreux égards, le marché intérieur européen ne sera qu'un sous-ensemble du marché mondial, caractérisé lui-même par un processus de « sélection darwinienne » qui ne laissera subsister que les « espèces technologiques » puissantes ou adaptables. La seconde erreur, tout aussi grave, mais plus probable, serait de laisser ce processus de sélection naturelle tenir lieu de seule politique. En pratiquant au contraire, comme les autres régions de la Triade, une politique de *régulation stratégique* de leur marché dans les secteurs de pointe, les Européens doivent s'attacher à corriger les excès de la sélection darwinienne et à orienter les règles du jeu dans un sens conforme à leurs conceptions et à leurs intérêts.

Sous le signe de Darwin

Le marché mondial de la haute technologie est placé sous le signe de Darwin. C'est, fondamentalement, un état de nature où l'on doit sans cesse lutter pour sa survie. Le marché de la High Tech est un marché d'acteurs plus qu'un marché de produits et de prix. Ce n'est pas le marché de la concurrence pure et parfaite des économistes, mais celui du mouvement, du calcul et de la ruse. L'« optimum » cher aux économistes n'y résulte pas de l'adéquation mécanique de l'offre à la demande, mais d'une agitation perpétuelle qui suscite la créativité des entreprises et excite les besoins de consommation. Au mépris parfois des règles de l'économie libérale les mieux établies. Comme le disent les experts de l'OCDE dans leur style particulier : « *L'augmentation de la productivité que permet le changement technologique s'apparente à une rente, susceptible d'accroître à la fois les bénéfices et le revenu du travail* [2]. » Soyons sûrs de l'existence de cette « rente » lorsque IBM vend ses fameux « mainframes » avec une marge de 50 % !

L'entreprise n'est, dans l'analyse économique traditionnelle, qu'un simple point de passage entre les facteurs de production et le marché, le progrès technologique n'étant que le *factuel résiduel* (pour tout de même 50 % !) de la croissance [3]. La métaphore darwinienne décrit beaucoup mieux la réalité de la compétition technologique entre les entreprises. Dans un environnement que la technologie transforme sans arrêt, celles-ci ne maîtrisent par définition qu'une partie de l'information et n'ont ni le temps ni la possibilité de prendre des décisions rationnelles. Elles doivent anticiper, gérer l'incertitude, faire des paris, identifier leurs points forts et leurs points faibles, choisir leurs adversaires et se porter sur les terrains d'action qui leur sont les plus favorables. En un mot, elles doivent mettre en place des stratégies gagnantes. Si elles ont vu juste, elles pourront se développer, d'abord par croissance interne, puis le cas échéant par croissance externe. Si elles se sont trompées, elles deviendront la victime désignée d'un agresseur potentiel. Telle est la loi de la sélection darwinienne.

Parmi les types de stratégies mises en œuvre par les entreprises de haute technologie, nous distinguerons, en transposant les concepts récemment développés dans une étude relative aux stratégies indirectes non militaires [4], celles qui relèvent d'une *stratégie de puissance* et celles qui relèvent d'une *stratégie de perturbation*.

Une *stratégie de puissance* est « *fondée sur l'usage implicite d'un potentiel de puissance suffisant pour faire pression sur les acteurs extérieurs, sans devoir pour autant manifester une hostilité ouverte* [5] ». De telles stratégies de puissance sont très fréquentes sur les marchés industriels mondiaux où de nombreuses firmes sont capables de mobiliser des moyens financiers et technologiques importants susceptibles par leur seul effet de mettre en difficulté certains concurrents. Dans le domaine des industries de haute technologie, l'exemple typique d'une stratégie de puissance est la politique suivie par les constructeurs japonais de mémoires électroniques. Cette stratégie exemplaire a été déjà évoquée au chapitre IV, mais il est intéressant d'en rappeler ici la séquence : identification d'un enjeu stratégique; mobilisation de ressources financières considérables, tous les critères normaux de rentabilité étant ignorés; attaque par les prix des positions détenues par les constructeurs américains; investissements massifs de R&D visant à conserver et à accroître les parts de marchés acquises en perçant avant les autres les barrières technologiques. Résultat : les Japonais dominent aujourd'hui outrageusement le marché mondial des mémoires. IBM, Boeing, les constructeurs japonais d'automobile * pratiquent également, dans leur domaine de compétence, des stratégies de puissance.

Par opposition, les *stratégies de perturbation* mettent en œuvre des moyens beaucoup plus limités, mais reposant sur la volonté de perturber la domination d'un marché par une entreprise ou un ensemble d'entreprises données. On pense ici à Apple face à IBM sur le marché de la micro-informatique. On pense aussi aux premiers pas de Sony, à ceux d'Airbus s'introduisant sur le marché de Boeing, ou encore, dans un registre différent, aux constructeurs coréens ou taiwanais construisant des ordinateurs personnels compatibles IBM-PC ou des magnétoscopes à des prix défiant toute concurrence. Et en Asie du Sud-Est toujours, la pratique de l'espionnage industriel utilisée d'abord par les Japonais (Hitachi, par exemple, pris en flagrant délit par IBM) et aujourd'hui par les Coréens **, apparaît comme une forme extrême de la stratégie de perturbation.

Face à cette double attitude stratégique, les Européens semblent globalement mal placés. Généralement trop faibles pour pouvoir jouer le jeu brutal des stratégies de puissance sur le marché mondial, les entreprises européennes ont néanmoins des structures trop lourdes pour pouvoir déclencher des stratégies de perturbation. L'Europe soumise à une difficile concurrence darwinienne redécouvre, sur le terrain des hautes technologies, les inconvénients bien connus de la position de puissance moyenne : suffisamment riche et efficace pour attirer toutes les convoitises extérieures, mais trop peu armée pour y résister effectivement.

---

* En 1989 par exemple, Honda dont la production est inférieure à celle de Renault et de Peugeot a investi l'équivalent de 9,5 milliards de francs en R&D contre seulement 5 milliards pour chacun des deux constructeurs français.
** Samsung, Goldstar et Hyundai ont dû avouer qu'ils n'avaient pas développé seuls la nouvelle génération de mémoire dynamique à 4 mégabits (*Tribune de l'Expansion*, 2 juin 1988).

Est-ce à dire que le jeu est décidément trop dur pour les Européens? Les « espèces européennes » sont-elles, en matière technologique, des espèces condamnées dès lors qu'on les soumet au processus de sélection darwinienne? Ne faut-il pas, dans ces conditions, réhabiliter les théories oubliées d'un List, cet économiste allemand du XIXᵉ siècle qui plaidait pour un développement protégé des industries nationales, et faire du marché européen une sorte de « sas » protecteur permettant d'assurer la transition avec la réalité implacable du marché mondial? En d'autres termes, le néo-protectionnisme, tempéré ou non, est-il la bonne solution pour la technologie européenne?

Répondre positivement à cette question serait, malgré les apparences, tomber dans un nouveau piège, tant il est clair que le protectionnisme technologique est une fausse solution aussi irréaliste qu'inefficace et dangereuse. Irréaliste parce que si les Européens ont su, en plusieurs occasions, défendre âprement leurs intérêts commerciaux face aux Japonais ou aux Américains, ils se sont toujours, collectivement, prononcés en faveur du libre-échange. Et il ne peut guère en être autrement alors que la Communauté est de loin la première puissance commerciale du monde et que la plupart de ses membres ont assis leur prospérité sur leur capacité exportatrice. Inefficace, ensuite, car il existe désormais un moyen sûr de contourner d'éventuelles tentations protectionnistes de la part de pays importateurs : c'est l'investissement sur place, qui correspond souvent lui-même à une diversification des risques financiers de l'entreprise exportatrice et au souci de mieux appréhender les besoins du consommateur [6]. Les Japonais, notamment, sont passés maîtres dans l'art de devancer les réactions négatives suscitées aux États-Unis et en Europe par leurs percées industrielles et commerciales. Les « kaïshas » ont choisi de s'internationaliser et l'attitude de Sony, qui se présente désormais comme une compagnie « globale » ayant pleinement assimilé l'esprit de la Triade paraît symboliser cette nouvelle tendance (Sony réalise 34,1 % de ses ventes au Japon, 27,3 % aux États-Unis et 23,2 % en Europe) [7].

Enfin, à supposer qu'elle soit possible, une politique de protectionnisme technologique pratiquée par les Européens serait tout simplement dangereuse. Indépendamment de ses inconvénients macro-économiques proprement dits qui ont maintes fois été signalés [8], le protectionnisme aurait surtout pour effet, qualitativement, de renforcer l'Europe dans son complexe de l'innovation protégée (chapitre VIII). Complexe qui a pu lui donner un certain répit face aux rigueurs de la compétition technologique internationale, mais qui étouffe, à moyen et long terme, la créativité et le sens de l'adaptation de ses entreprises. Choisir la solution du protectionnisme serait refaire à l'envers le chemin parcouru actuellement par les pays de l'Est qui s'ouvrent à l'économie de marché et à la technologie occidentale. Ce n'est visiblement pas le sens de l'histoire. C'est donc dans le cadre inexorable de l'ouverture internationale que les Européens doivent chercher à conjurer le spectre de la dépendance technologique.

Le marché et le régulateur

Les Européens n'ont pas d'autre choix que d'accepter le processus de sélection darwinienne qui caractérise aujourd'hui les économies ouvertes. Mais ils ne sont pas condamnés, pour autant, à subir passivement ce processus. Si les marchés des produits et services de haute technologie sont généralement le lieu d'une concurrence sévère entre les entreprises, ce sont aussi, et de plus en plus, des marchés réglementés. La réglementation de ces marchés, à son tour, peut devenir un instrument de stratégie entre les mains des gouvernants. Si bien que l'on peut aujourd'hui parler d'un nouveau type de politique, la *régulation stratégique de marché*. Les Européens doivent en comprendre les ressorts avant d'en faire l'un des instruments de l'ajustement de leur technologie.

La mise en place d'une réglementation appropriée est une nécessité inhérente à la nature des activités High Tech. Deux grandes séries de raisons expliquent pour l'essentiel l'apparition de ce nouveau personnage clé du monde de la technologie qu'est le réglementeur, ou mieux encore le *régulateur* : l'impératif de sécurité, d'une part, la nécessité d'une application active des règles de concurrence, d'autre part.

L'impératif de sécurité se manifeste d'abord à travers la notion de contrôle des flux de technologies critiques. La plupart des hautes technologies sont, on le sait, « duales ». Ce qui veut dire qu'elles peuvent, à la fois, être utilisées à des fins civiles et à des fins militaires. L'utilisation croissante de l'électronique dans les équipements et les systèmes de défense est une illustration de ce « dual use » dont parlent les Anglo-Saxons, mais bien d'autres technologies sont dans la même situation : capteurs, fibre optique, technologies infrarouges, matériaux composites, produits chimiques organiques, etc. L'affaire Toshiba (chapitre III) a bien montré quel tort pouvait porter aux objectifs de défense du camp occidental l'acquisition de technologies sensibles par un adversaire potentiel : les machines-outils vendues frauduleusement par le groupe japonais ont sans doute permis aux Soviétiques de réduire considérablement la « signature » sonore des hélices de leurs sous-marins, les rendant ainsi beaucoup moins détectables par les sonars de l'Alliance atlantique. Un avantage stratégique important de l'Occident sur le Pacte de Varsovie a été ainsi sérieusement entamé. On voit bien quelle est ici la finalité de la réglementation : identifier les technologies critiques développées par les entreprises des secteurs de pointe (même si elles sont à finalité civile) et soumettre leur exportation à un contrôle très strict. Tel est, depuis 1949, l'objet du COCOM (Coordinating Committee), un organisme de concertation informel entre 17 pays occidentaux, qui se réunit régulièrement à Paris et tient à jour la réglementation applicable en la matière [9]. Et s'il est clair que les objectifs et sans doute même le mode de fonctionnement du COCOM vont être profondément modifiés pour tenir compte des changements intervenant à l'Est *, il n'en reste pas moins – et c'est le point important pour notre propos – que le besoin demeurera longtemps d'une réglementation, même très sensiblement allégée, des exportations de technologies critiques. Cette nécessité de contrôle n'est pas liée uniquement, en effet, à l'existence d'un danger potentiel à l'est de l'Europe, mais peut être justifiée par d'autres menaces internationales. De ce point de vue, l'invasion du Koweït par l'Irak a bien mis en lumière les dangers d'une attitude complaisante des Occidentaux envers des pays importateurs d'armements sophistiqués et de technologies chimiques ou nucléaires comme l'Irak.

La notion de sécurité des systèmes High Tech – et le besoin de réglementation correspondant – trouvent un deuxième champ d'application dont les préoccupations de défense ne sont pas absentes, mais qui déborde très largement celles-ci. Il faut ici parler de sécurité physique et logique : les systèmes de haute technologie sont presque par nature des systèmes fragiles, au sens où une panne sur l'une de leurs composantes peut avoir des répercussions considérables sur l'ensemble du système ainsi que sur les relations entre celui-ci et son environnement. Les accidents

* D'ores et déjà, un assouplissement très sensible des contrôles a été décidé en juin 1990 lors d'une réunion à haut niveau du COCOM.

nucléaires, le chiffon oublié qui a semble-t-il provoqué l'échec
du lancement du 36e exemplaire de la fusée Ariane le 23 février
1990, le dysfonctionnement des logiciels des centraux d'AT&T
qui a profondément perturbé le réseau téléphonique américain
pendant plusieurs heures au début 1990, sont des exemples de
ces pannes que certains considèrent aujourd'hui comme un véritable phénomène de société : « *De la civilisation de la peine à
la civilisation de la panne* », résume Yves Lasfargues [10]. Dans
un ordre d'idée légèrement différent, la protection des fichiers
informatiques contre les risques de dégradation ou de fraude est
indispensable au fonctionnement correct d'une économie de plus
en plus fondée sur le traitement électronique de l'information.
La charge de cette sécurité des systèmes – au sens large – ne
peut pas revenir exclusivement au secteur privé : elle concerne
aussi, à l'évidence, l'ordre public et appelle la mise en place de
réglementations spécifiques ou générales. Un bon exemple de
cette tendance est fourni par l'évolution de la réglementation
applicable en matière de télécommunications : pour emprunter
au vocabulaire de la Communauté européenne [11], tous les grands
pays considèrent désormais comme des exigences essentielles le
maintien de l'intégrité du réseau public de télécommunications
et la protection des données transmises ou stockées sur celui-ci.

Enfin, l'impératif de sécurité se décline d'une troisième manière.
L'activité High Tech est, par nature, une activité de création et
d'innovation. Pouvoir transformer le produit de cette création ou
de cette innovation en un avantage économique est un droit pour
l'entreprise. La reconnaissance de ce droit à la sécurité juridique
passe, là aussi, par la définition d'un cadre réglementaire adapté :
c'est tout le sens de la réglementation sur les marques, brevets
et droits d'auteurs. Cette réglementation n'est pas, dans son
principe, propre aux nouvelles technologies. Mais il est intéressant
de noter que la spécificité High Tech doit être de plus en plus
prise en compte par le régulateur. Ainsi, suite à une initiative
des États-Unis, la « topographie des semi-conducteurs » (c'est-
à-dire le dessin du composant électronique) fait-elle désormais
l'objet d'une protection légale au sein de la Triade. Ce sont
également les États-Unis qui se sont, les premiers, penchés sur
les problèmes posés par la protection de l'innovation dans le
domaine des biotechnologies. La Communauté européenne suit
maintenant avec une proposition de directive du Conseil concernant la protection juridique des inventions biotechnologiques,
présentée par la Commission le 20 octobre 1988. On voit bien

qu'ici l'idée n'est pas de s'opposer au principe de la sélection darwinienne – puisque aussi bien l'entreprise protégée par son brevet ou son droit d'auteur agira le plus souvent de manière agressive sur le marché mondial –, mais de veiller à ce qu'elle s'effectue dans le respect d'un minimum de règles du jeu. La loi de la jungle est à prendre dans ce cas à son double sens : celui d'une lutte féroce pour la survie, mais aussi celui d'un code à ne pas transgresser, faute de mettre en péril l'écosystème lui-même. C'est d'ailleurs cette même idée de code qui transparaît dans la volonté de prévenir les pratiques monopolistiques des entreprises, qui constitue le deuxième grand objectif d'une réglementation des marchés de haute technologie.

Le secteur de la haute technologie n'est, bien sûr, pas le seul à abriter des comportements anticoncurrentiels. Aux États-Unis, la législation antitrust remonte à la fin du siècle dernier, avant même que le concept de haute technologie ne fasse son apparition. De son côté, la Communauté européenne, à partir des règles de concurrence inscrites dans le traité de Rome, a développé au fil des années toute une jurisprudence applicable à la distribution des produits pétroliers, au prix du livre et aux contrats de concession automobile aussi bien qu'aux services de télécommunications. Les secteurs à forte intensité technologique présentent cependant, au regard du droit de la concurrence, un certain nombre de traits caractéristiques qui obligent à une réflexion spécifique sur le rôle du régulateur.

Un exemple intéressant, à cet égard, est celui de la réglementation en cours d'élaboration aux États-Unis concernant les conditions dans lesquelles les compagnies régionales du téléphone, les RBOC, pourraient être autorisées à offrir des services de télécommunications à valeur ajoutée, en concurrence avec les autres acteurs intervenant sur ce marché. Jusqu'ici, en effet, les RBOC, qui détiennent un monopole légal sur le réseau téléphonique local, sont soumises à une obligation de filialisation de leurs activités concurrentielles. Cette solution est, de notoriété générale, extrêmement lourde et a eu pour effet pratique de dissuader les RBOC de se diversifier en dehors du téléphone. L'idée serait donc de réglementer les conditions d'accès aux infrastructures des RBOC de manière suffisamment précise pour que toute discrimination au détriment des autres prestataires de services devienne quasi impossible : tel est l'objet de l'« Open Network Architecture » (architecture de réseau ouvert) ou ONA, à laquelle seraient soumises les RBOC comme prix à payer pour être libérées de leur obligation de filialisation. Concrètement, l'offre d'infrastructure des RBOC serait décomposée en « briques » élémentaires qui permettraient aux prestataires du service d'accéder à l'ensemble des fonctionnalités du réseau et qui seraient facturées individuellement à la demande du client.

Si les télécommunications détiennent sans doute, avec l'ONA, le record mondial de la complexité en matière de régulation concurrentielle des activités High Tech, d'autres domaines se prêtent à des réglementations obéissant à la même inspiration. C'est le cas de la coopération entre firmes dans le domaine de la recherche et du développement, dont chacun s'accorde à reconnaître aujourd'hui l'intérêt pour la promotion des technologies nouvelles, mais qui tomberait, si un régime spécifique ne lui était consacré, sous le coup du droit commun qui considère généralement les ententes comme des pratiques restrictives! C'est pourquoi, à la suite des États-Unis qui ont aménagé leur législation afin de permettre le développement de la recherche coopérative, la Commission des communautés européennes a, dans le même esprit, adopté un « règlement d'exemption » permettant, comme son nom l'indique, d'exempter certains accords de l'obligation de notification préalable prévue par l'article 85 du Traité de Rome. La Commission a également, il y a quelques années, publié un texte destiné à guider les États membres dans leur politique d'aide en matière de recherche et développement. Ce faisant, elle s'est inspirée d'une idée simple : plus la recherche se situe en amont par rapport au stade final du marché (recherche fondamentale par exemple), plus la participation financière des autorités publiques en soutien des projets de recherche peut être élevée. Des taux maxima d'aide sont fixés lorsque l'on descend en aval, vers le marché. Toutefois, des dérogations sont possibles lorsqu'elles sont justifiées par l'intérêt communautaire que la Commission se réserve, généralement, le droit d'évaluer en dernier ressort.

Quand la régulation devient stratégique

Soumise à la compétition concurrentielle la plus effrénée, la technologie est aussi l'objet d'une volonté constante de protection, de contrôle et de réglementation : « *La technologie est ainsi devenue l'un des produits les plus actifs de l'échange mondial, mais aussi, de ce fait, l'un des plus convoités et pour lequel la protection est indispensable. (...) La technologie la plus avancée est un bien rare, détenu par un nombre restreint d'offreurs, parfois par un seul. Face à une demande potentielle souvent importante, le souci de l'offreur (monopoleur ou oligopoleur) sera de rechercher des conditions aussi favorables que possible d'une valorisation de son innovation. (...) Au-delà des entreprises, les technologies avancées les plus "rares" tendent à faire l'objet d'une surveillance de plus en plus attentive des grands décideurs, en particulier des États. Elles jouent en effet un rôle important pour ceux-ci. Elles constituent un des moyens sûrs de pénétrer ou de capter des marchés convoités et par conséquent d'assurer un meilleur équilibre des paiements extérieurs par l'acquisition de positions techniques et commerciales fortes. L'importance de cet objectif pousse naturellement les États à s'intéresser aux éléments qui facilitent ou préservent l'accès aux marchés [12].* »

Le caractère vital de ces enjeux fait que l'intervention de l'autorité de réglementation n'est pas, bien au contraire, un exercice abstrait effectué indépendamment de toute considération stratégique. Le *régulateur* se double très vite d'un *stratège* et la réglementation des activités de haute technologie se transforme en un exercice de régulation stratégique. De la déréglementation à la « diplomatie High Tech » pratiquée notamment par les États-Unis, en passant par la politique de normalisation, l'on ne manque pas d'exemples de cette tendance générale à mettre l'interventionnisme juridique au service d'ambitions politiques ou commerciales très ciblées.

L'application des recettes de la déréglementation * à ce secteur de haute technologie par excellence que sont les télécommunications est particulièrement révélatrice des non-dits stratégiques se cachant derrière l'objectif affiché de libéralisation extrême d'un secteur. On a bien vu précédemment (voir chapitre IV) quel calcul stratégique avait poussé les autorités fédérales à encourager le démantèlement du Bell System : il s'agissait, à la fois, de créer de nouveaux acteurs sur la scène intérieure américaine (les RBOC) et d'inciter AT&T, « allégé » aux États-Unis, mais conservant cependant le marché des services téléphoniques longue distance, à se porter agressivement sur les marchés internationaux. Ce que la compagnie américaine a fait en Europe notamment, puisque outre les actions entreprises dans le domaine des

---

* Rappelons que la vague de déréglementations a également touché des secteurs comme les transports aériens et les services financiers.

équipements, telle la prise de participation dans Italtel, AT&T a aussi commencé, à travers le rachat de la compagnie britannique ISTEL, à se placer sur le marché en pleine expansion des services à valeur ajoutée.

Tout en étant conforme à l'idéologie libérale, le démantèlement d'AT&T n'en a donc pas moins été une opération menée dans le sens des intérêts de la puissance industrielle américaine. Et les États-Unis n'ont pas été les seuls à faire de cette vague de déréglementation un instrument de stratégie. Le Japon a, lui aussi, privatisé NTT (Nippon Telegraph and Telephone) en 1985, réalisant ainsi l'opération boursière la plus importante de tous les temps. En Grande-Bretagne, le gouvernement de Margaret Thatcher a mené de front la déréglementation des services financiers et celle des télécommunications en misant sur les synergies technologiques croissantes entre les deux secteurs. Outre que la privatisation de British Telecom en 1984 a permis de faire sortir l'exploitant public britannique de l'état de marasme dans lequel celui-ci était tombé, l'introduction d'un second exploitant de télécommunications (Mercury, filiale de Cable and Wireless) et la libéralisation des activités boursières de la City se sont inscrites dans une démarche globale visant à stimuler l'ensemble du secteur tertiaire britannique et à faire de Londres la plate-forme de l'Europe pour les échanges de services avec le reste du monde.

Si elles ont adopté une démarche plus prudente, la République fédérale et la France ne s'en sont pas moins, elles aussi, laissées guider par l'objectif d'adaptation à la nouvelle donne des télécommunications internationales. Même si, plus que tout autre, le gouvernement français a été particulièrement soucieux de réaliser sa réforme du service public dans des conditions acceptables par les syndicats, l'exposé des motifs de la loi française, adoptée le 2 juillet 1990, est tout à fait explicite à cet égard : « *Au-delà des frontières, les dispositifs purement réglementaires qui caractérisent le service public classique perdent une grande part de leur efficacité. (...) La sauvegarde des enjeux de souveraineté et d'indépendance liés au bon fonctionnement des réseaux de communications du pays (conjointement avec la défense du service public et la maîtrise de la dérégulation), appellent une rénovation du cadre d'action de la Poste et des Télécommunications susceptible de préserver la dynamique de leur développement et de leur fournir les outils nécessaires à la conduite et au contrôle de leur gestion.* »

Et ce mouvement de déréglementation est loin d'avoir atteint son terme. Les États-Unis s'interrogent sur un possible assouplissement de la réglementation visant à permettre aux RBOC d'entrer sur le marché des équipements de télécommunications, voire celui du câble. La Grande-Bretagne a entamé sa « revue du duopole » afin de déterminer si de nouveaux acteurs devraient être autorisés à entrer sur le marché des infrastructures. Quant au Japon, il s'est engagé dans un débat passionné sur l'avenir de NTT : faut-il ou non démembrer celui qui est devenu – en raison du démantèlement d'AT&T – le numéro un des télécommunications mondiales ?

Comme la déréglementation, la normalisation – cette opération par laquelle une profession ou un organisme public définit les spécifications techniques de référence applicables à des matériels ou à des services – est devenue un enjeu stratégique pour les entreprises internationales et pour les États.

Nous avons déjà donné plusieurs illustrations de cet enjeu : la politique de compatibilité IBM des constructeurs japonais de grands systèmes informatiques ; la promotion de la norme de vidéo VHS par Matsushita et les efforts inutiles de Philips pour imposer son propre standard ; l'adoption par IBM d'un standard « ouvert » pour son ordinateur personnel ; le choix français de la norme Télétel (celle du Minitel) pour le vidéotex... Dans tous les cas, le choix de la norme a répondu à des préoccupations commerciales, voire politiques, bien davantage que technologiques. Lorsqu'en 1983, les constructeurs européens d'informatique déclarèrent publiquement leur ralliement à la norme OSI d'interconnexion des systèmes ouverts, c'était aussi pour imposer à IBM, le roi de l'architecture « propriétaire » * une logique de coexistence entre systèmes différents. Les arrière-pensées commerciales et industrielles sont, de même, évidentes dans la bataille au coude à coude à laquelle se livrent aujourd'hui les Japonais et les Européens pour imposer leur norme de télévision haute définition.

La normalisation apparaît bien, à travers ces exemples, comme un facteur essentiel de la stratégie des entreprises et, au-delà, de l'organisation du marché. Car imposer sa norme, c'est créer un marché à sa mesure. Soit qu'on ait opté pour une stratégie d'ouverture technologique : la norme peut ainsi devenir un

---

* On appelle « architecture propriétaire » une architecture fermée ne pouvant communiquer qu'avec les systèmes de la même marque ou strictement compatibles.

élément de création d'un marché fortement concurrentiel (services Minitel, normes électriques communes pour les appareils électroménagers), quitte à ce que cette concurrence ait été suscitée au départ par un constructeur dominant qui y voyait un moyen d'imposer ses choix techniques (VHS de Matsushita, MS-DOS). Soit que l'on choisisse au contraire une politique de conservatisme technologique. La norme va alors être utilisée à des fins de protection du marché. C'était le cas des normes de télévision PAL et SECAM. C'est la situation qui caractérise depuis l'origine les spécifications « fermées » du Macintosh d'Apple qui, à l'inverse du PC d'IBM, n'a fait l'objet d'aucune copie compatible avant 1990.

Instruments défensifs ou offensifs, les normes ne sont donc pas de simples spécifications de sécurité ou de qualité des produits, ce sont aussi des armes très efficaces dans la guerre de mouvement technologique internationale. On comprend d'ailleurs, dans ces conditions, que les États ne soient pas restés indifférents aux problèmes posés par la normalisation et que certains d'entre eux aient fait de celle-ci l'un des moyens privilégiés de leur politique de régulation stratégique. Chacun sait que le Japon et l'Allemagne, qui professent en permanence leur foi dans le libre-échange, ont excellé à protéger leur marché national grâce à une utilisation « orientée » du recours aux normes. C'est ainsi qu'au Japon, la plupart des normes ne sont pas conformes aux spécifications internationales, tandis que seuls 50 % d'entre elles sont traduites en anglais!

Et si tout ce protectionnisme indirect est aujourd'hui remis en question par l'application de plus en plus rigoureuse du droit communautaire ou des règles du GATT, l'usage orienté des normes pourra continuer à servir d'autres objectifs stratégiques. Expression d'une politique industrielle (norme « Péritel » des téléviseurs français, normes de télévision haute définition) ou d'une philosophie générale d'organisation des marchés (soutien aux normes dites OSI pour l'interconnexion des ordinateurs), la normalisation ne peut pas être absente des préoccupations du régulateur public. C'est par la définition de normes adaptées à sa conception de la société et de l'économie qu'un État moderne et respectueux du libre jeu des initiatives privées peut influer sur le cours des choses, que cela soit en matière de sécurité domestique ou routière, de protection de l'environnement, d'ergonomie ou de conditions de travail. C'est aussi en incitant ou en obligeant les acteurs économiques à se conformer à de telles normes que l'État peut espérer voir se développer des capacités de production ou de prestations de services conformes à ses vœux : ainsi, la réglementation française applicable aux « réseaux télématiques ouverts au tiers » prévoit-elle une obligation référence aux normes pour les prestataires de services ayant une certaine dimension, ce qui impose en fait à ces derniers d'offrir des services « passerelle » permettant à l'ensemble des utilisateurs potentiels de pouvoir s'interconnecter avec eux. Dans ce cas, c'est bien le recours aux normes des réseaux ouverts (les normes OSI) qui va empêcher certains prestataires de retenir de manière captive une partie de la clientèle.

La « diplomatie High Tech », autrement dit cet ensemble de négociations internationales à travers lesquelles s'exprime la volonté des États de créer un environnement politico-juridique conforme à leurs ambitions technologiques, est aussi une forme de ces politiques de régulation stratégique. Les États-Unis, comme on l'imagine, sont devenus les champions incontestés de ce genre d'exercice.

Manifestation de ce partage du monde dont nous avons déjà parlé (voir chapitre III), Washington et Tokyo multiplient les rencontres et les accords bilatéraux portant sur le commerce des biens et des services de haute technologie. Ainsi en 1990, les discussions ont-elles notamment porté sur les superordinateurs, les satellites commerciaux et les télécommunications. Près de huit ans après leur rédaction, les recommandations d'un groupe de travail nippo-américain sur les industries de haute technologie qui s'était réuni (pour la cinquième fois depuis sa constitution en avril 1982!) à Tokyo du 10 au 13 février 1983, n'ont donc rien perdu de leur actualité et permettent, au passage, de se familiariser avec la phraséologie caractéristique de ce type d'exercice : « *Dans le domaine des industries de haute technologie, les structures industrielles et les données commerciales ont changé rapidement au rythme actif des innovations technologiques et du développement de nouveaux produits tant aux États-Unis qu'au Japon. Ces conditions peuvent créer un potentiel de tension sur les marchés de haute technologie et accroître les difficultés entre les partenaires commerciaux. Pour résoudre les problèmes constatés (...), le groupe de travail a commencé par examiner les questions pressantes du commerce bilatéral de haute technologie, particulièrement dans les domaines des semi-conducteurs, des superordinateurs et de la fibre optique* [13]. »

Les Américains sont loin, cependant, de négliger le Vieux

Continent qui leur ouvre, avec la réalisation du Grand Marché, de nouvelles perspectives commerciales. Les dossiers High Tech du dialogue bilatéral (Airbus, télécommunications essentiellement) sont toutefois moins nombreux à traiter qu'avec le Japon, et cela pour la bonne raison que l'Europe oppose une résistance technologique beaucoup moins forte que l'Empire du Soleil Levant. Non que les Européens soient politiquement plus complaisants que les Japonais. Mais tout simplement parce que, dans les secteurs de pointe, les entreprises européennes sont généralement des concurrents moins dangereux pour les entreprises américaines que les « kaïshas » japonaises. C'est donc dans les forums internationaux – où les Japonais préfèrent quant à eux passer sous la table – que s'affrontent le plus souvent Américains et Européens. Nous avons déjà vu l'exemple du COCOM, où les États-Unis et les pays européens divergent quant au degré de rigueur avec lequel traiter les flux de technologie en direction des pays de l'Est. A l'UIT (l'Union internationale des télécommunications) tout comme au GATT, les débats sont souvent marqués aussi par l'opposition américano-européenne.

Que ce soit à travers la déréglementation, la normalisation ou encore la « diplomatie High Tech », la régulation des activités de haute technologie est donc devenue, tout autant que ces activités elles-mêmes, un enjeu stratégique. L'Europe ne doit pas se contenter d'adopter une attitude passive devant les nombreux problèmes réglementaires posés par la montée en puissance des industries à forte intensité scientifique et technologique : elle doit utiliser à son profit cet instrument nouveau qu'est la régulation stratégique de marché et en faire l'un des éléments de son propre processus d'ajustement global. C'est même ici que le retard du Vieux Continent, par rapport aux pratiques développées notamment aux États-Unis, peut se transformer, paradoxalement, en une chance.

Faire un atout d'un retard

« *La convergence entre américanité et mondialité résulte aujourd'hui autant de la capacité des États-Unis à exporter leurs normes que de leur ouverture au monde* [14]. » Le jugement exprimé par l'avocat Laurent Cohen-Tanugi à propos du système juridique américain est à rapprocher de celui d'Henri Froment-Meurice, selon lequel le marché intérieur européen est « un grand projet sans grands moyens » (voir ci-dessus). S'agissant de l'organisation de l'espace économique intérieur et du pouvoir d'attraction international, le contraste est en effet frappant entre le Vieux Continent et le Nouveau Monde. Que l'on traite de la réglementation des exportations de technologies critiques, de la protection de la topographie des semi-conducteurs et des inventions biotechnologiques, de la déréglementation des télécommunications ou des négociations internationales, ce sont les États-Unis que nous avons vus, le plus souvent, prendre l'initiative, les Européens se contentant de suivre ou de réagir.

De même que leur extraordinaire potentiel universitaire les place au premier rang mondial de la recherche scientifique, les États-Unis ont également une avance incontestable pour tout ce qui touche à la réflexion sur les problèmes politiques, institutionnels, culturels et sociaux posés par la révolution technologique et industrielle en cours. A cela s'ajoute une propension naturelle à la création d'un cadre juridique de référence de préférence à l'intervention directe de l'autorité publique dans la vie économique et sociale. Tous ces éléments – auxquels il faut bien entendu ajouter la situation géopolitique privilégiée des États-Unis – se combinent pour donner à la production réglementaire américaine dans le domaine de la High Tech un caractère à la fois dynamique et expansionniste. Et cela alors que, de leur côté, la Communauté européenne et les États européens se sont surtout attachés ces dernières années à faire disparaître les obstacles aux échanges créés par les administrations nationales, au risque d'en faire une fin en soi et de laisser passer au second plan toute analyse stratégique préalable des mesures à adopter (chapitre II).

Or il est clair que la simple application des règles de la concurrence et du marché ne suffit pas à créer les conditions d'un développement technologique et industriel harmonieux. Les Européens ne parviendront à gérer la complexité intrinsèque des technologies modernes qu'en conduisant collectivement une réflexion approfondie sur les enjeux auxquels ils sont confrontés et les instruments mis à leur disposition.

Une première question majeure concerne la diffusion de l'innovation dans l'économie et la société qui est, nous l'avons vu, le gros point faible du Vieux Continent en matière technologique. Quel type de réglementation assure le mieux cette diffusion? Faut-il se montrer « libéral » et promouvoir la diffusion de l'innovation en encourageant systématiquement l'apparition du plus grand nombre d'acteurs sur le marché? C'est souvent la solution

adéquate, à condition que les exigences essentielles relatives à
la sécurité des systèmes et des personnes aient bien été prises
en compte. Mais pour autant, il est de nombreux cas où la
question du soutien à l'innovation et à sa diffusion se pose en
termes plus ardus. En 1990, par exemple, un projet de directive
communautaire relative à la protection des programmes d'ordinateur a fait beaucoup parler de lui. D'un côté, les créateurs de
logiciels, soucieux d'obtenir une protection juridique stricte et
de voir le fruit de leur travail correctement défendu. De l'autre,
la Commission qui préférait accorder à l'utilisateur certaines
libertés de copie et de modification. Un logiciel informatique
n'est pas, en effet, un objet clos mis une fois pour toutes sur le
marché : il comporte notamment des modules d'interface qui lui
permettent de communiquer avec l'extérieur et ont naturellement
vocation à s'enrichir en fonction de l'évolution de la technologie
et des besoins des utilisateurs. L'accès, sous certaines conditions,
à ces interfaces était donc considéré par la Commission comme
nécessaire. Avec de plus l'idée implicite d'éviter que certains
grands constructeurs informatiques (IBM pour ne pas le nommer)
n'abusent de leur position dominante en gardant secrètes certaines de ces « clés » qui commandent l'accès à tout système
informatique. Entre la réglementation et la liberté, il est ainsi
parfois difficile de savoir ce qui est le plus favorable à la diffusion
de l'innovation.

De même, les Européens doivent impérativement définir leurs
intérêts stratégiques communs. Aux États-Unis là encore, la
protection des intérêts nationaux est assurée par des législations
de portée générale, comme le Trade Act adopté en 1988 par le
Congrès, ou de caractère plus spécifique, comme l'amendement
Exon-Florio qui donne à l'exécutif le pouvoir de s'opposer à toute
acquisition ou prise de contrôle d'entreprises américaines susceptible de porter atteinte aux intérêts de sécurité des États-Unis *.
Or, si les Européens peuvent difficilement s'appuyer sur leurs
propres intérêts de sécurité tant qu'ils n'auront pas mis au point
un concept commun de défense, ils ne peuvent toutefois pas non
plus ignorer les menées et les arrière-pensées de leurs concurrents.
L'exercice est difficile, car la délimitation entre ce qui ressort
de l'analyse stratégique et ce qui relève d'une analyse exclusivement commerciale est délicate à tracer, et que sous couvert

---

* *Cf.* par exemple le veto mis par le président américain à la reprise de
Fairchild par le Japonais Fujitsu (chapitre III).

de protection stratégique on retombe aisément dans le protectionnisme pur et simple. Il n'en reste pas moins qu'il est vital pour l'Europe de conserver un minimum d'atouts dans les secteurs qui sont au cœur de la croissance économique mondiale – au premier rang desquels les industries de haute technologie – ce qui implique de pouvoir continuer à compter sur un certain nombre de grandes entreprises contrôlées par des intérêts européens et sur un tissu de PME en bonne santé. Dans ces conditions, le basculement d'anciens champions de l'industrie européenne entre des mains étrangères (rachat d'ICL par Fujitsu, par exemple) constitue incontestablement un sujet de préoccupation, de même que les perspectives d'érosion du potentiel manufacturier européen dans le secteur de l'automobile * ou dans des branches aussi porteuses d'avenir que les terminaux de télécommunications. Les Européens ont donc un devoir de vigilance vis-à-vis de l'évolution de leurs industries sensibles et ne doivent pas hésiter à utiliser les instruments réglementaires dont ils disposent pour s'opposer à des opérations qui déstabiliseraient leur tissu industriel. Là encore, la mise en place d'un marché ouvert et concurrentiel en Europe doit s'accompagner de la prise en compte des enjeux de puissance et de l'utilisation des moyens de régulation légitimes. D'où l'importance de la dimension institutionnelle du Grand Marché.

Les gardiens du marché

Dès l'origine, le Traité de Rome a confié à la Commission des Communautés européennes une mission générale de régulation du Marché commun. L'exécutif communautaire s'est ainsi vu attribuer des compétences importantes en matière de respect des règles de concurrence (articles 85 à 90 du Traité) comme de contrôle des aides octroyées par les États aux entreprises (articles 92 et suivants). Ces pouvoirs ont été réactivés par l'Acte unique, lequel, en prévoyant le passage à la majorité qualifiée pour la plupart des mesures d'harmonisation soumises au Conseil, a de surcroît renforcé dans la pratique le rôle d'arbitrage politique de la Commission.

C'est dire que l'image, qui s'attache parfois à la Commission,

---

* Selon certaines statistiques, 5 % de la production européenne et 15 % de celle de l'industrie britannique seraient effectués par des entreprises japonaises dans vingt ans.

de simple bureaucratie sans autre légitimité que celle que veulent bien lui reconnaître les États membres, est largement erronée. Non seulement la Commission dispose, en matière de droit économique, de pouvoirs quasi juridictionnels (elle peut par exemple fixer des amendes), mais elle est aussi l'interprète des entreprises européennes, dont les intérêts, et notamment le développement du commerce transfrontière, ne sauraient être correctement pris en compte par les seules administrations nationales. La cause est donc, d'une certaine manière, entendue : plaider pour une pratique européenne de la régulation stratégique dans le domaine des activités High Tech revient sans doute à reconnaître et à renforcer les pouvoirs généraux que détient la Commission dans ce domaine [*].

La réflexion sur la mise en œuvre institutionnelle du concept de régulation stratégique doit cependant aller plus loin : nous avons trop souvent, dans cet ouvrage, souligné l'existence d'une spécificité High Tech pour ne pas reconnaître l'incohérence qu'il y aurait à vouloir confier à un même organe centralisé la régulation de l'ensemble des secteurs économiques. C'est la raison pour laquelle la Commission elle-même ne peut pas rester monolithique et inchangée à travers l'accroissement – impressionnant – de ses tâches. D'où l'idée de structures décentralisées, qui pourraient être à la Commission ce que les organisations spécialisées type UIT (Union internationale des télécommunications) ou OMPI (Organisation mondiale de la propriété intellectuelle) sont à l'ONU ou encore ce que les établissements publics, agences gouvernementales et autres autorités déconcentrées sont aux diverses administrations nationales. Structures décentralisées qui constitueraient, *de facto,* des contre-pouvoirs nécessaires à l'autorité croissante de Bruxelles.

Il n'est pas envisageable de créer une telle structure décentralisée pour l'ensemble des activités High Tech et cela pour deux raisons évidentes : avec un champ d'investigation aussi large, cette structure ne serait pas simplement complémentaire, mais bel et bien concurrente de la Commission et en tant que telle inacceptable ; en second lieu et surtout, l'efficacité commande de donner des contours bien délimités à des organes satellites du type de ceux dont il est question ici. Il est vrai que le terme générique de haute technologie décrit un ensemble d'activités

---

[*] Sous le contrôle d'autres institutions telles que la Cour de justice en matière juridique et demain peut-être le Parlement européen pour les questions politiques.

qui se prêtent à des analyses communes en raison d'un certain nombre de traits caractéristiques qui les distinguent des autres secteurs : part importante du chiffre d'affaires consacrée à la recherche-développement, grande rapidité de renouvellement des produits, risque stratégique important, caractère international du marché, etc. Mais il n'en désigne pas pour autant un espace homogène, encore moins une « profession » qui pourrait faire l'objet d'une approche institutionnelle et déontologique unique.

Des idées, en revanche, circulent déjà qui visent à la création d'instances de réglementation européennes ayant directement compétence pour certains secteurs bien déterminés. L'une des plus élaborées d'entre elles émane de l'Association européenne des fabricants d'électronique grand public (EACEM selon l'acronyme anglais). Dans une lettre du 1er février 1990 adressée au président de la Commission, Jacques Delors, le président de l'EACEM, Richard E. Norman, partant du constat que l'Europe continue à souffrir de nombreuses normes techniques incompatibles en matière de radiodiffusion audiovisuelle, propose en effet de créer « *une autorité directement responsable devant la Commission. Cette autorité serait chargée d'établir les règles concernant tout service de radiodiffusion de sons, d'images et de données, y compris l'embrouillage et le contrôle conditionnel d'accès, destinés à être reçus par les foyers et indépendamment de la fréquence de diffusion, que le service soit fourni par le moyen de répéteurs de satellite, de réseaux hertziens terrestres ou par câble* ». Décidément animé par le souci de la précision et du détail, Richard E. Norman va même jusqu'à préciser les trois objectifs que devrait se fixer cet organe réglementaire : « *Établir, en vue de leur adoption par le Conseil, une famille de directives qui formerait le cadre technique pour une politique de radiodiffusion européenne ; faire un choix entre les différentes spécifications de systèmes proposées et les rendre obligatoires ; assurer la mise en œuvre de ces dernières.* »

Ce qu'il y a de plus remarquable dans ces propositions est qu'elles émanent de constructeurs, c'est-à-dire d'industriels qui n'ont pas *a priori* pour habitude de placer les questions juridiques et institutionnelles au premier rang de leurs préoccupations. Les membres de l'EACEM, cependant, semblent avoir spontanément senti que la réponse à leur problème – le déficit de normalisation européen en matière de transmission audiovisuelle – ne résidait pas dans l'adoption de telle ou telle norme spécifique, mais dans la création d'un dispositif permanent de régulation du marché

qui, en fonction des difficultés rencontrées et en se gardant de
tout systématisme, adopte ou propose les mesures nécessaires.
L'expérience montre bien, de fait, que le soutien politique et
même juridique à la famille de normes Mac-Paquets (chapitre IX)
en matière de télévision de moyenne et haute définition, ne suffit
pas à garantir la création d'un marché européen dynamique des
équipements et des services et le développement correspondant
d'une industrie compétitive.

Le raisonnement de l'EACEM et de son président Richard
Norman pourrait, toutes choses égales d'ailleurs, être tenu dans
d'autres secteurs de haute technologie. Tout donne à penser
qu'en matière de télécommunications, le développement d'une
législation européenne spécifique en matière d'accès au réseau
mettra bientôt en évidence l'opportunité de créer un mécanisme
permanent de concertation entre la Commission et les autorités
nationales, mécanisme du reste amorcé par la création d'un
« comité réglementaire » dans le cadre de la directive ONP [15].
D'autant que la dimension « transfrontière » des réseaux et services de télécommunications ne fera que s'accentuer du fait de
l'évolution technologique (télécommunications par satellites,
radiotéléphone numérique européen, artères en fibre optique)
comme de celle des besoins des utilisateurs, rendant inopérantes
les réglementations exclusivement nationales. Nous serons plus
prudents à ce stade s'agissant des biotechnologies dont le marché
ne fait que naître et qui ne présente pas, *a priori,* les mêmes
problèmes de compatibilité technique et d'interconnectivité que
l'audiovisuel ou les télécommunications. Mais d'autres questions
tout aussi difficiles se posent qui touchent à la morale et à
l'éthique (voir ci-après chapitre XII). Là aussi, il sera peut-être
nécessaire, le moment venu, de créer un comité ou une institution
spécifique, ce que la Commission n'a pas encore voulu envisager
dans sa « proposition de directive du Conseil concernant la
protection juridique des inventions biotechnologiques [16] ».

Pour mettre au point cette politique de régulation stratégique
de son marché, la Communauté européenne doit se garder, en
définitive, de toute approche dogmatique de la concurrence et
de ses vertus. Elle doit suivre une démarche pragmatique de
réflexion sur les enjeux, d'expérimentation des différentes solutions possibles et de concertation permanente entre les acteurs
concernés. C'est ici que le polycentrisme du Vieux Continent,
qui a longtemps été un de ses principaux handicaps en matière
de recherche et de technologie, peut se transformer en un atout.

Réalisant la synthèse entre la dynamique libérale du nord de l'Europe et les tendances plus organisatrices des pays latins, l'Europe peut se doter d'instruments de surveillance et de pilotage souples des marchés de technologie. De même l'émergence, en contrepoint de la montée en puissance de la Commission, de différentes institutions spécialisées devrait favoriser l'expression permanente des aspirations souvent contradictoires des acteurs : producteurs, consommateurs, pouvoirs publics... Choisir la voie de la liberté et de la concurrence ne veut pas dire tomber sous l'empire de la violence brutale et de l'incompréhension mutuelle. Il s'agit au contraire d'organiser à la fois la compétition sur le terrain et l'orientation des efforts à moyen terme. Et c'est là que les stratégies de marché appellent en complément une politique audacieuse sur les structures.

XI

LES STRATÉGIES DE STRUCTURE

Le 31 janvier 1986, la Commission des communautés européennes soumet aux directeurs généraux de l'industrie des États membres un document intitulé « L'amélioration de la compétitivité et des structures industrielles de la Communauté ». Dans ce texte, la Commission effectue une analyse comparée des performances des grandes régions industrielles et conclut que l'Europe a, moins que le Japon et les États-Unis, joué la carte des secteurs à forte demande *, c'est-à-dire les plus porteurs d'avenir. « *Tout en bénéficiant d'un capital de connaissances de premier ordre et en ayant maintenu le niveau de sa production (...) dans de nombreux domaines, l'industrie communautaire demeure handicapée par une diffusion moins rapide du progrès technologique dans ses processus et dans ses produits et par une moindre aptitude que ses concurrentes à transformer son potentiel technologique en succès industriels et commerciaux.* » Bien que la Commission précise que « *cette considération générale recouvre des situations différenciées et ne doit pas cacher les mouvements de redressement en cours, notamment dans le domaine des biens d'équipements* », le diagnostic est globalement sans complaisance.

D'où une stratégie en cinq points pour redresser la situation et « *améliorer la compétitivité industrielle de la Communauté* » : premièrement, « *achever le marché intérieur* », deuxièmement, « *renforcer et rendre plus cohérente la base industrielle de la Communauté* », troisièmement, « *encourager le rajeunissement*

---

* Matériel électrique et électronique, informatique, bureautique, matériel de précision, chimie et pharmacie.

de l'industrie européenne », quatrièmement, *« faciliter l'ajustement des structures productives »*, et enfin *« affirmer l'engagement de la Communauté en faveur de la défense du libre-
échange et de l'élimination des distorsions de concurrence sur
le marché mondial »*. Un certain nombre de mesures concrètes
sont suggérées à l'appui de ces orientations, dont on peut remarquer l'inspiration « japonaise » : *« le soutien à la coopération
industrielle et commerciale »*, *« la concertation des initiatives
de création de parcs scientifiques et "technopoles" intracom-
munautaires »*, la réduction des *« rigidités qui affectent l'environnement des entreprises »*, ou encore les *« mesures aptes à
accélérer le rétablissement de la rentabilité de l'industrie européenne et de son niveau d'investissement, la diffusion des technologies nouvelles, l'innovation et la création d'entreprises, et à
assurer une meilleure efficacité et une meilleure protection de
la propriété intellectuelle »*.

L'originalité de la démarche va étonner plus d'un familier des
questions communautaires. Quelques semaines à peine après la
signature de l'Acte unique, voilà que les fonctionnaires de la
DG III (la direction générale de la Commission en charge des
questions industrielles) ont l'audace de suggérer – certes indirectement – que l'*« achèvement du marché intérieur »*, pour
nécessaire et même vital qu'il soit, ne suffira pas à résoudre le
lancinant problème de compétitivité de l'industrie européenne!
L'initiative de la DG III va cependant faire long feu. Si, dans
les semaines qui suivront la réunion des directeurs généraux, le
rapport de la Commission fera l'objet d'éloges pour la pertinence
de ses analyses et sa richesse statistique, ses conclusions opérationnelles seront, en revanche, évacuées de la discussion. Concentrée sur la préparation des quelque 300 directives indispensables
à la mise en œuvre de l'Acte unique et du livre blanc sur le
marché intérieur, la Commission n'insistera pas.

Il n'était pourtant pas indifférent que s'élève du cœur même
des institutions communautaires un appel à la relance d'une
politique industrielle active allant au-delà de la seule régulation
du marché. Cinq ans après, la question est toujours d'une grande
actualité alors que les Européens prennent conscience que la
bataille mondiale pour la maîtrise de l'espace économique et
industriel se joue d'abord sur la capacité des entreprises et des
États à mettre en œuvre, à leur échelle respective, des politiques
efficaces de stimulation du développement technologique.

La difficile maîtrise des ressources technologiques

« *Combien d'entreprises ont probablement disparu pour avoir mal apprécié les causes réelles du succès d'un concurrent nouveau et la menace technologique que ses procédés, ses produits, ses équipes de Recherche et Développement faisaient peser sur elles, pour n'avoir pas cherché à comprendre les raisons profondes de ses parts de marché, pour n'avoir pas identifié le défi technologique qu'il leur lançait, ou mobilisé leurs propres cadres pour le relever, pour n'avoir pas tenté de reconquérir de nouveaux et indispensables degrés de compétitivité, bien sûr en s'efforçant de tirer le meilleur parti des savoirs accumulés dans l'entreprise, mais aussi, et plus que jamais, en sachant exploiter les idées et les technologies des autres pour les transformer en pôles internes d'innovation* [1] ? » Ancien directeur du marketing et de la technologie de Péchiney, le consultant français Jacques Morin ne mâche pas ses mots : pour lui, il y a beaucoup de « *faillites technologiques* » et les entreprises européennes souffrent « *d'un comportement collectif de distanciation à l'égard de la technologie* ».

Difficiles à acquérir et à stocker, difficiles à évaluer économiquement et à quantifier, les ressources technologiques d'une entreprise ne sont pas une matière première comme une autre. Et leur impact sur le développement de l'entreprise n'est pas non plus une relation simple de cause à effet analysable au travers des modèles micro-économiques traditionnels. Certes, le marché – à condition qu'il soit correctement régulé (chapitre x) – constitue certainement le meilleur moyen d'assurer la *diffusion* rapide des technologies avancées dans l'économie et la société. Mais ce n'est là qu'un des aspects de la chaîne de développement technologique. Bien en amont de sa diffusion par le marché, le développement d'une technologie passe par l'acquisition de connaissances scientifiques et techniques génériques et par leur *valorisation* au travers d'une stratégie commerciale visant soit une différenciation sur un marché déjà existant soit une diversification vers de nouveaux marchés. La veille technologique, la définition de programmes de recherche, la mise en place d'équipes-projets, le développement autofinancé de maquettes de faisabilité ou de prototypes, la recherche d'alliances technologiques (joint-venture, achat de licence...), la participation aux travaux de normalisation : voici autant de facettes de ce que Jacques Morin propose d'appeler le « *management des ressources technologiques* » et qui devient aujourd'hui la réalité quotidienne d'un nombre croissant d'entreprises impliquées dans la compétition technologique internationale.

Parler de « *management des ressources technologiques* » (ou de « *management technologique* » tout court), c'est supposer que le fait pour une entreprise de centrer son développement industriel et commercial sur les avantages comparatifs procurés par l'innovation technologique oblige celle-ci à modifier ses méthodes de travail et sa stratégie de développement. C'est admettre que les technologies de pointe réclament aujourd'hui une approche spécifique, non réductible aux méthodes et théories développées pour d'autres domaines.

Jacques Morin identifie ainsi les trois caractéristiques principales de toute technologie de pointe. Tout d'abord, ce sont le plus souvent des technologies *transversales* qui peuvent avoir des applications dans des métiers très différents, ce qui peut inciter les entreprises à en faire la base de leur stratégie de diversification. L'économiste Pierre Dussauge semble lui donner raison lorsqu'il souligne : « *Lorsque Texas Instruments est entré dans l'horlogerie par le biais des microprocesseurs, la société n'avait aucune idée du marché de l'horlogerie, ni de sa distribution, mais l'avantage technologique qu'elle avait sur les composants était tel qu'il compensait cette méconnaissance. (...) Dès que l'application du microprocesseur en horlogerie s'est banalisée, une stratégie fondée uniquement sur la technologie n'était plus valable et il fallait revenir à une stratégie de marché* [2]. » De fait, les études d'économie industrielle montrent que depuis dix ans, les stratégies traditionnelles de diversification et de croissance externe fondées sur la notion financière de *portefeuille d'activités* se sont partiellement effacées devant des stratégies de *groupes technologiques* dont la logique est la transposition à de nouveaux secteurs d'une technologie déjà éprouvée. La meilleure illustration de ces stratégies fondées sur le caractère transversal des technologies de pointe est sans doute celle du « *bonsaï* » japonais : les racines de l'arbre figurent les technologies génériques que maîtrise l'entreprise, le tronc représente l'intégration dynamique de ces technologies de base en un potentiel industriel propre à l'entreprise et les nombreuses branches qui jaillissent le long du tronc sont autant d'applications sectorielles de ce potentiel en termes de produits et de marchés [3].

De même qu'une technologie générique peut donner naissance à des applications diversifiées, les technologies nouvelles ont également un caractère *combinatoire* dans la mesure où elles sont susceptibles de se croiser entre elles pour créer des débouchés nouveaux. Ce phénomène de combinaison n'est pas nouveau, à tel point que Fernand Braudel a pu écrire que la supériorité économique, géographique et politique de l'Europe au XVIᵉ siècle a reposé sur « *les associations, les groupements de techniques : le gouvernail d'étambot, plus la coque construite à clins, plus l'artillerie à bord des navires, plus la navigation hauturière* ⁴ ». Mais aujourd'hui la combinatoire entre les principales filières technologiques de pointe (l'électronique, les matériaux nouveaux, les énergies artificielles, la chimie fine et les bio-technologies) ouvre des débouchés sur des applications et des savoir-faire totalement nouveaux. L'un des exemples les plus significatifs des possibilités de combinaison créatrice est le nucléaire, comme l'explique Guy Paillotin, administrateur général adjoint du CEA : « *Si la physique nucléaire ou la neutronique font partie de ces moyens* (nécessaires à la mise en œuvre de l'énergie atomique), *bien d'autres savoirs ou savoir-faire non spécifiquement nucléaires ont dû être sollicités. Ainsi en est-il de la mécanique, de la thermique, des sciences et techniques des matériaux, de l'électronique, de la robotique, etc. Dans tous les cas ou presque ces techniques ont été développées à des niveaux de performances très avancées. Le nucléaire est le résultat d'une articulation cohérente de multiples technologies hautement maîtrisées. C'est en ce sens qu'il s'agit bien d'une technologie intégrée* ⁵. »

Enfin, Jacques Morin insiste sur l'aspect intrinsèquement *contagieux* des technologies nouvelles, ce dont la diffusion des retombées de la révolution du circuit intégré témoigne bien, depuis le micro-ordinateur jusqu'au four à micro-ondes en passant par les armes intelligentes, les robots domestiques, la téléphonie numérique et les appareils photographiques autofocus *.

Transversalité, combinaison, contagion. Nous ajouterons à ces trois caractéristiques une quatrième : l'imprévisibilité, qui accompagne toujours le développement technique et commercial d'une innovation. Pierre Papon, ancien directeur général du CNRS en donne un exemple très évocateur : « *Le domaine de la fusion*

---

* On observe actuellement un phénomène d'une ampleur comparable quant à la diffusion rapide de l'utilisation des matériaux composites dans l'aéronautique, l'automobile, l'armement, le biomédical ou le spatial.

contrôlée (...) a réservé le plus de surprises désagréables aux experts de la prévision technologique, leurs estimations sur les délais au bout desquels on pouvait escompter parvenir à la maîtrise de cette nouvelle source d'énergie se trouvant régulièrement démenties. (...) D'une manière générale d'ailleurs, plusieurs décennies s'écoulent entre le moment où la faisabilité d'une nouvelle filière énergétique est démontrée et où celle-ci commence à être exploitée de façon tangible [6]. »

Cette instabilité chronique, cette imprévisibilité fondamentale, le célèbre gourou américain Alvin Toffler en faisait déjà en 1970 l'un des éléments majeurs de ce « *choc du futur* » qui commençait à frapper sans ménagement les sociétés industrielles [7]. Vingt ans après, le sentiment de « *perte de contrôle* » des processus économiques et technologiques a atteint des niveaux que Toffler ne pouvait sans doute pas imaginer. « *Nous sommes entrés dans un monde de guets-apens permanents. Autant dire que l'arrivée de nouvelles technologies impose aux responsables d'entreprise une attention renouvelée* », affirme pour sa part Jacques Morin [8] alors qu'un très sérieux ouvrage d'économie politique propose de faire de la « *vigilance* » un concept économique et un paramètre des stratégies d'entreprise [9]. Et le jeu devient d'autant plus complexe que tout en constituant un élément déstabilisant pour les entreprises, la technologie apparaît aussi comme le moyen privilégié de tirer un profit stratégique de l'incertitude elle-même : « *Les nouvelles opportunités tiennent à toutes les possibilités de nouveaux produits et services qui émergent de la mutation technologique en cours. Mais les choix d'articulation produits/ marchés sont particulièrement difficiles à réaliser tant il est difficile en période de mutation profonde de cerner quels seront les nouveaux marchés durablement porteurs et les produits qui permettront de les satisfaire. Dans ce contexte de double incertitude, les stratégies traditionnelles de développement des entreprises ne fournissent plus une réponse totalement satisfaisante à cette nouvelle réalité. (...) L'accélération des évolutions technologiques est la conséquence de cette situation : en permettant de dépasser les limites de la technique et de déplacer les champs de concurrence, la technologie devient un support essentiel de la nouvelle puissance industrielle* [10]. »

Le trait dominant de ce panorama est la complexité. Complexité des variables technologiques impliquées, complexité dans leurs interactions verticales et horizontales, complexité de leurs applications sectorielles. Cet ensemble de relations interactives

s'analyse donc fort bien en termes de « système », comme l'a
montré l'historien Bertrand Gille, à qui l'on doit le concept de
*système technique : « En règle très générale, toutes les techniques
sont, à des degrés divers, dépendantes les unes des autres, et il
faut nécessairement entre elles une certaine cohérence : cet
ensemble de cohérences aux différents niveaux de toutes les
structures de tous les ensembles et de toutes les filières compose
ce que l'on peut appeler un système technique. Et les liaisons
internes, qui assurent la vie de ces systèmes techniques sont de
plus en plus nombreuses à mesure que l'on avance dans le temps,
à mesure que les techniques deviennent de plus en plus complexes.
Ces liaisons ne peuvent s'établir, ne peuvent devenir efficaces
que si un niveau commun à l'ensemble des techniques se trouve
réalisé, même si, marginalement, le niveau de quelques techniques, plus indépendantes vis-à-vis des autres, est demeuré en
deçà ou au-delà du niveau général, la seconde hypothèse étant
naturellement plus favorable que la première* [11]. » Cette approche
systémique qui rend bien compte du caractère évolutif et interactif de l'état des techniques dominantes à un moment donné
n'est plus seulement un outil d'analyse théorique applicable à
des études sectorielles. Elle est devenue aujourd'hui pour les
acteurs économiques eux-mêmes une nouvelle façon d'appréhender la complexité de leurs stratégies technologiques. Qu'il s'agisse
des entreprises qui développent de plus en plus des politiques de
développement axées sur la notion de « grappe technologique »
(évoquée plus haut) ou des États qui cherchent à profiter du
caractère systémique des structures industrielles pour agir globalement sur la compétitivité nationale. Et l'interférence même
des actions parallèles de ces différents acteurs sur le système
technique contemporain forme, elle aussi, un système qui structure le tissu industriel.

La vision micro-économique du management des ressources
technologiques développée par Jacques Morin doit donc être
complétée par une approche macro-économique. Aux effets de
transversalité et de contagion de la technologie tels que les
appréhende l'entreprise, à son caractère combinatoire et imprévisible, correspondent d'autres effets de structuration du tissu
économique et industriel qui ne peuvent être appréciés que
globalement et qui justifient la mise en place, par les États, de
véritables « stratégies de structures ». En s'inspirant du vocabulaire utilisé par ce grand théoricien des structures que fut
François Perroux, nous appellerons *« effets de structure »* la

manière dont se constituent les filières technologiques et s'organisent les économies nationales, « *emprise de structure* » les liens de dépendance structurelle qui relient entre elles les économies nationales, « *préférence de structure* », enfin, la volonté affichée par une collectivité politique de mettre en œuvre et de privilégier un type de structure industrielle susceptible de mieux valoriser son potentiel technologique.

Faire jouer la « préférence de structure »

Que de puissants « effets de structure » caractérisent la compétition technologique internationale, il suffit, pour s'en persuader, d'observer l'évolution récente des rapports de force au sein de la Triade. En surface, l'on trouve les différentes stratégies de marché – stratégies de puissance et stratégies de perturbation – menées par les entreprises pour tirer le meilleur parti de leurs potentiels respectifs et offrir des solutions prix-produits plus attractives que celles de la concurrence. Mais en dessous, seul un ensemble de facteurs structurels semble pouvoir expliquer pourquoi ces stratégies réussissent ici et échouent là, pourquoi la compétition triadienne est autre chose qu'une compétition entre des entreprises autonomes et apatrides, pourquoi se constituent, sur la scène internationale, des pôles d'excellence dont paraissent bénéficier *l'ensemble* des entreprises situées dans la proximité immédiate de ce pôle.

Comme nous l'avons vu précédemment (chapitre X), en évoquant les stratégies de puissance menées par les fabricants japonais de semi-conducteurs, le succès de ces dernières ne saurait certainement être réduit à une quelconque « recette » secrète et infaillible détenue par les Japonais et qui leur aurait permis de battre à coup sûr les industriels occidentaux : rétrospectivement, il est clair que la brillante réussite nipponne doit bien davantage à des raisons objectives et analysables telles que la concertation administration-secteur privé, les liens structurels entre la banque et l'industrie, l'existence d'un marché intérieur protégé, un effort énorme de recherche-développement et la capacité manufacturière hors du commun des « kaïshas ». De même, la comparaison entre l'évolution structurelle de la « filière électronique » aux États-Unis et au Japon est riche d'enseignements : là où les entreprises américaines ont choisi de « remonter » la filière pour se concentrer sur des activités moins dépendantes du processus manufacturier telles que les micro-ordinateurs haut de gamme, les systèmes informatiques complexes, l'électronique professionnelle et le logiciel, tout s'est passé comme si les Japonais, de leur côté, avaient choisi la voie de la diversification et de l'élargissement de leurs marchés, en partant d'une situation de force acquise dans l'électronique grand public et ultérieurement les composants pour « investir » le secteur de l'électronique professionnelle (informatique, télécommunications, mécatronique) et renforcer globalement leur assise industrielle. Résultat : si, en termes de matière grise, le leadership américain reste relativement incontesté, ce sont maintenant les Japonais qui dominent les marchés mondiaux de l'électronique. Et les mêmes effets de structure peuvent être mis en évidence dans le domaine de l'automobile : forte d'une productivité supérieure à celle des constructeurs occidentaux, l'industrie automobile japonaise s'est tout d'abord imposée sur le créneau des petites et moyennes cylindrées. Ses atouts de départ, l'expérience accumulée et un effort énorme de marketing et de recherche-développement lui permettent maintenant de pénétrer sur un segment de marché qui lui avait longtemps semblé interdit, celui, parmi les plus lucratifs, des voitures de luxe.

S'ils caractérisent à l'évidence ce que J. de Bandt appelle les « méso-systèmes » [12], à savoir un ensemble de constantes et de relations qui décrit une configuration industrielle ou un secteur d'activité donnés, les effets de structures s'appliquent également à ces macro-systèmes par excellence que sont les économies nationales. C'est ce que pense notamment Michael Porter, professeur à la Harvard Business School et théoricien de l'« *avantage concurrentiel des nations* [13] », selon le titre de son dernier livre déjà célèbre. Prenant à contrepied sur plusieurs points ses confrères économistes libéraux parmi lesquels il se flatte pourtant de se ranger, Porter a étudié l'impact qu'exercent sur la compétitivité d'un secteur industriel les caractéristiques structurelles de son environnement national. Il en a tiré un schéma systémique qu'il compare à un diamant à quatre facettes : l'état des facteurs de production, l'état de la demande, l'état du tissu industriel associé au secteur concerné et l'état des entreprises du point de vue de leurs structures internes, de leurs stratégies et de leur agressivité concurrentielle. « *Ces déterminants, pris séparément ou formant ensemble un système, créent le contexte dans lequel les firmes appartenant à une même nation sont nées et agissent : la disponibilité des ressources et des talents nécessaires pour déve-*

lopper un avantage concurrentiel dans un secteur industriel donné; l'information qui détermine les opportunités qui seront prises en compte et les directions dans lesquelles seront déployés les ressources et les talents; les objectifs des propriétaires, des dirigeants et des employés impliqués dans la compétition; et encore plus important, les pressions qui s'exercent sur les firmes pour les pousser à investir et à innover [14]. »

Cette prégnance de l'environnement sur la position compétitive de l'entreprise est, toujours selon Porter, particulièrement significative en ce qui concerne l'innovation technologique : « *Ma théorie montre comment l'interaction entre plusieurs déterminants déclenche le processus innovateur. L'attraction de la demande (demand pull) et la poussée technologique (technology push) sont toutes les deux nécessaires, de même qu'un environnement concurrentiel adapté et l'accès aux facteurs de production appropriés* [15]. » Et, inversement, son approche prend en compte l'effet perturbateur que peut exercer l'évolution technologique sur la structure du « diamant » : « *Le changement technologique est souvent à l'origine de la mutation d'un avantage concurrentiel national dans la mesure où il peut annuler d'anciens avantages et faire naître le besoin de nouveaux* [16]. »

Mais c'est François Perroux qui peut nous faire maintenant franchir un pas supplémentaire dans l'analyse. Selon lui, il est inévitable qu'entre des territoires économiques structurés différemment, mais reliés par de nombreux liens commerciaux, industriels et financiers (voire culturels), il s'établisse un rapport de force structurel qu'il appelle « emprise de structure ». Analysant en 1969 la marge de manœuvre de la France dans ses relations avec l'Allemagne, François Perroux écrivait ainsi : « *Chacune des deux nations est concurrente de l'autre sur le propre territoire de celle-ci. Les innovations accélérées, les concentrations et les combinaisons de groupes économiques et financiers, réalisent et promettent des changements importants dans les structures industrielles, et non pas seulement dans telle entreprise ou dans telle industrie prise isolément. L'un et l'autre partenaire s'entraînent dans cette compétition collective réciproque. Mais il est clair que celui d'entre eux qui mettra en œuvre le plus rapidement et au mieux la modernisation de sa structure, exercera sur l'autre des actions qui rendront ce dernier relativement dépendant* [17]. »

Dans cette perspective macroscopique et systémique des relations économiques entre États, Perroux apercevait le risque pour le plus faible de subir l'emprise de structure du partenaire dominant. Les faits lui ont donné largement raison. Non seulement rien ne semble avoir changé entre la France et l'Allemagne, comme le montre cette notation parmi d'autres, glanée au fil de la presse économique (mai 1990) : « *Qu'il s'agisse de la télévision haute définition, des composants électroniques, des industries nucléaires ou des transports routiers, la politique française se définit largement en fonction de Bonn* [18]. » Mais d'évidence, le concept d'emprise de structure permet de décrire nombre de situations caractéristiques de la réalité technologique d'aujourd'hui. Ainsi les Japonais en sont-ils venus, dans certains secteurs stratégiques tels que l'électronique et l'automobile (cf. ci-dessus), à exercer une véritable emprise de structure sur l'économie américaine. Cette emprise de structure ne se limite plus désormais à la préférence affichée par le consommateur américain pour les produits japonais, mais prend aussi la forme d'une dépendance industrielle directe, les entreprises japonaises ayant choisi, pour contourner les risques éventuels de protectionnisme, d'investir et de fabriquer de plus en plus sur place. Cette « emprise de structure » exercée par le Japon sur les États-Unis s'est manifestée avec éclat à l'occasion de la tentative – malheureuse – de formation du consortium US Memories dans le domaine des mémoires électroniques : très liées par ailleurs à des fournisseurs japonais, certaines des entreprises américaines pressenties, parmi lesquelles Apple, n'ont pas voulu prendre le risque de modifier leur politique d'approvisionnement en semi-conducteurs. Incapable de définir une politique claire en ce domaine, le consortium a fini par se dissoudre en désespoir de cause au mois de janvier 1990.

Autre exemple d'emprise de structure : les relations de plus en plus étroites qui unissent le Japon et les « nouvelles économies industrialisées » (NEI) d'Asie du Sud-Est, Corée du Sud, Taiwan, Singapour, Hong Kong, et peut-être bientôt la Thaïlande, la Malaisie, l'Indonésie, voire les Philippines. D'ores et déjà, un partage des rôles semble s'être instauré qui voit par exemple le Japon sous-traiter une partie de sa production automobile en Asie du Sud-Est tandis que dans une large partie de l'électronique grand public, les produits « made in Korea » viennent désormais concurrencer les produits « made in Japan » jusque dans les boutiques d'Akihabara *. L'emprise de structure est ici différente

---

* Quartier de Tokyo entièrement consacré à l'électronique.

de celle qui caractérise les relations entre le Japon et les États-Unis, ou encore l'Allemagne et la France. Elle est d'une certaine manière plus forte puisque la domination technologique du Japon sur les petits « dragons » est quasi totale, alors que ni les États-Unis par rapport au Japon, ni la France par rapport à l'Allemagne, ne souffrent dans l'absolu d'un quelconque déficit technologique. Elle est aussi moins stable, les NEI d'Asie du Sud-Est ayant visiblement l'ambition et peut-être les moyens de rattraper le Japon de même que celui-ci, à partir lui aussi d'une situation de sous-traitant, a pu rejoindre les États-Unis en matière d'efficacité industrielle.

Comment faire pour échapper à l'emprise de structure? Il faut, là encore, en revenir à François Perroux : « *L'emprise de structure appelle une préférence de structure – précise et souple –, propre à exprimer les exigences de l'indépendance relative de l'Europe et de la France.* » Et l'économiste français de faire une large place à la « *structure de l'alimentation en nouveauté* » et au rôle des « *industries motrices* » (souvent de haute technologie) dans la « *structure de renouvellement de l'économie* [19] ».

Aujourd'hui comme hier, la préférence de structure a, en fait, un volet défensif comme un volet offensif. Elle témoigne de la volonté, de la part de l'État, de ne pas laisser l'économie nationale subir une emprise de structure telle que disparaisse toute marge de manœuvre stratégique : en ce sens, elle vise à remédier à ces faiblesses structurelles qui expliquent, dans la plupart des cas, le manque de compétitivité technologique et qui ont pour conséquence que les efforts des entreprises pour contrôler leur marché intérieur et se porter agressivement sur les marchés mondiaux semblent se heurter à des obstacles aussi invisibles que difficilement franchissables. Mais la préférence de structure n'a pas seulement pour objet de préserver l'indépendance de la nation : elle traduit aussi une ambition partagée entre la collectivité prise comme un tout et les entreprises, une action consciente de l'État pour tirer le meilleur parti des effets de structure et les orienter en fonction d'un objectif central de performances technologiques et de puissance industrielle, en fait de puissance tout court.

Parmi les pays qui ont excellé à faire jouer la préférence de structure dans les secteurs à forte intensité technologique, le Japon, une fois de plus, ressort du lot. Ce n'est pas que, financièrement, les interventions de ce pays en soutien des entreprises nationales aient été plus massives que dans le reste de la Triade :

au contraire, la part du budget japonais consacrée aux aides à l'industrie est plutôt plus faible qu'ailleurs tandis que le pourcentage de la R&D nationale réalisée et financée directement par les entreprises est l'un des plus élevés au monde. Ainsi les dépenses publiques de R&D au Japon ne représentaient-elles en 1989 que 1327 milliards de yens soit environ 60 milliards de francs contre par exemple 38 milliards de dollars (environ 200 milliards de francs) pour la seule R&D militaire sur le budget fédéral américain en 1985. Mais mieux que les autres pays, le Japon a compris tout le bénéfice qu'il pouvait retirer d'une observation attentive des courants profonds de l'économie mondiale et d'une réflexion sur les conditions structurelles de l'efficacité dans les branches industrielles à fort potentiel de développement. Dans le cas du Japon, la préférence de structure résulte davantage d'un effort concerté de planification stratégique entre l'administration et le secteur privé, de la fixation d'objectifs précis et d'une démarche pour les atteindre, d'un souci d'optimiser les effets indirects qui caractérisent la diffusion technologique, que de la prise en charge autoritaire et unilatérale des leviers de commande industriels. Nous avons vu, dans le chapitre consacré à « La stratégie des Curiaces » comment les Japonais, pour favoriser le développement d'une industrie informatique nationale autonome par rapport à la toute-puissance d'IBM, ont donné la préférence à une structure industrielle – le regroupement des entreprises existantes autour de deux ou trois pôles technologiques forts – identifiée comme plus efficace que la situation initiale de morcellement. Mais avec les adaptations nécessaires, la méthode a été transposée à de nombreux autres cas de figure, comme l'ont bien montré Alain Bucaille et Bérold Costa de Beauregard dans leur livre consacré aux « États, acteurs de la concurrence industrielle * ».

Un autre cas de figure convaincant est fourni par les conditions dans lesquelles les NEI d'Asie du Sud-Est ont assuré leur développement. Un rapport non encore publié de l'OCDE sur

---

* Les auteurs distinguent ainsi quatre lignes d'actions stratégiques : les grands programmes technologiques, tout d'abord, tels que le programme VLSI (1976-1980), l'opto-électronique (1979-1988), l'ordinateur de la cinquième génération (1979-1991), ou encore les biotechnologies (1981-1991); les stratégies internationales, ensuite, à travers la politique d'acquisition de technologies étrangères systématiquement développée par le Japon dans les années 70; le programme Technopolis, en troisième lieu, inspiré des expériences américaines; enfin, une gestion optimale de l'information.

« Les nouvelles technologies, l'industrialisation tardive et le développement aujourd'hui [20] » n'hésite pas, à cet égard, à combattre l'idée « *néo-orthodoxe* » selon laquelle la réussite des NEI tiendrait à « *la magie du marché* ». Tout au contraire, l'OCDE accorde une place centrale au rôle des *capacités technologiques* et de la *dynamique* de leur acquisition dans le développement industriel rapide des NEI et souligne qu'à la différence de ce qui s'est produit en Amérique latine, où l'État a « *généralement été l'obligé d'intérêts puissants (...) sans en tirer aucune compensation* », en Asie du Sud-Est, l'intervention de l'État a été tout à la fois puissante, sélective et payée d'effets. Ainsi, parlant de l'expérience de la Corée, de Taiwan et de Singapour, l'OCDE écrit que « *les faits montrent que les gouvernements de ces pays ont été extrêmement interventionnistes, encore que selon des modalités assez différentes, et n'ont pas livré l'industrialisation au simple jeu des forces du marché. Le gouvernement coréen, par exemple, a utilisé le crédit subventionné et un rationnement du crédit hautement sélectif en faveur de certains secteurs et de certaines firmes de façon à orienter l'investissement vers les secteurs stratégiques* ». L'OCDE n'utilise pas l'expression de préférence de structure, mais de quoi s'agit-il sinon, une fois de plus, de donner la préférence à la structure jugée la plus favorable au développement technologique et industriel et à la promotion des exportations ?

Il ne saurait évidemment être question, pour les Européens, d'importer sans précaution ni réflexion les méthodes qui ont réussi au Japon et qui, sous une forme beaucoup plus rudimentaire, permettent actuellement aux NEI d'Asie du Sud-Est de pratiquer « l'art de la perturbation » sur la scène économique internationale. Faire jouer, à son tour, la préférence de structure n'en est pas moins un impératif pour le Vieux Continent. Pour trois raisons essentielles.

En premier lieu, les anciennes préférences de structure que les principaux pays européens avaient mis en avant sont désormais dépassées ou inopérantes. Non seulement parce que la juxtaposition de politiques nationales rivales a conduit aux errements de la « stratégie des Curiaces ». Mais aussi parce que les effets de structure ont changé de dimension. L'exemple des télécommunications par satellite l'illustre bien. Déjà, à la fin des années 70, le souci de réaliser des économies d'échelle et de tenir compte du caractère par essence transfrontière des communications par satellite avait conduit les pays européens à mettre sur pied une organisation intergouvernementale, EUTELSAT, chargée d'établir une « offre de secteur spatial » * et d'exploiter pour le compte de ses membres un certain nombre de services. Mais l'organisation restait sous le contrôle étroit des gouvernements nationaux et de leurs exploitants publics : EUTELSAT fonctionnait (et fonctionne encore aujourd'hui) comme une coopérative de moyens entre des administrations des télécommunications nationales conservant la maîtrise de la relation finale avec la clientèle et des décisions stratégiques d'investissement. La nouvelle donne technologique et commerciale des communications par satellites est en train de conduire les membres d'EUTELSAT, aiguillonnés par la Commission des Communautés européennes, à réfléchir à une possible évolution du modèle initial. D'une part, en effet, une offre de secteur spatial concurrente de celle d'EUTELSAT est apparue en raison du lancement de satellites privés américains comme Pan Am Sat et Orion, mais aussi des initiatives prises par les gouvernements nationaux eux-mêmes (Télécom 1 et 2 pour la France). D'autre part, les progrès de la technologie des stations terriennes rendent désormais possible la constitution de réseaux de télécommunications paneuropéens offrant une alternative, notamment pour les communications d'entreprises, aux réseaux terrestres classiques. En d'autres termes, il n'est plus possible de maintenir la fiction selon laquelle le cadre juridique et opérationnel des télécommunications par satellites en Europe pourrait être construit à partir des seuls schémas nationaux : les institutions existantes vont se transformer, de nouveaux acteurs vont entrer sur le marché, de nouveaux « effets de structure » vont voir le jour et ils auront forcément un caractère transnational.

En second lieu, les Européens doivent éviter que la réalisation du marché unique à l'horizon 1993 ne favorise une « emprise de structure » qui se matérialiserait notamment par une dépendance accentuée des entreprises européennes vis-à-vis des technologies américaines et japonaises. Nous avons déjà identifié ce risque sous l'expression d'*intégration sous dépendance* (chapitre IV). L'intégration sous dépendance aurait ceci de particulier qu'elle se manifesterait *à la fois* au profit de la technologie japonaise (notamment dans le domaine du *hardware*) et de la technologie américaine (surtout dans le *software*). Elle pourrait être d'autant

---

* C'est-à-dire une gamme de satellites placés sur orbite et offrant un certain nombre de services de télécommunications.

plus durable qu'elle serait discrète. Elle hypothéquerait sérieusement notre devenir collectif. Il faut donc lui opposer une préférence de structure forte et européenne.

Enfin, l'ouverture politique et économique des anciennes « démocraties populaires » comporte aussi un défi technologique (chapitre IX) : les Européens doivent faire en sorte qu'à terme, des emprises de structure réciproques caractérisent les relations entre les deux moitiés du continent. Il ne s'agit évidemment pas d'imposer à l'Europe de l'Est le joug de la technologie occidentale, mais de faire en sorte qu'un certain nombre de lignes de continuité soient tracées de l'Atlantique à l'Oural et que des rapports de structure intenses et profonds rapprochent des économies séparées par plus de quarante ans de gel politique. S'il y avait un modèle pour une telle emprise de structure réciproque, qui appelle à son tour une préférence de structure paneuropéenne, on pourrait, après quelque hésitation, prendre celui des relations entre le Japon et les « dragons » (ou NEI) d'Asie du Sud-Est que nous avons analysées plus haut : dans les deux cas, en effet, il faut partir de l'idée qu'il existera durablement un « centre » et une « périphérie » et que les relations technologiques entre ce centre et cette périphérie ne pourront pas à l'évidence être strictement égalitaires; mais l'important est que se crée une spirale du développement à partir d'un champ de forces différentes, mais complémentaires et de courants d'échanges technologiques intenses et permanents. De ce point de vue, il ne fait pas de doute que l'Europe de l'Est aura besoin de l'Europe de l'Ouest pour sortir de son marasme industriel. Mais il est tout aussi vrai que l'Europe de l'Ouest aura besoin de l'Europe de l'Est si elle veut être en mesure de soutenir la compétition, de zone à zone, avec l'ensemble qui est en train de se constituer sur la rive Ouest du Pacifique et qui, lui-même, sera en étroite relation avec cette septième puissance économique mondiale qu'est la Californie.

Une fois admise la nécessité de faire jouer une préférence de structure répondant à l'ampleur des effets de structure qui traversent l'économie mondiale, et visant à éviter que l'Europe ne subisse une emprise de structure extérieure, il reste à s'entendre sur les moyens de mise en œuvre d'une telle volonté structurante. C'est là que la question des modes d'action des collectivités publiques en matière industrielle ne peut plus être éludée. Bien que fortement contestée dans certains cercles européens, une certaine forme de politique industrielle mérite, selon nous, d'être réhabilitée. Mais elle doit aussi être profondément rénovée et tenir compte du fait que si le rôle de l'État reste, en matière industrielle comme dans d'autres domaines, incontournable, les relations que celui-ci entretient avec le secteur privé ont, en l'espace d'une vingtaine d'années, profondément changé de nature. Un renouvellement des concepts est donc indispensable pour décrire ces nouvelles formes d'intervention, plus riches et plus subtiles, par lesquelles passe la mise en œuvre de stratégies collectives gagnantes.

Ne jetons pas la politique industrielle avec l'eau du bain

Le 14 juin 1990, à quelques semaines de la jonction physique des deux premiers tronçons du tunnel sous la Manche et alors que le consortium privé Eurotunnel éprouve des difficultés à assurer son financement, M. Cecil Parkinson, alors ministre des Transports du gouvernement britannique, annonce que ce dernier a pris la décision de ne pas contribuer au financement du projet de train à grande vitesse Eurorail entre Londres et le Continent. Dans ces conditions le projet de TGV qui devait être lancé conjointement par la compagnie publique British Rail et des investisseurs privés est gravement compromis, au moins à court et moyen terme. Et si à Whitehall, on se retranche derrière les états d'âme des habitants du Kent qui seraient résolument opposés au passage des grands trains rapides à travers leur campagne, chacun sait – et M. Parkinson ne cherche pas à le cacher – que la décision gouvernementale a une raison plus profonde : en stricte application de sa philosophie non interventionniste, Mme Thatcher n'a pas souhaité que de l'argent public soit investi dans un projet qu'elle pense devoir être exclusivement réservé à l'initiative privée. Le ministre des Transports ajoute pour sa part que le gouvernement n'entend pas non plus favoriser un mode de transport par rapport à d'autres (les avions, les ferrys). En bref, le TGV Transmanche est en panne pour cause de doctrine libérale. Et il faudra attendre la chute du gouvernement Thatcher à la fin de l'année 1990 pour que le successeur de M. Parkinson consente à laisser entrevoir un possible financement public complémentaire permettant de relancer le projet.

Au-delà de ces péripéties, les difficultés du TGV en Grande-Bretagne sont caractéristiques du discrédit dans lequel est tombée l'intervention économique de l'État dans certains milieux européens et internationaux. Cette mauvaise réputation, la politique industrielle la doit d'abord aux excès auxquels elle a pu donner lieu dans le passé. Ainsi la *planification technocratique,* condamnée dès 1970 par A. Toffler (en même temps que la technocratie elle-même [21]), n'a, d'évidence, pas connu que des réussites : les déboires du projet Concorde, par exemple, illustrent bien, aux yeux de beaucoup d'Européens, les limites d'un certain volontarisme technologico-politique. De même, les tentatives de soutien hasardeuses à des « canards boiteux » (type chantiers navals ou sidérurgie) et la multiplication des aides nationales à l'industrie n'ont guère servi la cause du Marché commun, et en définitive celle de l'efficacité économique. La Commission européenne, à chaque fois qu'elle se penche sur le sujet, ne se fait pas faute de le rappeler : au contraire, c'est largement en réaction aux interventions désordonnées des administrations nationales pendant la tourmente qui a suivi le choc pétrolier que le projet du Grand marché a été lancé. Et les autorités de Bruxelles, Sir Leon Brittan en tête – le très libéral Commissaire européen chargé de la concurrence qui a succédé début 1989 au tout aussi libéral Peter Sutherland (chapitre II) – entendent bien, désormais, imposer une discipline sans doute indispensable pour que puissent être tirés les bénéfices de la concurrence sur un espace économique de près de 340 millions de consommateurs (après l'unification allemande).

Le rejet de la politique industrielle n'en obéit pas moins à d'autres raisons qui comportent une bonne dose d'idéologie. Pour les représentants de la tendance la plus libérale, c'est le principe même d'une intervention de l'État dans les mécanismes du marché qui serait contestable. D'abord parce que l'État, en voulant en quelque sorte se substituer aux décisions décentralisées des acteurs économiques, sortirait de son rôle : « *La position de cette administration est tout simplement que nous ne pensons pas qu'il y ait parmi nous, ici à la Maison Blanche, quelqu'un de suffisamment intelligent ou aussi bien outillé que les personnes du secteur privé pour être juge de la question de savoir qui devraient être les vainqueurs et les perdants dans le domaine des activités industrielles* [22] », explique-t-on à Washington, mais de tels propos pourraient être repris par de nombreux représentants de l'establishment politico-administratif européen. Ensuite parce que le maintien, par exemple à travers les entreprises publiques, d'une présence directe de l'État dans l'économie perturberait, presque existentiellement, le libre jeu du marché et fausserait la concurrence. Telle est la thèse développée notamment par un organisme de réflexion placé auprès de l'OCDE, le BIAC, dans un rapport consacré aux enjeux des télécommunications dans les années 90 : pour les experts du BIAC, toute autre solution que la privatisation complète des exploitants publics de télécommunications et l'introduction de la concurrence y compris sur les marchés des infrastructures de réseau éloignerait les pays industrialisés de l'optimum économique. Finalement, la seule intervention acceptable de l'État auprès de la sphère productive serait l'intervention zéro : c'est à peu près ce que disait de son côté l'ancien ministre britannique du Commerce et de l'Industrie, Sir Ridley (avant de devoir démissionner pour avoir tenu des propos virulents contre la Commission de Bruxelles et la construction européenne), lorsqu'il préconisait une suppression complète, en Europe, de toute aide nationale à l'industrie.

Il y a lieu de se demander, toutefois, si une telle attitude ne pèche pas par le même défaut que le dirigisme industriel qu'elle vitupère, à savoir une interprétation déformée des faits. Sans même forcément renvoyer à l'histoire économique récente ni rappeler ce que les pays industrialisés doivent à ces importantes réalisations industrielles issues des programmes technocratiques des années 50 et 60 (nucléaire civil, construction électrique, industries d'armement, télécommunications, aéronautique, électronique professionnelle, infrastructures de transport, équipement hospitalier, etc.), c'est un peu ce que voulait dire, quelques mois après son entrée rue de Grenelle, le nouveau ministre français de l'Industrie et ancien président de Saint-Gobain, Roger Fauroux : « *Nous avons oublié en chemin la politique industrielle, comme M. Jourdain oubliait qu'il parlait en prose, tellement celle-ci va de soi : nos stupides querelles sur les problèmes d'avant-hier nous ont fait oublier l'essentiel d'aujourd'hui, c'est-à-dire que les chefs d'entreprise n'étaient pas tous infaillibles, que les fonctionnaires n'étaient pas tous stupides et qu'il fallait une puissante lanterne pour éclairer les voies mystérieuses et changeantes du marché. Dans sa modestie apparente, ce rôle d'éclaireur est l'un des devoirs fondamentaux de l'État moderne* [23]. »

Les contorsions oratoires et idéologiques dans lesquelles se débat le gouvernement fédéral américain pour mettre en place, sans trop l'avouer ouvertement, des moyens de soutien et de restructuration de l'industrie électronique américaine, semblent lui donner raison. « *Notre problème ne sera pas résolu par une* *politique industrielle ou une politique des hautes technologies. Ce dont nous avons besoin, c'est de politiques – au pluriel – capables d'améliorer notre capacité à être compétitifs* [24] », tente de plaider le directeur de cabinet du président Bush, John Sununu, lorsqu'on l'interroge sur l'urgence d'une politique industrielle. Mais Sununu sait bien que le libéralisme de conviction ou de façade qui a cours à la Maison-Blanche est de plus en plus décalé par rapport à la réalité des problèmes qui assaillent les fabricants américains de produits de haute technologie et aux parades que l'administration fédérale, soumise à la pression des industriels, est bien obligée d'imaginer. Certes, les mesures prévues un moment par le Pentagone pour soutenir financièrement un certain nombre d'études concernant la télévision haute définition * ont été réduites progressivement pour cause de restrictions budgétaires. Mais d'autres voies plus discrètes sont employées depuis plusieurs années par les États-Unis pour favoriser le retour en force de leurs industriels. C'est notamment le cas de la mise en place de consortiums interprofessionnels regroupant les industriels américains pour des développements communs dans le domaine sensible des composants électroniques : une sorte de *Silicon Valley Inc* comme le note, avec un clin d'œil, *Business Week* [25]. Dans tous ces projets, la logique est la même : officiellement, l'initiative demeure entièrement privée, mais l'association des firmes et centres de recherche concernés est financièrement et politiquement soutenue par l'administration fédérale qui trouve ainsi un moyen indirect de soutenir le regroupement des compétences industrielles américaines et de promouvoir une restructuration progressive de l'offre technologique nationale tout en restant officiellement en dehors du jeu. Résumant les derniers développements en la matière, une note de l'ambassade de France à Washington prend acte de cette évolution en des termes aussi mesurés que significatifs : « *Dans le domaine politique, si le concept de "politique industrielle" reste banni, le président Bush apparaît cependant comme moins indifférent que son prédécesseur au sort des domaines menacés* [26]. »

La leçon est assez claire. La perte de légitimité qui a frappé l'intervention publique durant la dernière décennie n'a pas suffi à rendre toute leur vitalité industrielle aux entreprises privées.

---

* Dont certains aspects peuvent avoir des retombées militaires, notamment dans les composants, mais qui semble surtout un domaine clé pour l'avenir de l'industrie électronique civile.

Au contraire, le recul des mécanismes technocratiques – tout imparfaits que ceux-ci aient pu être – a créé souvent un vide douloureux. Aujourd'hui, alors que le paysage technologique est plus mobile que jamais, les industriels ressentent clairement l'insuffisance des seuls financements privés pour faire face aux dépenses de R&D nécessaires. C'est ce qu'affirme Alain Ricros, le président du club d'industriels bordelais « *Bordeaux High Tech* » et de la PMI i2S : « *(Les aides publiques) ont été beaucoup critiquées. Osons le dire : elles sont appréciées des chefs d'entreprise, même s'ils ont parfois du mal à se retrouver dans la jungle qu'elles constituent. Du fait de l'internationalisation inhérente aux High Tech, ces chefs d'entreprise sont d'ailleurs bien placés pour savoir que tous les pays aident l'innovation, même si c'est par des voies différentes* [27].* »* Et c'est ce qu'écrivait deux ans auparavant dans les colonnes de la même – et bien nommée – revue *Politique industrielle,* Karlheinz Kaske, le puissant et libéral P.-D.G. du géant Siemens : « *Il me semble donc erroné d'adopter, pour de simples raisons de purisme économique, une attitude qui prône largement le désengagement de l'État dans le domaine de la technologie. Bien au contraire, le gouvernement devrait, dans un nombre limité de secteurs économiques clés, soutenir les activités de recherche et développement des entreprises et supporter une partie des risques lorsque l'investissement en personnel et en capital se situe au-delà des risques raisonnablement supportables pour une entreprise* [28]. »

Mais si la politique industrielle, un instant décriée, redevient nécessaire, elle ne pourra plus prendre les traits démodés d'un interventionnisme brutal et bureaucratique. Hier, la politique industrielle macro-économique et intersectorielle était l'apanage des seuls États tandis que les entreprises étaient réputées être les seuls agents décentralisés obéissant à la loi du marché. Aujourd'hui, les exigences du management technologique mélangent les cartes et remettent en cause les catégories les mieux établies. D'une part, avec vingt ou trente ans de décalage, voici les industriels de haute technologie à la tête de projets stratégiques qui ne diffèrent plus beaucoup, dans leur ampleur et leur complexité, de ces *grands programmes* dont la plupart des États occidentaux avaient fait la pierre angulaire de leur politique industrielle. D'autre part, l'État lui-même doit gérer ses grands programmes dans le respect des règles du marché. Malgré leur position économique et juridique différente, les entreprises comme les organismes publics spécialisés sont désormais acteurs de la même compétition technologique. Ils sont donc, quelque part, confrontés aux mêmes contraintes d'organisation et aux mêmes types d'environnement. Pour désigner cet exercice obligé de programmation et de gestion à long terme qu'impose la mise en œuvre de systèmes technologiques avancés, nous parlerons de *macro-management,* d'un terme qui peut tout aussi bien s'appliquer aux programmes mobilisateurs publics qu'aux projets stratégiques des entreprises privées de haute technologie.

Les chemins de l'Europe Incorporated

Cinq domaines d'application du macro-management stratégique peuvent notamment être identifiés. Chacun d'entre eux est susceptible de contribuer à la restructuration des forces technologiques de l'Europe.

Il importe, avant tout, de mettre en place un macro-management de l'information pour éclairer l'avenir à moyen terme et faire œuvre de prospective technologique. C'est, ici, le Japon qui doit servir de modèle de référence. Dans ce pays, la maîtrise de l'information est devenue une arme stratégique. Plusieurs grandes entreprises, à l'instar de Mitsubishi, ont créé leur propre institut de collecte d'informations et d'exploitation de celles-ci par des moyens informatiques sophistiqués. De son côté, l'administration japonaise consacre 10 à 15 % des budgets de recherche et développement à des rubriques telles que « l'état de l'art aux États-Unis et en Europe » et environ 10 % pour la valorisation de l'information industrielle *. A leur tour, les Européens doivent se doter des moyens d'une action ambitieuse. Nous avons identifié (chapitre VIII) le défaut de veille technologique des entreprises européennes et plus généralement leur attitude trop passive vis-à-vis de l'information comme une des causes essentielles du « mal d'innovation » dont souffre structurellement le Vieux Continent. Y remédier passe par une action résolue pour mettre en place un véritable « marché commun de l'information », un effort de sensibilisation des chefs d'entreprise et des dirigeants publics, et pourquoi pas, ainsi que le suggérait l'ancien président d'Olivetti Espagne, Juan Majo (devenu depuis directeur général adjoint des technologies de l'information à la Commission), par la

---

* Le Japan Information Center for Science and Technology ou JICST dépendant du MITI entretient à lui seul 2 500 traducteurs et 160 scientifiques.

création d'un Observatoire de la technologie européenne [29]. Dans tous les cas de figure, la liaison permanente entre moyens publics et initiatives privées ne doit poser aucun problème de principe. Les organismes publics d'analyse et de prospective doivent assurer la diffusion des résultats de leurs travaux auprès de l'ensemble des entreprises, tandis qu'une coordination étroite et une confrontation d'opinion doivent s'instaurer avec les services privés mis en place par les grandes entreprises et les organismes professionnels.

Il faut, en second lieu, agir sur ces structures industrielles secondaires (fournisseurs, sous-traitants, prestataires de service...) qui sont nécessaires au développement d'activités technologiques compétitives : « *Le maintien d'un développement technologique continu dépend fortement des liens entre les entreprises manufacturières, leurs fournisseurs et leurs clients. Un réseau de relations structurelles et organisationnelles sert de support au développement technologique, mais un tel réseau peut se défaire* [30]. » Là encore, la complexité et la cohérence des liaisons à établir à l'intérieur même du tissu industriel justifient le terme de macro-management et nécessitent la mobilisation coordonnée de tous les intervenants du marché, qu'il s'agisse d'un service public compétent (une sorte de DATAR technologique) ou des entreprises privées qui, dès que leur taille le leur permet, engagent elles aussi des relations privilégiées et structurées avec leurs principaux fournisseurs ou sous-traitants. A quelques jours d'intervalle, deux déclarations, à l'évidence non concertées, effectuées l'une en France, l'autre en Allemagne, sont venues attirer l'attention sur les dangers qu'il y aurait, pour l'Europe, à laisser le tissu de son industrie électronique se déchirer – c'est-à-dire perdre la possibilité de faire jouer les effets de filière et de structure – sous les coups de boutoir des entreprises japonaises. Dans une interview au journal *La Croix,* Abel Farnoux, président de la société d'études Electronic International Corporation (EIC) et ancien conseiller d'Édith Cresson au ministère des Affaires européennes, se livre à une comparaison entre la structure de l'industrie européenne des télécommunications d'une part, où « *il existe des liens étroits entre compagnies exploitantes du réseau et constructeurs d'équipements* » et où ces liens « *vont des études à l'exploitation des équipements en passant par l'industrie* », et celle des semi-conducteurs, d'autre part, « *base de l'industrie électronique* ». Là, au contraire, « *aucun groupe européen n'a défini une règle du jeu interne prévoyant de faire des semi-conducteurs pour ses propres besoins avant de les faire pour autrui. Les producteurs de semi-conducteurs japonais ont mené sur l'ensemble de l'électronique ce que IBM a fait en informatique et AT&T en télécommunications : une politique systématique d'intégration d'un bout à l'autre de la chaîne. Ils sont présents dans tous les marchés des produits finis (informatique, télécommunications, électronique grand public), ce qui leur assure des débouchés sûrs pour leurs puces. Cela n'a jamais été le cas des Européens».* Et Abel Farnoux de proposer que « *toutes les sociétés d'électronique européennes s'engagent à acheter pour leurs besoins et y compris pour leur production non européenne, auprès d'une structure regroupant les fabricants européens de semi-conducteurs* [31] ». Moins d'une semaine auparavant, le président de Siemens, ce même Karlheinz Kaske qui soulignait l'importance du rôle de l'État en matière de Recherche et Développement, plaidait lui aussi, implicitement, pour une politique de « filière » destinée à valoriser les investissements de son entreprise face à la concurrence japonaise : « *Siemens dépense chaque année 7 milliards de marks dans la recherche-développement, dont une grande part pour le logiciel qui est ensuite mis dans le silicium. Je ne peux pas dépenser des milliards et ensuite aller voir un Japonais pour lui dire de me faire une puce pour ça. Autant jeter l'argent par les fenêtres* [32]. »

Troisième point d'application du macro-management stratégique que les Européens pourraient mettre en œuvre au lieu et place des anciennes politiques industrielles : les restructurations industrielles, dont nous avons vu (chapitre II) qu'elles accompagnaient la marche vers la réalisation du Grand Marché européen à l'horizon 1993. Là aussi, il s'est opéré un renversement des rôles au profit de l'initiative privée. Ce ne sont plus les États qui jouent au « Meccano industriel » pour créer des « champions nationaux » comme au temps du dirigisme des années 60 et 70 : ce sont les entreprises elles-mêmes qui, partant à la recherche de la « taille critique », mettent en place des stratégies de fusion et d'acquisition en Europe, mais aussi, dans une assez large mesure, aux États-Unis. La meilleure illustration de ce basculement des rôles est sans doute fournie par le rachat des filiales européennes d'ITT par la CGE : alors que pendant longtemps l'État français avait plus ou moins directement déterminé la structure industrielle des télécommunications françaises, voici que l'état-major de la CGE décidait, de son propre mouvement, de transformer d'un coup Alcatel – le bras séculier de la CGE dans les télécommunications – en un « acteur global », disposant d'une implantation mondiale et ayant à gérer des technologies ne devant rien, pour certaines d'entre elles, aux laboratoires de recherche français! Pour autant, et contrairement aux affirmations de certains ultra-libéraux, l'État ne peut être exclu complètement du jeu des restructurations industrielles. Il est évident que la configuration future du tissu industriel européen dépendra aussi, pour beaucoup, de la manière dont les gouvernements nationaux auront – ou n'auront pas – fait jouer la « préférence de structure » au profit de l'Europe. Déjà, les programmes de recherche communautaire de type ESPRIT ou EUREKA ont marqué la volonté d'encourager les coopérations entre firmes européennes, d'abord au stade de la recherche précompétitive, puis à celui du développement des produits proprement dits : il convient maintenant d'aller plus loin et de créer des lieux où, à un très haut niveau, responsables gouvernementaux et capitaines d'industrie pourront examiner ensemble les scénarios d'évolution stratégique des technologies européennes et redécouper si nécessaire les « frontières industrielles » afin de tirer le maximum du potentiel technologique du continent et orienter de manière dynamique la géographie de ses entreprises.

Quatrième illustration de cette politique industrielle revisitée : la nécessité, au cas par cas, de rattraper un retard précis de l'Europe dans un secteur de pointe ou de faire sauter un de ces *verrous technologiques* qui, après analyse et évaluation prospective, apparaissent comme susceptibles de bloquer le processus de développement d'une filière technologique importante. La manière dont sont mis actuellement en œuvre des projets structurants comme la télévision haute définition européenne ou encore le projet JESSI en matière de semi-conducteurs * confirme bien, là encore, que l'initiative est désormais complètement partagée entre la sphère publique et la sphère privée : dans les deux cas, en effet, il s'agit de super-projets EUREKA, proposés, selon la démarche propre à ce cadre d'action, par les entreprises. Dans les deux cas, cependant, le soutien financier sur fonds publics est considérable. Portés par les pouvoirs publics et les entreprises, JESSI et la TVHD européenne ont aussi en commun un des traits caractéristiques du macro-management, à savoir la gestion

---

* JESSI est un projet EUREKA doté d'un budget global de 27 milliards de francs sur huit ans et a pour objet principal la mise au point de technologies permettant la réalisation de DRAM 64 Mbit, d'EPROM 64 Mbit et de SRAM 16 Mbit.

de la complexité. Cette complexité est essentiellement d'ordre technologique dans le cas de JESSI puisque aussi bien il s'agit de gérer de manière cohérente plusieurs types de sous-programmes dont les principales firmes participantes (Siemens, SGS-Thomson, Philips) ont chacune respectivement la responsabilité principale. Elle va beaucoup plus loin dans le cas de la TVHD. En matière de télévision haute définition, l'enjeu, en effet, n'est pas seulement de résoudre les problèmes technologiques et industriels que pose la fabrication en grande série de téléviseurs haute définition : il est de créer un macro-système faisant participer fabricants d'équipements, mais aussi concepteurs de programmes et radiodiffuseurs (chapitre IX). Une fois de plus, la diffusion d'un nouveau « hardware » suppose donc un effort au moins équivalent et, ce qui est peut-être encore plus difficile, *coordonné* au niveau du « software ». D'où la nécessité de mettre en place les structures de concertation publiques ou privées correspondantes, de fixer des objectifs permettant de concilier décentralisation des responsabilités opérationnelles et cohérence de la démarche, d'évaluer la demande pour les nouveaux produits à travers un effort de marketing stratégique, bref, de créer, autour des normes européennes (D2-MAC et HD-MAC), les *structures* permettant au marché de jouer le moment venu son rôle en matière d'ajustement concurrentiel.

Enfin, dernière forme majeure du macro-management qui s'impose aujourd'hui à l'Europe, la réalisation de réseaux d'infrastructures technologiques de haut niveau offre le double avantage de permettre une avancée technologique significative dans le domaine concerné (transport, télécommunications, énergie) et de mettre à la disposition de l'ensemble de l'industrie et des acteurs économiques européens un outil performant dont chacun tirera profit pour améliorer et transformer sa propre activité. Plusieurs exemples peuvent être cités où, à chaque fois, la double contrainte d'un nombre important d'acteurs et la recherche d'une totale « interconnectivité » ne peut être levée que par la mise en place d'un macro-management efficace et global. L'un des plus significatifs est sans doute celui du programme de recherche RACE (Recherche avancée. sur la communication en Europe), lancé en 1985 par la Communauté européenne et qui porte sur les communications « large bande », c'est-à-dire permettant d'intégrer sur un même support la voix, les données, et les images animées en qualité TVHD. Le ciment de ce programme dont la gestion est particulièrement complexe * n'est pas une solution technologique donnée puisque d'ores et déjà plusieurs solutions techniques parallèles (la fibre optique, les répéteurs des satellites, certains câbles coaxiaux) sont capables de supporter les débits très élevés qui caractérisent, avec l'intégration des services, les télécommunications large bande : c'est la recherche de l'inter-connectivité, d'un langage, d'une « architecture de réseau » commune à l'ensemble des intervenants. Il y a macro-mana-gement dans la mesure où le tout est plus important que la partie, où il s'agit de faire émerger, à travers la décomposition du programme en un nombre très important de sous-tâches et d'équipes-projets, des lignes de force, des éléments de cohé-rence, des *structures,* qui permettront à l'ensemble de tenir debout et au projet d'être crédible. Dans la définition et la mise en œuvre de ce macro-management, responsabilités publiques et responsabilités privées sont indissociables : finan-cièrement d'abord, parce que les pouvoirs publics (ici la Communauté européenne) ne prendront en charge qu'une petite part du « coût de l'incertitude »; technologiquement ensuite, dans la mesure où dans un tel programme, il doit y avoir en principe continuité entre les travaux des laboratoires pour la mise au point de nouveaux systèmes et les choix techniques et réglementaires effectués par les autorités compétentes. Enfin, et surtout, secteur public et secteur privé ont partie liée sur le plan stratégique : un objectif aussi ambitieux que celui qui consiste à offrir au citoyen européen un accès aux ressources des technologies de communication multimédia et à la télévision haute définition n'a aucune chance d'aboutir en dehors d'un climat de confiance réciproque entre l'État et les entreprises. C'est dire au passage l'importance qui s'attache à la réussite de ce projet européen, peut-être l'un des plus importants pour la décennie à venir.

De même, le futur réseau européen de radiotéléphonie cellu-laire numérique – dont l'ouverture commerciale est prévue pour

---

* RACE fait intervenir un double niveau de complexité : s'agissant des constituants du système, d'une part, dans la mesure où il s'agit d'organiser autour d'une architecture unique des éléments de nature immatérielle (logiciels, spéci-fications fonctionnelles, interfaces techniques...) et différents types d'équipements (équipements de transmission, commutateurs, terminaux); s'agissant, d'autre part et surtout, des acteurs impliqués, qui vont des industriels équipementiers aux câblo-opérateurs en passant par les prestataires de services informatiques et les opérateurs de réseaux publics de télécommunications.

1991 – reposera-t-il sur une architecture de réseau commune permettant aux opérateurs concernés (un ou plusieurs par pays) de gérer ses propres abonnés tout en leur offrant le bénéfice de l'interconnectivité sur la totalité du territoire européen couvert. D'une manière générale, même en dehors du secteur des télécommunications, l'interconnectivité est identifiée comme une nécessité liée à cette « nouvelle économie des réseaux » [33] dans laquelle les anciens « monopoles naturels » (eau, gaz, électricité, télécommunications, transport ferroviaire) vont être progressivement remplacés par des systèmes plus ouverts à la concurrence et à la circulation transnationale, mais devront impérativement conserver une cohérence parfaite dans les conditions d'accès au service et dans la qualité de celui-ci pour l'utilisateur final. Selon un rapport (resté confidentiel) de la Commission des communautés européennes consacré au TGV européen, les incompatibilités techniques (notamment en ce qui concerne l'alimentation électrique) se sont, par exemple, accumulées entre les systèmes français et allemand de train à grande vitesse, rendant en particulier impossible, à ce stade, à un TGV de la SNCF de traverser le territoire allemand. Et ce, alors que traditionnellement, l'interconnexion des réseaux ferroviaires nationaux a toujours été la règle. Les Européens devront donc, à l'évidence, s'attaquer à ce défaut d'interconnectivité du TGV européen qui est dû essentiellement à la rivalité industrielle permanente qui oppose – comme deux « Curiaces » – GEC-Alsthom, père du TGV et Siemens, réalisateur de l'ICE, train rapide concurrent lancé plus récemment sur commandes de la Bundesbahn. De même, des efforts pourraient être déployés dans les prochaines années en matière d'interconnectivité des grands systèmes militaires. Si, en suivant le modèle de l'Initiative de défense stratégique américaine (chapitre I), mais probablement sur un mode mineur, les Européens décidaient de se doter d'un système continental de prévention et de détection électroniques, un tel objectif nécessiterait obligatoirement un effort de coordination et de convergence technologique * comparable à bien des égards à celui qu'implique

---

* A titre d'exemple, le système RITA développé par Thomson et qui a été exporté avec succès aux États-Unis est aujourd'hui incompatible avec le système concurrent de la Bundeswehr mis au point par Siemens. Mais des efforts progressifs d'interconnexion des systèmes d'information militaires sont en cours de réalisation au sein de l'OTAN : ainsi il existe aujourd'hui une passerelle logicielle entre les systèmes d'information tactiques des principales armées occidentales présentes en Allemagne.

l'introduction d'un réseau civil de télécommunications « large bande » en Europe (voir ci-dessus).

La réalisation d'infrastructures paneuropéennes ne saurait à l'évidence être poursuivie sans prendre en compte la dimension nouvelle et essentielle des pays de l'Est. Mais dans ce cas aussi, il paraît exclu d'en revenir aux anciennes politiques industrielles où l'État était pratiquement le seul à donner le ton : s'il est une stratégie de structure qui fonctionne à l'Est, celle-ci empruntera les voies du macro-management beaucoup plus que celles du dirigisme. En premier lieu parce que les nouveaux dirigeants de l'Est sont allergiques – et on les comprend – à tout ce qui ressemble de près ou de loin à une économie administrée dont ils ont subi pendant plusieurs décennies les effets paralysants. En second lieu, parce que le caractère très limité de leurs ressources financières les oblige en toute hypothèse à faire appel aux financements extérieurs et donc à laisser une large place aux consortiums internationaux : ainsi l'Allemagne elle-même a-t-elle décidé, par dérogation au principe de monopole sur le service téléphonique, de permettre à des entreprises privées d'offrir commercialement par satellite un tel service sur le territoire de l'ex-RDA. A plus forte raison, des pays comme la Hongrie, la Tchécoslovaquie et la Pologne ont bien l'intention de faire appel à des industriels et à des opérateurs étrangers. Il serait absurde de leur proposer comme modèle le développement certes remarquable du réseau téléphonique français dans les années 70, mais dont il est clair que les conditions financières et institutionnelles qui l'ont rendu possible ne sont pas transposables à l'Est. En revanche le concept de macro-management paraît, lui, beaucoup plus pertinent : il s'agit en effet de convaincre les nouvelles démocraties qu'une déréglementation sauvage de leur système de télécommunications conduirait à privilégier quelques « poches » technologiques isolées au détriment de la création de ces véritables structures qu'appelle le développement de leur économie. Une politique de normalisation forte, d'investissements dans la recherche-développement à long terme, de garanties juridiques au profit de l'opérateur principal dans les réseaux et services de base serait ainsi à recommander.

S'inspirant des techniques de gestion complexe et partagée du macro-management, la nouvelle politique industrielle des hautes technologies en Europe doit donc privilégier le long terme en laissant la gestion du court terme aux acteurs industriels eux-mêmes ; elle doit associer de manière souple acteurs publics, partenaires privés, entités collectives (organismes professionnels, agences spécialisées, associations de normalisation,...) et viser le renforcement des méso-systèmes industriels. En cela, ces *stratégies de structures* viendront compléter l'acceptation de la *logique darwinienne du marché* et les efforts de régulation stratégique qui s'y attachent. Mais en sens inverse, pour qu'un marché ouvert et concurrentiel contribue efficacement à la promotion des technologies nécessaires à l'expansion économique et au bien-être social, il convient qu'il s'appuie sur des structures adaptées et sur un potentiel de R&D suffisant. Régulation stratégique de marché et macro-management technologique sont donc les deux expressions indissociables d'une même volonté de réalisation d'un espace technologique européen compétitif. Analysant la place de l'Europe dans une économie globale dominée par les États-Unis et le Japon, Albert Bressand exprime ainsi un jugement qui, pour être catégorique, n'en est pas moins porteur d'espoir : «*Alors que leurs intérêts tendent à s'imbriquer, Américains aussi bien que Japonais placent en tout cas le Vieux Continent devant le défi de stratégies globales sans lesquelles le discours sur " 1993 " ne serait qu'une forme de provincialisme économique (...). Or, l'Europe, dont la spécialité était devenue l'analyse du déclin – le sien et celui supposé de l'Amérique – semble soudain porter sur les mutations en cours non plus le regard d'un locataire bousculé, mais celui d'un architecte* [34]. » Devenir les architectes de stratégies globales, définir les voies d'un macro-management européen, faire jouer la préférence de structure, voilà des objectifs que les Européens doivent se fixer s'ils veulent asseoir leur essor technologique et leur autonomie politique sur des bases solides. Entre la simple action immédiate sur le marché et la poursuite d'un dessein de société sur une longue période, les stratégies de structure sont les instruments nécessaires de ces choix technologiques à moyen terme qui animent les économies modernes.

XII

LES STRATÉGIES DE SOCIÉTÉ

« *Tout en préservant les atouts de cette société industrielle extraordinairement avancée qui est la nôtre, nous devons faire émerger une nouvelle société, une société riche d'une créativité et d'une diversité correspondant à notre situation d'abondance matérielle. Nous devons faire preuve d'une continuité éclairée et d'une créativité résolue* [1]. » L'auteur de ces lignes inspirées est Noboru Takeshita, l'un des politiciens japonais les plus chevronnés, membre depuis trente ans de la Diète japonaise et ancien ministre des Finances dans le gouvernement Nakasone. La grande idée de Nakeshita, c'est qu'après avoir relevé avec succès le défi industriel et technologique et s'être transformé en l'une des grandes puissances économiques de la planète, le Japon doit désormais rechercher les voies d'une croissance – et d'une société – plus équilibrées et plus humaines, afin qu'elles soient moins dépendantes du poids écrasant de Tokyo dans la vie nationale et des énormes excédents de la balance commerciale japonaise, source de tensions avec le reste du monde. Takeshita propose, pour guider cette recherche, le concept du « furusato », terme qui évoque pour un Japonais l'intimité, la convivialité, le « *village local* », la proximité avec l'environnement naturel. Prenant conscience des problèmes que la modernisation forcée du Japon a engendrés (violence, pollution, matérialisme), Takeshita n'hésite pas à formuler un diagnostic sévère : « *Tout cela est dû au fait que, bien que nous soyons matériellement riches, nous avons oublié l'esprit. Nous avons besoin de mettre en balance l'aisance matérielle avec des besoins plus intangibles. Et nous devons mettre cela en pratique dans l'éducation de nos enfants.* » Faut-il voir là une réaction nostalgique ou passéiste? Pas le moins du monde, à en croire notre politicien-philosophe : loin d'impliquer un retour vers le passé, le *furusato* doit être conjugué avec la poursuite du développement technologique, en mettant un accent particulier sur les conditions d'utilisation des nouvelles techniques, sur les services et les investissements immatériels qui doivent accompagner celles-ci : « *Nous ne pouvons plus nous contenter de développer de nouveaux hardwares. Nous devons créer du software pour encourager l'acceptation générale des nouvelles technologies et le " humanware " nécessaire pour rassurer et gratifier les personnes impliquées. Nous devons agir avec détermination pour incorporer les technologies avancées – dans cette signification élargie – au sein de nos projets de développement régional.* »

Cette prise de position, apparemment surprenante dans la bouche d'un haut responsable politique, ne doit pas nous étonner outre mesure. Elle illustre, en effet, le souci du Japon d'asseoir sa domination économique et industrielle sur une base culturelle stable et plus adaptée à son niveau de développement. Plusieurs raisons expliquent cette volonté nouvelle. Tout d'abord, il faut reconnaître que, si le développement prodigieux de l'industrie japonaise a puisé largement dans la force sociale que représentaient son héritage féodal et son goût de la discipline collective, cette modernisation hyper-rapide a traumatisé profondément une société encore très traditionnelle. Rappelons-nous le spectaculaire suicide de l'écrivain Mishima, principale figure d'une certaine réaction intellectuelle et politique du Japon traditionnel, qui se fit « sepuku » pour exprimer sa révolte contre l'américanisation et la perversion moderniste de son pays. Plus récemment, la presse s'est fait l'écho des premiers signes extérieurs d'une remise en cause souterraine du modèle industriel japonais. Tandis que le magazine économique *Challenges* affirme « *le sushi-management a du plomb dans l'air* [2] », le *Nihon Keizai Shimbun* consacre son éditorial au rejet croissant par les jeunes Japonais du « *monozukuri* », c'est-à-dire de la fabrication industrielle des objets, spécialité japonaise s'il en faut : « *Avec l'arrivée à maturité d'une société de consommation de type urbain, le fossé s'est creusé entre, d'une part, le style de vie des jeunes qui privilégient la vie privée et, d'autre part, l'image qu'ils ont des lieux de production du secteur industriel, et notamment des fabricants. Les facultés des sciences et les entreprises industrielles actuelles ont vu leur pouvoir de séduction s'effondrer auprès des jeunes citadins. (...) Le MITI a rédigé les "propositions pour des* *entreprises attrayantes " qui suggèrent des mesures concrètes en vue de rassembler des hommes compétents.* Il incite à réaménager rapidement l'environnement social dans lequel se trouve placé le secteur de la fabrication, avec en priorité l'amélioration de l'image de marque des entreprises industrielles. (...) Trêve de discours car il y a urgence : il faut rendre plus attrayantes les entreprises industrielles, en améliorant, entre autres, les conditions de travail. Afin d'aller de l'avant dans la construction, dans la fabrication du pays dans les années à venir, il serait nécessaire, d'une part, de reconsidérer l'enseignement des sciences dans le secondaire et le supérieur, et, d'autre part, de stimuler la jeune génération au plaisir de fabriquer des objets. Bref, faire en sorte que les jeunes puissent percevoir, dans la création d'objets, une source d'idéaux et de rêves [3]. »*

A la lumière de ces contradictions internes qui commencent à percer dans la société japonaise, on est donc en droit de penser que, durant toutes les années de leur montée en puissance technologique, les Japonais ont, plus peut-être que leurs concurrents, occulté les enjeux de société liés à leur développement technologique. Et ce qu'ils découvrent aujourd'hui, c'est qu'aucune société industrielle avancée ne peut faire l'économie, à un stade ou un autre de son développement, de cette confrontation entre technologie et société. En effet, les produits technologiques ne se vendent pas seulement parce qu'ils répondent à un besoin matériel, mais parce qu'ils correspondent à une attente sociale, elle-même exprimée au travers de certains schémas culturels. De même, on sait aujourd'hui, que *« ce n'est pas la fabrique à vapeur qui nous a donné le capitalisme; c'est le capitalisme qui a engendré la fabrique à vapeur [4] »* et qu'*« une société se définit moins par les technologies qu'elle est capable de créer que par celles qu'elle choisit d'utiliser de préférence à d'autres [5] ».* La société civile n'est donc pas un corps inerte subissant les à-coups de la technologie mais, au contraire, le lieu même de sa production et des contradictions qu'elle peut engendrer. C'est pourquoi l'Europe doit comprendre que c'est sur le terrain de la société tout autant que sur celui de la recherche scientifique que se joue son avenir technologique et que seule la mise en œuvre de véritables *stratégies de société* peut lui permettre de trouver vis-à-vis des nouvelles technologies son point d'équilibre éthique et économique.

La technologie dans les têtes

« *La technologie nous permet d'aller de Londres à Tokyo en moins d'un jour. Mais cela est possible parce qu'il existe des avions qui vont vite, du pétrole pour les alimenter, etc. et – chose très importante dans le présent contexte – du personnel qualifié qui accepte de travailler à des heures inhabituelles* », souligne à juste titre un rapport publié par l'ONU en 1985 [6]. «*A ce sujet, si chaque personne qui s'occupe du vol devait par exemple prendre chaque repas à la maison, il serait difficile d'avoir une technologie permettant à quiconque d'aller de Londres à Tokyo en moins d'un jour. La technologie concerne non seulement le matériel et ses caractéristiques opérationnelles, mais aussi les arrangements sociaux qui permettent l'application des procédés de production.* » Voilà donc la technologie qui va au-delà du recours à de simples techniques modernes et qui implique la participation active et consentante de l'homme. De là à penser que c'est dans la tête des hommes plus encore que dans le mouvement des machines que se passe la véritable révolution technologique et industrielle, il n'y a qu'un pas qu'ont franchi notamment certains responsables japonais. La phrase de Konosuke Matsushita, président de Matsushita Electric s'adressant en 1979 à des industriels occidentaux, est devenue célèbre : « *Vos organisations sont tayloriennes ; mais le pire, c'est que vos têtes le sont aussi. Vous êtes totalement persuadés de bien faire fonctionner vos entreprises en distinguant d'un côté les chefs, de l'autre les exécutants ; d'un côté ceux qui pensent, de l'autre ceux qui agissent. (...) Nous, nous sommes posttayloriens : nous savons que le business est devenu si difficile et la survie d'une firme si problématique, dans un environnement de plus en plus dangereux, inattendu et compétitif, qu'une entreprise doit chaque jour mobiliser toute l'intelligence de tous pour avoir une chance de s'en tirer. Pour nous, le management, c'est précisément l'art de mobiliser et de faire fructifier toute cette intelligence de tous, au service du projet de l'entreprise. Parce que nous avons pris, mieux que vous, la mesure des nouveaux défis technologiques et économiques, nous savons que l'intelligence de quelques technocrates – si brillants et si intelligents soient-ils – est dorénavant totalement insuffisante pour les relever* [7]. » Plaidoyer *pro domo* pour l'invincibilité du modèle entrepreneurial japonais, ce message exprime aussi à sa façon l'importance centrale du facteur humain dans la production, la diffusion et l'utilisation des nouvelles technologies.

Nous avons vu précédemment (chapitres VII et VIII) à quel point le processus innovateur dépendait étroitement des attitudes psychologiques et des paramètres organisationnels propres à chaque entreprise. Mais les contraintes sociales et humaines sont encore plus fortes lorsque l'on examine l'autre bout de la chaîne, c'est-à-dire l'utilisateur-consommateur. Acquérir et utiliser avec profit un système de haute technologie n'est jamais – quoi qu'en disent les argumentaires commerciaux – une opération sans risques ni aléas. Bien au contraire, le produit innovant qui pénètre dans l'univers privé ou professionnel de l'utilisateur amène potentiellement avec lui une rupture avec toute une habitude de comportement, avec tout un ensemble de gestes et de représentations mentales (souvent inconscientes). D'où des difficultés d'assimilation et des risques de rejet qu'illustrent bien les avatars récurrents de la pénétration des technologies de l'information dans les entreprises.

Analysant les modalités d'introduction de l'informatique dans les entreprises, le sociologue Serge Gauthronnet distingue à ce sujet plusieurs cas de figure représentatifs : « *Il y a tout d'abord les projets occultes qui engendrent de vives inquiétudes chez les salariés des entreprises. Quels sont les changements qui se trament? – "Si c'est secret, c'est probablement que ça cache quelque chose de grave pour nous", ont-ils tendance à dire; à l'opposé, il y a les projets où les salariés sont au contraire noyés par l'information. Trois mille pages d'analyse fonctionnelle c'est impossible à lire, encore plus difficile d'en extraire les éléments qui permettront de vérifier la qualité des choix techniques; on distingue par ailleurs des cas où cette surinformation se double d'une abondance d'informations sur les effets sociaux; les directions offrent des garanties, mais les salariés se demandent si cela est compatible avec les nouvelles options : ils souhaitent une anticipation des effets; il faut enfin mentionner les projets qui se développent dans le noir total; si des salariés s'inquiètent pour leur devenir suite à des rumeurs d'introduction de nouveaux outils informatiques ou télématiques, ils n'obtiennent guère que des professions de foi qui soulèvent de grandes suspicions* [8]. » Résultat : il arrive souvent que l'introduction d'outils informatiques ou bureautiques performants dans une structure préexistante soit un moment de tension et d'inquiétude, susceptible d'engendrer, si elle n'est pas convenablement gérée, des perturbations sociales, des pertes de motivation individuelles et – même – une baisse de la productivité.

« *La compréhension du phénomène d'informatisation suppose la prise de conscience du formidable décalage qu'il y a entre le discours ambiant et les réalités dans les organisations* », explique Andreu Solé, consultant et professeur à HEC-ISA. « *Experts et mass media insistent sur les possibilités offertes par les progrès de la technique; il est vrai que les innovations sont incessantes et spectaculaires. (...) On cherche à impressionner les esprits et finalement ne fait-on pas entrer dans les têtes l'idée que l'informatique, la bureautique, la micro-informatique, la robotique, c'est la panacée : la solution aux grands problèmes actuels des entreprises, l'amélioration de l'efficacité et de la qualité de service des administrations, le remède à la crise, la modernisation des organisations et de la société? La fonction idéologique de ce discours est évidente : fabriquer de l'espoir dans une situation de crise profonde qui provoque doutes, interrogations, craintes. Sur le terrain, on constate que les déceptions, les mauvaises surprises, les frustrations, les erreurs, les échecs, les dégâts, sont très fréquents* [9]. » Et Stephen Roach, un économiste américain de chez Morgan Stanley, confirme la réalité du problème en ce qui concerne les résultats de l'automatisation du secteur tertiaire aux États-Unis : «*Après quinze années d'informatisation, les États-Unis pataugent dans un marécage de faible croissance de la productivité* [10]. »

L'irruption de la technologie dans une entreprise pose le plus souvent deux problèmes délicats : celui de l'évolution des tâches et de l'organisation du travail et celui de la remise en cause de l'emploi. Le premier problème peut prendre plusieurs formes. Au niveau individuel de l'opérateur, il se manifeste essentiellement dans son aspect ergonomique : un nouveau système, c'est obligatoirement un nouveau rapport homme machine avec tout ce que cela comporte en termes de réapprentissage, de changement de « référentiel » et donc de risques de résistance plus ou moins active de l'opérateur au changement qui lui est imposé. Du point de vue organisationnel, ce sont les questions de qualification des tâches et de logique hiérarchique qui dominent avec, le plus souvent, la résurgence d'une controverse permanente et fondamentale : l'outil technologique avec tout ce qu'il apporte (performances, automatisation...) contribue-t-il à revaloriser le travail de l'opérateur et à raccourcir la chaîne hiérarchique à laquelle il est relié ou ne permet-il pas, au contraire, de pousser plus en avant la parcellisation du travail et le renforcement du contrôle par la hiérarchie? « *Toute invention suscite des craintes; les spectateurs des nouvelles inventions ont peur que ne se produise une distinction entre les gens capables et incapables d'utiliser les techniques nouvelles. Les premiers seraient les seigneurs, les autres les esclaves. (...) L'une des craintes est que l'introduction des nouvelles technologies, et surtout la phase où cette technique reste entre les mains de quelques spécialistes, ne suscite des exclus supplémentaires* [11] », remarque Pierre Aigrain, ancien secrétaire d'État à la Recherche et grand « technologue » français, qui ajoute cependant : « *Je ne pense pas que le problème se pose réellement en ces termes, sauf peut-être pour de très courtes périodes transitoires.* » L'expérience montre que d'une application à l'autre et d'une entreprise à l'autre, les deux scénarios sont possibles et ce d'autant plus qu'une vive querelle oppose les experts au sujet du lien technologie-organisation du travail. Pour les uns, « *il n'y a pas de machine automatique dont le mode de fonctionnement, dans sa conception même, n'implique pas et ne prédétermine de façon irréversible une forme particulière d'organisation du travail et par conséquent des conditions de travail qui restent, ensuite, à améliorer* [12] ». Mais, à l'inverse, les rapports conjoints CNRS/Commissariat au Plan présentés en 1985 au colloque « Prospective 2005 » insistaient, eux, sur le fait « *qu'il n'y a pas de déterminisme de la technologie* » et que la « *répartition des fonctions entre les hommes (...) ne sera pas imposée par des contingences technologiques, mais en fonction du système d'organisation mis en place par les acteurs sociaux* [13] ». Quoi qu'il en soit, le lien technologie-ergonomie-organisation du travail est donc particulièrement sensible dans le cas de produits technologiquement innovants (et, de ce fait, sans expériences préalables d'utilisation), ces produits pouvant facilement donner lieu à des réactions de rejet ou de dysfonctionnement.

A cet aspect de l'évolution des modes de travail, se superpose fréquemment la question encore plus sensible du maintien des emplois. Là non plus, la relation technologie-emploi n'est ni simple ni univoque. On connaît les thèses de Jean Fourastié sur les effets du progrès technique : d'abord un transfert d'emplois vers le secteur industriel (le secondaire) en raison des gains de productivité enregistrés dans le secteur agricole (le primaire); puis un transfert d'emplois vers le secteur des services (le tertiaire) du fait des gains de productivité enregistrés dans l'industrie. En 1950, Fourastié voyait dans cette évolution qui signifiait aussi une augmentation sensible du temps libre pour les loisirs « *Le grand espoir du XXᵉ siècle* », selon le titre de son livre resté célèbre. Mais si la durée globale du travail a effectivement diminué, beaucoup ont vu depuis lors dans la technologie l'un des principaux, sinon le principal, responsables du chômage : les « innovations de process », entraînant une substitution de la machine à l'homme, y joueraient un rôle plus important que les « innovations de produits » et les créations, réelles, d'emplois dans le secteur tertiaire ne compenseraient plus aujourd'hui les pertes d'emplois dans l'industrie. En réalité si toute innovation de process qui se traduit par un gain de productivité (par exemple l'achat d'un équipement de production de haute technologie) est potentiellement destructrice d'emploi à niveau constant de la demande, l'impact réel du progrès technologique sur l'emploi dépendra de l'impact que ce même progrès peut avoir sur la demande finale : « *Une croissance de la productivité sans croissance de la demande, c'est la chute de l'emploi et la montée du chômage. C'est la même chose, en un peu plus compliqué, avec le progrès technique : une croissance de la productivité imputable au progrès technique supérieure à celle de la demande imputable au progrès technique, c'est la chute de l'emploi, liée au progrès technique qui crée alors du chômage. Dans le cas inverse, il crée des emplois* [14]. » Là encore, s'il n'y a pas neutralité de la technologie, on ne peut donc pas réduire le problème à un simple déterminisme technologique (du type « la machine tue l'emploi »). Suivant la technologie considérée, la structure sociale locale (effectifs, qualification, capacité d'adaptation), l'état du marché et les stratégies commerciales de l'entreprise, l'introduction d'une nouvelle technologie pourra avoir des effets différents sur l'emploi. Mais ce qui est sûr à nouveau, c'est que le contexte social, culturel et humain dans lequel s'effectuent l'introduction et l'exploitation des outils technologiques va largement conditionner l'effet et les réactions de cette introduction.

Et ce qui est vrai du marché des entreprises l'est aussi dans le grand public des consommateurs. Ainsi, le sondage qu'a fait effectuer l'ancien directeur général des télécommunications, Jacques Dondoux, dans le cadre d'un rapport officiel qui lui avait été demandé sur les conditions d'accès des Français aux prestations de la poste et des télécommunications, a-t-il permis d'isoler cinq groupes différents classés selon leur type de réaction aux nouvelles technologies. Les « *réfractaires* », qui n'utilisent « *ni le Minitel ni la télécarte, et ne sont pas intéressés par le service téléphonique* » représentent 22 % de l'ensemble. Ils sont « *relativement imperméables à la modernité ou à la technique et plus généralement, au changement, même s'il induit une simplification* ». Les « *déphasés* » représentent eux aussi 22 % de l'ensemble. « *Plutôt perplexes* », les déphasés « *n'ont pas d'opinion sur les améliorations à apporter pour leur formation à la technique* ». Les « *appliqués* » (17 %) ont pour point commun avec les réfractaires d'être réticents à « *utiliser des cartes bancaires pour téléphoner, envoyer des mandats postaux ou acheter des timbres* », mais sont « *demandeurs d'information ou de formation supplémentaire* », par exemple sur le Minitel. Enfin les « *utilitaires* », qui représentent 25 % de l'ensemble, « *ont de l'intérêt pour ce qui leur simplifie l'existence* » tandis que les « *yuppies* » (14 %), surtout représentés à Paris et constitués pour 70 % de personnes ayant de 25 à 59 ans à dominante masculine, sont « *avides de modernisme et de simplification* ». Au total, conclut Jacques Dondoux (qui précise au passage que le problème n'est pas propre aux télécommunications) « *45 % de nos concitoyens ont des rapports difficiles avec les nouvelles technologies* ». Yves Lasfargues, ancien permanent de la CFDT et spécialiste des aspects sociaux des nouvelles technologies va même encore plus loin : « *Aux États-Unis, une enquête de 1989 a mis en lumière que 30 % des travailleurs ayant un emploi et 70 % des chômeurs étaient incapables de tenir les nouveaux postes de travail. En France, aucune enquête officielle n'a encore été réalisée, bien que d'après les observations dans les cycles de formation, en particulier de cadres, cette proportion semble identique, mais on n'en prendra conscience qu'au fur et à mesure de la généralisation des technologies. Si l'on ne fait rien d'ici là, on s'apercevra alors que sur les vingt-quatre millions d'actifs, il existe sept à huit millions de technopathes* [15]. »

Qu'il s'agisse des entreprises, utilisatrices professionnelles de la technologie, ou des citoyens, consommateurs de produits qui en sont issus, il ne faut donc pas croire que l'on peut avoir des relations simples et immédiates avec la technologie avancée. L'acceptation et l'utilisation effectives des produits innovants et des nouvelles méthodes de travail et de production passent obligatoirement par une phase préalable de préparation des esprits et de la société. Et ce travail dans les têtes ne peut pas se limiter aux actions de promotion et de marketing menées –

souvent avec intelligence – par les firmes de haute technologie. Il faut une action plus profonde qui prenne en compte l'humus social et culturel d'une collectivité déterminée. Il ne suffit pas d'agir par la séduction ou la conviction sur les comportements individuels, il importe aussi d'être présent dans le champ des valeurs éthiques et sociales. Car c'est là que trouvent souvent racine les oppositions collectives les plus profondes aux évolutions technologiques. C'est donc là aussi que se joue, secrètement, la capacité d'une société à relever le défi global de cette transformation technologique.

L'immoralité technologique ne paie plus

Historiquement, l'essor des techniques et des sciences appliquées qui a marqué les XVIIIe et XIXe siècles s'est accompagné d'une remise en cause profonde des valeurs spirituelles traditionnelles. Parallèlement à la remise en cause des pouvoirs politiques aristocratiques et au développement de la démocratie parlementaire, le progrès des sciences s'est attaqué ainsi aux bastions des croyances religieuses et sociales traditionnelles, phénomène encore accentué par les effets de la révolution industrielle et de l'exode rural. Mais cette remise en cause des anciennes racines chrétiennes et paysannes de la société occidentale n'a pas débouché sur un vide moral complet : un positivisme vulgarisé, fondé sur le dogme selon lequel la science sauverait l'humanité de ses misères et de ses aliénations millénaires, remplaça pour partie les anciens préceptes chrétiens (et cohabita pour une autre partie avec eux). Un humanisme scientiste véhiculé par les « *hussards noirs de la République* » et les premiers ingénieurs lancés dans l'aventure industrielle, maintenait un cap moral : le progrès de l'humanité par l'éducation des masses, la diffusion des découvertes de la science, l'application rigoureuse des méthodes de production. De la convergence de ces efforts parallèles devait nécessairement découler l'amélioration sensible et permanente des conditions de vie, du partage des richesses et de l'exercice de la démocratie politique. « *Oui, il viendra un jour où l'humanité ne croira plus, mais où elle saura : un jour où elle saura le monde métaphysique et moral comme elle sait déjà le monde physique* », disait Ernest Renan, bon représentant de cette mystique laïque et scientiste qui n'hésitait pas, par ailleurs, à affirmer que « *la science est le grand agent de la conscience divine* [16] ».

Le xxᵉ siècle et ses formidables convulsions jetèrent à bas cette *morale provisoire* (au sens cartésien du terme) que l'Occident industriel s'était offerte à titre de compensation des bouleversements idéologiques et culturels intervenus depuis la Révolution française. C'est d'abord la révolution léniniste de 1917 qui porte à son point culminant le refus des tensions sociales insupportables qu'a engendrées le capitalisme industriel. L'usine, matérialisation physique et économique du rêve positiviste, est perçue comme un lieu de peine et de malheur, voire de violence. C'est ensuite les deux guerres mondiales qui démentent de la manière la plus cruelle les espoirs des positivistes : le meilleur de la science et de la technique moderne s'est mué en engins de mort irresponsables et les méthodes rationnelles de la production industrielle ont permis de planifier et de diriger l'extermination à grande échelle. « *Le xxᵉ siècle a vu la civilisation humaniste, rationnelle et scientifique se précipiter dans les tueries insensées des deux guerres mondiales. Il a vu la rationalité technique et la rationalisation politique s'associer pour produire Auschwitz et la Kolyma. Il a vu les pires régressions opérées au nom du progrès de l'Histoire* [17]. » Des tranchées meurtrières d'une Grande Guerre sans but ni raison jusqu'à la terrifiante explosion d'Hiroshima en passant par la scientifique « *solution finale* », la technologie et les appareils industriels les plus modernes ont rompu les amarres avec toute référence éthique : la science était supposée pouvoir apporter à l'humanité le bonheur (« *une idée neuve en Europe* », disait Saint-Just), la technologie est désormais immorale pour le meilleur et pour le pire.

Reconnaissons-le, c'est d'abord le meilleur qui sort de cette acceptation tacite de l'immoralisme technologique aux lendemains de la Seconde Guerre mondiale. A l'abri de la terreur atomique la plus folle (la fameuse – et bien nommée – MAD : *Mutual Assured Destruction*), le progrès technique ne connaît plus de contraintes sociales ou éthiques capables d'en limiter la vitesse et la diffusion. Les ordinateurs et les robots remplacent les hommes dans tous les travaux pénibles et répétitifs, la médecine et l'hygiène publique s'engagent dans des voies totalement nouvelles (les antibiotiques, la chirurgie cardiaque, les transplantations d'organes...), les systèmes de communication performants mondialisent l'information et la culture. Partout les vieilles réticences sociales ou rituelles reculent : le catholicisme n'arrive pas à empêcher la libération sexuelle (largement fondée sur les progrès techniques des moyens de contraception) et les vieilles cultures académiques ne peuvent que mener un combat d'arrière-garde contre les progrès irrésistibles de la communication médiatique. Les « *Trente Glorieuses* » de la société industrielle occidentale sont donc aussi celles de l'immoralité créatrice : la technique devenue elle-même sa propre référence et sa propre valeur est enfin libérée de toutes les entraves culturelles et sociales qui l'empêchaient de faire table rase du passé et de se lancer sans retenue vers la création d'un nouveau monde.

Mais pourtant, le pire n'était pas loin et la fin des années 60 va être l'occasion d'une nouvelle prise de conscience. Si les excès barbares de la technique guerrière et les méfaits de l'automatisation à outrance ont cédé la place à la paix armée et à une variante sociale et keynésienne du capitalisme, la logique technicienne laissée hors de tout contrôle moral ou politique s'est mise à produire discrètement des ravages invisibles. C'est au milieu des années 60 qu'éclate une prise de conscience brutale qui secoue l'Occident industrialisé. Le rejet de l'impérialisme des États-Unis (puissance militaire au Vietnam, mais aussi première puissance économique et technologique), la contestation du nucléaire civil et militaire, le choc des 100 000 tonnes de pétrole s'écoulant le 18 mars 1967 du pétrolier *Torrey Canyon,* la condamnation des mandarins et des technocrates par les étudiants parisiens de 1968 : voici soudain autant de signes du refus presque hystérique d'un modèle de développement social et économique reposant sur l'articulation science-technologie-technocratie. *«Ainsi nos technocraties modernes commençaient de révéler leur véritable visage, celui du "despotisme de la science ", déjà perçu par Marx au niveau de l'entreprise, mais généralisé cette fois à l'ensemble de la vie sociale. En quelque sorte, les "Lumières " s'éteignent à cause de l'électricité* [18]. » Sur le moment, Alvin Toffler voit dans cette révolte l'un des symptômes majeurs du « *choc du futur* » et n'hésite pas à envisager une évolution brutale : *« Nous sommes à l'aube d'une révolte internationale qui renversera parlements et congrès au cours de la prochaine décennie. Mais cette levée de boucliers contre les ravages de l'application désordonnée de la technologie pourrait se cristalliser sous une forme pathologique, comme un fascisme futurophobe sous la férule duquel des hommes de science remplaceraient les juifs dans les camps de concentration. Comme la pression du changement pèse de plus en plus lourdement sur l'individu, et que le choc du futur se généralise, ces éventualités cauchemardesques deviennent de plus en plus plausibles* [19]. » Plus modéré dans ses analyses, mais tout aussi inquiet, le journaliste scientifique François de Closets écrit pour sa part en 1969 un essai dont le propos est sans ambiguïté : « *L'évolution technologique ne doit pas tenir lieu de civilisation. Or elle risque de se poser en concurrente de la pensée. A quoi bon s'interroger, il suffit de chercher les réponses dans le progrès! Pour éviter la démission devant la science et la technique, il importe de percer au jour les mécanismes du progrès. On maîtrise une automobile en apprenant la mécanique, non en la méprisant. Dans le premier cas, le conducteur se déplace comme il veut. Dans le second, il rate son virage. Il faut désormais que la politique apprenne à diriger l'évolution technique et scientifique. Aujourd'hui, l'automobile est en marche et l'humanité est emportée dans une course folle. Personne ne semble tenir le volant. Nous avons le choix : apprendre à conduire ou descendre de voiture. L'humanité est en danger de progrès. Il n'est que deux solutions : le diriger ou l'abandonner* [20]. » Et chacun d'appeler à un contrôle plus sévère de ce progrès technologique qui semble échapper à l'homme : « *Un ombudsman pour la technologie* » (Toffler), voire un « *contrôle social de la technologie* » (Thierry Gaudin [21]).

Certains vont même plus loin et ajoutent à cette critique virulente qui marque la fin des « *sixties* » et les années du choc pétrolier, une revendication morale et éthique radicale. Parmi eux, un moraliste français de talent, Jacques Ellul. Pour Ellul – auteur dès 1954 de *La Technique ou l'enjeu du siècle*, puis en 1977 du *Système technicien* – la technique (il refuse l'emploi du terme *technologie* pourtant entré dans les mœurs) n'est pas neutre. Le mal ne vient pas de l'usage qu'on en fait, mais de la nature même de la technique moderne. Elle est « *auto-reproductrice et chaque " progrès technique " sert d'abord à produire d'autres techniques. Elle est le centre des efforts et ne comporte aucune mise en question, autre que mécanique. Elle n'a aucun intérêt pour ce qui sert l'homme, puisque de toute façon elle présuppose que ce qui sert à l'homme, sert l'homme. La technique ne porte d'intérêt qu'à elle-même. Elle est auto-justifiée, elle est autosatisfaisante. Elle ne peut pas s'occuper de l'humain, sinon pour le subordonner et le soumettre à ses exigences de fonctionnement. (...) (Elle) ne concerne en rien le sens de la vie, et récuse toute relation aux valeurs (jamais une technique n'a pu tolérer un jugement de valeur, de bien et de mal, sur ses activités). Ses critères d'existence et de fonctionnement sont qualitativement autres. Elle ne peut pas donner un sens à la vie, elle ne peut pas ouvrir sur de nouvelles valeurs* [22] ». D'où une condamnation fondamentale et irréversible de l'état d'aliénation dans lequel le progrès de la technique plonge l'homme moderne quoi que celui-ci veuille ou fasse. Durant les années 60 et 70, les ouvrages d'Ellul vont beaucoup circuler sur les campus contestataires américains où ils vont côtoyer ceux d'Ivan Illich, autre contempteur de la démesure technicienne. Mais avec les effets de la reprise économique et les progrès de l'ergonomie et de la convivialité des produits technologiques, la cabale anti-technicienne va se faire plus discrète au point que l'on pourrait être tenté d'oublier les questions essentielles qu'elle a eu le mérite de soulever.

Regardons pourtant autour de nous. Derrière l'image conviviale et rassurante de cette technologie banalisée, des dilemmes sociaux et éthiques graves sont engendrés tous les jours par l'usage croissant des technologies les plus avancées. L'usage des moyens informatiques et des réseaux de communication touche, par exemple, des aspects importants et intimes de la vie des citoyens. Dès la fin des années 70, des voix se sont élevées contre les ravages potentiels du gigantisme informatique. Parmi elles, celle de Bruno Lussato, consultant et professeur au CNAM, qui publie en 1980 *Le Défi informatique* pour alerter l'opinion sur les dangers d'une informatisation trop centralisée et les risques du développement inconsidéré de la télématique : « *Je suis inquiet devant le développement vertigineux de l'informatique. Non que je sois certain de la catastrophe, mais j'ignore – comme tout le monde – si ce développement est finalement bénéfique ou maléfique. Et je vois bien le risque, celui d'une croissance sans contrôle, non seulement dans le domaine des microcomposants et des micro-ordinateurs, mais également dans celui des communications où les mêmes phénomènes peuvent se produire. Plus les communications se développeront, plus les terminaux d'ordinateurs se répandront et plus les gens voudront communiquer, et plus on mettra en place des systèmes pour qu'ils communiquent. Et moins ils pourront se passer de la communication. Il y aura accoutumance, comme pour une drogue. La télématique associe communication et informatique : ce mariage produit un effet multiplicateur dont le résultat nous échappe* [23]. » Pour Lussato, à la logique de l'informatique lourde (« le grand chaudron ») et des réseaux tentaculaires soupçonnés de penchants liberticides, il fallait substituer celle de la micro-informatique

(« le petit chaudron ») et des systèmes d'information décentralisés. L'évolution des choses lui a donné partiellement raison dans les années qui ont suivi. Pendant qu'en France, la nouvelle Commission nationale informatique et libertés (CNIL) créée par la loi de janvier 1978 commençait son travail, on assista dans presque tous les pays de l'OCDE à la mise en place d'institutions ou de textes analogues relatifs à la protection des données personnelles et de la vie privée. Dans le même temps, la vague micro-informatique déclenchée par le ralliement d'IBM et des grands constructeurs informatiques à ce concept (chapitre VII) rendait possible la création de systèmes dits à « informatique répartie ». Et quant à la télématique, née en France à la suite du rapport Nora-Minc, elle a rapidement échappé à ses promoteurs étatiques pour donner lieu à une profusion de services informatifs ou conviviaux développés par la société civile elle-même. Mais pour autant, il s'est peut-être passé pour l'informatique et la télématique le même phénomène de « récupération » que nous évoquions plus haut à propos des produits électroniques grand public.

En effet, avec le recul, on s'aperçoit aujourd'hui que les dangers dénoncés il y a dix ans n'ont pas disparu, même s'ils ont changé de forme. Les micro-ordinateurs qui représentent aujourd'hui une part considérable du parc informatique installé sont, certes, plus conviviaux et plus personnalisés que les systèmes centralisés de jadis. Mais leur usage comporte toujours des risques potentiels du point de vue de l'utilisation illicite des données informatiques nominatives : la puissance d'un micro-ordinateur moderne permet de constituer des banques de données très importantes et qui peuvent être d'autant plus dangereuses qu'elles sont très difficiles à identifier; de plus, un nombre croissant de ces machines sont aujourd'hui mises en réseau et peuvent être reliées à un ou plusieurs sites centraux comme s'il s'agissait de vulgaires terminaux. La boucle est donc bouclée, même si pour l'utilisateur l'apparence conviviale du micro-ordinateur le rassure plus que les grands systèmes d'hier. De même le Minitel est devenu un outil quotidien parfaitement intégré à la vie des Français, alors même que les spécialistes continuent de s'inquiéter des déviations inévitables que l'usage des services télématiques peut faire courir à la tranquillité ou à la sécurité des citoyens : risque d'indiscrétion sur les comptes bancaires, constitution de réseaux de prostitution autour de « messageries roses », risques d'escroquerie ou de démarchage intempestif liés à l'utilisation de certains services de téléachat... Et aujourd'hui de nouveaux produits ou services viennent ajouter des difficultés supplémentaires : c'est, par exemple, le cas du réseau RNIS (connu en France sous le nom de NUMERIS) qui permet, entre autres, à l'appelé d'avoir connaissance du numéro téléphonique de l'appelant (grâce à un affichage sur le combiné de l'appelé). Malgré la convivialité certaine de ce système, une telle possibilité a été considérée par la CNIL comme pouvant comporter des risques du fait que cela obligeait l'appelant, qu'il le veuille ou non, à communiquer son numéro d'appel à toute personne appelée. La Commission nationale informatique et libertés a donc demandé à France-Télécom de prévoir sur ses terminaux NUMERIS un dispositif permettant de ne pas être identifié.

Dans un autre domaine encore, l'immoralité technologique risque de ne plus payer très longtemps. C'est celui du transfert inconsidéré de technologies avancées à usage militaire. Nous avons rappelé l'existence, depuis 1950, d'un contrôle des transferts de technologie vers les pays de l'Est (chapitres IX et X), mais aujourd'hui c'est sans doute ailleurs que le problème se pose prioritairement. Plus encore que l'URSS et ses anciens satellites, de nombreux États militairement agressifs ou simplement non démocratiques convoitent la haute technologie occidentale pour y puiser les moyens de renforcer leur puissance de combat. Armes de guerre, mais aussi produits nucléaires, chimiques, systèmes balistiques ou substances bactériologiques sont sur la liste préférentielle de nombreux pays (l'Irak et la Libye, mais aussi sans doute l'Inde, le Pakistan, l'Afrique du Sud, Israël, le Brésil...). Et là encore, derrière la difficulté technique et juridique qu'il y a à surveiller de telles exportations, surgissent les questions éthiques. La communauté internationale peut-elle accepter que, pour satisfaire des intérêts mercantiles ou la poursuite d'objectifs politiques à court terme, les principaux fournisseurs de haute technologie livrent à des régimes dangereux ou irresponsables de quoi mettre en danger la vie de milliers d'hommes, voire la paix et la stabilité mondiales? Il semble que la réaction des opinions publiques face aux événements libyens et irakiens laisse présager dans l'avenir une sensibilité particulière à ces questions. Mais pour autant la question du contrôle de la circulation internationale des technologies proliférantes demeure pleine de contradictions : « *Comment assurer la sécurité internationale sans légitimer le protectionnisme technologique? Cette question hier posée à propos de la seule diffusion des techniques nucléaires peut être aujourd'hui étendue à l'ensemble des échanges mondiaux de haute technologie et devrait être la base d'une réflexion sur la non-prolifération technologique et l'usage pacifique des technologies* [24]. » La morale n'est pas absente de ce débat. Prenons l'exemple caractéristique de l'exportation d'unités de production de pesticides : de telles productions sont indispensables à bien des pays en développement ayant de graves problèmes agricoles, mais il faut savoir aussi que ce type d'usine est techniquement apte à produire quasi instantanément des gaz toxiques de combat. Comment donc interdire à certains pays d'accéder à des technologies et à des produits qui sont sans doute pour eux la seule chance de sortir de leur situation de sous-développement? Et comment justifier aux yeux de la communauté internationale ce que beaucoup pourraient appeler, au nom même de préoccupations éthiques, un *« néo-colonialisme technologique »* [25]?

Et tous ces problèmes d'éthique personnelle ou collective commencent à apparaître avec une intensité encore plus forte dans le secteur en pleine expansion des technologies du vivant (chapitre IX) et de leurs retombées industrielles et médicales. Doit-on maintenir en survie artificielle des personnes aux capacités physiques et psychiques irrécupérables? Peut-on profiter des nouvelles techniques du génie génétique pour modifier un gène supposé défaillant? Est-il souhaitable de laisser se développer toutes sortes de méthodes artificielles de procréation? Autant de questions essentielles que l'actualité commence à nous renvoyer régulièrement et qui perturbent déjà la sérénité de nombreux scientifiques : en 1974 les premières équipes américaines ayant pratiqué des manipulations génétiques expérimentales observèrent, volontairement, un moratoire d'une année et, plus récemment, un chercheur français, Jacques Testard a choisi en 1987 de faire connaître publiquement l'arrêt de certaines de ses recherches en génétique. Et aujourd'hui la portée concrète de ces questions se précise : c'est en effet en janvier 1989 que les autorités américaines ont, pour la première fois, autorisé une manipulation génétique sur un homme *, tandis que depuis 1982 plusieurs pays (dont la France) se sont lancés dans un gigantesque programme sur le séquençage du génome humain. C'est donc bien, désormais, le rapport même de l'homme avec sa vie et sa

---

* Le 19 janvier 1989, le National Institute of Health (NIH) et la Food and Drug Administration (FDA) ont autorisé une équipe du National Cancer Institute de Bethesda à réaliser la manipulation des lymphocytes d'un malade cancéreux en phase terminale.

mort qui se joue dans toutes ces recherches et expérimentations et donc, quelque part aussi, sa propre identité en tant que personne. « *Ne faut-il pas un orgueil démesuré pour oser intervenir dans la création de la vie? La race humaine n'est pas encore au stade qui la mettrait à l'abri de l'abus de pouvoir, que déjà elle dispose d'une technique dont les excès possibles sont considérables* [26] », écrit le futurologue américain John Naisbitt, pourtant adepte, par ailleurs, d'une interprétation particulièrement optimiste de l'évolution technologique. Même si l'on ne porte pas sur la technologie un regard systématiquement critique et alarmiste, il est clair que ces questions exigent avec urgence de la société qu'elle fournisse des réponses permettant de préserver l'équilibre psychologique, affectif et moral de chaque individu.

Qu'il s'agisse des débordements potentiels de ces nouvelles techniques génétiques ou procréatrices (qu'illustrent déjà les procès insensés qui fleurissent aux États-Unis entre mères biologiques et mères porteuses), de l'usage abusif des systèmes d'information à l'encontre de la vie privée, de l'insécurité de ces mêmes systèmes ou des utilisations irresponsables de la technologie moderne à des fins militaires, chacun sent bien aujourd'hui que l'immoralité technologique qui a dominé le développement mondial durant une large partie de ce siècle commence à porter des fruits pervers. Si le risque évoqué par Toffler de voir les technologues remplir des camps de concentration ne semble pas à l'ordre du jour, il n'en demeure pas moins que la peur des dérapages ou des conséquences incontrôlées de la technologie devient progressivement un paramètre majeur du comportement social et alimente, du même coup, des réactions archaïques de rejet. Analysant la notion de *risque industriel*, le philosophe Philippe Nemo décrit bien ce phénomène : « *Si la tâche de maîtriser systématiquement les grands risques industriels apparaît aujourd'hui comme un impératif urgent et incontournable, malgré les difficultés techniques et le coût économique, cette servitude même n'est donc que la contrepartie d'une libération essentielle de l'esprit collectif accomplie par la modernité. Tout le problème est que cette libération n'est que partielle et fragile; au sein même de la modernité, continuent à exister des reliquats de mentalités archaïques, susceptibles de retours en force. Si la rationalité s'impose désormais aux esprits individuels, elle a moins de prises sur une société internationalisée complexe, anonyme, où tout communique avec tout sans que, pour autant,*

des instances de concertation et de décision vraiment communes
puissent garantir la rationalité des décisions collectives. La
société moderne, pluraliste et critique, risque à tout moment de
recommencer à se comporter comme une foule irrationnelle,
engendrant des mythes, désignant des boucs émissaires, s'enfer-
mant elle-même à nouveau dans un état d'interdits et de tabous
bloquant ses développements technologiques ultérieurs [27]. » Travaillant, pour leur part, sur les lacunes de la sécurité informatique
en Europe, les consultants du cabinet Coopers & Lybrand ne
disent finalement pas autre chose : « *Il est clair que pour le*
moment, l'ère des technologies d'information se construit sur
des fondations totalement incapables d'en supporter le poids. Si
le degré de dépendance des entreprises envers les systèmes
d'information continue à augmenter sans amélioration du niveau
général de la sécurité des systèmes, les risques de catastrophes
auxquels elles s'exposent ont toutes chances de s'intensifier. (...)
Nous pouvons donc en conclure que les effets catastrophiques
d'une sécurité médiocre auront pour résultat d'inciter les entre-
prises à réduire leur degré de dépendance envers leurs réseaux.
Si le niveau général de la sécurité des systèmes utilisant les
technologies de l'information modernes ne s'améliore pas, cela
a toutes chances d'entraîner leur rejet et d'agir finalement comme
un frein au développement économique [28]. »

Au moment où l'humanité s'apprête à entrer de plain pied
dans une nouvelle ère de révolution technologique (chapitre IX),
les réactions instinctives de la société civile nous rappellent
soudain que la condition nécessaire de tout progrès technique
est son acceptabilité sociale et éthique. Face à l'inadaptation
structurelle des comportements et à la crise latente des valeurs
qu'induit partout la diffusion des nouvelles technologies, on ne
pourra pas se contenter de faciliter l'insertion des nouvelles
technologies au sein de l'entreprise ni même de prévenir artificiellement les réactions de rejet du public en pratiquant à grande
échelle cette forme de conditionnement du consommateur que
les spécialistes appellent marketing technologique. C'est une
véritable « stratégie de société » qui s'impose, s'adressant à l'ensemble du corps social et considérant l'individu, non pas seulement comme une force de travail ou un consommateur, mais
comme un citoyen. Les performances globales des grandes régions
industrialisées au cours du XXIe siècle (et peut-être, sans attendre
cette échéance, au cours de cette décennie qui s'ouvre) dépen-
dront de leur capacité à résoudre, à partir de leurs propres

ressources, les problèmes éthiques et moraux liés à la transformation continue des modes de production et de consommation. A terme, ce sont ceux qui parviendront à assurer la meilleure adéquation entre leur propre système de valeurs et les exigences de la compétition technologique qui détiendront les clés de la puissance économique et de l'équilibre social. Autrement dit, la mise en place de « stratégies de société » ne répond pas seulement à une logique défensive (protéger l'individu et la collectivité des excès de la technologie), elle peut et doit être aussi un outil offensif, tant il est vrai que la compétitivité technologique et industrielle se gagne aussi sur le terrain des valeurs et de la culture.

La nouvelle économie des valeurs européennes

Dressant en 1988, pour la revue *La Recherche,* un bilan de l'Europe de la technologie et constatant la domination – selon elle excessive – du modèle américain, Martine Barrère plaide pour une « *démarche qui consiste d'abord à réfléchir à la société que nous voulons mettre en œuvre, puis au moyen à mettre en œuvre pour la construire* ». Et elle ajoute : « *Ce type de réflexion, quand il s'agit d'un pays ancien, n'a guère de sens. Mais n'est-ce pas la voie à suivre si l'on veut construire un nouveau pays : l'Europe* [29] ? » Pour peu qu'ils soient désireux de créer une société nouvelle à la fois respectueuse du génie européen et mieux adaptée à ce temps, une opportunité historique unique se présente en effet aujourd'hui aux Européens : celle de la construction européenne elle-même, dans son double sens de la poursuite de l'unification engagée à l'Ouest et, désormais, de la reconstruction politique, économique et industrielle des pays de l'Est. Cette dynamique peut être utilisée pour échapper aux lourdes contraintes qui pèsent le plus souvent sur l'évolution des sociétés et pour faire œuvre de prospective et d'imagination. Il peut être possible de partir de la société que l'on souhaite pour arriver à la technologie que l'on choisit de développer plutôt que de subir le cheminement inverse. C'est ce que nous pouvons appeler – pour paraphraser une fois encore François Perroux – la « préférence de société ».

Cette préférence de société que l'histoire propose aux Européens de mettre en œuvre doit s'appuyer sur des valeurs capables à la fois d'exprimer profondément l'essence de la civilisation

européenne et de servir de moteur à un développement technologique efficace et équilibré. La liberté, la responsabilité et la
création sont, à notre sens, les principes majeurs qui répondent
à cette double exigence. Ils appartiennent évidemment tous trois
à cette catégorie des « glorieux lieux communs » que chacun cite
à tout propos. Mais nous croyons pourtant qu'il y a potentiellement dans cette trilogie une force de reconstruction sociale
susceptible de protéger les Européens contre les délires de la
scientotechnocratie [30], tout en donnant à l'Europe les moyens de
sa compétitivité industrielle et donc de son autonomie politique.

La *liberté,* c'est sans contestation possible le principe qui
depuis les origines judéo-chrétiennes de la civilisation européenne
jusqu'aux excès totalitaires du XXᵉ siècle, en passant par la
mutation des « Lumières », a toujours travaillé la conscience
européenne au plus profond. Cette aspiration à la liberté individuelle entretient des liens très étroits avec la technologie,
entendue comme l'expression opératoire du désir de l'homme de
domestiquer la nature et d'échapper à ses contraintes physiques.
Mais l'on sait aussi, maintenant, que la démultiplication du
pouvoir que procure la technologie peut devenir attentatoire à
cette même liberté qui l'a vue naître. En réalité, dans le développement de la science occidentale, l'aspiration à la liberté par
la connaissance et l'aspiration à la domination par le pouvoir
objectif tiré de cette même connaissance ont toujours été deux
pôles antagonistes, mais étroitement liés (« dialogiques », comme
dirait Edgar Morin).

Conjuguer liberté et technologie, c'est donc œuvrer en permanence pour lever au stade de la réalisation technique et
industrielle cette ambiguïté consubstantielle de la démarche
scientifique qui se situe en amont. Ne pouvant pas (et, sauf
exception, ne devant pas) interrompre le processus libre de la
recherche et de l'expérimentation, il importe que la société
demeure en revanche très vigilante afin de limiter et contrôler
la prolifération des applications liberticides. Nous avons vu que
les technologies de l'information comme celles du vivant peuvent
potentiellement donner naissance à de telles applications. Mais
au-delà de ces cas bien connus, il existe d'autres voies plus insi-
dieuses par lesquelles la technologie peut contribuer à une diminution de la sphère de liberté collective ou individuelle. Ainsi,
trop souvent, les processus de conception des outils technologiques
ne permettent-ils pas d'assurer réellement la prise en compte des
intérêts de l'utilisateur, ce qui réduit d'autant ultérieurement sa

marge d'autonomie dans le rapport homme-machine. Seul le recours en amont de tout projet technologique innovant à l'ergonomie et à la prospective sociale (portant notamment sur les effets prévisibles de la nouvelle technologie sur le comportement, la qualification et l'emploi des opérateurs) peut constituer une garantie efficace de la liberté de l'individu *en situation de travail* (pour emprunter au vocabulaire des ergonomes).

Dans le même esprit, il importe que la diffusion de la technologie dans la société ne donne pas lieu, comme cela devient trop souvent le cas, à la production forcée d'une demande sociale artificielle. Certes, la commercialisation des produits et services issus des nouvelles technologies ne va pas de soi puisqu'elle suppose, presque par définition, une rupture avec les habitudes de consommation antérieures. D'où la mise en place de ce marketing technologique déjà évoqué, c'est-à-dire d'une politique de marketing spécialement conçue pour valoriser la spécificité technologique, esthétique et fonctionnelle du nouveau produit ou du nouveau service et révéler une demande latente, voire créer de toutes pièces un nouveau besoin. Chacune dans sa catégorie, la publicité d'Apple pour sa nouvelle série de Macintosh, celle de Sony pour son camescope miniaturisé avec son slogan « *j'en ai rêvé, Sony l'a fait* » (chapitre VII), la politique de distribution gratuite du Minitel par l'administration française des PTT, constituent des exemples – réussis – de marketing technologique. Mais du marketing technologique au conditionnement collectif (quelque insidieux et indolore que soit celui-ci), il n'y a qu'un pas facile à franchir et lourd de conséquences. Quand on pense, par exemple, aux controverses qui existent déjà autour de l'influence exercée par la télévision et les jeux électroniques sur l'évolution psychologique et les résultats scolaires des enfants, on peut facilement extrapoler ce que pourrait être demain un débat virulent sur la publicité technologique du type des débats actuels sur la publicité pour l'alcool et le tabac.

François Perroux n'hésitait pas à affirmer que « *l'Europe est ce lieu du monde entre tous privilégié, où se sont rencontrés pour une alliance féconde et pour des déviations trop apparentes, la technique qui asservit le monde matériel et l'idéal de la société ouverte* », ce à quoi il ajoutait : « *La mission que l'Europe reçoit de son passé, le projet qui exprime son plus bel avenir, consistent à mettre les moyens de la puissance, qui transforment l'univers sensible, au service de la société ouverte où s'épanouit la communion des esprits* [31]. » Qu'il s'agisse donc du contrôle

des technologies potentiellement liberticides ou de la prévention
contre les abus du marketing technologique, nous estimons que
c'est l'honneur de la société européenne – mère des libertés, mais
aussi, souvent, berceau des doctrines totalitaires – qui est en jeu.
Il ne faut pas que les Européens aient peur d'affirmer qu'une
société démocratique et libérale ne saurait admettre que l'avancée
permanente de la technique réduise à néant les garanties juridiques et sociales qui protègent le citoyen contre toute restriction
de ses droits fondamentaux. Il ne s'agit nullement de frapper,
pour autant, d'un soupçon général la recherche scientifique et
industrielle : il s'agit simplement d'établir un ordre de priorité
et de se fixer des points de repères pour évaluer à tout moment
les conséquences d'un usage nouveau de la technique du point
de vue des libertés publiques.

Une attitude aussi tranchée rencontrera à n'en pas douter des
réticences, et d'abord en provenance des représentants des intérêts industriels qui feront valoir que des réglementations trop
contraignantes ou trop tatillonnes auraient pour effet de placer
les entreprises européennes de haute technologie en situation
défavorable face à la concurrence internationale. Ces arguments
ont déjà été entendus lors des discussions qui ont accompagné
la préparation, par la Commission des communautés européennes,
de textes législatifs relatifs à l'agrément des produits biotechnologiques ou encore à la protection des données personnelles
sur les réseaux de télécommunications numériques (nous avons
vu plus haut les problèmes liés à l'identification de la ligne
appelante sur le réseau NUMERIS). Mais il faut ici mettre les
choses au clair. D'une part, il ne s'agit ni forcément d'interdire
ni même forcément de réglementer. Autant la protection contre
les technologies potentiellement liberticides passe naturellement
par l'adoption de règles juridiques, autant les parades aux excès
du marketing technologique doivent être avant tout trouvées au
sein de la société civile elle-même : associations, groupements de
consommateurs ou d'usagers, comités de réflexion, éventuellement suscités ou encouragés par la puissance publique, mais
servant de contre-pouvoirs, et non de contre-modèles, au fonctionnement normal d'une économie de marché.

D'autre part, tout occupés qu'ils sont à mettre au point de
nouveaux produits et à soutenir la position de leurs entreprises
dans la compétition mondiale, les industriels ne voient pas toujours que la diffusion la plus large d'une technologie donnée, y
compris auprès du grand public, suppose qu'une information et

des garanties suffisantes aient été apportées sur ses effets directs et indirects sur la société. C'est ce que les experts appellent « l'acceptabilité » d'une nouvelle technologie et c'est ce qui explique que l'énergie nucléaire qui n'a pas été bien accompagnée par un effort d'explication et d'assimilation sociale (sauf peut-être en France) n'a pas réussi à se faire admettre comme une technologie générique, intégrée et banalisée. Le problème se pose aujourd'hui avec une acuité particulière pour les biotechnologies qui sont au cœur de cette « révolution du vivant » dont nous avons parlé plus haut : comme le souligne l'OCDE dans un rapport récent [32], c'est en grande partie des relations de confiance qui s'établiront ou ne s'établiront pas entre les promoteurs de cette nouvelle technologie et la société que dépendra, à terme, l'impact économique des biotechnologies. Sauf à jouer aux apprentis sorciers, il faudra donc, avant de se lancer véritable-ment dans l'aventure économique et industrielle de la « bio-industrie », tracer la voie de la « bio-société » et déblayer large-ment le champ éthique et moral. La leçon à retenir est donc celle-ci : aussi paradoxal que cela puisse paraître, un dévelop-pement technologique équilibré et continu passe par l'acceptation d'un minimum de règles du jeu collectives et d'un arbitrage social et politique permanent. Certes, ces contraintes ont un coût micro-économique, mais celui-ci est le plus souvent inférieur au coût social global qu'encourrait la société en cas d'atteinte prolongée aux libertés publiques ou à la morale collective. Et par ailleurs, cet autocontrôle de la technologie peut aussi générer un profit à terme, ne serait-ce que parce qu'une technologie bien maîtrisée et non attentatoire aux libertés ou à la morale ramène à elle le vaste public des « technopathes ».

La *responsabilité* est le deuxième paramètre de notre équation éthique et sociale pour l'Europe technologique de demain. En Occident comme ailleurs, « *l'homme est un animal social* » appartenant à des structures de solidarité, de production et d'échanges. Ces collectivités ont chacune des intérêts collectifs supérieurs, un « *bien commun* » à défendre qui doit être respecté par tous leurs membres, dans la limite de la préservation de leurs libertés individuelles essentielles. Or, cette acceptation d'un intérêt collectif différent du seul jeu de la liberté personnelle n'est pas un réflexe naturel inné, c'est un acquis social qui s'exprime par le fait qu'en contrepartie de la protection que lui assure la collectivité, l'individu accepte d'être redevable vis-à-vis d'elle de certains devoirs et d'une part de la responsabilité collective. De ce point de vue, les sociétés industrialisées sont aujourd'hui confrontées à une perte du sens de cette responsabilité collective. Et ce phénomène est particulièrement lourd de conséquences dans la sphère technologique, qui, comme nous l'avons souligné à plusieurs reprises, n'est pas une bulle étanche, mais au contraire un révélateur hyper-sensible de nos contradictions sociales. Restaurer la responsabilité comme valeur centrale d'une société technologiquement développée, c'est affirmer que l'usage de la technologie n'est jamais un usage solitaire ni une fin en soi.

Les grands choix technologiques structurants (choix des modes d'énergie, des systèmes de transport de masse, des réseaux de communication, des normes applicables à l'interfaçage des équipements) doivent être par nature des choix responsables. C'est-à-dire des choix qui ne peuvent être que des choix collectifs exercés par des collectivités légitimes et représentatives (ce peut être l'État, mais aussi des collectivités locales, des associations professionnelles ou d'usagers, des entreprises...) capables de les assumer dans le long terme et d'obtenir des citoyens-usagers que représentent ces collectivités une adhésion et un respect des règles du jeu. De plus en plus, l'offre technologique consistera à mettre à la disposition des personnes et des acteurs économiques les ressources partagées de grandes infrastructures collectives. Dans ce cadre, la responsabilité de l'utilisation et de la préservation de cette puissance technologique doit être partagée entre les utilisateurs et les collectivités qui en ont la gestion. Les questions de sécurité et d'environnement notamment sont primordiales de ce point de vue. Toutes deux sont des contraintes de résultat pour les organismes collectifs gestionnaires et des contraintes de moyen pour les usagers. L'un ne va pas sans l'autre : l'utilisation dangereuse d'une potentialité technologique par un usager (un automobiliste utilisant par exemple les ressources techniques de son véhicule) met en cause potentiellement la sécurité d'autres usagers en raison de la logique de réseau qui est typique de la plupart des formes modernes de technologie.

Dans cette éthique de la responsabilité appliquée à la technologie, il est indispensable de réserver une place particulière au rôle que peut jouer l'Europe dans une perspective planétaire de développement social, politique et humanitaire. Après des décennies d'errements, il apparaît clairement aujourd'hui que la seule logique de diffusion mercantile des technologies occidentales dans le monde entier n'est pas suffisante pour faire évoluer des sociétés en voie de développement vers le stade industriel et la démocratie politique. L'inadéquation des structures sociales locales et des modes de production rend souvent inopérants de tels transferts bruts. Au contraire, c'est dans l'adaptation des technologies disponibles et dans leur sélection que réside la possibilité de mener une politique de développement social et humain qui utilise la technologie comme un moyen et non comme une fin. De par son ouverture traditionnelle vers le reste du monde (notamment par sa façade méditerranéenne, mais aussi grâce aux liens jadis tissés en Afrique ou en Asie par les anciennes puissances coloniales), l'Europe a, plus que d'autres, la responsabilité morale du développement d'une partie importante du monde non industrialisé.

A l'évidence, l'ouverture politique et économique de l'Europe de l'Est sollicite également le Vieux Continent et met profondément en jeu sa responsabilité. Or, que voyons-nous émerger (chapitre IX), au détriment d'une action de modernisation globale, progressive et en profondeur du tissu social et économique local, sinon la tentation conjointe des élites locales et des firmes occidentales de créer au plus vite des *îlots de haute technologie* associant le meilleur de la technologie occidentale et tout ce que le marché local recèle de compétences humaines qualifiées? Il est donc urgent et essentiel que l'Europe se décide à regarder l'Europe centrale et orientale comme autre chose qu'un marché à prendre et qu'elle fasse jouer en sa faveur une solidarité technologique, économique et sociale. L'idée d'un « plan Marshall » pour les pays de l'Est avait été évoquée dès avant la chute du mur de Berlin par l'Italien Carlo de Benedetti, mais elle demeure encore plus valable aujourd'hui à condition qu'une telle assistance ne soit pas seulement technique et matérielle, mais soit aussi un apport organisé de compétences humaines et une aide à la reconstruction sociale, culturelle et politique de ces sociétés qui entrent aujourd'hui avec retard dans la modernité. De même qu'il importe que les Européens assurent à leurs frères de l'Est un rattrapage technologique adapté et sans ruptures, de même doivent-ils comprendre que les liens innombrables, historiques, géographiques, humains et culturels qui les relient d'un bout à l'autre du continent imposent de faire jouer la « préférence de société » dans l'ensemble de l'espace européen.

De telles « stratégies de responsabilité » sont loin cependant d'être des stratégies défensives. Partant comme les « stratégies de liberté » d'une certaine conception de l'homme et de la société,

elles débouchent plus directement encore sur des perspectives
de développement technologique. En effet, la mise en œuvre
effective du principe de responsabilité n'est pas seulement, comme
celle du principe de liberté, l'une des *conditions* à moyen terme
de *l'acceptabilité* du développement technologique, elle conduit
à la création de nouveaux marchés et donc à de nouvelles
possibilités de croissance. Un bon exemple de cette « économie
de la responsabilité » nous est donné dans le domaine de la
protection de l'environnement, domaine où s'exprime avec de
plus en plus de force la responsabilité collective de l'humanité.

   « *Where there's muck there's high technology* [33] » (là où il y
a des déchets il y a de la haute technologie). Derrière la formule
en clin d'œil, l'article consacré en avril 1989 par *The Economist*
met l'accent sur les transformations profondes qui affectent
l'industrie des déchets et du recyclage aux États-Unis. Confrontée
à l'augmentation spectaculaire des déchets et soumise à des lois
environnementales de plus en plus sévères, l'industrie américaine
a dû se restructurer et faire appel à des technologies de plus en
plus sophistiquées, que les déchets soient traités selon la méthode
de la mise en terre, de l'incinération ou du recyclage. On s'apprête
à suivre de ce côté-ci de l'Atlantique : dans une série d'articles
publiés là aussi, début 1989, le *Financial Times* montre comment
la meilleure prise en compte des contraintes spécifiques liées à
la protection de l'environnement est en train de créer de nouveaux
marchés : « *Tout d'un coup l'environnement a fait son apparition
en tant que marché. Pour notre part, nous avons regardé la
pollution industrielle comme un grand problème depuis la fin
des années 60, mais c'est seulement maintenant que les gens
réagissent en tant que consommateurs* [34] », indique ainsi un
représentant de la fédération des industries suédoises. Cet exemple
démontre bien comment, de contrainte, le principe de responsabilité (ici la responsabilité des industriels vis-à-vis de l'environnement) peut se transformer en une source de croissance et de
développement technologique : « *La législation est le fondement
de notre activité* [35] », affirmait même ce directeur d'une des
compagnies de recyclage allemandes en constatant le développement florissant de son marché. Et Jean-Jacques Salomon souligne lui aussi justement que « *les normes réglementaires indui-
sent à des recherches, qui seront la source d'autres innovations,
comme le montre, parmi tant d'autres, le cas de l'automobile.
La nécessité culturelle n'est pas moins mère de l'invention que*

la nécessité naturelle : les réglementations nouvelles peuvent être un stimulant de l'innovation plutôt qu'un frein [36] ».

Enfin, il n'est pas jusqu'au devoir moral d'aide à la lutte contre la malnutrition des pays du tiers-monde qui ne puisse avoir, lui aussi, grâce notamment aux nouvelles perspectives offertes par l'utilisation des biotechnologies dans le domaine agricole, des retombées positives sur l'Europe en termes de croissance et donc de compétitivité. C'est ce qu'avaient bien saisi, dès 1983, les experts de FAST : « *Bien que de nombreux pays du tiers monde se soient fixé comme objectif une autosuffisance alimentaire accrue et qu'ils soient* de facto *encouragés en ce sens par l'actuelle politique de la Communauté, les progrès vers cet objectif seront tributaires des relations avec l'Europe, à cause de son expertise (notamment en biotechnologies) et des marchés qu'elle leur offre, sans parler d'aspects plus vastes de type politique ou culturel. Pour l'Europe, le développement du tiers monde est aussi la plus grande opportunité économique à long terme* [37]. » Si l'amoralisme technologique ne paye plus, le contraire semble devoir devenir vrai, non seulement au sens figuré, mais aussi au sens propre : à l'échelle du développement mondial et notamment de l'émancipation économique et sociale du tiers monde, le principe de responsabilité est aussi un principe d'efficacité.

La *création* apparaît enfin comme le troisième axe de cette « préférence de société » que les Européens doivent faire jouer dans la perspective du siècle prochain. Comme la liberté et la responsabilité, la création est d'abord une valeur qui doit être placée au-dessus de la technologie et si nécessaire préservée contre ses excès. Il est sûr en effet que certaines technologies modernes, en privilégiant la recherche de l'automatisation et la programmation maximale des tâches, ont parfois réduit à peu de chose tout élément créatif. Jacques Attali pousse à l'extrême cette observation critique lorsqu'il décrit, dans ce jargon savoureusement « intellocrate » qui lui est propre, ce nouvel instrument de musique entièrement électronique qu'est le synthétiseur : « *Il devient orchestre total, écouté solitairement, avec des écouteurs, par celui qui en joue, réduisant la division du travail dont l'orchestre classique est le symbole, en une réification des musiciens. Il fonctionne alors comme autosurveilleur de la conformité du jeu aux codes rythmiques, prothèse de soumission à cette norme, branché sur l'individu solitaire et sourd. Scellé par ceux qui le produisent, il crée un marché pour les différentes cassettes d'accompagnement. Sans doute un usage subversif, ouvert, laissant chacun libre de créer totalement la matière sonore, est-il. Mais une telle ouverture n'est pas durablement acceptable par l'Ordre marchand, puisqu'elle permettrait d'étendre un usage du temps non créateur de valeur, alors que l'objectif de la création de nouvelles marchandises est justement d'augmenter la valeur par la vente d'objets scellés* [38]. »

Mais des trois principes autour desquels nous proposons que s'ordonne une « stratégie de société » européenne, la création n'en est pas moins celui dont l'aspect offensif est le plus évident. Comment ne pas voir, en effet, que c'est par leur force de création et par l'adéquation entre leur système de valeurs interne et les données économiques et techniques de leur époque que se sont imposées les grandes civilisations industrielles successives? Nous avons déjà brièvement évoqué (chapitre IV) l'enchaînement qui a conduit successivement l'Europe, les États-Unis, puis le Japon à diffuser mondialement leur propre modèle de développement technologique, mais il est intéressant d'y revenir tant il est manifeste que ces « moments » de l'histoire technologique ont exalté le pouvoir de création comme source véritable de la puissance. A chaque fois, cette puissance créatrice naît sous la forme modeste d'une action d'imitation et de transposition : les Européens ont emprunté très tôt aux Chinois et aux Arabes, les Américains vont transposer leurs racines européennes et les Japonais adapter les recettes américaines. Mais à chaque fois aussi, l'imitateur se montre plus efficace que celui qu'il imite, d'abord parce qu'il trouve de nouveaux terrains d'application pour les techniques inventées ailleurs, puis parce qu'il trouve lui-même de nouvelles techniques, enfin parce qu'il parvient à inventer un nouveau modèle original de relation technologie-société-marché : les Européens ont la machine à vapeur, la démocratie censitaire et les marchés du textile et de l'acier; les Américains ont l'électricité, le taylorisme, la démocratie de masse et la Ford T; les Japonais ont la robotique, la démocratie féodale (le Parti libéral est au pouvoir depuis l'après-guerre) et l'électronique grand public. A chaque fois encore, ce qui caractérise ces civilisations au sommet de leur art, c'est une formidable puissance de création collective, celle-là même dont K. Matsushita (voir ci-dessus) se targuait qu'elle était désormais l'apanage exclusif des Japonais. Mais le vénérable président du numéro un mondial de l'électronique grand public aurait pu se donner la peine d'ouvrir un livre d'histoire. Ce dont les Japonais veulent nous persuader, c'est qu'ils sont en train de réussir cette sorte de « magnétisation » de la société autour d'un objectif central d'efficacité productive, de bien-être matériel et finalement de puissance que les Européens et les Américains ont réussi avant eux. Magnétisation de la société européenne entre le XVe et le XIXe siècle, où malgré les guerres, les famines et les révolutions, rien ne semble arrêter le double dynamisme créateur de l'homme de science et de l'entrepreneur européen. Magnétisation de la société américaine à la fin du XIXe siècle et au cours du XXe, qui fera dire à beaucoup que ce siècle aura été le « siècle américain ».

Demain, la puissance et la gloire iront, de même, à ceux qui auront su mettre en œuvre au sein même de la société une démarche créatrice collective et globale. Et ce d'autant que la société du prochain siècle s'annonce comme une société « neuronale » entièrement ramifiée et tournée vers la fécondité et l'interaction permanente. C'est celle que décrit, dans un mélange de rêve et de prospective, l'équipe du Centre de prospective et d'études du ministère de la Recherche : « *C'est en s'inspirant des structures cérébrales que les entreprises de demain vont trouver leur vrai rôle. En 2100, il y aura douze milliards d'êtres humains, presque autant que de neurones dans le cerveau d'un individu. Entre ces individus, les connexions vont se construire, au moyen du réseau télématique, selon un processus d'apprentissage qui rappelle la structuration du système neuronal. (...) Aux structures en étoile (radio, télévision), porteuses de pouvoir centralisé, succèdent les structures en réseau, support de communication de la société civile* [39]. » Et c'est bien la création qui devrait être la matière première principale de cette société « neuro-mimétique » organisée en réseaux que dépeignent aussi Albert Bressand et Catherine Distler : « *Cet étrange "pouvoir souple" que sécrètent les réseaux est, avant tout, "pouvoir de création". (...) Parce qu'il vit au rythme pétillant de l'interactivité et du temps réel, le monde des réseaux, en bien des points, court-circuite le déploiement majestueux des pouvoirs de contrôle. Cet univers des plus complexes est, en effet, aussi celui du face-à-face et de la prise directe. S'organise ainsi un vaste mouvement de remise en cause des intermédiaires qui, littéralement, prend de court les pouvoirs statiques : accès direct de l'épargnant au marché monétaire, du particulier aux banques de données, du téléspectateur au satellite, un jour peut-être du malade au pouvoir médical* [40]. »

Cette opportunité d'une société plus ouverte aux activités

créatrices parce que plus interconnectée, encore conviendra-t-il
de la saisir et de l'organiser économiquement et politiquement
en se fondant sur une véritable « *économie politique de la
création* » [41]. C'est là que l'affirmation par la société européenne
du primat de la création comme l'un de ses principes fondamentaux d'organisation, débouchera naturellement sur des applications pratiques et « offensives ». Le primat de la création implique
avant tout une priorité accordée à la formation des hommes tant
dans le cadre scolaire et universitaire que dans les filières d'un
enseignement professionnel entièrement renouvelé pour être en
phase permanente avec la réalité technologique évolutive des
activités des entreprises. Cela signifie aussi une meilleure prise
en compte économique et juridique des investissements immatériels de toute sorte : logiciels, savoir-faire, activités de conseil,
ingénierie... Cela veut dire également donner, chaque fois que
cela est possible, la préférence à des architectures techniques
ouvertes et communicantes, comme l'ont fait avec intelligence
les « Douze » du programme ESPRIT lorsqu'ils ont annoncé leur
soutien officiel aux normes OSI d'interconnexion des systèmes
informatiques ouverts (chapitre II). C'est enfin, sans doute, une
reconnaissance plus large des activités créatrices non directement
productives (activités artistiques, de loisir, de service bénévole,
de communication sociale, de réflexion intellectuelle...) qui, dans
un monde comportant durablement un large taux d'inactifs
(enfants, étudiants, personnes âgées, chômeurs, malades), sont,
en fait, autant d'« externalités » très riches de potentialités économiques, sociales et culturelles.

Dans cette perspective, l'Europe va disposer, une nouvelle fois,
d'un atout spécifique et paradoxal : son extraordinaire diversité
politique, culturelle et sociale héritée d'un passé aussi riche que
mouvementé.

Nombreux sont, en effet, ceux qui soulignent cette caractéristique qui, plus que toute autre, distingue l'Europe des autres
régions du monde. Le philosophe Jean-Marie Benoist rappelait,
il y a quelques années, que « *sa richesse et sa diversité culturelle,
qui rendent compte de cette résistance permanente à l'unification,
vue sous un autre angle que celui de l'" eurojacobinisme ", est
une occasion d'affirmer un type de société, une forme de poly-
phonie féconde, une diversité et une mémoire qui donnent déjà
à l'Europe des atouts nouveaux pour gagner la bataille de
l'époque postmoderne* [42] ». Et dans la même revue, Edgar Morin
parlait à propos du Vieux Continent de « *la " dialogique ", un*

terme enveloppant l'idée de dialogue et d'antagonisme, qui me semble être la marque propre de l'Europe. (...) Dans toute civilisation, il y a des contradictions, des oppositions. Mais aussi intenses, aussi intériorisées, dans un espace aussi restreint et dans un temps aussi court, cela est proprement européen [43] ».

Cette nouvelle valorisation des différences européennes devrait se prolonger dans le domaine de l'économie et de la technologie. C'est ce que pensaient en 1983 les experts du programme FAST lorsqu'ils analysaient les potentialités de l'Europe dans le domaine des biotechnologies : « *Les caractéristiques physiques et géographiques de l'Europe lui confèrent une diversité avantageuse allant des climats méditerranéens aux climats arctiques, avec une richesse correspondante de sols et de végétations. A cette diversité physique s'ajoute une diversité des cultures qui – bien que créant des problèmes politiques et institutionnels – garantit aussi à la pensée scientifique et au développement technologique un grand réservoir de créativité. L'Europe a plus de terre que le Japon, plus d'histoire que les Américains; le développement de ses technologies devra refléter ces avantages* [44]. » C'est aussi l'une des conclusions des réflexions actuellement menées par deux équipes de recherche européennes sur le thème de « *l'émergence d'un management européen spécifique* » : « *Dans un monde où l'aptitude à innover devient une source essentielle de génération de la valeur, la chance de l'Europe est d'être une véritable mosaïque de cultures originales : la démarche innovante se manifeste en effet essentiellement dans la recherche et la valorisation du différent* [45]. »

Mais pour pouvoir être transformée en un atout économique majeur, cette diversité doit être transcendée par un principe organisateur en l'absence duquel les « bruits » et les conflits risqueraient de l'emporter sur les avantages intrinsèques liés aux foisonnements des idées et des initiatives. Ce principe organisateur, cette « verticalité » qui doit venir compléter l'« horizontalité » des réseaux et des relations non hiérarchiques, c'est à l'évidence, comme le suggérait Martine Barrère, le processus en cours d'unification européenne qui peut le fournir : il y a, en Europe, la « pâte » scientifique, culturelle et humaine nécessaire, mais il faut le « levain » de l'unité pour qu'elle lève *.

---

* Ainsi, chacun dans son contexte, les exemples d'EUREKA, d'Airbus et du compromis du 7 décembre 1989 sur les services de télécommunications (chapitre II) ont-ils montré tout ce que l'Europe avait à gagner à la mise en œuvre d'une « dialogique » bien maîtrisée et orientée vers la recherche de résultats concrets.

Après avoir longtemps constitué un lourd handicap en termes d'efficacité politique, mais aussi technologique et industrielle, la diversité de la société européenne peut donc devenir le meilleur atout du Vieux Continent si les Européens sont suffisamment habiles et résolus pour oser faire un pari sur la société nouvelle et tenter de marier les particularités ancestrales de leur civilisation avec les nouvelles logiques de création issues des technologies du vivant et de l'économie politique des réseaux. C'est sans doute ce que voulait dire Yves Stourdzé, l'un des « pères » d'EURÊKA, lorsqu'il écrivait ces mots peut-être prophétiques : *« Il convient (...) de réconcilier la recherche et l'application, de créer les conditions fructueuses d'un rassemblement des compétences européennes. Mais, dans ce cas, il faut à tout prix éviter la dispersion pour les choix d'avenir et s'en tenir à des choix stratégiques précis et clairement formulés.* Nous pourrions, nous autres Européens, avec une habilité diabolique, convertir notre diversité en une garantie de puissance (c'est nous qui soulignons). *A condition de mettre en œuvre les outils propres à assurer une telle conversion : réseau de communications, normes d'interconnexion, interfaces, standards de conception et de fabrication, l'hétérogénéité et la multiplicité des actions peuvent être une force redoutable dès lors qu'elles sont insérées dans des géométries qui leur permettent de participer à une structure commune* [46]. »

Face à un Japon qui nourrit l'ambition de dessiner sur mesure une société nouvelle adaptée à sa technologie, face aux États-Unis qui ont toujours conçu le développement des nouvelles technologies comme l'une des missions majeures de la civilisation et de l'homme américain, l'Europe se trouve engagée dans une forme supérieure de la compétition technologique : la compétition de société. Or nous pensons qu'il est possible à la société européenne en gestation de se constituer, autour des trois principes de liberté, de responsabilité et de création, une nouvelle charte sociale et éthique que nous pourrions appeler un *humanisme technologique.* Et si ces trois principes fondateurs ne peuvent être considérés comme appartenant de manière exclusive à l'Europe, il est légitime de penser que c'est en Europe, terre natale de la technologie comme de la *société ouverte,* que cette nouvelle alliance entre valeurs humanistes et potentialités technologiques peut se révéler la plus fructueuse. Mieux, la diversité originelle des peuples et des cultures de l'Europe pourrait devenir à la fois le meilleur accélérateur du processus de créativité collective qu'imposent les nouvelles révolutions technologiques et la meilleure garantie contre les abus totalitaires potentiels qu'une telle société technologiquement avancée pourrait faire naître.

CONCLUSION

La technologie façonne un nouveau monde. La place de l'Europe y est encore incertaine. La technologie, pourtant, est une invention européenne. C'est l'Europe qui, par les progrès de sa science a effectué le passage décisif de la technique à la technologie. C'est en Europe que, de la rencontre de l'Ingénieur et du Marchand, sont nées la révolution industrielle et l'économie moderne. Et c'est notamment par leur supériorité technique que les Européens ont pu, pendant des siècles, marquer de leur emprise l'ensemble de la planète. Les États-Unis, puis le Japon n'ont donc fait dans un premier temps que reprendre et perfectionner le modèle. Mais l'époque où l'Europe était le moteur central de l'innovation technique et de la croissance industrielle est depuis longtemps révolue. Face à la position technologique déclinante de l'Europe, la question qui se pose maintenant est celle du devenir de notre continent en tant que civilisation et en tant que puissance.

Écartons d'emblée deux scénarios extrêmes. Le premier est celui de l'exclusion d'une Europe rejetée à la périphérie du monde et progressivement coupée du flux des échanges de technologie et de produits à haute valeur ajoutée. Si certains ont pu envisager, il y a une vingtaine d'années, une telle « tiers-mondisation » de l'Europe tant la supériorité technologique et scientifique des États-Unis semblait éclatante, il est aujourd'hui manifeste que les Européens ont traversé la crise. La création entre les pays de la Communauté européenne d'un grand marché intérieur à l'horizon du 31 décembre 1992 va consacrer, et à certains égards garantir, cet ancrage de l'Europe parmi les régions les plus développées du monde.

Le second scénario à écarter est celui d'une Europe redevenant seule la puissance technologique dominante. Même si les Européens font preuve d'une capacité de résistance industrielle supérieure à celle des Américains dans un certain nombre de secteurs de basse ou moyenne technologie, il faut être très optimiste pour imaginer, comme le fait Jacques Attali [1], que la compétition industrielle se limitera pour l'essentiel à la rivalité entre un « espace européen » et un « espace du Pacifique ». Et il faut être utopiste pour croire que la quatrième révolution industrielle qui s'annonce renversera de manière décisive un rapport de forces qui n'est aujourd'hui guère favorable au Vieux Continent. Seule une surprenante ruse de l'histoire pourrait en réalité permettre aux Européens de prendre, une nouvelle fois, le monde entier de vitesse en inventant un modèle technologique entièrement nouveau, couvrant des domaines jusqu'ici peu explorés et mettant en œuvre des méthodes de production inédites.

Le rejet des hypothèses extrêmes ne signifie pas pour autant que la route de l'Europe soit déjà tracée. L'intégration de l'Europe dans le système mondial des échanges est certaine, sa marge de manœuvre technologique ne l'est pas. Or, si la première semble garantir sa prospérité, sa liberté dépend de la seconde. Une Europe intégrée, mais sous dépendance technologique, sortirait doucement de l'histoire. Au contraire, une Europe qui aura préservé son autonomie sur un nombre significatif de créneaux porteurs sera en mesure de continuer à écrire elle-même son propre avenir. « Il y a deux façons pour l'Europe d'être sans rivages. Ou bien parce qu'elle est un centre autonome de décision et une zone de développement qui rayonne sur le monde. Ou bien, parce que sa destinée dépend de quelques centres de décisions qui ne sont pas chez elle, et son développement, de compétitions collectives où ses parties disjointes jouent le rôle d'alliés et peut-être d'instruments [2] », *écrivait en 1974 François Perroux. Intégration sous dépendance ou autonomie dans l'interdépendance : voilà donc la véritable alternative pour l'avenir de l'Europe.*

L'intégration sous dépendance, c'est un espace européen réduit à n'être qu'un immense marché de 340 millions de consommateurs où s'échangeraient « software » américain et « hardware » japonais. C'est l'Europe devenue, à son insu, le terrain de prédilection d'une nouvelle division internationale du travail arrangée entre les États-Unis et le Japon : aux premiers, la maîtrise des services, des logiciels, des programmes audiovisuels, de l'ingénierie; au second, les marchés de l'électronique grand public, des composants, des terminaux de télécommunications, des micro-ordinateurs portables, de l'automobile et plus généralement des biens industriels à haute valeur ajoutée. Cette intégration sous dépendance, c'est la traduction en termes stratégiques de ce que François Perroux appelait la « modalité faible de l'interdépendance ».

Une telle perspective est d'autant plus inquiétante qu'elle serait relativement indolore. Si seule la technologie et le savoir-faire sont étrangers, mais que la production et la main-d'œuvre restent européennes, rien n'interdit le maintien d'un niveau de vie élevé ni ne semble menacer l'emploi. Et pourtant, que reste-t-il de la souveraineté nationale si la maîtrise des grands systèmes technologiques – y compris militaires – nous échappe? Que reste-t-il de l'autonomie des entreprises européennes si celles-ci doivent accepter – pour survivre – de se placer sous la dépendance de multinationales américaines ou japonaises? Que reste-t-il, enfin, des valeurs de la civilisation européenne si l'Europe perd la « guerre des images » *et des industries de la connaissance et laisse à ses principaux concurrents le monopole du marketing technologique et du pilotage de la recherche?*

L'autonomie dans l'interdépendance (ou la modalité forte de l'interdépendance), *c'est heureusement l'autre face possible de l'avenir de l'Europe. Il existe, en effet, des raisons de croire à un possible renouveau technologique et industriel de l'Europe. L'histoire de ces trente dernières années est à cet égard éclairante : à chaque fois que l'Europe a choisi des objectifs précis et a su mobiliser son énergie, elle a pu renverser la fatalité du déclin et de la dépendance. Au lendemain de la Seconde Guerre mondiale, l'industrie européenne s'est redressée à partir des capitaux et de la technologie américaines. Mais comme le Japon, et même avant lui, les Européens sont parvenus à tempérer cette dépendance en se ménageant des* « sphères d'autonomie », *sur les créneaux porteurs. Dans ce processus, les politiques industrielles menées par les États comme les actions de coopération européenne telles Airbus ou Ariane ont joué un rôle important. A l'inverse, nous avons vu aussi que ces politiques ont plutôt encouragé les Européens dans leur complexe d'innovation protégée et qu'un certain nombre de blocages structurels et d'inhibitions ont rendu les entreprises européennes moins adaptables, moins sensibles à la nouveauté et à la création que les firmes américaines et japonaises. Rien n'interdit pourtant de penser que le mal technologique européen est guérissable. L'Europe n'est pas dépourvue de moyens d'action.* Ce ne sont pas ses capacités scientifiques, industrielles et humaines qui sont en cause, mais son aptitude à saisir les opportunités, à s'adapter aux conditions nouvelles de la compétition technologique, à effectuer les bons choix stratégiques.

L'analyse des enjeux appelle donc une réflexion sur les outils. *Or c'est ici, curieusement, que le terrain a été le moins bien défriché. Bien que le phénomène technologique obéisse de plus en plus à des logiques autonomes, l'on continue généralement à l'appréhender au travers de concepts empruntés à la seule science économique classique.*

C'est ainsi, par exemple, que le concept de marché connaît une actualité nouvelle. Incontestablement, pour des économies complexes et des productions dont la technologie a permis la diversification spectaculaire, le marché est le meilleur instrument de régulation possible. La concurrence est un irremplaçable instrument de stimulation de l'innovation, comme on le sait depuis la compétition qui avait opposé dans une spirale créatrice les procédés du tissage et ceux du filage au XVIIIe siècle. Il existe donc bien, pour la promotion des technologies nouvelles, des stratégies de marché. *L'Acte unique européen et l'abolition des frontières intérieures de la Communauté s'apparentent indiscutablement à ce type de politique, avec tous les effets induits que devraient provoquer les mesures de normalisation et d'ouverture des marchés publics sur les secteurs de haute technologie. La question est de savoir si cette stratégie est suffisante, et si elle ne comporte pas, aussi, des risques importants.*

Le principal de ces risques est que la réalisation du marché intérieur à l'horizon 1992 accentue la perméabilité, et donc la vulnérabilité stratégique de l'Europe. Cette affirmation constitue l'exact contre-pied de la thèse selon laquelle la Communauté est en train de se transformer en une forteresse. Mais l'idée de forteresse n'a pas de sens s'agissant de la technologie. Dans bien des domaines, l'industrie européenne continue à dépendre du « know how » américain, tandis que sa dépendance vis-à-vis des composants japonais devient alarmante. Le recul de l'interventionnisme des États va – de plus – faciliter la pénétration des marchés nationaux par les firmes non européennes. La forteresse technologique est donc un mythe.

Les méthodes de régulation concurrentielle ne peuvent pas à elles seules assurer le pilotage de la technologie européenne.

Des outils complémentaires doivent être utilisés pour soutenir et orienter les effets de marché : nous les avons appelés les stratégies de structures. *Aujourd'hui comme hier, le marché rend mal compte des effets de dimension, de l'existence de filières technologiques ou des effets organisateurs de la recherche et du développement. Une action complémentaire sur les structures constitue donc un moyen puissant d'orientation stratégique à moyen terme. Dans le domaine des technologies avancées, le succès industriel repose sur la maîtrise des interactions complexes entre recherche, formation des hommes, modes de production, analyse mondiale des marchés et compétitivité commerciale. Cette maîtrise échappe pour une large part aux seules entreprises considérées isolément. Nous avons plaidé dans cet ouvrage pour la définition et la mise en œuvre, à l'échelle européenne, d'un* macro-management stratégique *des technologies nouvelles, intégrant les stratégies des firmes dans le cadre plus large d'actions intersectorielles prenant en compte les enjeux économiques, industriels, sociaux et même parfois militaires du développement technologique.*

Ainsi l'action sur les structures – couramment pratiquée aux États-Unis comme au Japon – doit-elle relayer les stratégies de marché. Mais il faut encore franchir une étape supplémentaire et reconnaître que la société est, elle aussi, un acteur décisif des mutations technologiques. C'est pourquoi le développement du potentiel technologique européen ne peut être mené à son terme sans s'appuyer sur une véritable stratégie de société.

C'est en effet au sein de la société que les techniques de pointe trouvent naissance, c'est à travers elle qu'elles se diffusent, ce sont ses valeurs et ses traditions qui peuvent être mises en cause. Or, à cet égard, l'Europe présente une différence marquée par rapport aux États-Unis et au Japon. Dans ces deux pays, la société peut être considérée comme un invariant. La réceptivité à l'innovation de la société américaine, et sous des formes différentes de la société japonaise, constitue sans nul doute un atout majeur. La société européenne, en revanche, est frappée d'une incertitude sur son existence même, du fait de l'absence d'unité politique du Continent, tandis que la synthèse entre les valeurs traditionnelles de la civilisation européenne et les exigences de la techno-société apparaît a priori *plus difficile.*

Cette faiblesse intrinsèque de la société européenne peut néanmoins devenir à moyen terme une force : dans la mesure même où elle est en gestation, cette société laisse encore lar-

*gement ouvert le champ des possibles. Une stratégie de société
pour l'Europe doit donc viser à créer les conditions sociales et
culturelles nécessaires à la fois à la diffusion des technologies
nouvelles et à la sauvegarde de nos valeurs éthiques et morales.*
« Un nouveau contrat social de progrès entre les peuples d'Europe, fondé sur la technologie de pointe, est devenu une ardente
obligation [3] », *affirmait Yves Stourdzé. Cette perspective est –
pour nous – celle d'une Europe humaniste, technologique et
démocratique réconciliant tradition et modernité, héritage et
innovation et reposant sur les trois principes de liberté, de
responsabilité et de création. Ce n'est qu'en associant ainsi
étroitement l'action sur le marché et sur les structures industrielles à un véritable et ambitieux projet de société que les
Européens pourront éviter l'intégration sous dépendance et inverser le processus régressif qui menace aujourd'hui leur technologie et obscurcit leur avenir.*

*S'émerveillant devant la réussite des entrepreneurs de la
Silicon Valley, Ronald Reagan affirmait en 1983 :* « Aussi sûrement que l'esprit des pionniers américains a fait de nous le géant
industriel du XXᵉ siècle, le même esprit pionnier nous donne
accès à une nouvelle frontière d'opportunité, la frontière de la
technologie [4]. » *L'Europe doit, elle aussi, faire du développement
technologique sa « nouvelle frontière » et pour l'atteindre, ne
pas hésiter à plonger dans les ressources profondes de son
histoire. Mais elle ne doit pas pour autant oublier quelle est la
fin ultime de l'aventure technologique : le service de l'homme
et non la volonté de puissance, même industrielle et pacifique.
Le combat technologique de l'Europe va donc bien au-delà de
la simple lutte pour la survie économique dans le monde de
demain : c'est un combat pour un nouvel humanisme capable
de réconcilier les valeurs retrouvées de l'héritage européen et
les défis brûlants de la modernité.*

NOTES

I. L'Europe de la technologie en trompe-l'œil

1. AFP, 17 juillet 1985.
2. *Le Monde*, 20 avril 1985.
3. Jean-Baptiste de Boissière, « Le programme EUREKA », *Défense Nationale*, décembre 1986.
4. *Libération*, 18 juillet 1985.
5. *Bulletin quotidien*, 18 juillet 1985.
6. André Danzin, *Science et renaissance de l'Europe*, Chotard et associés éditeurs, 1979.
7. CEE, « Communication au Conseil sur l'évaluation du programme ESPRIT », COM (85) final. Mid Term Review Report.
8. *EUREKA News* (bulletin du secrétariat d'EUREKA), 19 janvier 1989.
9. *Les Échos*, 17 avril 1989.
10. *La Tribune de l'Expansion*, 3 juillet 1990.
11. « La timide percée industrielle d'Esprit », *01 Informatique*, 12 décembre 1988.
12. Centre de sociologie de l'innovation de l'École des Mines de Paris, *L'impact des programmes communautaires sur le tissu scientifique et technique français*, ministère de la Recherche et de la Technologie, Documentation française, 1990.
13. « EUREKA, ou trompe-l'œil ? », Michel Poniatowski, *Le Monde*, 27 juillet 1985.
14. « Europe's Gap in Technology », *Financial Times*, 24 avril 1985.
15. « Le symbole de la faiblesse européenne », Gérard Longuet, *Le Quotidien*, 19 juillet 1985.

II. Dérive d'un projet

1. *Financial Times*, 7 avril 1989.
2. Commission des Communautés européennes, Service du porte-parole, « Vers une Communauté de la technologie », COM (85) 320, juin 1985.
3. Source personnelle des auteurs.
4. Intervention du 10 mai 1984 devant le Centre universitaire de Nancy,

reproduite *in* Raymond Barre, *Réflexions pour demain,* collection « Pluriel », Hachette, 1984.

5. Peter Sutherland, *1ᵉʳ Janvier 1993 – ce qui va se passer en Europe,* PUF, 1988.

6. *Le Monde,* 3 août 1989.

7. Publicité parue dans *Les Échos* du 10 avril 1989.

8. *Le Monde affaires,* 12 novembre 1988.

9. *Ibid.*

10. Source personnelle des auteurs.

11. *La Tribune de l'Expansion,* 1ᵉʳ juin 1989.

12. *Le Figaro,* 28 février 1989.

13. *La Tribune de l'Expansion,* 20 décembre 1988.

14. *Le Nouvel Économiste,* 6 janvier 1989.

15. *La Tribune de l'Expansion,* 20 décembre 1988.

16. Patrick Laredo, « Taking Advantage of 1992 », *in* KMPG, *1992 High Tech,* Graham & Trotman, Londres, 1989.

17. *Le Monde,* 18 septembre 1990.

18. *Financial Times,* 22 mars 1989.

19. « Keeping dreams under control », *Financial Times,* 14 août 1989.

20. *Financial Times,* 11 janvier 1989.

21. *Le Monde,* 3 août 1990.

22. *« 1992, le défi »,* Flammarion, 1988.

III. Le partage du monde a commencé

1. AFP, 17 novembre 1988.

2. Jean Lemperière, « Les filiales américaines contre l'économie des États-Unis », *Le Monde diplomatique,* avril 1988.

3. *Business Week,* 3 mars 1986.

4. *Department of Defense,* « Defense Science Board Task Force on Defense Semiconductor Dependency », février 1987.

5. Caractérisation des coopérations entre sociétés américaines et japonaises dans le domaine des technologies critiques, ministère de la Recherche et de l'Industrie, CPE, mars 1983.

6. Colloque de l'Institut international de géopolitique, 7 avril 1984.

7. Kenichi Ohmae, *« La Triade »,* Flammarion, 1985.

8. Cité par Christian Sautter dans *« Les Dents du géant – Le Japon à la conquête du monde »,* O. Orban, 1987.

9. Parlement européen, « Rapport sur la réponse de l'Europe au défi technologique moderne » (troisième rapport), 3 février 1989.

10. T. Inoguchi, « Japan's Images and Options : Not a Challenger but a Supporter », *The Journal of Japanese Studies,* Seattle, hiver 1986.

11. Klaus W. Grewlich, *« Positive-Sum Game USA-Japan-Europe »,* Aussenpolitik, III/1988.

12. *Cf.* rapport fait au nom de la Commission de l'énergie, de la recherche et de la technologie du Parlement européen sur la réponse de l'Europe au défi technologique moderne, documents de séance du Parlement européen, 30 septembre 1985.

13. « L'électronique dans le monde », EIC, octobre 1990.

14. Cf. CEPII, *Commerce international : la fin des avantages acquis,* Economica, 1989.

15. *Cf.* Commission des Communautés européennes, premier rapport sur l'état de la science et de la technologie en Europe, 1988.

IV. L'Europe prise au piège

1. Service de presse de l'ambassade de France à Rome.
2. *Télématique magazine*, mars 1989.
3. « The Growing Fear of Fortress Europe », *New York Times*, 23 octobre 1988.
4. *Ibid.*
5. *Ibid.*
6. *Les Échos*, 26 janvier 1989.
7. *Dynasteurs*, avril 1989.
8. « 1992 : US Fears of the " Fortress " Begin to Recede », *International Herald Tribune*, 12 mai 1989.
9. *Financial Times*, 17 janvier 1989.
10. *Ibid.*
11. « La difficile banalisation d'Apple », *Les Échos*, 8 mars 1989.
12. *1992 High Tech*, KPMG, Graham & Trotman, Londres, 1989.
13. *L'Usine nouvelle*, 29 septembre 1988.
14. *Les Échos*, 22 mai 1989.
15. *Le Nouvel Observateur*, 7-13 octobre 1988.
16. « Joint Ventures and Inter-Company Agreements : An Introduction to a Comparative Survey in High Technology Sectors », exposé présenté à partir des informations de la base de données FOR sur les accords dans le domaine des technologies de l'information, créée par la société Montedison.
17. *Les Échos*, 23 mai 1989.
18. *Dynasteurs*, avril 1989.
19. *Le Nouvel Observateur*, 7-13 octobre 1988.
20. *Les Échos*, 13 février 1989.
21. *Les Échos*, 23 mai 1989.
22. *Ibid.*
23. « Euro-Japanese Cooperation in Information Technology », Hellmut Schütte, INSEAD/Euro-Asia Centre, rapport préparé pour TIDE 2000 Follow-up Conférence, Berlin, 12-14 mars 1989.
24. *Le Monde informatique*, 23 mars 1989.
25. Voir notamment John Naisbitt, Patricia Aburdene, *Mégatendances – 1990/2000 : ce qui va changer*, Éditions First, 1990.
26. Supplément au numéro 948 d'*Électronique Actualités*, février 1989.
27. J. Naisbitt et P. Aburdene, *op. cit.*
28. KPMG, *op. cit.*
29. Samuel Pisar, *La Ressource humaine*, Éditions J.-C. Lattès, 1983.
30. Kenichi Ohmae, *La Triade – Émergence d'une stratégie mondiale de l'entreprise*, Flammarion, 1985.
31. *01 Informatique*, 30 novembre 1990.
32. « L'offensive de charme des Japonais », article publié dans *Le Monde* au mois de juillet 1989.
33. Claude Levant, « Paradoxes européens », *Le Monde*, 4 avril 1989.
34. Albert Bressand, « Vers une économie mondiale à trois vitesses? », in *La fin des habitudes*, Seghers, 1985, sous la direction de Jacques Lesourne et Michel Godet.

35. François Perroux, *Indépendance de l'économie nationale et interdépendance des nations,* Aubier-Montaigne, 1969.

36. Jean-Jacques Servan-Schreiber, *Le Défi américain,* Denoël, 1967.

37. Peter Drucker, *Les Nouvelles Réalités – De l'État-providence à la société du savoir,* Inter Éditions, 1989.

38. Akio Morita et Shintaro Ishihara, « Le Japon qui sait dire non », cité dans *Le Quotidien de Paris,* 17-18 février 1990.

39. Cité par Pierre George, *Fin de siècle en Occident : déclin ou métamorphose,* PUF, 1982.

40. Reportage de la chaîne « Planète » sur la technologie américaine au XXᵉ siècle, juillet 1990.

41. Christian Harbulot, « Techniques offensives et guerre économique », Étude CPE/ADITECH nº 131, février 1990.

42. « EUREKA audiovisuel : un entretien Mitterrand-Delors », *Le Figaro,* 14 octobre 1988.

43. Fernand Braudel, *L'Expansion,* 6 juillet 1984.

V. La stratégie des Curiaces

1. *Cf.* Pierre Gerbet, *La Construction de l'Europe,* Notre siècle, Imprimerie nationale, 1983.

2. Jean Monnet, *Mémoires,* Fayard, 1976.

3. Anthony Sampson, *The New Europeans,* Hodder and Stoughton, Londres, 1968.

4. *Business Week,* 9 juillet 1984.

5. Michel Poniatowski, *Les Technologies nouvelles – la chance de l'homme,* Plon, 1986.

6. Cité par Jean Monnet, *op. cit.*

7. André Danzin, *Science et renaissance de l'Europe,* Chotard et associés éditeurs, 1979.

8. Exemple cité dans *1992, le défi,* Flammarion, 1988.

9. François Perroux, *Indépendance de l'économie nationale et interdépendance des nations,* Aubier, 1969.

10. Maurice Allègre, « La stratégie du Plan Calcul », *Informatique et Gestion,* 1968.

11. Conversation avec les auteurs.

12. J. Jublin et J.-M. Quatrepoint, *French ordinateurs,* Alain Moreau, 1976.

13. Jean-Jacques Salomon, *Le Gaulois, le Cow-Boy et le Samouraï,* Economica, 1986.

14. « Computers : Japan Comes on Strong », *Business Week,* 23 octobre 1989.

15. Lionel Stoléru, *L'Impératif industriel,* Le Seuil, 1969.

16. Cité par Élie Cohen et Michel Bauer, *Les Grandes Manœuvres industrielles,* Belfond, 1985.

17. M. Poniatowski, *op. cit.*

18. *Ibid.*

19. E. Cohen et M. Bauer, *op. cit.*

20. *Ibid.*

21. *Le Monde,* 21 juillet 1990.

22. Guy de Jonquières, « Can't Join Them? Then Try to Beat Them », *Financial Times,* 6 août 1990.

23. *Le Matin de Paris,* 18-19 mai 1985.

24. *Ibid.*
25. Pierre Marion, ancien cadre de l'aéronautique et ancien directeur de la DGSE, a repris à son compte cette thèse dans son ouvrage *Le Pouvoir sans visage,* Calmman-Lévy, 1990.
26. Serge Brosselin, « Rafale contre EAP », *Science et Vie,* novembre 1986.
27. Préface de *1992, le défi, op. cit.*

VI. Ariane, Airbus : les inimitables succès

1. Keith Hayward, *Government and British Civil Aerospace,* Manchester University Press, 1983.
2. Pierre Muller, *Airbus, l'ambition européenne – logique d'État, logique de marché,* L'Harmattan, 1989.
3. Jacques Noetinger, « L'Airbus... Un défi lancé il y a vingt ans », *L'Aéronautique et l'Astronautique,* n° 139, 1989/6.
4. Anthony Sampson, *The New Europeans,* Hodder and Stoughton, Londres, 1968.
5. Raoul Béteille, « Airbus Industrie : un exemple de coopération transnationale », *Responsables,* n° 208, juillet-août 1989.
6. Cité par J. Noetinger, *op. cit.*
7. Patrick Cohendet, André Lebeau, *« Choix stratégiques et grands programmes civils »,* CPE/Economica, 1987.
8. *Atomes,* n° 234, juillet-août 1966.
9. « Hubert Curien : les raisons d'un choix », *Le Figaro,* 23 décembre 1989.
10. Aleth Manin, « Le nouveau cadre de la coopération spatiale en Europe : l'Agence spatiale européenne », *Revue trimestrielle de droit européen,* n° 2, avril-juin 1974.
11. « Airbus : la stratégie de la conquête », *Science et Vie – Spécial Aviation 1987,* n° 159, juin 1987.
12. Pierre Muller, *op. cit.*
13. *Ibid.*
14. H. Curien, *Le Figaro, op. cit.*
15. P. Cohendet et A. Lebeau, *op. cit.*
16. *Investir,* 6 novembre 1989.
17. Jacques Soubeyrol, « Problèmes soulevés lors de la conférence par la création et le transfert des technologies européennes », in *Enjeux technologiques et relations internationales,* sous la direction de M. Dusclaud et J. Soubeyrol, Economica, 1986.
18. K. Hayward, *op. cit.*
19. Cité par Robert Heller, *The State of Industry : Can Britain Make it?,* Sphere Books Ltd, 1987.
20. *Le Quotidien de Paris,* 12 février 1988.
21. *Les Échos,* 24 novembre 1988.
22. *L'Usine nouvelle,* 28 septembre 1989.
23. « Airbus Industrie : crise d'identité », *Le Figaro Économie,* 13 avril 1990.
24. P. Cohendet et A. Lebeau, *op. cit.*

VII. Innover ou mourir

1. Akio Morita, *Made in Japan,* Éditions Robert Laffont, 1986.
2. Akio Morita et Shintaro Ishihara, *« The Japan That Can Say No »,* cité par *Fortune,* 25 septembre 1989.

3. P. Freiberger et M. Swaine, *Fire in the Valley. The Making of the Personal Computer*, Mc Graw-Hill, 1984, traduction française, *Silicon Valley. La passionnante aventure de l'ordinateur personnel*, Mc Graw-Hill, 1984.

4. Don Clifford et Dick Cavanagh, « *Guérilla pour la croissance* », Inter Éditions, 1987.

5. « La révolution de l'intelligence – Rapport sur l'état de la technique 1985 », Centre de prospective et d'évaluation (CPE), *Sciences et Techniques*, numéro spécial 1985.

6. *Cf.* Laura Cordin, « Le walkman : un phénomène culturel mondial », *Figaro Eco*, 25 juin 1990.

7. Joseph Schumpeter, *Business Cycles*, Mc Graw-Hill, 1939.

8. Pierre-Jean Benghozi, *Innovation et gestion de projets*, Eyrolles, 1990.

9. *Business Week*, 15 janvier 1990.

10. Philipp D. Olson, « Choices for Innovation-Minded Corporations », *The Journal of Business Strategy*, janvier-février 1990.

11. Hans J. Thamhain, « Managing Technologically Innovative Team Efforts Toward New Product Success », *The Journal of Product Innovation Management*, vol. 7, n° 1, mars 1990.

12. « Le développement des produits nouveaux au Japon », CPE, septembre 1983.

13. Hans J. Thamhain, *op. cit.*

14. Pierre-Jean Benghozi, *op. cit.*

15. *Dynasteurs*, octobre 1989.

16. Donald MacKenzie et Judy Wacman, *The Social Shaping of Technology*, New York, 1985.

17. Stanley Woods, *Western Europe : Technology and the Future*, The Atlantic Institute for International Affairs, 1987.

VIII. *L'Europe en mal d'innovation*

1. Cité dans « La maîtrise par l'entreprise de ses technologies dans la confrontation internationale », rapport 2.1. de la session 1986-1987, Centre des hautes études de l'armement.

2. Jacques Darmon, *Le Grand Dérangement : la guerre du téléphone*, J.-C. Lattès, 1985.

3. Airy Routier, *La République des loups*, Calmann-Lévy, 1989.

4. Jean-Jacques Salomon, *Le Gaulois, le Cow-Boy et le Samouraï*, Economica, 1986.

5. J. Darmon, *op. cit.*

6. « Micro-informatique française : dur, dur... », *L'Informatique professionnelle*, n° 21, mars 1984.

7. *Le Monde*, 19 septembre 1990.

8. OCDE, *La Politique d'innovation en France*, Economica, 1986.

9. *La Tribune de l'Expansion*, 20 avril 1988.

10. CEPII, *Commerce international : la fin des avantages acquis*, Economica, 1989.

11. Sabine Urban et Ernst-Moritz Lipp, *L'Allemagne, une économie gagnante?*, Hatier, 1988.

12. *The Economist*, 13 janvier 1990.

13. « Les technologies de pointe », *L'Observateur de l'OCDE*, novembre 1984.

14. S. Urban et E.-M. Lipp, *op. cit.*

15. *The Economist, op. cit.*

16. Jean-Jacques Salomon, « Les politiques d'innovation en Europe », *Futuribles*, mai 1989 (citant A. Bucaille et B. Costa de Beauregard, *Les États acteurs de la concurrence internationale*, Economica, 1988).

17. Jean Ferrara, « La république Max Planck », *Science et Vie*, septembre 1986.

18. *Cf.* Kenneth Flamm, *Creating the Computer*, The Brookings Institution, 1988.

19. Marcel Linden et Alain Souské, « Qui a peur de Siemens? », *Fortune*, n° 12, février 1989.

20. Source : VDMA, *Statistisches Handbuch*, 1987; cité par S. Urban et E.-M. Lipp, *op. cit.*

21. Cité par Robert Heller, *The State of Industry – Can Britain Make It*, Sphere Book, Londres, 1987.

22. Michael E. Porter, « *The Competitive Advantage of Nations* », Macmillan Press, Londres, 1990.

23. *Ibid.*

24. *The European Electronics Industry – Background Paper*, Philips, 1989.

25. *Ibid.*

26. Stanley Woods, *Western Europe : Technology and the Future*, The Atlantic Institute for International Affairs, 1987.

27. *Dynasteurs*, *op. cit.*

28. Cité par J. Ferrara, *op. cit.*

29. Lynton McLain, « Outlook Gloomy in UK Research Stakes », *Financial Times*, 7 juin 1990.

30. CPE, *op. cit.*

31. Philippe d'Iribarne, « Un modèle français de gestion existe. Et il fonctionne plutôt bien », *Dynasteurs*, octobre 1989.

32. « Étude Innovation et lancement de produits nouveaux », DGT/SPES (document non publié, source personnelle des auteurs).

33. Cité par R. Heller, *op. cit.*

34. « Les pièges de l'innovation », *Science et Vie Économie*, mars 1990.

35. Cité par R. Heller, *op. cit.*

36. « Business News From Italy 1989 », *Time Magazine*.

37. Bernard C. Blanche, « Quel marketing stratégique pour la décennie 90? », *Revue française de marketing*, n° 124, 1989/4.

38. S. Woods, *op. cit.*

39. Jean-Jacques Servan-Schreiber, *Le Défi américain*, Denoël, 1967.

40. Paul Millier, « Le système technique », in *La Diffusion des nouvelles technologies*, CNRS, 1987.

41. Source : projet de rapport de l'Observatoire européen du marché de l'information, CEE/SOAC, 19 janvier 1990.

42. Edgar Morin, *Penser l'Europe*, Gallimard, 1987.

43. *Ibid.*

44. Henri Taine, *Notes sur l'Angleterre*, Hachette, 1910 (14ᵉ édition).

45. Georges Bernanos, *La France contre les robots*, Plon, 1970.

IX. Les nouvelles frontières de la technologie européenne

1. Louis Armand et Michel Drancourt, *Le Pari européen*, Fayard, 1968.

2. *Correspondance de la presse*, 16 mai 1990.

3. *Cf.* notamment Margaret Sharp, « David ou Goliath ou l'entreprise de biotechnologie », *L'Observateur de l'OCDE*, juin-juillet 1990.

4. Conversation avec les auteurs.

5. Robert T. Yuan, « Les biotechnologies en Europe de l'Ouest », International Trade Administration, US Department of Commerce, Washington, avril 1987.

6. Marc Chopplet et André Sant'ana, « Vers une Europe des biotechnologies », CPE, ministère de la Recherche et de la Technologie, 1989.

7. Cité par Jean-François Augereau, « Supraconducteurs : deux grands sur le fil », *Le Monde*, 11 mai 1988.

8. Source : ambassade de France à Tokyo.

9. *Le Figaro*, 15 février 1990.

10. Jean-Marie Maillard, *La supraconductivité hautes températures*, CPE, ministère de la Recherche, décembre 1987.

11. « The Geography of Genes », *The Economist*, 16 décembre 1989.

12. Entretien avec les auteurs.

13. « Towards the Car of the Future – The Test of Intelligence », *Financial Times*, 24 mars 1988.

14. *L'Usine nouvelle*, 14 décembre 1989.

15. *Revivifier l'industrie par la technologie*, OCDE, 1988.

16. *Ibid.*

17. *Correspondance de la presse*, 22 mars 1989.

18. Entretien avec les auteurs.

19. Zbigniew Brezinski, *Between Two Ages – America's Role in the Technetronic Era*, Viking Press, 1970.

20. Hervé Gicquiau, « L'impératif de modernisation de l'appareil productif des industries " mécaniques " de l'URSS », *Le Courrier des pays de l'Est*, n° 327, mars 1988.

21. Jean-René Germain, « L'astronautique soviétique en pleine crise », *Ciel et Espace*, n° 239, septembre 1989.

22. Olivier Postel-Vinay et Alexandra Schwartzbrod, « Gorbatchev technologue », *Dynasteurs*, octobre 1987.

23. Piotr Leonovitch Kapitza, « La recherche et l'industrie » (traduction d'un article de la *Komsomolskaïa Pravda*), *Atomes*, n° 232, mai 1966.

24. D. Chuprunov, R. Avakov et E. Jiltsov, *Enseignement supérieur, emploi et progrès technique en URSS*, Institut international de planification de l'éducation, Presses de l'Unesco, 1982.

25. H. Gläss, « Automatisation et robotique en économie socialiste – l'exemple du développement de la microélectronique en RDA », in *Nouvelles technologies et enjeux sociaux*, Presses universitaires de Lyon, 1986.

26. P. L. Kapitza, *op. cit.*

27. Jacques Sapir, « La culture technologique : le cas des matériels militaires soviétiques », *Cahier de recherche*, n° 3, Université de technologie de Compiègne, 1990.

28. *Ibid.*

29. *Science et Vie Micro*, janvier 1985.

30. Paul Snell, « Inquest on Soviet Computing », *New Scientist*, 8 décembre 1990.

31. « The Eastern European Connection », Telecoms Viewpoint, Booz-Allen and Hamilton, 1990.

32. Anne-Marie Crosnier, « Indigence du secteur tertiaire en URSS », *Le Courrier des pays de l'Est*, n° 326, février 1988.

33. Cité par Wilson P. Dizard et S. Blake Swensrud, « Gorbatchev's Information Revolution – Controlling Glasnost in a New Electronic Era », Center for

Strategic and International Studies, Volume 9, n° 8, Westview Press, Washington DC, 1987.

34. Cité par Régis Nusbaum, « Hongrie : la Silicon Valley du Danube », *Science et Technologie,* n° 23, février 1990.

35. *L'Étoile rouge* du 4 juin 1985 citée par Hélène et Alexandre Gédilaghine, « Moscou s'intéresse à la micro-informatique », *La Vie française,* 15 juillet 1985.

36. Cité par W. P. Dizard et S. B. Swensrud, *op. cit.*

37. Bertrand Warusfel, « La libéralisation du contrôle des échanges technologiques Est-Ouest et ses implications internationales », *Le Courrier des pays de l'Est,* n° 353, octobre 1990.

38. CEE, « Coopération scientifique et technologique avec l'Europe centrale et l'Europe de l'Est », communication de la Commission au Conseil et au Parlement européen, COM (90) 257 final, 19 juin 1990.

39. Bertrand Warusfel, « Attention, commerce à risque », *La Tribune de l'Expansion,* dossier spécial, 23 avril 1990.

40. Jacques Sapir, *op. cit.*

41. P. Snell, *op. cit.*

X. Les stratégies de marché

1. Henri-Froment Meurice, « L'Europe de 1992. Espace et puissance. Rapport au ministre des Affaires étrangères », *La Documentation française,* 1988.

2. « Nouvelles technologies : une stratégie socio-économique pour les années 90 », OCDE, 1988.

3. *Cf.* Dubois, Carré et Malinvaud, *Abrégé de la croissance française,* Paris, Seuil, 1973.

4. Bertrand Warusfel et Patrick Folléa, « Contribution à une réflexion sur les stratégies indirectes », *Stratégique,* n° 36, 4/1987.

5. *Ibid.*

6. Sur cette question, voir notamment K. Ohmae, *La Triade, op. cit.*

7. Guy de Jonquières et Hugo Dixon, « The Emergence of a Global Company », *Financial Times,* 2 octobre 1989.

8. Voir notamment Franco Mariotti, « Le protectionnisme contre l'Europe », *Politique industrielle,* hiver 1990.

9. *Cf.* Bernard Chantebout et Bertrand Warusfel, *Le Contrôle des exportations de haute technologie vers les pays de l'Est,* Masson, 1988.

10. Yves Lasfargues, *Le Monde,* 22 août 1987.

11. Voir notamment la directive du Conseil du 28 juin 1990, publiée au *Journal officiel des Communautés européennes* le 24 juillet 1990, « relative à l'établissement du marché intérieur des services de télécommunications par la mise en œuvre de la fourniture d'un réseau ouvert de télécommunications » (Open Network Provision ou ONP).

12. Gilles Y. Bertin et Sally Wyatt, « Multinationales et propriété industrielle – le contrôle de la technologie mondiale », IRM/PUF, 1986.

13. Source personnelle des auteurs.

14. Laurent Cohen-Tanugi, Le Droit sans l'État, PUF, 1985.

15. CEE, Directive ONP du 28 juin 1990, *op. cit.*

16. COM (88) 496 final, présentation par la Commission le 20 octobre 1988 et publication au *JOCE* du 13 janvier 1990.

XI. Les stratégies de structure

1. Jacques Morin, *L'Excellence technologique,* Publi-Union et Éditions Jean Picollec, 1985.
2. Pierre Dussauge, « Comprendre le grand jeu des alliances technologiques », *Challenges,* juillet-août 1988.
3. SEST/Euroconsult, « Les bonzaïs de l'industrie japonaise », étude CPE n° 40, juillet 1984.
4. Fernand Braudel, *La Dynamique du capitalisme,* Arthaud, 1985.
5. Guy Paillotin, « Le nucléaire et l'indépendance technologique », Journées d'études Défense et recherche universitaire 1990, *SGDN,* septembre 1990.
6. Pierre Papon, *Les Logiques du futur,* Aubier, 1989.
7. Alvin Toffler, *Le Choc du futur,* Denoël, 1970 pour l'édition française.
8. J. Morin, *op. cit.*
9. Jean-Marc Oury, *Économie politique de la vigilance,* Calmann-Lévy, 1983.
10. GEST (Groupe d'étude des stratégies technologiques), « Grappes technologiques et stratégies industrielles », étude CPE n° 57, mai 1985.
11. Bertrand Gille, *Histoire des techniques,* Encyclopédie de la Pléiade, Gallimard, 1978.
12. J. de Bandt, « La filière comme méso-système », *in* R. Arena, J. de Bandt et L. Benzoni, *Traité d'économie industrielle,* Economica, 1988.
13. Michael E. Porter, *The Competitive Advantage of Nations,* The Macmillan Press, Londres, 1990.
14. M. E. Porter., *op. cit.*
15. *Ibid.*
16. *Ibid.*
17. François Perroux, *Indépendance de l'économie nationale et interdépendance des nations,* Aubier-Montaigne, 1969.
18. « La France sous la pression allemande », *L'Usine nouvelle,* 3 mai 1990.
19. F. Perroux, *op. cit.*
20. Chapitre XI du projet de rapport de base du programme Technologie/Économie (TEP).
21. A. Toffler, *op. cit.*
22. *New Technology Week,* 29 mai 1990.
23. Roger Fauroux, « Industrie : les clés du succès », *Le Monde,* 26 novembre 1988.
24. « The Future of Silicon Valley – Does the US Need a High Tech Policy to Battle Japan Inc. », *Business Week,* 5 février 1990.
25. *Business Week, op. cit.*
26. Source personnelle des auteurs.
27. Alain Ricros, « High Tech : mieux jouer nos atouts », *Politique industrielle,* automne 1989.
28. Karlheinz Kaske, « Défi mondial, réponse européenne », *Politique industrielle,* été 1987.
29. « 1992 High Tech – One for all or free for all », KPMG, mai 1989.
30. S. Cohen et J. Zysman, *Manufacturing Matters : The Myth of the Post-Industrial Economy,* New York, 1987, cités par François Chesnais, *Compétitivité internationale et dépenses militaires,* CPE/Economica, 1990.
31. *La Croix,* 26 octobre 1990.

32. Entretien avec le *Welt am Sonntag* du 21 octobre 1990, cité dans *Le Monde*, 23 octobre 1990.
33. *Cf.* notamment Jean-François Saglio, « Vers un bouleversement des grands réseaux », *Le Figaro*, 4-5 mars 1989.
34. Albert Bressand, « Économie globale : un modèle européen pour le XXIe siècle », *Politique internationale*, dossier spécial « Interdépendance économique : le défi des années 1990 », n° 46, hiver 1989-1990.

XII. Les stratégies de société

1. Noboru Takeshita, « Pour un Japon humaniste et prospère. Le concept du Furusato », traduction Simul International Inc., Tokyo, source personnelle des auteurs.
2. *Challenges*, février 1990.
3. « Les jeunes ne fabriquent rien », *Nihon Keizai Shimbun*, reproduit et traduit par *Courrier international*, 13 décembre 1990.
4. Stephen A. Marglin, « Origines et fonctions de la parcellisation des tâches », *in* André Gorz, *Critiques de la division du travail*, Le Seuil, 1973.
5. Jean-Jacques Salomon, *Prométhée empêtré*, Éditions Anthropos, Paris, 1984.
6. CNUCED/Institut international de recherche et de formation pour la promotion de la femme, « La femme, la technologie et les différences fondées sur le sexe », Nations unies, GE 85-55749, 5 mars 1985.
7. Cité dans CPE, « La révolution de l'intelligence – rapport sur l'état de la technique », *Sciences et Techniques*, numéro spécial, mars 1985.
8. Serge Gauthronnet, « Négocier l'ordinateur, bilan des négociations », in *Informatique et droit du travail*, Agence de l'Informatique/Economica, 1986.
9. Andreu Solé, « La grande panne », in *Informatique et management : la crise*, sous la direction de Norbert Alter, IDATE/La Documentation française, 1986.
10. *La Tribune de l'Expansion*, 20 avril 1988.
11. Pierre Aigrain, *Simples propos d'un homme de science*, Hermann, 1983.
12. *Bureautique : quelle politique sociale pour quelle technologie?*, rapport au ministre des Affaires sociales et de la Solidarité nationale, *La Documentation française*, 1983.
13. Delphine Girard, « Le travail en l'an 2005 », *La Tribune de l'économie*, 14 novembre 1985.
14. Bernard Réal, « Les puces et le chômage », *Le Monde*, 24 janvier 1989.
15. *Le Monde*, 3 octobre 1990.
16. Cité par Pierre Thuillier, « Contre le scientisme », *in* P. Thuillier, *Le Petit Savant illustré*, Le Seuil, 1980.
17. Edgar Morin, entretien *in* « Enjeux internationaux – bilans et perspectives 88/89 », Fondation du Futur, 1988.
18. Pierre-Philippe Druet, Peter Kamp et George Thill, *Technologies et sociétés*, Éditions Galilée, 1980.
19. Alvin Toffler, *Le Choc du futur*, 1970, traduction française Denoël, 1971.
20. François de Closets, *En danger de progrès – Évaluer la technologie*, Denoël, 1970.
21. Thierry Gaudin, *L'Écoute des silences*, coll. « 10/18 », 1978.
22. Jacques Ellul, *Le Bluff technologique*, Hachette, 1988.
23. Bruno Lussato, *Le Défi informatique*, Fayard, 1980.
24. Bertrand Warusfel, « Quelques aspects critiques des transferts de techno-

logie civile à destination du tiers monde », *Études polémologiques*, nᵒ 40, 4/1986.

25. Philippe Laurent, « Technologies convoitées et défendues », *Projet*, novembre-décembre 1986.

26. John Naisbitt et Patricia Aburdene, *Megatendances – 1990-2000 : ce qui va changer*, Éditions First, 1990.

27. Philippe Nemo, « De la providence au risque calculé – Abrégé d'une histoire de la perception collective des catastrophes », Colloque international « La maîtrise des risques technologiques », ACADI, décembre 1987.

28. Coopers et Lybrand Associés, *La Sécurité des réseaux – synthèse et recommandations*, 1989.

29. Martine Barrère, « Science et Europe : deux mots faits pour s'entendre », *La Recherche*, juin 1988.

30. P. Thuillier, *op. cit.*

31. François Perroux, *L'Europe sans rivages*, 1954, nouvelle édition : Presses universitaires de Grenoble, 1990.

32. OCDE, *Biotechnologies. Effets économiques et autres répercussions*, Paris, 1989.

33. *The Economist*, 8 avril 1989.

34. *Financial Times*, 7 avril 1989.

35. *Id.*, 17 mars 1989.

36. J.-J. Salomon, *op. cit.*

37. CEE, « Europe 1995 : mutations technologiques et enjeux sociaux », Rapport FAST, 1983.

38. Jacques Attali, *Les Trois Mondes*, Fayard, 1981.

39. *2100, récit du prochain siècle*, sous la direction de Thierry Gaudin, Payot, 1990.

40. Albert Bressand et Catherine Distler, *Le Prochain Monde*, Seuil, 1985.

41. *Ibid.*

42. Jean-Marie Benoist, « Les chances de l'Europe », *Enjeux internationaux – bilans et perspectives 88-89*, Fondation du Futur, 1988.

43. E. Morin, *op. cit.*

44. Rapport FAST, *op. cit.*

45. CRC/Institut de Baak, « Émergence d'un management européen spécifique... pour un scénario gagnant de l'Europe », document non publié, 2 décembre 1988, source personnelle des auteurs.

46. Yves Stourdzé, « EUREKA : Le monde, l'Europe et la France », *Le Débat*, nᵒ 40, mai 1986.

Conclusion

1. Jacques Attali, *Lignes d'horizon*, Fayard, 1990.

2. François Perroux, « L'Europe fin de siècle », *Exil*, nᵒ 2, 1974, reproduit dans F. Perroux, *L'Europe sans rivages*, nouvelle édition, Presses universitaires de Grenoble, 1990.

3. Yves Stourdzé, « EUREKA : Le monde, l'Europe et la France », *Le Débat*, nᵒ 40, mai 1986.

4. Cité par Jean-Claude Derian, *La Grande Panne de la technologie américaine*, Albin Michel, 1988.

GLOSSAIRE
DES TERMES TECHNIQUES

Add-on : voir « Carte d'extension pour micro-ordinateur ».

Autocommutateur : voir « Commutateur ».

Automate programmable : objet animé par des mécanismes ayant fait l'objet d'une programmation, c'est-à-dire étant pilotés électroniquement pour effectuer une série préalablement définie d'opérations en vue de résoudre un problème ou d'exécuter un travail. Les automates programmables sont largement utilisés dans les systèmes de fabrication industrielle.

Base de données : rassemblement en un fichier unique d'un ensemble de données nécessaires au traitement d'une application sous tous ses aspects. Il existe notamment des bases de données documentaires (ou banques de données) qui regroupent un ensemble de références ou de textes concernant un sujet donné.

Biotechnologies : ensemble des processus industriels impliquant l'utilisation et la mise en œuvre des organismes vivants : bactéries, levures, cellules végétales ou animales. Voir aussi « Génie génétique ».

Bit : terme anglais résultant de la contraction de « Binary Digit ». Employé pour désigner un chiffre binaire, un ou zéro ou toute matérialisation de ce chiffre à l'intérieur de l'ordinateur : un caractère de six bits est par exemple un caractère dont le code s'exprime avec six chiffres zéro ou un.

Boîte aux lettres électronique ou **courrier électronique :** programme d'envoi de courrier entre émetteurs et destinataires appartenant à un même réseau de communication. Les lettres sont stockées sur un ordinateur central auquel sont reliées les boîtes aux lettres du réseau.

Carte à mémoire : carte plastifiée dans laquelle est encastrée une mémoire électronique permettant le stockage d'informations numériques. Certaines de ces cartes peuvent être équipées d'un microprocesseur capable d'effectuer des opérations logiques (déchiffrement d'un code secret par exemple).

Carte d'extension pour micro-ordinateur (ou add-on) : carte électronique portant un connecteur compatible avec la carte mère d'un micro-ordinateur et destinée à apporter à ce dernier de nouvelles fonctions (par exemple carte d'extension mémoire, carte graphique, carte disque dur, carte de communication...).

Carte mère : carte électronique principale d'un micro-ordinateur sur laquelle peuvent venir se connecter des cartes d'extension spécialisées.

CD-ROM : disque optique dérivé du Compact Disc, de douze centimètres de diamètre et permettant le stockage de données informatiques. Actuellement les CD-ROM sont d'une capacité maximale de 550 Mégaoctets et la plupart sont vendus tout enregistrés et utilisables seulement en lecture. Voir aussi « **Disque optique** ».

Circuit intégré : circuit électronique réalisé sur une seule pastille de silicium que des traitements successifs ont structurée de façon à contenir en elle-même tous les composants de base d'un circuit complet. Les circuits intégrés sont à l'heure actuelle de plus en plus complexes : circuits à grande échelle ou très grande échelle (large scale integration, LSI, very large scale integration, VLSI) notamment. Parmi les circuits intégrés, on distingue principalement les microprocesseurs, les mémoires, les circuits d'entrée-sortie et les circuits intégrés spécialisés.

Communications mobiles : voir « **Radiotéléphonie cellulaire numérique** ».

Commutateur : appareil placé à un nœud de réseau de télécommunications, et assurant le transfert des données d'une ligne de transmission à une autre. Un commutateur utilise les techniques de commutation. Les commutateurs utilisant des techniques de commutation automatiques (par opposition à la commutation manuelle) sont appelés « auto-commutateurs ».

Commutation : technique permettant d'orienter un signal électrique d'une origine à une destination choisie parmi un ensemble de destinations possibles ; par extension, technique permettant d'acheminer des signaux sonores, des données ou des informations de toute nature sur des voies de télécommunications. La commutation peut être électromécanique, temporelle, spatiale (chapitre VIII). Elle peut s'exploiter sur un réseau public ou privé.

Composant : élément entrant dans la composition d'un ensemble. En électronique, les composants d'un circuit sont les transistors, les diodes, les tubes électroniques (composants actifs) et les résistances, condensateurs, bobines de self-induction (composants passifs). Par extension, le terme de composant s'applique aussi aux différents types de circuits intégrés.

Disque optique : disque destiné à l'enregistrement d'images par des procédés optiques. La lecture s'effectue à partir d'une source lumineuse à rayon laser venant se réfléchir sur la surface. On distingue le vidéodisque (téléviseur) et le disque optique numérique ou DON dans lequel l'image est décomposée en points binaires d'information. Le

CD-ROM est une catégorie particulière de DON adapté aux besoins de stockage de la micro-informatique.

Électronique Grand Public (EGP) : cette expression recouvre à la fois les produits et le secteur économique afférant aux équipements électroniques à usage domestique, à savoir principalement : radio, hi-fi, télévision, magnétoscope, camescope, lecteur CD, photographie...

Fibre optique : fil de verre d'environ 1/10 mm utilisé pour la transmission d'informations sous forme lumineuse. Une liaison par fibre optique est obtenue par la mise en série d'un émetteur optique, d'une fibre et d'un récepteur optique, plus éventuellement des répéteurs optiques (équipements intermédiaires placés à intervalle régulier sur le réseau pour ré-amplifier le signal lumineux). La fibre optique présente beaucoup d'avantages en termes de débit, de qualité de transmission et de sécurité d'emploi. Elle est de plus en plus employée dans les réseaux informatiques, de télécommunications ou dans les réseaux audiovisuels câblés.

Fusion nucléaire : la fusion nucléaire (ou thermonucléaire) consiste à réunir les nucléons de deux noyaux légers pour former un noyau plus lourd. Elle peut libérer une énergie considérable, sous forme d'énergie cinétique des nucléons éjectés, lesquels continuent à entretenir les conditions énergétiques de la fusion.

Génie génétique : technologie utilisée pour modifier l'information héréditaire d'une cellule vivante de manière à lui faire accomplir des fonctions différentes. Le génie génétique conduit ainsi à une « reprogrammation cellulaire ».

Informatique distribuée, informatique répartie : disposition décentralisée de moyens informatiques entre les différents centres ou agences d'une même société. L'évolution des systèmes informatiques modernes (micro-ordinateurs, réseaux locaux...) favorise techniquement les architectures informatiques réparties.

Large bande : terme technique servant à désigner des systèmes de communication utilisant une bande passante de très grande capacité. Un réseau de transmission large bande pourra facilement faire transiter des communications informatiques à très haut débit, de l'image vidéo de haute définition et du son de qualité stéréophonique.

Lanceur cryogénique : lanceur spatial dont la propulsion est assurée grâce à des carburants stockés à très basse température. L'utilisation de moteurs cryogéniques est très utilisée dans l'astronautique moderne en raison de leurs capacités propulsives.

Logiciel : ensemble d'informations structurées sous forme de programmes en vue de faire effectuer à un ordinateur des fonctions spécifiques.

Mainframe : gros ordinateur, ordinateur principal dans un réseau.

Matières fissibles : matières susceptibles de subir une fission nucléaire (la fission nucléaire consiste à faire éclater un noyau lourd pour produire de l'énergie en grandes quantités). Matériaux de base nécessaires à l'énergie nucléaire civile comme aux applications nucléaires militaires.

Megabit : un million de bits, voir « **Bit** ».

Mémoire : système de stockage électronique. Il existe des mémoires de masse sur support magnétique (disquettes, disques durs...) ainsi que des circuits intégrés mémoires.

Messagerie électronique : voir « **Boîte aux lettres électronique** ».

Micro-ordinateur : ordinateur de faible encombrement dont l'unité centrale est composée de circuits VLSI organisés autour d'un microprocesseur.

Microprocesseur : circuit intégré ou groupe de circuits intégrés remplissant les fonctions de processeur dans un micro-ordinateur. Un processeur est la partie de l'ordinateur où s'exécutent les traitements et qui contient les organes de commandes et des organes de calculs arithmétiques et logiques.

Mot : unité d'information comprenant un nombre donné de bits et enregistrable dans une position adressable de mémoire. La dimension du mot est propre à chaque machine (24, 36, 48 bits).

MS-DOS (Microsoft Disc Operating System) : système d'exploitation des micro-ordinateurs de la série PC d'IBM et de ses versions successives ainsi que des modèles compatibles.

Multiplexage : technique qui consiste à recevoir des informations de plusieurs origines et à les renvoyer vers une destination commune ou inversement à envoyer vers plusieurs destinations des informations émanant d'une source commune. Deux procédés sont utilisés : le multiplexage en fréquence qui attribue à chaque voie une gamme de fréquences et le multiplexage temporel dans lequel un signal d'échantillonnage échantillonne à des intervalles de temps successifs les signaux des différentes voies.

Multiplexeur : appareil chargé de faire du multiplexage entre plusieurs voies.

Numérisation (Digitalisation) : action consistant à transformer une information en une donnée numérique de façon à pouvoir la traiter ou à la stocker dans un ordinateur ou tout autre système électronique. Les systèmes numériques (ou digitaux) s'opposent aux systèmes « analogiques ».

Octet : mot de huit bits, l'octet est une unité de mesure fréquemment utilisée.

Personal Computer (PC) : ordinateur personnel individuel. C'est aussi le nom générique de tous les micro-ordinateurs compatibles MS-DOS (c'est-à-dire compatibles avec le système d'exploitation du PC d'IBM).

Process : processus de fabrication regroupant de manière séquentielle et détaillée l'ensemble des étapes opératoires d'une fabrication industrielle.

Puce : pastille qui contient un circuit intégré.

Radiotéléphonie cellulaire numérique : système de téléphonie numérique (voir « **Numérisation** ») par voie hertzienne (c'est-à-dire par radio) permettant le contact avec des mobiles (voitures, avions, trains, bateaux...) et organisé par « cellules ». Chaque cellule est un espace circulaire centré autour d'un émetteur et à l'intérieur duquel on peut entrer en contact avec tous les mobiles par l'intermédiaire de cet émetteur. Un système cellulaire comporte un grand nombre de cellules se recoupant les unes les autres afin de couvrir sans lacune un territoire donné.

Réseau TRANSPAC : réseau français de transmission de données par paquets organisé autour d'ordinateurs assurant les fonctions de concentration et de commutation.

Semi-conducteurs : matériaux qui cristallisent dans certaines conditions et qui présentent des conductivités différentes selon les directions. Ils sont utilisés dans les circuits intégrés.

Station de travail : puissant micro-ordinateur disposant de riches fonctions graphiques et d'un écran à très haute résolution, supra-conductivité pouvant communiquer avec d'autres stations de travail.

Supraconductivité : propriété de certains corps se traduisant par une chute brutale de leur résistance électrique lorsque la température devient inférieure à une température critique.

Système d'exploitation (en anglais Operating System OS) : ensemble de programmes nécessaires à la marche de l'ordinateur. Pour les micro-ordinateurs, il y a une certaine normalisation des systèmes d'exploitation en termes de commandes et de fonctionnalités notamment avec CP/M (Control Program For Microcomputer) destiné aux microprocesseurs 8 bits puis 16 bits, avec le MS-DOS destiné aux microprocesseurs 16 bits des micro-ordinateurs compatibles IBM ou encore OS/2, nouveau système d'exploitation mis au point pour IBM et UNIX, système d'exploitation multitâches conçu par AT&T.

Télécommunications : ensemble de moyens de communication liant les appareils placés dans des lieux différents et permettant la transmission de signaux pour la reproduction de la voix, des images, pour la commande automatique, pour la communication de données numériques.

Téléphonie numérique : transmission à distance de signaux de fréquence vocale destinés à la reproduction de la voix et utilisant la technique de numérisation (transformation d'une donnée en un nombre).

Télématique : ensemble des techniques de communication appliquées à la transmission d'informations élaborées dans les services d'informatique.

Télévision à haute définition, TVHD : la qualité d'un écran vidéo cathodique se définit par sa définition, c'est-à-dire par le nombre de points horizontaux et verticaux distincts sur l'image. Une télévision à haute définition se caractérise par une valeur élevée : les Japonais ont défini une norme MUSE (1 125 lignes à 60 Hz) alors que les Européens se tournent vers la norme HD MAC-Paquet (1 250 lignes à 50 Hz). La norme D2 MAC-Paquet est une norme européenne intermédiaire permettant d'améliorer la qualité de l'image sans augmenter le nombre de lignes (télévision dite « améliorée »). Contrairement à MUSE, le HD-MAC et le D2 MAC sont compatibles avec les programmes de télévision actuels.

Unité de disquette : lecteur enregistreur de disque souple de petite dimension servant à la saisie de données ou au stockage des programmes et fichiers pour les micro-ordinateurs, il existe plusieurs formats de disquettes (8 pouces, 5 1/4 pouces, 3 1/2 pouces).

INDEX

TABLE DES MATIÈRES

CET OUVRAGE
A ÉTÉ COMPOSÉ
ET ACHEVÉ D'IMPRIMER SUR ROTO-PAGE
PAR L'IMPRIMERIE FLOCH À MAYENNE
EN MARS 1991
(30316)
POUR LE COMPTE DES
ÉDITIONS CALMANN-LÉVY, 3, RUE AUBER
PARIS-9e – No 11680/01
DÉPÔT LÉGAL : MARS 1991